情感、循吏与明清时期司法实践

徐忠明——著

译林出版社

图书在版编目（CIP）数据
情感、循吏与明清时期司法实践 / 徐忠明著. —增订本.
—南京：译林出版社，2019.10
ISBN 978-7-5447-7270-9

Ⅰ.①情… Ⅱ.①徐… Ⅲ.①法制史－研究－中国－明清时代
Ⅳ.①D929.4

中国版本图书馆 CIP 数据核字（2018）第 015269 号

情感、循吏与明清时期司法实践　徐忠明 / 著

责任编辑　刘　免
装帧设计　周伟伟
校　　对　孙玉兰
责任印制　单　莉

出版发行　译林出版社
地　　址　南京市湖南路 1 号 A 楼
邮　　箱　yilin@yilin.com
网　　址　www.yilin.com
市场热线　025-86633278
排　　版　南京展望文化发展有限公司
印　　刷　苏州市越洋印刷有限公司
开　　本　718 毫米 ×1000 毫米　1/16
印　　张　24
插　　页　4
版　　次　2019 年 10 月第 1 版　　2019 年 10 月第 1 次印刷
书　　号　ISBN 978-7-5447-7270-9
定　　价　88.00 元

目录 | Contents

寻常史料与不寻常的思考

（代序）

帝制中国的官员，究竟有着怎样一副面孔？这个问题实在太难回答。勤能抑或昏庸，清正抑或贪婪，仁恕抑或酷虐，凡此种种，不一而足。以及，那些还没来得及被贴上标签，就被历史淡忘了的“大多数们”。不过，自太史公开创了修史之轨辙后，在中华帝国的正史编纂传统中，至少有两类官员得到了特别的关注——循吏和酷吏。

唐太宗有言：以史为鉴，可以知兴替。惜乎，历史本身并不总是那么一目了然，明镜高悬。读史，读的也是史家之史。或者说，史书原本就是史家悉心打磨的明镜，一面铭题着“警诫”，一面镌刻着“典范”。对其功效，可用“抑恶扬善”以概之；在其背后，则有史家“道德义法”存焉。如果说二十五史中的酷吏，乃是让天下官员引以为戒的反面形象，那么循吏，则是帝国官僚所要仿效追慕的榜样。为了进入历史书写，为了显亲扬名，有些官员恪守官箴，事君以忠，牧民以爱，他们即可称作“循吏”。所以，能够在正史中占有一席之地的循吏，无疑是帝制中国模范官僚的代表。上下两千年，跻身“循吏传”的不过寥寥数百人，但他们却被深深烙上了“榜样”的印记，聚焦着官方话语的褒奖和颂扬，以及对理想官员的叙述和想象。

于是，这样的一群模范官员，就进入了法律文化史学者徐忠明先生的视野。又于是，我读到了这本《情感、循吏与明清时期司法实践》。忠明先生是我的老师，亦是挚友。坦白说，这次他以正史“循吏传”作素材，实在有些出乎我的意料。以我的了解，他向来比较留意挖掘和利用中国法律史的“边缘”史料。小说、戏曲、谚语、笑话之类的素材，在他笔下，无不展现出法律文化史的新意与魅力，也颇受国内学者的关注。他之前出版的《包公故事：一个考察中国法律文化的视角》《案例、故事与明清时期的司法文化》《众声喧哗：明清法律文化的复调叙事》诸书，都彰显和延续了这种风格与理念，也着实宠坏了像我这样既看重学术性又偏好悦读感的读者，口味变得越来越刁钻。因此，我总是抱持着一种习惯性的阅读期待，希望他的下一本书，能够提供更加新鲜有趣的史料。谁知，这次厨师却一反常态，没有为食客挖掘新巧鲜活的食材，而是端上了一盘“家常菜”，令人心中不免有些失望。莫非作者江淹才尽，还是希望尝试不同的风格？在如今精彩纷繁的史学研究中，像二十五史“循吏传”这样的材料，实在太过寻常，寻常得甚至令人有些许厌倦。如何于寻常材料之中展开不寻常的思考，也就更考验功力。如同好的厨师，即使面对一碟平淡无奇的豆腐，也可以做得大有乾坤。

1998年，有两本译著同时在中国大陆出版，可以说给国内的中国法律史研究投下了两颗重磅炸弹，产生了强劲而又持久的冲击波。其中一本，是日本学者滋贺秀三、寺田浩明、岸本美绪、夫马进先生所著的《明清时期的民事审判与民间契约》；另一本，则是华裔美国学者黄宗智先生的《民事审判与民间调解：清代的表达与实践》。自此之后，关于明清中国司法实践的研究，就逐渐成为国内法律史学界的关注热点，相继出版的论著可谓琳琅满目，学术争鸣也颇为喧嚣。以我有限的阅读范围来看，这一领域的研究业绩大约可以概括为四点：其一，拓展、挖掘和利用了各类地方司法档案；其二，围绕裁判的“法源”依据等问题展开了激烈的争论；其三，在进一步细化的同时，也深化了我们对明清时期司法实践的制度装置、运作机制（原理）以及纠纷解决技艺的认知；其四，基本上放弃了以往那种单一的规范研究，而更侧重经验研究。

不过，也毋庸讳言，这些成果固然展现了明清中国司法实践研究的极大进展，但基本是在滋贺秀三、寺田浩明和黄宗智先生所预设的问题意识与研究方法的笼罩下进行的学术操作，就问题意识和理论构想来看，并无足够的原创意义。面对这样一幅纷繁却并不怎么绚丽的学术图像，我们不得不追问：如何在既有学术语境中重新思考明清中国的司法实践，进一步推进这一话题的研究？对此，本书或许给出了一种答案。

中国法律史研究的学术进步，不外乎体现在史料运用、问题意识、分析方法与理论建构上。就史料而言，可以说，几乎所有历史学家都有挖掘新史料、运用新史料的强烈癖好和追求；历史研究的推陈出新，也往往与新材料的出现密不可分。新史料固然是提出新问题的有效前提，甲骨文、青铜器、秦汉简牍、敦煌文书的发现和利用，极大地改变了中国上古史和中古史的研究格局，明清档案的开发与运用，则刷新了明清史研究的面貌。同时，新史料也是提出历史研究新方法的基础之一，王国维先生的“二重证据法”便是例证。不过，对于史料的开拓，似乎也不必一味追求剑走偏锋，独辟蹊径。在旧史料或常见史料中发现新问题，在新方法和新理论的指引下分析旧史料或常见史料，都是推进中国法律史研究的有效途径。陈寅恪先生所著《隋唐制度渊源略论稿》和《唐代政治史述论稿》，堪称中古史研究的经典之作，不仅具有新的问题意识，而且也有新的理论价值，为隋唐制度史和政治史研究确立了新典范。然而陈先生所利用的，确然只是寻常史料。如此说来，那些我们可能习以为常甚至熟视无睹的普通食材，如若巧妙烹饪，同样可以做出富有原创味道的学术盛宴。

事实上，你见或者不见，史料就在那里。关键在于，我们以什么眼光来发现它们的价值，用什么理论和方法来解读其中蕴含的信息和意义。史料既无所谓新，也无所谓旧。史料的价值究竟怎样，不但要看学者据以研究什么问题，而且也端赖学者观察问题之视角，运用史料之技巧。史学论著之优劣得失，并非完全取决于史料，根本还在于史家的"史识"如何。没有独具眼力的史识，自然做不出富有创意的研究。

与当下中国法律史，特别是明清法律史学界蓬勃发展的档案研究相比，本书中所利用的史料可谓"土得掉渣"，基本来自明清正史的"循吏传"。这样的素材，几乎很少受到我国法律史学者的青睐，甚至被漠视。一方面，在档案的重要性已被普遍认同的今天，档案研究俨然席卷八荒，独霸天下，我们几乎言必称档案。但另一方面，却出现了严重的"正史缺席"状况，至多也是略作点缀而已。在这样的学术生态下，拿"循吏传"来研究明清时期的司法实践，难免要冒"不入流"的风险。但正如我所指出的，在旧史料中发掘新问题，同样也是历史研究的一条路径。

正是在这些"土得掉渣"的史料中，本书发现了值得我们关注的新问题：两千余年来被帝国官方历史编撰者反复赞誉的循吏群体，他们的司法实践究竟有何典范意义？或者说，哪些要素构成了明清中国州县官员司法的类型特征，它们是否具有某种意义上的恒定性？尽管通过梳理司法档案，我们也可以尝试勾勒官员的裁判特征，但司法档案所隐含的官员形象，毕竟是零碎和模糊的，很难据此获得一个具有整体意义的图像。况且，目前的中国法律史学界似乎并没有特别留意司法官员群体的研究。与之不同的是，明清中国的官方历史编撰者刻意颂扬的循吏群体，无疑构成了那个时期官方话语中的典范形象。这种形象，乃是经由两千余年正史叙述的不断强化、渐次凝练而成的官僚类型。那些能够被纳入这种强固传统中的模范官僚，至少获得了帝国官方和精英阶层的普遍认同。他们得以入选官方正史，既有一定的标准，亦有固定的程序。概括起来，构成这一典范的核心要素，乃是“富民、理讼、教化”——源于孔子在《论语·子路》中提出的“富之，教之”的思想，又可以进一步浓缩为“爱民”情感。在逻辑上，“爱民”是循吏进行“富民、理讼、教化”的情感基础；“富民”则是循吏“理讼、教化”的经济基础，即所谓“仓廪实而知礼节，衣食足而知荣辱”。“理讼”和“教化”，是循吏维护社会和美秩序的两个环节——“理讼”不忘“教化”，“教化”又是达到“息讼”和“无讼”的重要手段。就此而言，“爱民”蕴含着自然情感与道德情感的双重内涵，也正是在“情感”的指引下，才出现了“哀矜折狱”的理念和特征。

为了进一步理解明清中国循吏的司法实践，本书从三个维度展开了翔实的讨论：考述传统中国循吏的历史源流，分析循吏赖以存在的制度基础与文化氛围，解读循吏司法的独特风格。首先，作为帝国模范官僚的循吏群体，之所以能够长期存在并得到精英阶层的持续称颂，显然是因为他们不但符合了传统中国“家国同构”的泛伦理政治或泛道德政治的需要，而且扮演了这一政治舞台的行动者——“父母官”的角色。其次，他们恰好又是礼法制度的赞同者，司法实践的操作者，从而在礼法制度与司法实践之间起到了桥梁或媒介的作用。在帝制中国，人们普遍认为，礼法制度的基础乃是人间社会的常情和常理，同时也有着形而上的终极依据。如此一来，具有自然情感、道德情感与人际交往的规范意蕴的“人情”，也就得以“进入”礼法制度，也就是所谓的“因人情而制礼仪”。再者，在司法实践中，一旦出现了律例难以覆盖的疑难案件，或者出现了机械适用律例可能导致的裁判不公，乃至在非常时期发生的特殊案件（例如灾乱饥馑时集体抢粮之类），如何有效发挥“情理”的平衡作用，如何实现个案的公正，也就成为循吏必须面对和妥善解决的问题。在此，我们不仅看到了礼法制度中的情感因素和循吏心目中的情感因素，也看到了礼法之外情感因素的积极作用。在帝制中国的法律文化中，情感不仅具有形而上的本体意义，而且还有形而下的制度意义与司法功能。而这，大约就是本书想要提出的分析思路和意欲建构的分析框架。在我看来，这一分析框架大致可以成立，也颇具启发意义。

可以说，本书蕴含着某种不寻常的思考。在看似平淡无奇的史料中，忠明先生偏偏读出了那些带有普遍意义的问题：其一，明清中国的司法实践，具有“情法两尽”的类型特征；其二，这种司法类型得以存在和维系的文化语境，与“情感本体”相关；其三，操作或践行这一司法类型的关键角色，乃是本着“爱民情感”从事司法实践的循吏群体。正是在这样的分析脉络中，作者向我们精彩地展现了三种相互关联的类型建构：“情感本体”的文化类型，践行“爱民情感”的官僚类型，以及“情法两尽”的司法类型。就本书的学术价值而言，既是对“循吏传”的经验研究，同时也提出了具有规范意义的理论构想。这是本书最吸引我的地方，也是最具原创性之所在。

我以为，这一研究之所以能够取得成功，是因为正史“循吏传”代表了帝国官方两千余年一以贯之的宏大叙事，这乃是统治精英对于司法价值和文化理想的正统表达，具有毋庸置疑的典范意义。这种表达，既是一种史实的呈现，也是一种理想的诉求。

杜金（中山大学法学院副教授）

第一章

诉诸情感：明清中国司法的心态模式

近年来，有关传统中国的司法制度与司法实践，学界已有很多研究成果面世。其中，对于明清时期的同一课题，学者更是倾注了极大的热情和心血，取得了丰硕的成果，也引起了广泛而又激烈的争论，既推动了明清司法的研究，也深化了我们的理解。总体来看，这些学术成果包括：一是司法制度的基本架构、诉讼程序的主要环节；二是“法律职业”群体——法官、师爷和讼师，甚至涉及了胥吏、衙役、代书等司法辅助人员；三是“广义律学”[1]研究，包

1 我所谓“广义律学”的研究，不仅包括了学界公认的官方和私家“注律”部分——“狭义律学”，而且包括了官箴书、明清两朝官方编辑的《经世文编》、讼师秘本、民间日用类书涉及的法律解释。但必须指出的是，无论“广义律学”抑或“狭义律学”，它们涉及的法律知识领域基本相同，只是立场和视野稍有差异而已。然而，提出“广义律学”的意义在于，它使我们得以跳出以往的“狭义律学”的知识视角，从而进入更具实用意义和民间意义的法律知识领域，并且，借此能够窥测两种律学知识之间的关联与差异。而尤其是，对讼师秘本和民间日用类书讨论的法律知识的考察，还使我们得以了解明清中国民间法律知识的普及程度与传播渠道。这里，我们借用了葛兆光所谓“一般知识”的提议。他说：“我们应当注意到在人们生活的实际的世界中，还有一种近乎平均值的知识、思想与信仰，作为底色或基石而存在，这种一般的知识、思想与信仰真正地在人们判断、解释、处理面前世界中起着作用，因此，似乎在精英和经典的思想与普通的社会和生活之间，还有一个‘一般知识、思想与信仰的世界’，而这个知识、思想与信仰世界的延续，也构成一个思想的历史过程，因此它也应当在思想史的视野中。”参见氏著《中国思想史》第一卷，上海：复旦大学出版社 1998 年版，第 13 页。我们也可以说，这种“广义律学”则代表了明清中国的法律知识的平均水平。

括律学知识的性质、内容和特征，律学知识的编撰、传播和读者；四是纠纷解决的模式，诸如官方裁判与民间调解，以及帝国衙门的裁判和调解；五是司法裁判的规范依据——法律、情理、情法并用、成案和习惯或习俗；六是法律文书的格式规范、制作技术和修辞策略；七是司法官员的司法理念、裁判技艺与民间百姓的诉讼态度、诉讼策略；等等。而其研究方法主要有二：其一，规范研究，旨在梳理明清法律表达出来的司法制度、诉讼程序和理想（应然）意义上的“司法实践”样式，属于“静态”研究；其二，实证研究，利用明清司法档案和判牍文书记录的事实勾画当时的司法实践，并且与“法律表达”相互验证，以期描述明清司法的真情实况，这是“动态”研究。[1] 不消说，后者乃是近来研究的重点。

必须指出的是，审视上述课题，我们可以发现，如何理解明清中国“裁判依据”似乎成了核心问题，不但成果多，而且争议大。那么，关于明清中国“裁判依据”的争议究竟是怎样的呢？概括起来，则有以下几种不同看法：一是州县调停“自理”的词讼纠纷，基本上是参酌情理，很少引照相关律例；[2] 二是裁判“命盗”案件，

---

1 在此，必须说明的是：鉴于全面回顾和评论上述研究成果必将花费大量篇幅乃至专文才能奏效，故而本书暂不详尽罗列这些成果；如果涉及本书将要讨论的课题的有关研究成果，我将随时注明。

2 这一方面的主要成果，参见［日］滋贺秀三：《清代诉讼制度之民事法源的概括性考察——情、理、法》和《清代诉讼制度之法源的考察——作为法源的习惯》，王亚新译，载梁治平、王亚新编：《明清时期的民事审判与民间契约》，北京：法律出版社 1998 年版，第 19—96 页；另见［日］寺田浩明：《中国清代的民事诉讼与“法之构筑”——以〈淡新档案〉的一个事例作为素材》，李力译，载易继明主编：《私法》第 3 辑第 3 卷，北京：北京大学出版社 2004 年版，第 304—326 页；寺田浩明：《关于清代听讼制度所见“自相矛盾”现象的理解——对黄宗智教授的“表达与实践”理论的批判》，郑芙蓉译，载易继明主编：《私法》第 4 辑第 2 卷，北京：北京大学出版社 2004 年版，第 431—461 页。对日本学者之间的争论的介绍，参见寺田浩明：《日本的清代司法制度研究与对“法”的理解》，王亚新译，载前揭《明清时期的民事审判与民间契约》，第 112—138 页。对近来日美两国学者的争论的介绍，参见寺田浩明：《清代民事审判：性质及意义——日美两国学者之间的争论》，王亚新译，载《北大法律评论》第 1 卷第 2 辑，北京：法律出版社 1999 年版，第 603—617 页；易平：《日美学者关于清代民事审判制度的争论》，载《中外法学》1999 年第 3 期。

由于事关重大，且因“审转”程序的约束，必须严格遵循律例；[1] 三是州县裁决“自理”词讼纠纷，基本上是依据律例，[2] 由此我们可以推断，法官裁判“命盗”案件的依据，也是律例，有时还包括了成案在内；四是无论词讼纠纷抑或命盗案件，情理和法律都是裁判必须予以参酌的依据，只是具体做法有所不同而已；[3] 五是在解决州县“自理”的词讼纠纷时，司法官员考量的是利益平衡，而非单纯的法律或情理。[4] 仅就这些学者的论证来看，应该说是言之成理，持之有故；但是，如若仔细推敲起来，似乎仍有进一步讨论的余地。[5]

---

1 滋贺秀三:《中国法文化的考察》，王亚新译，载前揭《明清时期的民事审判与民间契约》，第11—12页。

2 这一方面的主要研究成果，参见［美］黄宗智:《民事审判与民间调解：清代的表达与实践》，北京：中国社会科学出版社1998年版；何勤华:《清代法律渊源考》，载《中国社会科学》2001年第2期；李孝猛:《中国十九世纪基层司法文化研究——以〈汝东判语〉文本为中心》，载《华东法律评论》2003年第2卷，北京：法律出版社2003年版，第271—324页。

3 我的初步研究，参见徐忠明:《依法判决？明清时期刑事诉讼的一个侧面》，收入氏著《案例、故事与明清时期的司法文化》，北京：法律出版社2006年版，第301—323页；徐忠明:《清代中国司法裁判的形式化与实质化——以〈病榻梦痕录〉为中心的考察》，见本书。顺便说明，在《清代中国司法裁判的形式化与实质化》中，我基于“审美秩序”的视角，讨论了汪辉祖裁判案件的特征。现在看来，这种视角与本书立足“情感”的讨论，已有某种内在的关联；换句话说，本书只是上述思考的延伸和深化，而非另起炉灶。

4 汪雄涛:《明清法律生活中的功利平衡》，武汉：中南财经政法大学博士论文，2008年。

5 在我看来，导致这个“余地”存在的原因有三：其一，对于“什么是法律”本身，也存在着认知上的差异。比如，情理是否属于法律规范或法律规则？又如，情理是否一概模糊不清而缺乏实定性或确定性？民间习俗是否也是裁判的法源？对于裁判参酌民间习俗是否存在认知上的默识因而不必具体引照？由于这些法律理论问题没有获得一致的看法，从而产生了对于“什么是法律”的争议，进而影响了“依法 / 依情”裁判的认知。其二，既有研究成果往往是在现代 / 西方有关“依法判决”的理论视野下谈论传统中国的“裁判依据”问题的，而事实上，由于现代立法技术早已给法官的“自由裁量”提供了某种可能，比如量刑幅度的制度安排，以致有的学者将它称为法律内的“自由裁量”。但是，传统中国法律没有量刑幅度的制度安排，恰恰相反，基于“抵”或“报”的思想信仰的支配，寻求罪名情节与刑罚一一对应，毫无选择余地的司法理想，这就容易导致法律外的酌情量刑，以期达到“罪罚相当”的目标，而这种情况则每每被学者认为就是“依情判决”而非“依法判决”的情形。说到底，对于“裁判依据”问题的真正廓清和妥当解释，上述前提必须首先予以解决，否则，一味争来争去，恐怕难有突破。其三，在研究方法上，目前学者热衷于对档案和判牍进行统计分析，以期解决上述难题。但是，在我看来，这个问题并非单单通过计量分析就能够解决。这是因为，其中涉及司法官员怎么引照法律的问题，并非仅仅检索判书当中有无引照法律那么简单；换句话说，即便判书援引了法律，我们也不能简单地说这是“依法（接下页）

不过由于本章的意图不是单纯探究明清司法的“裁判依据”问题[1]，因而对此暂不深论。

本章的核心议题是：在“情感本体”的传统中国社会里，联结和维系人们之间相互关系或社会秩序的基本准则，乃是情感；而情感的生物根基，则是人性；道德、道理和礼法的基础，也不外乎是人性和情感；而情感的发轫、养成、表达和功能，则与社会文化和具体事态有关。就传统中国政治来讲，基于“化家为国”或“家国同构”的历史现实，可以说政治的基础也是人性和情感，因为“家”是情感的培育场所；所谓“民本政治”的要义，即是源于民众在情感上对于皇权统治的认同。只有在这种语境下，我们才能真正理解，为何在提起诉讼和解决纠纷时，无论民间百姓抑或帝国官员都会采取“诉诸情感”的策略。与此同时，本章将进一步讨论，民间百姓和司法官员“诉诸情感”的具体方式，希望借此能够更为妥帖地刻画出明清中国司法裁判的独特品格，从而深化我们对此问题的理解。

一、情感：明清秩序的基础

就“情感”的一般意义而言，我们可以说它是生物的，但也可以说它是社会的、文化的。社会学家认为：“情感是社会建构的，人们的感受是文化社会化以及参与社会结构所导致的条件化

判决”。而其关键在于，判书援引的法律是否与待决案件中的罪情切合。如果不能切合，那么这样的法律引照，只能说是司法技术和修辞策略而已，与真正的“依法判决”谬不相涉。不过我们也应该看到，这种做法本身倒是隐含了帝国法律要求司法官员严格遵循“依法判决”原则的理想。

1 本书旨在从“情感本体”文化的宏观视野来考察明清中国的司法实践中的“诉诸情感”问题，故而不拟在一般意义上讨论“裁判依据”。只是鉴于“诉诸情感”也会涉及裁判，下文将会稍稍提及“裁判依据”，看看情感与法律是如何在裁判中交互运用的，又是怎样彼此平衡的。

（conditioned）的结果。”据此，“情感受到文化规范、价值和信念的调节”。就此而言，情感可以成为人际互动关系或社会秩序的纽带或基础。[1] 也正因为情感具有如此特殊的社会文化功能，所以从情感出发来讨论某一社会文化现象，就不失为一种值得尝试的分析视角。美国历史学家裴宜理（Elizabeth J. Perry）所著《重访中国革命：以情感的模式》一文，就是一个佳例。通观全文，我们发现，裴宜理非常巧妙地以中国革命为历史线索——从土地改革到“文革”时期，着力考察了中国共产党通过激发民众“情感”实现政治动员的独特模式。对于这种研究策略，结论更有直截了当的概括：“强调情感作用在革命动员中的观点并不排斥其他可供选择的对于革命胜利的解释，但是，如果情感模式具有感召普通群众做出革命行动的力量的话，它或许使得我们能够更好地理解诸如意识形态、组织形式、符号体系，甚至阶级划分等受到情感影响的多种方式。”[2] 可见，从情感出发来考察中国革命的政治动员，无疑是一个很好的视角。这对我的思考也很有启发。

然而，必须指出的是，我的研究进路仍然与裴宜理有所不同。换句话说，本书并非仅仅将情感作为一个考察明清中国司法实践的视点，而是基于这样的预设：传统中国具有“情感本体”的文化特征。设定这一宏观文化语境之后，再来考察和解读“诉诸情感”在明清时期的民众诉讼和官方裁判中的独特意蕴和关键作用。当然，这里的“预设”，并不是胡乱的假设，而是经由考察传统中国的人际互动关系模式或社会秩序之后得出的基本结论。所以本书的预设

1　关于情感的社会文化意义的讨论，参见［美］乔纳森·特纳、简·斯戴兹：《情感社会学》，孙俊才、文军译，上海：上海人民出版社 2007 年版，第 1—3 页。

2　［美］裴宜理：《重访中国革命：以情感的模式》，李冠南、何翔译，载刘东主编：《中国学术》2001 年第 4 期 / 总第 8 辑，北京：商务印书馆 2001 年版，第 121 页。

是有条件的，也是可以作为立论基础的。至于传统中国属于“情感本体”的文化类型的提法，则非我的发明，而是借用了中国思想史学者李泽厚的研究成果。

李泽厚认为，传统中国具有“乐感文化”的类型特征。而“乐感文化”的核心，则是“情本体”。所谓“情本体”，乃是以“情”为人生的最终实在和根本。此“情”者，既是情感，也是情境；而“它们作为人间关系和人生活动的具体状态，被儒家认为是人道甚至天道之所发生”的产物。就“情本体”社会的历史演变而言，在先秦儒家的原典中，这种“情本体”的文化意蕴特别深厚，但是，经由秦汉帝国的政治与思想的变迁，性善情恶成为专制帝国统治臣民的正统论断；宋明以降，由于理学鼓吹“存天理，灭人欲”的道德律令，情欲遭到了贬抑；明代中叶以后，情欲渐次得到了肯定和揄扬，然而仍然缺乏哲学的论证。[1] 暂时撇开“乐感文化”这一容易引起争议的问题不谈，我觉得，李泽厚对于传统中国“情本体”的文化解释颇具创意，是可以接受的；而其关于“情性”思想变迁的概括，同样是值得注意的。不过，李泽厚的论述，只是我们思考明清中国司法实践中的“诉诸情感”的线索，其内容尚有进一步充实的必要。另外，就“情”而言，也非仅仅是指情感和情境，实际上还应该包括“事实”和“情理”等含义，尽管它们与明清司法实践也有密切的关联，但是本章主要讨论司法实践中的情感因素及其作用，而对于情境和事实，则留待将来再作具体研究。

为了深入理解“情感”的社会文化意义，似有必要对其基本含义与社会功能进行概念史和社会文化史的考察。[2] 众所周知，情

1 参见李泽厚：《实用理性与乐感文化》，北京：生活·读书·新知三联书店 2005 年版，第 55—56 页。

2 必须说明的是，鉴于此一问题牵连甚广，这里不便详述，故而仅仅以先秦儒家思想（接下页）

感的核心是“情”。欧阳祯人指出：实际上，“青”即指“情”的本字；而“青”字，目前最早的例证见于西周铭文，从生，井声，本义系指草之青色。如果与“性”结合起来考虑，那么“性”的本字，就是“生”；而“生”的本义，则是草生于地；与此相关，“青”即为“生”的显示——植物的颜色。这样一来，我们既看到了“生”与“青”的关系，前者是内在本体，后者是外在表现；又看到了“性”与“情”的关系，前者是根本，后者是枝干。进一步说，“青”后来添加了“心”，它的构形是“从青从心，上青下心”，由此，“情”就获得了表示心理情绪的内涵，一如《礼记·礼运》那句经典概括：“何谓人情？喜、怒、哀、惧、爱、恶、欲，七者弗学而能。”所谓“弗学而能”的意思，系指“情”属于人与生俱来的本性，学者将其视为自然情感，[1]与《荀子·正名》所谓“性之好、恶、喜、怒、哀、乐，谓之情”的意思切合。[2]深究起来，则应该是：“情”由“性”而来，即“情”是“性”的外在表现，然而它们的本质却又相同。徐复观指出：

> 在先秦，情与性，是同质而常常可以互用的两个名词。在当时一般的说法，性与情，好像一株树生长的部位。根的地方

为线索，稍稍勾勒一下情感的基本意蕴，其他问题暂不深论。另外，在中国历史上，对于情感（性、情和欲）的态度，各家思想容有差异，具体阐释也微有不同，但是，对于情感与风俗、礼法、政治和司法的关系的认知，则是大同小异；因此，对此问题不作深论，也不致影响本书有关明清中国在司法实践中“诉诸情感”的基本判断。特别值得指出的是，先秦知识精英对于情感的态度和阐释，究竟在多大程度上影响了民间百姓的情感态度和情感实践，乃是一个悬疑极大的问题。再者，民间百姓对于情感态度的自我表述究竟怎样，同样模糊不清，目前没法判断。据此，本书只能在具体考察“诉诸情感”的司法实践中的作用时，利用相关资料进行一般意义上的分析和解读，关于情感的概念史和社会文化史的讨论，只能留待专家来进行了。

1 参见李明辉：《四端与七情：关于道德情感的比较哲学探讨》，上海：华东师范大学出版社 2008 年版，第 7 页。

2 以上概括，参见欧阳祯人：《先秦儒家性情思想研究》，武汉：武汉大学出版社 2005 年版，第 81—88 页。

是性，由根伸长上去的枝干是情；部位不同，而本质则一。所以先秦诸子谈到性与情时，都是同质的东西。[1]

然而，必须说明的是，在先秦原典记载中，所谓“情”并非仅仅是指情感，前引李泽厚的论述已经说过，“情”既是情感，也是情境；而实际上，“情”尚有更为丰富的内涵，它包括了初始、实质、情实、情理、真诚和诚信等。[2]在我看来，无论“情”的内涵怎样丰富多彩，只是到了《郭店楚简》和《荀子》的写作时代，“情”的核心意思包括情感，似无疑问。[3]虽然情感在中国思想史上的演变可谓一波三折，而且对于它的含义和社会政治文化作用，更难做出“一言蔽之”的概括，我也没有能力在此就其发展脉络继续进行梳理，但是，概括地说，考察情感在中国历史上发挥作用的主要线索有四：其一，在文学艺术上，尽管“以文载道”是主流，然

1 徐复观：《中国人性论史·先秦篇》，上海：上海三联书店 2001 年版，第 204 页。余国藩在《释情》长篇论文中也说：“‘情’和‘性’应指‘本质’和‘本性’，在中国上古根本就是同义的观念。”又说：“‘情’字的意蕴因情境与内涵而改变，端视其用法而定。决定的因素还包括情况、情实、情事、情感、情理与情欲等等。”参见余国藩：《〈红楼梦〉、〈西游记〉与其他》，北京：生活·读书·新知三联书店 2006 年版，第 434、438 页。

2 参见前揭《先秦儒家性情思想研究》，第 88—94 页；另见陈昭英：《儒家美学与经典诠释》，上海：华东师范大学出版社 2008 年版，第 29—42 页。

3 关于先秦典籍中的“情”的本义，目前尚有争议。英国学者葛瑞汉（A. C. Graham）认为：先秦典籍中的“情”，是指实质或情实，而非情感；换句话说，在情感意义上使用“情”，乃是宋代以后的事情。具体讨论，参见 A. C. Graham, *Late Mohist Logic, Ethics and Science*, Hong Kong: The Chinese University Press, 1978, pp.179-182。葛瑞汉的意见很有影响力，也得到了学者的认可——至少，孔孟以前文献中的“情”，尚无情感的意思，这几乎成了定论。只是随着《郭店楚简》的出土和广泛研究，人们发现，在这一介乎孔子与孟子之间的文献中，其所谈论的“情”，已有情感的意思。稍后，在《荀子》中，虽然“情”的含义复杂，但是，其有情感的意思也无疑问。故而我们不能笼统地说先秦文献中的“情”，全都没有情感的含义。参见郑宗义：《性情与情性：论明末泰州学派的情欲观》，载熊秉真、张寿安合编：《情欲明清——达情篇》，台北：麦田出版社 2004 年版，第 23—40 页。然而，也有学者认为，“情”的本义是情感，而实质、情实和诚信则是引申的含义。参见王岗：《浪漫情感与宗教精神——晚明文学与文学思潮》，香港：天地图书公司 1999 年版，第 6—10 页。不过，由于“情”之含义的流变，不是本书的主题，这里暂不深论。

而“以情为本”的“抒情”传统依然非常耀眼；[1] 事实上，对于情感的修辞表达和合理整饬，本身就是“载道”的内在要求，因而两者也有密切的关联。其二，就社会层面而言，父母子女之间，夫妻之间，兄弟姐妹之间，亲友邻里之间，师生之间，乃至扩展到“四海之内，皆兄弟也”的社会关系领域，可以说建构和维系他们之间关系的基础即是情感。其三，在政治上，君臣之间，国家与民众之间，虽然很难用基于血缘自然形成的情感来加以调整，但是，儒家“移孝作忠”的理想表明，政治秩序仍然以情感为纽带；故而《尚书·泰誓》曾有“天矜于民，民之所欲，天必从之”和“天视自我民视，天听自我民听”的著名记述，这恰恰说明了（政治感受和生活遭遇，以及他们的政治认同）对于实现政治统治是何等重要。而“君父”和“父母官”的称谓，也折射出政治的家族化与伦理化的特征；反过来说，也是政治“情感化”的体现。再者，学者每每称说传统中国政治与法律的道德化，[2] 但是我觉得，所谓“道德化”实际上就是“情感化”的一种反映，因为传统中国道德的根基植于“情感”。其四，作为“节制”情感的形上根源的天道与形下工具的礼法，都是圣人为了整饬人情而提出的一套说辞，提供的规范制度。

鉴于文学艺术中的情感表达方式与本书题旨的关系不是很大，

---

1 例如，余国藩在思想史与文学史的双重脉络中梳理了传统中国“情”的含义和作用，参见《释情》，载氏著《〈红楼梦〉、〈西游记〉与其他》，第433—492页。再如，高友工从文学史和艺术史视野出发，讨论了古典中国的“抒情”传统。参见《中国文化史中的抒情传统》和《试论中国艺术精神》，载氏著《美典：中国文学研究论集》，北京：生活·读书·新知三联书店2008年版，第90—174页。另外，关于“情”的一般讨论，参见汤一介：《“道始于情”的哲学诠释——五论创建中国解释学问题》，载《学术月刊》2001年第7期；乐黛云：《“情”在中国》，载《文艺争鸣》2005年第4期。

2 关于传统中国法律“道德化”或“伦理化”的详尽讨论，参见瞿同祖：《中国法律与中国社会》，北京：中华书局1981年版，第328—346页；梁治平：《寻求自然秩序中的和谐——中国传统法律文化研究》，北京：中国政法大学出版社1997年版，第251—325页。

这里不作讨论。下面，本章单单围绕其他三个问题，引述若干史料，并稍作讨论。

尽管自从“商鞅变法”以来，作为传统中国人际关系基础的“家”，已经成为规模很小的血缘组织单位，在中国家庭史和人口史上，都有“五口之家”的说法，但是，在概括传统中国社会文化的基本特征时，学者却又每每以“宗法家族”为标志。这意味着家或家族的政治意义、社会意义和文化象征意义，都有不可小觑的作用。在政治上，所谓“家国同构”是学者普遍认同的概括。梁漱溟《中国文化要义》在“绪论”后即有“从中国人的家说起”的专章，[1] 费孝通《乡土中国》也专门讨论了“家族”的社会意义。[2] 研究中国法律史的学者同样重视“家族”的政治功能和法律功能，瞿同祖《中国法律与中国社会》第一章即是“家族”的专章，[3] 梁治平《寻求自然秩序中的和谐》第一章也是“家与国”。[4] 由此可见，家或家族，确实成了理解传统中国的社会文化和政治法律所不能忽略的关键问题。与此同时，家或家族更是传统中国政治法律思想得以产生和发展的肥沃土壤。

由于资料繁复，我们且从《论语》说起：

> 人道，亲亲也。
>
> 仁者，人也，亲亲为大。[5]
>
> 有子曰：“其为人也孝悌，而好犯上者，鲜矣。不好犯上而好作乱者，未之有也。君子务本，本立而道生。孝悌也者，

---

1 参见梁漱溟：《中国文化要义》，上海：学林出版社 1987 年版，第 26—43 页。

2 参见费孝通：《乡土中国》，北京：生活·读书·新知三联书店 1985 年版，第 36—41 页。

3 参见前揭《中国法律与中国社会》，第 1—87 页。

4 参见前揭《寻求自然秩序中的和谐》，第 6—32 页。

5 引据《礼记·大传》和《中庸》。

其为人之本欤？”

或谓孔子曰：“子奚不为政？”子曰：“《书》云：‘孝乎惟孝，友于兄弟。’施于有政，是亦为政，奚其为为政？”

子曰：“弟子入则孝，出则悌，谨而信，泛爱众，而亲仁。……”

樊迟问“仁”。子曰：“爱人。”

子曰：“君子笃于亲，而民兴于仁。”[1]

从上引话语可以看出，在孔子和儒家的心目中，家或家族的伦理道德的核心是以“亲亲”为本；而“亲亲”的基础，则是“孝悌”；人们持受和践履“孝悌”，不但可以成为君子，而且也是政治实践的关键。反过来说，“孝悌”的社会基础，是“亲”，亦即以父母兄弟为核心的亲属群体；“孝悌”的体现方式，是“爱”；而“爱”的延展，则是“泛爱”——按照“爱有等差”的“差序”原理由内向外延展，这就涉及普通民众；一旦做到了“泛爱众”，就达到了“仁”的境界。[2]有学者认为：在孔子看来，最高的“爱”，是“仁”。[3]可见“仁”的起点，是家或家族；而“仁”的基础，无疑是亲属之间自然和培植起来的情感；[4]因此“仁”的伦理实践，既关

1 分别引据《论语》中的“学而”、“为政”、“颜渊”和“泰伯”诸篇。

2 也有学者认为：对“仁”来讲，是“亲”；但是，对“众”而言，却是“爱”；具体说来，“爱”的情感要比“亲”来得自然。另外，严格地讲，“仁者，爱人，爱贤者是也”。可见，它的本义比较特殊。参见洪涛：《〈论语〉之政治学——“为政以德”章释义》，载《思想史研究》第二卷《经学、政治与现代中国》，上海：上海人民出版社 2007 年版，第 29—46 页。

3 ［美］赫云·霍克斯曼：《柏拉图和孔子的爱与国家》，姜志辉译，载前揭《经学、政治与现代中国》，第 171 页。

4 庞朴指出，在《郭店楚简》中，“仁”写作“从身从心，上身下心”。而“身”下放“心”，这意味着“仁”的意思与人的身体有关。进而指出：“既然这种心态跟身体有关，那么它也就跟血缘有关。”又说：“仁爱的‘仁’字最初只适用于血缘集团内部。”到了孔子那里，“仁”突破了血缘的界限，获得了普遍意义。参见氏著《中国文化十一讲》，北京：中华书局 2008 年版，第 106 页。

乎家族的秩序，也关乎国家的政治实践。霍克斯曼指出："在柏拉图和孔子看来，爱不仅仅是一种感情或心理状态，而且也是一种具有道德目的的活动。爱是一种以道德为目的的冲动，能通向个体和国家的和谐。"又说："爱成了一切道德关系的基础和作为国家善意和仁慈的公正的基础。'仁'与'eros'产生了道德承诺，是国家的伦理基础。"[1] 如果将这种情感推至其他社会群体和政治领域，从"老吾老，以及人之老；幼吾幼，以及人之幼。天下可运于掌"[2] 起，一直推展出去，那么"大同世界"[3] 必将实现，这是儒家政治的理想境界。实际上，孟子正是从"亲亲，仁也"和"亲亲而仁民，仁民而爱物"，以及"仁之实，事亲是也"[4] 的立场，来谈论"仁政王道"的。对此，李泽厚曾经指出："'仁政王道'是'不忍人之政'。"[5] 一句话，儒家的"仁政王道"乃是一种"爱"的政治，也是一种以情感为基础的政治。[6] 孟子这样写道：

人皆有不忍人之心。先王有不忍人之心，斯有不忍人之政

1　前揭《柏拉图和孔子的爱与国家》，载前揭《经学、政治与现代中国》，第 171–172 页。

2 《孟子·梁惠王下》。

3　儒家经典《礼记·礼运》记有："大道之行也，天下为公，选贤与能，讲信修睦。故人不独亲其亲，不独子其子，使老有所终，壮有所用，幼有所长，矜寡孤独废疾者，皆有所养；男有分，女有归。货恶其弃于地也，不必藏于己；力恶其不出于身也，不必为己。是故谋闭而不兴，盗窃乱贼而不作，故外户而不闭，是谓大同。"这意味着，"大同世界"的起点，也是家或家族；由此向外推展，爱及他人，从而建构起以情感为基础的充满人间温情的和美秩序。可见，儒家眼里的理想社会，乃是一个情感的、审美的社会。它与法家强调和着力推行的"法治"社会，有着根本性的差异；也与现代意义上的法治秩序很不一样。必须指出的是，除了基于亲属的情感因素，儒家的"大同世界"尚有另外两层意涵：其一，在经济上，实现"共产"制度；其二，在政治上，推行"天下为公，选贤与能，讲信修睦"的制度。

4　分别引据《孟子·尽心上》和《孟子·离娄上》。

5　李泽厚：《孔子再评价》，载氏著《中国古代思想史论》，北京：人民出版社 1986 年版，第 43 页。

6　有学者认为："如果我们用'爱'来概括'仁'的主要意义，我们就能阐明其最直接和最广泛的含义：在人际关系中的所有情感。"（前揭《柏拉图和孔子的爱与国家》，载前揭《经学、政治与现代中国》，第 173—174 页。）

> 矣。以不忍人之心，行不忍人之政，治天下可运之掌上。所以谓人皆有不忍人之心者，今人乍见孺子将入于井，皆有怵惕恻隐之心，非所以内交于孺子之父母也，非所以要誉于乡党朋友也，非恶其声而然也。由是观之，无恻隐之心，非人也；无羞恶之心，非人也；无辞让之心，非人也；无是非之心，非人也。恻隐之心，仁之端也；羞恶之心，义之端也；辞让之心，礼之端也；是非之心，智之端也。人之有是四端也，尤其有四体也。[1]

综上，在儒家看来，立足于常人之常情、常理，发端于家或家族的血缘亲属，进而实现“仁政王道”，可谓易如反掌；而这其中，情感则是关键因素和维系纽带。值得指出的是，所谓恻隐、羞恶、辞让和是非之心，学者将其称为道德情感。与此相关，《礼记·礼运》那句经典概括：“何谓人情？喜、怒、哀、惧、爱、恶、欲，七者弗学而能。”所谓“弗学而能”的意思，系指“情”属于人与生俱来的本性，学者将其视为自然情感，[2] 要之，源自家或家族的“亲”和“爱”，既是一种自然情感，也是一种道德情感，它是传统中国的社会、政治和礼法秩序的基本。就此而言，传统循吏的“教化”工作，也往往是以“仁爱”为起点的，班固《汉书·循吏传》中说黄霸“仁爱好教化”[3]，可以说是最为简洁的概括。

反过来说，前引“君子笃于亲，而民兴于仁”一言表明：在君子情感的化育下，民众的“主体意识”得以觉醒，所谓“兴”即是这个意思。[4] 孔子曾说：“上好礼，则民莫敢不敬；上好义，则民

1 《孟子·公孙丑上》。

2 关于“自然情感”和“道德情感”的简要概括，参见前揭《四端与七情：关于道德情感的比较哲学探讨》，第 7 页。

3 ［汉］班固撰：《汉书》卷八十九·循吏传，北京：中华书局 1962 年版，第 3625 页。

4 前揭《儒家美学与经典诠释》，第 22 页。

莫敢不服；上好信，则民莫敢用情。”[1]这里，民众“用情”，无疑是对于君子“好信”的回应。[2]它与《论语·颜渊》所记“君子之德风，小人之德草，草上之风必偃”的寓意，正好吻合。儒家以情感作纽带，以期形成官民上下之间良性的政治互动。如果这样的道德官员能够深入民间社会，那么经由他们“移风易俗”的工作之后，“和美”的社会秩序就会出现。故而，荀子曾有“儒者在本朝，则美政；在下位，则美俗”[3]的期许。这种植根于人性、体现人间情感的“美俗”秩序，无疑有着审美的意蕴。事实上，试图担当“师”与“吏”双重身份的循吏，在进行治理过程中着力推行移风易俗的“教化”工作，恰好是荀子所谓“在下位”的情形，而他们希望实现的正是“美俗”的理想。

先秦法家尽管并不反对一般意义上的亲疏、尊卑、长幼、贵贱之别，却反对以此作为法律的基础。[4]《管子·任法》说：只有“不知亲疏、远近、贵贱、美恶”，才能一以度量决断。慎子也说：“骨肉可刑，亲戚可灭，至法不可阙也。”[5]《商君书·开塞》讲：“亲亲则别，爱私则险，民众而以别险为务，则民乱。”韩非也讲：“有贤不肖而无爱恶。”[6]秦朝奉行法家思想，力行“法吏”政治，自然压抑“情感”的政治意义。不过，随着汉武帝推崇董仲舒“独尊儒术”的提议，笃信儒家政治理想的循吏，渐次登上政治舞台，并且身体力行，积极推行“移风易俗”的政策，劝课农桑，兴办学校，

1 《论语·子路》。

2 钱穆将“情”释作“情实”，是指百姓“以忠实对其上”的意思。参见氏著《论语新解》，成都：巴蜀书社1985年版，第310页。陈昭英沿着朱熹以“诚实”释“情”的思路，认为此“情”既已偏重于主体性，也就多少已有“感情性的倾向”。参见前揭《儒家美学与经典诠释》，第30—31页。

3 《荀子·儒效》。

4 相关讨论，参见前揭《中国法律与中国社会》，第282—286页。

5 《慎子·外篇》。

6 《韩非子·安危》。

宣导教化，涌现出了“召父杜母”这样的模范官僚。[1] 其间，“民情”（生活状况与其情感）的政治功能有所复振。可以说，自从标榜“以孝治天下”的汉代以后，情感政治的色彩一直存在。充满情感政治色彩的话语——诸如“为民父母，莫不仁慈”，以及“惦念赤子”或“抚养惠慈”之类，在公私记载中，也是连篇累牍；而其蕴含的政治信念，便是“爱民勤政”四字。下面摘录两条明清时期的史料，以见一斑。明代理学名臣吕坤在《太原谕属》中写道：

> 壬辰六月，余召太原所属州县掌印正官而谕之曰：宇宙之内，一民一物痛痒，皆与吾身相干，故其相养相安料理，皆是吾人本分。《书》云：“山川鬼神，亦莫不宁，及鸟兽鱼鳖咸若。”鸟兽鱼鳖，非吾同类也，而且使之咸若，然犹曰彼有血气心知，欲生恶死，所同鬼神，奚赖吾人。山川有何知识，而亦使之莫不宁者何？盖圣人以天地为心，为生民立命，心思既竭，仁爱无穷，必使乾坤清泰，海宇安康，无一事不极其妥帖，无一物不得其分愿，而后其心始遂。伊尹，有莘之耕夫也。当隐居时，便乐尧、舜之道，其言曰：“予弗俾厥后为尧、舜，其心愧耻若挞于市；一夫不获，曰时予之辜。”夫君不尧舜，自有当其耻者；一夫不获，自有任其辜者。而伊尹引为己责，深自愧罪，只是真真切切见那君民痛痒，触着便自相干，而致君泽民，我又有此学术，是以孔席不暖，墨突不黔，汲汲皇皇，慇慇恳恳，只是这个不忍人底念头放歇不下。吾辈七尺之躯，不短于古人；耳目口鼻，四肢百骸，不少于古人；六经四书，子史百家，至今大备，吾辈诵习，又多于古人。只似看

1 具体讨论，参见余英时：《士与中国文化》，上海：上海人民出版社 1987 年版，第 129—216 页。

得天下民物与我分毫无干，岂是这腔子中，天不曾赋与不忍人底一点良心？如何百姓痛痒全不关心？死活通不介意？

大段今之为吏，品格不同。第一等人，有这一点恻隐真心，由不得自家，如亲娘之于儿女，忧饥念寒，怕灾愁病，日思夜虑，吊胆提心，温存体爱，百计千方，凡可以使儿女心遂身安者，无所不至。虽强制之不能，虽淡薄之不减，所以说“先王有不忍人之心，斯有不忍人之政”。心切而政生，虑周而政详，圣人虽欲歇手不得，此谓率其自然。第二等人，看得天地万物一体，是我性分；使天下万物各得其所，是我职分。不存此心，便有愧于形骸；不尽此心，便不满其分量。惓惓维世道，亟亟爱民生，以谓为之，自我当如是耳。此谓尽其当然。但才有强勉向道之心，便有精神不贯之处。第三等人，看得洁己爱民、修政立事，则名誉自章，不则毁言日至。士君子立身行己，名节为先，奈何不自爱？是为名而为善者也。第四等人，守能洁己而短于才，心知爱民而懦于政，可谓善矣。然毫无益于郡邑，安能为有无哉？第五等人，志欲有为而动不宜民，心知向上而识不谙事。品格无议，治理难成。第六等人，知富贵之可爱，惧摈斥之或加。有欲心而守不敢肆，有怠心而事不敢废。无爱民之实，亦不肯虐；无向上之志，亦不为邪，碌碌庸人而已。第七等人，实政不修，粉饰以诈善；持身不慎，弥缝以掩恶。要结能为毁誉之人，钻刺能降祥殃之灶。地方军民之事，毫发不为；身家妻子之图，殷勤在念。此巧吏也。近日大家成风，牢不可破矣。第八等人，嗜利耽耽，如集膻附腥；竞进攘攘，如驰骑逐鹿。多得钱而好官我自为，笑骂由他笑骂耳。此明王之所不赦，明神之所以必殛者也。

呜呼！正学衰，世道绝，利达之固习既成，恻隐之真心遂死。失所民物，付托何人？一人笃恭而无为，百姓日用而不知。吾党泄泄沓沓，以苟富贵，世道倾颓，万物愁叹，将遂任其所终乎？傥一深思，可为恸哭。天生此身，岂为酒肉之囊、锦绣之架哉？天生此民，岂为士夫之鱼肉，官府之库藏哉？傥一深思，可为大愧。本院无能振拔，罪之魁也。诸君千万努力。[1]

从整篇文稿中，可以看出三层意思：首先，作为儒家官僚的吕坤，他所追慕的理想政治，乃是儒家共同信奉的“尧舜”时代，一个充满“仁爱”精神的社会。当然，在皇权体制下，这种政治以“致君泽民”为嚆的。其次，吕坤品评“八等”官僚的标准，则是“贤能”两字，即“德才兼备”是也，其中又以道德为核心；而“道德”的基础不外乎“亲情”两字，一如亲娘“温存体爱”儿女那样。因此，仍然是情感政治。最后，在明代的现实政治场域中，这种情感本位的政治，已经基本落空，以致吕坤发出了“呜呼”的哀叹。

这里，我们再抄一段清代的资料。康熙名臣黄六鸿在《福惠全书·自序》中写道：

夫是书也，乃政治之事也，而颜之以“福惠”何居？曰：福者，言乎造福之心也；惠者，言乎施惠之事也。夫人有是心而后有是事，无是心而即无是事。故，在上者必先存有造福地方之心，而后能有施惠百姓之事。事者，心之推；而惠者，福之实也。昔子舆氏所谓“以不忍人之心，行不忍人之政”。非即此意乎！以之为政，宜莫要于此矣。然则书而言全，又何

1 引据［明］吕坤撰，王国轩、王秀梅整理：《吕坤全集》（中），北京：中华书局2008年版，第925—927页。

居？曰：全者，统一州邑之政而皆具是也。[1]

由此可见，之所以能"福惠"百姓，是因为官员能"以不忍人之心，行不忍人之政"，所谓"仁心仁政"是也。具体而言，乃是要求官员本着"视民如伤"或"爱民盛心"[2]的道德情感，以此熟悉民情——百姓的生活实况和性情感受，推行"兴利除害"的政策。最终实现那种"夫妻父母，团聚说笑，岂不快乐"的既情暖温馨又其乐融融的和美世界；反之，看见愚民"忍辱受刑，身破家亡"，就会产生"既可痛恨，亦可哀怜"[3]的同情之心。要而言之，一个理想的地方官或父母官，应该做到"与民相爱如家人父子"。[4]

可以说，在各类"官箴书"和衙门公文告示中，其所体现出来的政治心态，基本上都是用"仁心"来推行"仁政"。在我看来，所谓"仁心"，也不外乎"将心比心，以情感情"的意思。清代康熙年间的内乡县正堂高以用所写的一副对联，说得最为真切：

得一官不荣，失一官不辱，勿说一官无用，地方全靠一官；
吃百姓之饭，穿百姓之衣，莫道百姓可欺，自己也是百姓。[5]

虽然对联写得文字浅白，但却寓意隽永，值得回味再三。官员之荣辱得失，并非官员一己之事，而是关乎百姓的福利；官员之吃饭穿

---

1 ［清］黄六鸿：《福惠全书》，载《官箴书集成》第三册，合肥：黄山书社1997年影印版，第211页。

2 前揭《福惠全书》，载《官箴书集成》第三册，第213页。

3 引据［清］佚名《告示集》（清末刻本）所收《劝民安分守法》，载杨一凡、王旭编：《古代榜文告示汇存》第十册，北京：社会科学文献出版社2006年影印版，第37页。

4 参见赵尔巽等撰：《清史稿》卷二百七十七·于成龙传，北京：中华书局1977年版，第10083页。

5 引据刘鹏九主编：《内乡县衙与衙门文化》，郑州：中州古籍出版社2004年增订版，第25页。

衣，全赖百姓之勤苦劳作。更为值得注意的是，其所蕴含的“将心比心”[1]的平实心态——“莫道百姓可欺，自己也是百姓”，这是非常难能可贵的自省。总之，“仁政”是“同情心”的政治，即是情感政治。

当代法理学家往往振振有词地说：法律是统治阶级意志的体现。衡诸传统中国法家的法律理论，也算切合。比如，先秦法家的殿军人物韩非就说：“法者，编著之图籍，设之于官府，而布之于百姓者也。”[2]又说：“法者，宪令著于官府，刑罚必于民心，赏存乎慎法，而罚加乎奸令者也，此臣之所师也。君无术则弊于上，臣无法则乱于下，此不可一无，皆帝王之具也。”[3]进而主张：“明主之国，无书简之文，以法为教，无先王之语，以吏为师。”[4]可见，法律不惟为帝王所制定，而且它的解释也被官吏所垄断。当然，即便“独尊儒术”之后的历代王朝，虽然标榜道德情感的治理功能，但是控制法律的制定权和解释权依然是努力追寻的目标；只是，在控制法律解释上，帝国政府终究未能如愿以偿，甚至在一定程度上承

1 在《论语·里仁》中，曾子在解释孔子“吾道一以贯之”时，拈出“忠恕”两字。在《雍也》中，孔子说：“夫仁者，己欲立而立人，己欲达而达人。”在《卫灵公》中，还说：“其恕乎！己所不欲，勿施于人。”古今通说认为，“仁”的要义是“忠恕”。“忠”是“尽己为人”的意思，暂时不说。“恕”的积极面是“己欲立而立人，己欲达而达人”；它的消极面是“己所不欲，勿施于人”。可见，“恕”就是“将心比心”的意思。例如《礼记·曲礼上》记有“礼尚往来，往而不来，非礼也；来而不往，亦非礼也”。在我看来，这无疑是由“将心比心”而形成的交往原则——互惠或报，而“礼”则是它的规范化与形式化；也就是说，它要求人们在交往时能够保持有来有往，否则即是“非礼”。冯友兰说：“这是人情。”（氏著《新世训》，北京：生活·读书·新知三联书店2007年版，第21页。）这种“有来有往”的相处之道，既是人情，也是“行礼”。可见，“礼”起源于人们交往的情感需要，进而演化成为一条交往的原则。就此而言，所谓“人情”，既包括了情感的内涵，也包括了作为规则（礼）的事实。故而“礼，是合乎人情的行为”。（前揭《新世训》，第23页。）实际上，从“恕”字的构形来看，“从如从心，上如下心”所要表达的也是“将心比心”的态度。说到底，以“恕”待人，即是以“仁”待人；以“恕”为政，就是“王道仁政”的情感政治。

2 《韩非子·难三》。

3 《韩非子·定法》。

4 《韩非子·五蠹》。

认私家法律解释的“合法”地位，乃至予以吸收，将其融入国家法律，进入司法实践。

与法家着眼于国家法律的立场不同，儒家强调“礼乐”的治理。在儒家看来，礼乐起源于人情和习俗，而其仪式来源则是祭祀；[1]概括地说：“天地者，生之本也；先祖者，类之本也；君师者，治之本也。……故礼，上事天，下事地，尊先祖而隆君师，是礼之三本也。”[2]这意味着，礼是人情与祭祀仪式的兼容并包。如果从礼乐刑政分化的角度来讲，[3]那么《慎子·逸文》所记“礼从俗，政从上”，当属敏锐的体察。《管子·宙合》也说：“乡有俗，国有法。”而《荀子·儒效》则说：“儒者在本朝，则美政；在下位，则美俗。”综合起来，我们可以看出，国家兴起之后，国家层面的“政”和“法”与社会当中的“礼”和“俗”，就出现了分化的格局。尽管“礼乐刑政”已经分化，并且功能也有差异，但它们的目标则无不同，诚如《礼记·乐记》所谓“礼乐刑政，其极一也，所以同民心而出治道也”。阎步克认为：其“一”者，系指用“礼乐”来涵摄制约“刑政”。[4]实际上，“乐”也是“礼”的组成部分。据此，在儒家心目中，“为国以礼”[5]可以概括他们的基本政治信念。

1 许慎《说文·示部》释“礼”作“事神致福”。王国维释“礼”的原意为：“奉神人之器”，“又推之而奉神人之事通谓之礼”。（氏著《观堂集林》，石家庄：河北教育出版社 2003 年版，第 143—144 页。）何炳棣认为：“最原始最狭义的礼是祭祀的仪节。”（氏著《原礼》，载《二十一世纪》1992 年 6 月号，总第 11 期。）

2 ［汉］司马迁撰：《史记》卷二十三·礼书，北京：中华书局 1959 年版，第 1167 页。

3 实际上，孔子也已经看到了“礼乐政刑”在功能上的差异。他在《论语·为政》中说：“道之以政，齐之以刑，民免而无耻；道之以德，齐之以礼，有耻且格。”

4 参见阎步克：《士大夫政治演生史稿》，北京：北京大学出版社 1996 年版，第 84—85 页。

5 此一用来“为国”的“礼”，涵盖非常广泛。请看《礼记·曲礼》的记载：“道德仁义，非礼不成；教训正俗，非礼不备；分争辩讼，非礼不决；君臣、上下、父子、兄弟，非礼不定；宦学事师，非礼不亲；班朝治军，莅官行法，非礼威严不行；祷祠祭祀，供给鬼神，非礼不诚不庄。是以君子恭敬、撙节、退让以明礼。”由此，我们可以粗略地看到“礼”的道德、社会与政治功能。

上面提到礼乐的起源，与人性和人情密切相关。我们来看司马迁的记载：

> 礼由人起。人生有欲，欲而不得则不能无忿，忿而无度量则争，争则乱。先王恶其乱，故制礼义以养人之欲，给人之求，使欲不穷于物，物不屈于欲，二者相待而长，是礼之所起也。故礼者养也。
>
> 三代损益，乃知缘人情而制礼，依人性而作仪，其所由来尚矣。
>
> 乐也者，情之不可变者也；礼也者，理之不可易者也。乐统同，礼别异，礼乐之说贯乎人情矣。穷本知变，乐之情也；著诚去伪，礼之经也。
>
> 是故先王本之情性，稽之度数，制之礼义……[1]

此类说法，在先秦儒家经典中多有记载，这里不拟俱引。考其核心意思，乃系既要顺从“人性”，又要节制“人情”，以使“人欲”有度，不致泛滥，从而影响社会的和谐秩序。顺便一提，虽然法家的法律压抑人情，但是依然承认“情性”是法律必须考量的因素；只是，他们从人性“趋利避害”的角度出发，来制定法律和运用“赏罚”的权柄，并在司法实践中贯彻“法律的感情无涉”[2]的精神。据此，儒家是调适人情，而法家则是利用人情。尽管儒法两家都看到了人情的重要意义，态度却迥然有别。孔子曾说：“志于道，据于德，依于仁，游于艺”和“兴于诗，立于礼，成于乐”。[3]从中，我

1 依次参见《史记》卷二十三·礼书，第1161、1157页；卷二十四·乐书，第1202、1208页。

2 前揭《士大夫政治演生史稿》，第81—82页。

3 依次参见《论语》中的“述而”和“泰伯”。

们更可看出，基于人性或人情的礼乐制度，[1]实际上关乎的是德性的提升，人格的养成，追求的是审美圆融的生命境界，[2]而非仅仅是外在行为的中规中矩，这是法家"机械"的行为主义的想法。

时势变迁，风俗亦易，一如欧阳修在《新唐书·礼乐志》中所说："由三代而上，治出于一，而礼乐达于天下；由三代而下，治出于二，而礼乐为虚名。"此"虚名"者，指"习其器而不知其意，忘其本而存其末"。[3]也就是说，秦汉以后的历代王朝，只保存了三代礼乐的形式，却丢弃了礼乐的精神。究其原因，无疑是受到了法家思想的影响，然而，更为关键的是巨型帝国官僚机器运作的需要。值得追问的是："礼乐之器"与"礼乐之意"是否真的能够完全割裂开来？事实上，"意"藏于"器"，或以"器"可以存"意"；如若"器"还在，那么"意"也不至于荡然无存。[4]也许我们可以说：由于"乐治"的湮灭、"礼治"的蜕变，汉代以降"礼法合治"或"儒法帝国"的最终形成，致使"礼乐之治"在某种程度上成为"虚名"。不过国家的制度建设，还是秉承"因民而作，追俗为制"[5]的原则。而"因民"和"追俗"则意味着，制度建设必须关注民众的生

---

1 所谓"情动于中，故形于声，声成文谓之音。……声音之道，与正通矣"。"乐由中出，礼自外作。""仁近于乐，义近于礼。""仁以爱之，义以正之，如此则民治行矣。"均见《史记》卷二十四·乐书，第1181、1188、1193、1187页。概括地讲，音乐是仁爱和情感的自然流露或表现方式，礼仪既是音乐的外在化与形式化，也是仁爱和情感的调整手段，所以《乐书》说："合情饰貌者，礼乐之事也。"（第1187页）更可注意的是，它们都与政治息息相关。在儒家看来，调适"情"与"礼"/"理"的标准，乃是"中庸"。参见前揭《儒家美学与经典诠释》，第15—21页。

2 关于儒家"礼乐之治"与生命境界的具体讨论，参见李泽厚：《华夏美学·美学四讲》，北京：生活·读书·新知三联书店2008年版，第51—63页。也见前揭《儒家美学与经典诠释》，第25—28页。

3 ［宋］欧阳修、宋祁撰：《新唐书》卷十一·礼乐一，北京：中华书局1975年版，第307页。

4 关于"礼器"与"礼意"关系的讨论，参见［美］赫伯特·芬格莱特：《孔子：即凡而圣》，彭国翔、张华译，南京：江苏人民出版社2002年版，第71—78页；另见陈少明：《说器》，载氏著《经典世界中的人、事、物》，上海：上海三联书店2008年版，第199—222页。

5 《史记》卷二十三·礼书，第1161页。

活状况与他们的常情和常理；并且在思想观念上，人情和礼乐也仍然是儒家官僚袭用的话语，乃至追求的目标。因此，作为一种文化类型和政治模式，法律的情感意义依然不可忽视。请看以下史料：

> 圣人取类以正名，而谓君为父母，明仁爱德让，王道之本也。爱待敬而不败，德须威而久立，故制礼以崇敬，作刑以明威也。圣人既躬明哲之性，必通天地之心，制礼作教，立法设刑，动缘民情，而则天象地。[1]
>
> 刑罚不苟务轻，务其中也。君人之道，仁义为主，仁者爱人，义者理务。[2]
>
> 伏惟皇帝陛下，体元纂业，则天临人，覆载并于乾坤，照临运于日月，坐青蒲而化光四表，负丹扆而德被九围。日旰忘餐，心存于哀矜；宵分不寐，志在于明威。一夫向隅而责躬，万方有犯而罪己……[3]

可见，在法律儒家化脉络下的法律话语表述中，仍然不脱先秦儒家的窠臼。在作者眼里，法律是"为民父母"的君王，本着"仁爱"或"哀矜"的情感，又"动缘民情"而制作的。我觉得，此"民情"者，既包括百姓的生活情形，又涵盖他们的日常情感。唐代长孙无忌所著的《进律疏表》是如此，宋代窦仪《进刑统表》也将"哀矜在念，钦恤为怀"[4]的措词置于帝皇立法的中心。我们再来看看，到了本书讨论的明清时期，情形又是怎样。

---

1 《汉书》卷二十三・刑法志，第1079页。

2 ［唐］房玄龄等撰：《晋书》卷三十・刑法，北京：中华书局1974年版，第918页。

3 ［唐］长孙无忌：《进律疏表》，载刘俊文点校：《唐律疏议》，北京：法律出版社1999年版，第620页。

4 ［宋］窦仪：《进刑统表》，载薛梅卿点校：《宋刑统》，北京：法律出版社1999年版，第1页。

天生蒸民，不能无欲。欲动情胜，诡伪日滋。强暴纵其侵凌，柔懦无以自立。故圣人者出，因时制治，设刑宪以为之防，欲使恶者知惧而善者获宁。《传》所谓狱者万民之命，所以禁暴止邪，养育群生者也。……洪惟皇帝陛下，受亿兆君师之命，登大宝位，保乂臣民，孳孳弗怠。其训迪群臣，谆复数千言，唯恐其有犯。慈爱仁厚之意，每见于言外，是大舜惟刑之恤之义也。矜悯愚民无知，陷于罪戾，法司奏谳，辄恻然弗宁，多所宽宥，是神禹见辜而泣之心也。……由是仰见陛下仁民爱物之心，与虞夏帝王同一哀矜也。……陛下圣虑渊深，上稽天理，下揆人情，成此百代之准绳……[1]

康熙十八年九月十四日奉上谕：国家设立法制，原以禁暴止奸，安全良善，故律例繁简，因时制宜，总期合于古帝王钦恤民命之意。向因人心滋伪，轻视法网，及强暴之徒，陵虐小民，故于定律之外复设条例，俾其畏而知警，免罗刑辟。乃近来犯法者多，而奸伪未见衰止，人命关系重大，朕心深用恻然。……[2]

不烦细说，上引资料依然在“慈爱仁厚”和“下揆人情”的情感语境中讨论法律之目的，讲述法律之由来，而且字里行间也充满着“钦恤”和“哀悯”的浓浓情感；与此同时，由情感而来的，则是法律话语的道德化，乃至是严刑峻法的情感化，从而明清王朝的专制统治也被道德与情感所整饬和美化。但是，不管怎么说，这种情感文化的扩散和弥漫，实实在在深刻地影响了小民百姓的诉讼期盼

1 ［明］刘惟谦：《进大明律表》，载怀效锋点校：《大明律》，北京：法律出版社 1999 年版，第 2—3 页。

2 《圣祖仁皇帝上谕》，载田涛、郑秦点校：《大清律例》，北京：法律出版社 1999 年版，第 2 页。

与司法官员的纠纷解决。据我看来，只有在这样一种情感文化语境中，我们才能真正理解小民百姓的诉讼心态和修辞技巧，也才能切实领悟司法官员何以“情法兼顾”的裁判意图，无论词讼纠纷抑或命盗案件，莫不如此。

顺带指出，本书力图在情感文化的语境中深入解读明清诉讼的“心态模式”，或许是一种值得尝试的研究进路。这种研究进路，似乎也符合哲学解释学所谓“解释循环”的方法论原则。简单地说，为了更好地理解局部——“诉诸情感”的诉讼实践，必须首先理解包容局部的整体——“情感本体”的文化模式；经由局部的理解，再来深化对于整体的理解。[1] 如此不断循环互动，以使理解渐次深入。尚须指出两点：其一，本书凸显传统中国具有“情感本体”的类型特征，并不是要否认用其他独特因素来建构传统中国的文化类型的可能。事实上，关于传统中国“身份”、“伦理”、“礼法”或“无讼”之类的法律文化的类型概括，都是读者耳熟能详的例证。[2] 其二，随着秦汉帝国的形成，法家意义上的非情感化的法律已经占据显要地位，所谓“内法外儒”即是大家熟悉的概括，并且强调情感的政治法律意义也只是一种表达；但是“外儒”两字恰恰表明，即使是非情感化的法律，还是要用情感加以整饬和平衡，而这就给“情法兼顾”的司法实践留出了可能的空间；否则，我们很难想象，

1　梁治平所谓“要了解和解决中国的法律问题，必先了解和解决诸多法律以‘外’的其他问题”的研究取径，也可以视为这种解释学意义上的研究方法的具体运用。参见《法律文化：方法还是其他（代序）》，载氏编《法律的文化解释》，北京：生活·读书·新知三联书店 1994 年版，第 1—7 页。

2　简单地说，对于某种文化的类型建构，往往是学者根据研究的意图和需要，在比较过程中随机选取若干能够反映某一文化特征的因素，予以理论化的工作；另外，这些代表文化类型的因素也非固定不变，可以说是视需要而定的，所以理想类型是多元的，可以根据不同标准来建构不同的理想类型。而这，完全视乎我们的研究意图和需要而定。关于文化类型建构的方法问题的讨论，参见［德］韦伯：《社会科学方法论》，朱红文译，北京：中国人民大学出版社 1992 年版，第 40—41、85 页。

为什么“诉诸情感”的诉讼话语会充塞各种法律文本，人们为什么又要采用如此修辞技巧。[1]

二、申冤：民众的诉讼心态

上面，我们花了不少篇幅来梳理和回顾先秦以降“情感”作为传统中国社会秩序基础的历史脉络和文化意蕴；下面，我们再来分析在明清中国的诉讼实践中，民众又是怎样基于这种情感文化的语境，在诉讼实践中采取“诉诸情感”的行为策略。不过有一问题必须先期作出回答，这就是：民众对于“情感”的理解有何特点？之所以必须先期回答这一问题，是因为上文征引的资料基本上局限于儒家经典，而完全没有涉及民众的想法。尽管在传统中国，精英文化与草根文化之间的互动一直存在——“礼失求诸野”和“移风易俗”，都说明了两种文化传统之间的互动现象，也为学者所认同，但我觉得，仍有必要稍稍整理一下与民众有关的情感表达，尤其是与他们的法律意识和诉讼活动相关的表达。鉴于俗话或谚语颇能折射出民众的生活经验和情感体验，所以下

1 问题在于，新近的文化史研究表明，“表达”（representation）并非只是一种与实践（practice）相对的文化现象；恰恰相反，文化“表达”本身也是一种文化“实践”，其中蕴含着非常深刻的思想文化意义，而且也会制约人们的行为实践。在罗杰·夏蒂埃看来，表象既是社会的反映，同时也制约着社会。阿兰·科尔宾也说：表象体系不仅制约着判断体系，而且决定着观察世界、观察社会、观察自身的方式和方法，感情生活的描述是按照表象来组织的，实践活动也是由表象来决定。参见［法］米歇尔·伏维尔：《历史与表象》，沈坚译，载李宏图选编：《表象的叙述——新社会文化史》，上海：上海三联书店 2003 年版，第 12—13 页。因此，我们似乎不应该简单地将“表达”仅仅视作与“实践”可以剥离的文化现象。据此，黄宗智对于“表达与实践”的理解过于机械，很难解释清代司法实践的诸多复杂现象。关于黄宗智的研究，参见氏著《民事审判与民间调解：清代的表达与实践》，北京：中国社会科学出版社 1998 年版。

面以这类资料来略作讨论。[1]

俗话“人情莫过于父子”，“人情莫亲于父母”，“亲不过父母，近不过夫妻”，还有“世间最亲骨肉亲，断了骨头连着筋”，这都说明，一切人际情感的起点，均由核心家庭开始。另外，诸如“近邻比亲”，“割不断的亲，打不断的邻”，“贫穷患难，亲戚相救；婚姻死丧，邻里相助”，乃至“一日为师，终身为父”，“一表三千里”和“四海之内，皆兄弟也”，也均表明：围绕核心家庭向外推延的社会关系，都是拟制的亲属关系。而其背后，自然超越不了感情关系或人情关系。即使到了今天，人们依然会说“搞关系，攀人情”。所谓“走大门”，意味着照章办事；可是“走后门”，则意味着规避章程和法律，利用人情办事。有时，道理与人情会有冲突，比如“人情归人情，公道归公道”；有时，也会产生阻却人情的要求，例如“人情归人情，账上要分明”或“亲兄弟，明算账”。随着社会经济的发展，人们活动空间的拓展，社会关系的日益复杂，阻却人情乃是必然的要求。[2]但是，对于人情之重要意义，那是中国人心领神会的；在通常情况下，人们是很不愿意斩断人情关系的，比如“人情留一线，日后好相见”“理字一千人抬不动，情字五百年丢不弃”。凡此，也说明了人情或情理在社会生活中的重要价值，以致成为建构和维系社会关系的基础。尤其是，在中国乡土社会，由于

1 关于俗话和谚语的法律文化意义的简要讨论，参见徐忠明：《传统中国乡民的法律意识与诉讼心态——以谚语为范围的文化史考察》，载《中国法学》2006 年第 6 期；另见霍存福：《汉语言的法文化透视——以成语与熟语为中心》，载《吉林大学社会科学学报》2001 年第 6 期；霍存福：《法谚：法律生活道理与经验的民间形态》，载《吉林大学社会科学学报》2007 年第 2 期；程汉大、刘吉涛：《中西“小传统”法文化之“暗合”——以民间法谚为视角的考察》，载《华东政法大学学报》2008 年第 3 期。

2 有时，为了确保交易的正常展开，在乡土社会也发展出了一套阻却人情的特殊方式。相关讨论，参见前揭《乡土中国》，第 77 页。另见金耀基：《人际关系中人情之分析》，载杨国枢主编：《中国人的心理》，南京：江苏教育出版社 2006 年版，第 74—78 页。

人们生于斯，长于斯，老于斯和终于斯，不但己生，而且子孙后代，都会与左邻右舍建立各种各样的人情关系，乃至拟制的血缘关系，彼此称呼爷爷奶奶、叔叔伯伯、兄弟姐妹……都是中国人试图用人情来维系社会关系的表征。不消说，人情也会带来不可述说的压力，比如“人情大似债，头顶锅儿卖”，“人情重如债，衣裳脱去卖”，或“世间若要人情好，赊去货物不要讨”。甚至人情变得反复无常，不可信赖，例如“人情会有反复，山路必定崎岖”“人情冷淡何足怪，世态炎凉莫认真”。由此，在讲究人情的中国社会，反而滋生出了不欠人情的社交原则。但无论如何，人情成了传统中国社会的交往基础；如果某人不通人情，那么，必将在社会上寸步难行，在事业上难有作为；所以“世事洞明，人情练达”至关重要，谚语也有“人情之理，不可不察”的说法。

既然人情这么重要，那么中国人的人情交往的基本准则又是什么呢？谚语“人情像拉锯，你来我就去”，或“人情勿弃礼，一礼还一礼”，即《礼记·曲礼》所谓“来而不往，非礼也”的意思。此“一礼还一礼”者，就是一个“报”字，或者说，以“礼尚往来”为基本原则。杨联陞指出：“报”是中国社会关系的基础。[1] 在法律文化上，“报”与报仇、报冤和报应相关，也与“抵”具有同样的意思，诸如“以命抵命”和“罪罚相抵”等，下文再说。在中国民众的日常意识中，人情又是什么意思呢？在解释情理之“情”时，冯友兰写道：“即我们现在所谓情感之情。”[2] 在讨论人情之“情”时，金耀基说：人情一词有多种含义：一是情欲，指七情六欲；二是赠品，即礼物；三是“人情世故”的意思；四是与道理之

1 参见杨联陞：《报——中国社会关系的基础》，载氏著《中国文化报、保、包之意义》，香港：中文大学出版社 1978 年版，第 49 页。

2 前揭《新世训》，第 83 页。

"理"相提并论，乃为"人之常情"的意思。而整合起来讲，人情是指人际相处的道理，也是建构社会和谐秩序的基础。[1] 黄光国指出：人情涵盖情感、礼物或资源与社会规范等三重意思。[2] 阎云翔的观点也基本相同：人情包括了感情、社会规范和道德义务、资源和社会关系。[3] 据我看来，人情发轫于人的情感，最初来自父母子女之间的亲情，进而演化成为普遍意义上的人与人相处的道理——由"情"而"理"，所谓"情理"即是此意。就"情理"来讲，人情往往置于道理之上。[4] 不过，俗话"有理走遍天下，无理寸步难行"或"理直千人必往，心亏寸步难移"，则意味着道理高于人情。可见，情与理也可能会冲突。人情既有主观的情感因素，又有客观的规范事实意味；而且只有符合人们日常生活感受的情感，才能用来规范他们的行为；只有这样的人情，才能成为人们对"正义"的情感。否则的话，人情难以作为中国人际交往的道德基础或伦理基础。至于礼物，只是实现人情的载体，谚语"人有亲疏，礼有厚薄"即是此意。由此积攒起来的人情，便是一种社会资源。就此而言，人情与中国人的"面子"有着密切的关系——因为面子也能逐步积累，可以称作情面。[5] 在人情的诸多含义中，情感是基础或核

---

1 参见前揭《人际关系中人情之分析》，载杨国枢主编：《中国人的心理》，第 62—66 页。

2 参见黄光国：《人情与面子：中国人的权力游戏》，载前揭《中国人的心理》，第 234—236 页；另见黄光国：《中国人的人情关系》，载文崇一、萧新煌主编：《中国人：观念与行为》，南京：江苏教育出版社 2006 年版，第 35—38 页。

3 参见阎云翔：《礼物的流动—— 一个中国村庄中的互惠原则与社会网络》，李放春、刘瑜译，上海：上海人民出版社 2000 年版，第 119—142 页。

4 参见林语堂：《吾土与吾民》，长沙：岳麓书社 2000 年版，第 92—98 页。

5 对中国人"面子"的研究成果颇多，参见胡先缙：《中国人的面子观》，载黄光国、胡先缙等著，黄光国编订：《中国人的权力游戏》，北京：中国人民大学出版社 2004 年版，第 40—62 页；黄光国：《人情与面子：中国人的权力游戏》和《道德脸面与社会脸面：儒家社会中的依附性自尊》，载同书，第 1—39、79—194 页；金耀基：《"面"、"耻"与中国人行为之分析》，载前揭《中国人的心理》，第 249—269 页；何友晖、彭泗清、赵志裕：《世道人心：对中国人心理的探索》，北京：北京大学出版社 2007 年版，第 90—107 页。大陆学者的研究，参见（接下页）

心，其他都是在情感实践的基础上派生出来的含义。[1]

经由这一简单的叙述，我们可以说，对于人情的理解，草根文化与精英文化并无根本不同。如果在直觉层面上思索，那么，也可以说，在精英文化中，人情的整饬比较繁复，也比较精致，有时不免显得矫情和虚伪；相对而言，在草根文化中，民众的情感表达比较质朴也比较粗糙，甚至每每率性而为，彰显出非常强烈的情感色彩，比如，在民间日常发生的睚眦小忿中，动辄诉诸野蛮手段和血腥暴力，就是一个例证。

在这样一种“情感本体”的社会文化中，明清中国的民众对于法律的感受、想象和认知，同样是以充满情感的笔触来表达的，而非冷静的、理性的法律话语。例如“大明律做衣穿，一身是罪”“大清律做衣穿，浑身是罪”。又如“饶你人心坚如铁，怎熬官法炽如炉”“人心不似铁，王法却如炉”“人身为铁，国法为炉”。这些浓烈辞藻背后，表达的是小民的软弱无奈与国法的残暴血腥，简直成了“人为鱼肉，法为刀俎”，只能任凭法律宰割。那么，面对饱含血腥的法律，百姓的自我期许是什么呢？看来，他们唯有“人随王法，草随风”“有毒的不吃，犯法的不做”“惧法朝朝乐，欺公日日忙”。换句话说，只有消极守法，甘做帝国的顺民，以免王法的荼毒。还有“人犯王法身无主，见官三分灾”的谚语，其所反映的也是民众“惧怕”王法和官员的心态。在我看来，即便豪气冲天的“舍得一身剐，敢把皇帝拉下马”的俗话，它所刻画的仍然是皇权不可挑战的历史现实；如若有谁胆敢挑战皇权，那么面临的

翟学伟：《面子・人情・关系网》，郑州：河南人民出版社 1994 年版；翟学伟：《中国人的脸面观》，台北：桂冠图书有限公司 1995 年版；翟学伟：《面子、人情与权力的再生产》，北京：北京大学出版社 2005 年版。

1　从吕坤《呻吟语》卷六“人情”收录的条目来看，所谓“人情”，基本上是一些生活经验与处世原则的条理化，具有一定的规范性和劝诫性。参见前揭《吕坤全集》(中)，第 688—875 页。

便是“一身剐”的惨剧。李逵那句“杀到东京，夺了鸟位”的名言，恐怕只是非常时期、非常群体的豪言壮语，而非常规政治语境的表达。[1]实际上，这种豪言壮语也是在传统中国专制统治下才会出现的极端话语。另外，“皇帝轮流做，明年到我家”“王侯将相，宁有种乎”，所言说的也仅仅是皇权的非神圣性，以及“有枪就是草头王”和“成者为王，败者为寇”的最高权力的更替方式而已。在日本这样的神权国度，不会有这种想法和事实；在现代民主政治的国家，同样不会有如此想法和事实。

就人情与王法的关系而言，所谓“一遭情，两遭例”和“十法九例，无例不成法”，意思是说，法律来自人情，以人情为源泉；同时，也描述了从具体条例到抽象法律——例出于情，积例成法——的演变过程。就法律与人情的效力而言，则突出了人情的支配地位。俗谚“人情大于王法”，或者“人情大似圣旨”，甚至“人情大如天”表明，在民众眼里，人情乃是最高的法律，具有超越王法和圣旨的崇高地位；由此看来，人情似有西方“自然法”或“高级法”的意味，[2]有时还能发挥制约王法的作用。或许，这也就是为

1　在我看来，梁山好汉基本上是一群“要做官，杀人放火受招安”的强盗，而非人们每每艳称的“路见不平，拔刀相助”的侠客。这是我近来研究《水浒传》的初步判断。其实，侠客的品类很是复杂，并非人们想当然的那样，都是“行侠仗义”的英雄，在笑傲江湖的过程中，行侠仗义与杀人放火往往同时并存。对“侠”的复杂品类的相关讨论，参见龚鹏程：《侠的精神文化史论》，济南：山东画报出版社2008年版。

2　从明清中国的法律理论来看，王法好比律典，属于常法，相对稳定。圣旨属于皇帝因人因事临时发布的旨意，比较灵活；而且在政治和司法实践中，圣旨的效力往往高于作为常法的律典。而条例，则介乎圣旨与律典之间，虽然经常修订，但却保持相对稳定，从而与律典和圣旨不同。参见《明史·刑法志》和《清史稿·刑法志》的记载。据此，本书在资料排序上，从王法到圣旨，再到天——“天理”，旨在说明人情的地位逐步提升——从世俗社会的人情，到具有超越意义的人情，从而与西方“自然法”或“高级法”可以联系起来考虑。当然，我不是要将人情与自然法或高级法等同起来，而是希望借此说明，法律为何出自人情，司法实践为何用人情来平衡法律。其原因就在于“人情大于王法”的信念。程汉大和刘吉涛也有类似的说法：“在乡民的心目中，人情比圣旨和法律都大。这里的人情，可以理解为‘伦理’、‘习惯’或‘风俗’，可见中国乡民也有朦胧的‘自然法’意识。”（前揭《中西“小传统”法文化之“暗合”》。）

何人情可以用来平衡法律的原因所在。不过，也有“人情大不过王法”的谚语，如此表达，恐怕也是法律实践中的常见现象。就诉讼而言，民众的情绪反映更为强烈。在起诉时，谚语“恶人先告状”，“无赖不成词”，“无谎不成状”，“歪打官司邪告状”和“耕肥田不如告瘦状”，都说明了一点，诉讼是一种恶行，所以不仅在道德上贬斥诉讼，而且在情感上厌恶诉讼。在诉讼过程中，不但受到财产上的盘剥和敲诈——俗话“衙门八字朝南开，有理无钱莫进来”“不怕没道理，只怕官爱钱”“公人见钱，如蝇子见血”“火到猪头烂，钱到公事办”“法能为买卖，官可做人情”，生动地刻画了“不怕天大官司，只要地大银子”的腐败现象，而且还要承受肉体和精神上的折磨和摧残——诸如“穷人上堂，腿肚子转”“人是苦虫，不打不招”“牛不打不撒屎，贼不拷不出供”“三木之下，何求不得”，都是民众诉讼可能面临的情境。[1] 更为要命的是，诉讼结局不能预测，谚语“官断十条路，九条人不知”或“打官事（司）要钱，水里捞盐”。由于“言是非难定”，因此“宜戒争讼也”。[2] 在上述情形下进行的诉讼，后果也非常惨痛。请看“告人一状，三十

---

1 在明清时期的司法档案中，很少有刑讯的记载，民事诉讼更是如此。黄宗智认为：“在实践中，清代法制在处理民事案件时几乎从不用刑，并且经常对产权和契约加以保护。”（前揭《民事审判与民间调解：清代的表达与实践》，第 8 页。）对于仁恕的司法官员来讲，他们一般也会反对“轻用”和“滥用”刑讯。例如汪辉祖就说：“词讼细务，固可不必加刑矣。或谓命盗重案，犯多狡黠，非刑讯难取确供，此非笃论也。”参见氏著《学治臆说》卷上“要案更不宜刑求”。可见，即使命盗重案，汪辉祖也主张不宜轻用刑讯。但是，汪辉祖也承认：在司法实践中，即使非法的残酷刑具，“二十年前，干吏用以勘黠盗，已而非黠盗亦用之，后遂用之命犯，甚则讼案亦用之”。同书“非刑断不可用”。可见，民事诉讼也会使用非法刑具。另外，我们还能读到更为触目惊心的记载：“汾州知州齐宗尧三年致死五十人，荣河知县吴朝一年致死十七人。”（［明］葛守礼：《禁酷刑以全民命疏》，载［明］孙旬：《皇明疏钞》卷六五·刑狱二。）在我看来，黄宗智的断案过于轻率，而且过于相信司法档案的记载。实际上，尽管档案所记未必有假，但对其“遗漏”或“删除”的内容，我们同样不能轻易相信其必不存在。再者，真实记载与不作记载，乃是两个根本不同的问题。

2 丁世良、赵放主编：《中国地方志民俗资料汇编·东北卷》，北京：北京图书馆出版社 1989 年版，第 40 页。

六冤”“官司一到，十家牵连；一人入狱，一家尽哭”“堂上一点硃，民间千滴血”“扫帚响，粪堆长，久打官司光景缩”“一场官司一场火，任你好汉没处躲”，在在说明，一次诉讼便是一场灾难。由此，民众唯有采取“鸵鸟”政策，尽量避免诉讼行动，因此有“饿死不做贼，屈死不告状”和“好战者阵亡，好讼者狱死”的谚语，从而与帝皇的要求吻合。康熙说：“务期庶民视法为畏途，见官则不寒自栗”；[1] 雍正也说：“见法知惧，观律怀刑。”[2] 必须指出的是，这些充满情感色彩的谚语，虽然不无渲染夸张的修辞问题，也有相当明显的文学色彩，但是，它们或多或少反映了明清中国诉讼的真情实况，从而不应视为无稽之谈。另外，这些谚语更多反映的是民众的“惧讼”心态，而非“厌讼”和“耻讼”的道德自觉；毕竟，在明清诉讼的实践中，健讼或好讼，甚至嚣讼现象，也为当时的公私记载（档案、方志和笔记）所证实。[3]

---

1 引自［法］达维德：《当代主要法律体系》，漆竹生译，上海：上海译文出版社 1981 年版，第 487 页。

2 周振鹤撰集，顾美华点校：《圣谕广训集解与研究》，上海：上海书店出版社 2006 年版，第 121 页。

3 有关传统中国“健讼”的研究成果很多，参见卞利：《明清徽州民俗健讼初探》，载《江淮论坛》1993 年第 5 期；雷家宏：《从民间争讼看宋代社会》，载《贵州师范大学学报》2001 年第 3 期；许怀林：《宋代民风好讼的成因分析》，载《宜春学院学报》2002 年第 1 期；龚汝富：《江西古代“尚讼”习俗浅析》，载《南昌大学学报》2002 年第 2 期；刘锡涛：《宋代江西民俗特征述论》，载《江西师范大学学报》2002 年第 2 期；［马来西亚］陈玉心：《清代健讼外证——威海卫英国法庭的华人民事诉讼》，赵岚译，苏亦工校，载《环球法律评论》2002 年秋季号；雷家宏：《北宋至晚清民间争讼解决方式的文化考察》，载《船山学刊》2003 年第 4 期；张小也：《健讼之人与地方公共事务——以清代漕讼为中心》，载《清史研究》2004 年第 2 期；乔素玲：《从地方志看土地争讼案件的审判——以广东旧方志为例》，载《中国地方志》2004 年第 7 期；方志远：《明清江南“好讼”成风》，载《小康》2004 年第 10 期；林乾：《讼师对法秩序的冲击与清朝严治讼师立法》，载《清史研究》2005 年第 3 期；邓建鹏：《健讼与息讼——中国传统诉讼文化的矛盾解释》，载许章润主编：《清华法学》第四辑，北京：清华大学出版社 2005 年版，第 176—200 页；牛杰：《宋代好讼之风产生原因再思考——以乡村司法机制为中心》，载《保定师范专科学校学报》2006 年第 1 期；张小也：《清代的地方官员与讼师——以〈樊山批判〉与〈樊山政书〉为中心》，载《史林》2006 年第 3 期；徐忠明、杜金：《清代诉讼风气的实证分析与文化解释——以地方志为中心的考察》，载《清华法学》2007 年创刊号。

前面说过，“报”是中国人情交往的基本原则，也是建构和维系社会秩序的基础。就情感而言，是有冤报冤或有怨报怨，甚至是“睚眦必报”；或者是有恩报恩，乃至“一饭之恩，涌泉相报”，或“一饭之德必酬，纤介之恩必报”，强调报恩重于受恩，不欠人情，这是中国人的基本处世态度。另外，虽然“报”的含义非常丰富，但是落实到法律和诉讼上，凸显的是“有仇必报”和“有冤报冤”的道德情感。只有在这种文化背景下，我们才能真正理解，在法律规定上，为什么出现了“罪罚相抵”的绝对刑制度，甚至律典之外不断孳乳出来的例条和成案，同样与这种“罪罚相报”的信念有关；在司法裁判中，为什么形成了刻意较量“情罪与刑度”之间的严格对应。[1] 对中国人来说，报仇申冤，既是感情宣泄，也是道德义务。[2] 有时，王法不能实现民众的报仇申冤的愿望，人们还会诉诸江湖侠客，甚至诉诸天理和冥律，一如俗话“冤有头，债有主”“不是不报，时候未到”“罪恶到头终有报，只争来早与来迟”所说的那样。[3] 对于这种强烈的报仇申冤的心理和情感，霍存福有一概括：

1　这种法律规定和司法裁判风格的出现，与皇帝严格控制官僚的政治意图也有密切的关系，甚至是其内在要求。换句话说，为了控制官僚，司法上的酌情裁量权只能由皇帝最终来操控；只是，由于中华帝国的幅员辽阔，人口众多，以致官僚机构庞大，庶务也很烦杂，在这种情况下，皇帝难以事事亲力亲为，故而，对于不致危及皇权统治根本，不致动摇社会基础的州县“自理”词讼案件，它们的酌情裁量权，就被赋予州县官僚。在我看来，这是为了满足权力配置上的“分类管理”——“抓大放小”模式的需要。进而与农业社会的财政约束有关。这是因为，如果民事纠纷也像命盗案件一样，都要经过严格的“审转”程序，以期实现控制官僚之目的，那么帝国衙门的规模必将扩大，官员必将剧增，而这无疑会给财政带来莫大的压力，所以必须采取“省俭治理”的行政模式。最后，它与儒家的可以称为“榜样治理”的道德政治，以及“无为而治”的政治理想也有密切的关系。关于“省俭治理”模式的简要讨论，参见徐忠明：《小事闹大与大事化小：解读一份清代民事调解的法庭记录》，载《法制与社会发展》2004 年第 6 期。从传统中国到当代中国“省俭治理”的讨论，参见黄宗智：《集权的简约治理》，载氏著《经验与理论：中国社会、经济与法律的实践历史研究》，北京：中国人民大学出版社 2007 年版，第 414—438 页。

2　在《论语·宪问》中，孔子主张“以直报怨，以德报德”。关于中国人“报恩”和“复仇”的研究，参见文崇一：《报恩与复仇：交往行为的分析》，载前揭《中国人的心理》，第 270—301 页。

3　在“水浒戏”中，就有小民蒙受冤抑以后，鉴于衙门官员的腐败，不去官府而到梁山，请求宋江为其申冤。参见元代佚名《鲁智深喜赏黄花峪杂剧》，载傅惜华等编：《水浒戏曲集》（接下页）

> “往日无仇，近日无怨”，是用来说明行为不存在合理性的熟语。在这里，仇、怨是报复行为的依据。中国语言中，涉及复仇、报仇、报复、报应一类的语汇，无一例外地充满了浓厚的报复心理的心理过程和心理内容。[1]

接着，霍存福解释了与“仇”、“怨”和“耻”相关的成语，还指出了其中包含的心理因素和感情体验。恨：仇恨、深仇大恨、刻骨仇恨、新仇旧恨、家仇国恨、报仇雪恨；怨：旧仇宿怨、怨家、报仇雪怨；耻：报仇雪耻。报仇雪恨的情感非常强烈，诸如“父母之仇，不共戴天”“君子报仇，十年未晚”“不报此仇，誓不为人”。[2] 总而言之，“有仇必报”既是中国人的道德义务，也是强烈的感情诉求。[3] 必须说明的是，报仇与申冤密切相关，在一定程度上，报仇是申冤的前提；换句话说，如果报不了仇，自然也申不了冤。反之亦然，如果冤已申，那么仇也肯定已报。可见，关键要看从哪个角度来理解。据此，申冤的感情体验和心理过程，也与报仇

第一集，上海：上海古籍出版社 1985 年版，第 80—94 页。报应和冥报的故事更多，这里不便列举。相关研究，参见徐忠明：《包公故事：一个考察中国法律文化的视角》，北京：中国政法大学出版社 2002 年版，第 319—330 页；霍存福：《复仇、报复刑、报应说——中国人法律观念的文化解说》，长春：吉林人民出版社 2005 年版，第 201—249 页；徐忠明：《诉讼与伸冤：明清时期的民间法律意识》，载氏著《案例、故事与明清时期的司法文化》，北京：法律出版社 2006 年版，第 277—300 页；陈登武：《从人间世到幽冥界——唐代的法制、社会与国家》，台北：五南图书出版公司 2006 年版，第 285—376 页；赵旭东：《“报应”的宇宙观：明清以来诉讼解释模式的再解释》，载苏力主编：《法律和社会科学》第一卷，北京：法律出版社 2006 年版，第 127—158 页。

1 前揭《汉语言的法文化透视——以成语与熟语为中心》。

2 同上书。

3 值得指出的是，在儒家思想脉络中，由于道德义务的基础来自血缘亲情，故而情感往往构成伦理道德的基础。实际上，所谓“律设大法，礼顺人情”，也可以从这一角度来理解。不过，随着人际关系的拓展，道德的情感因素也逐步淡化，从而使“理”的作用渐次彰显出来。进一步说，现代法理社会与传统礼俗社会之间的差异，同样可以在这一原理上获得解释。据此，在一定程度上，我们更可以用来解释先秦法家之所以得胜的原因，以及后来为什么又形成了“儒法帝国”和“礼法合流”的格局。

基本一致。报仇申冤的途径有三：一是私力救济，二是公力救济，三是诉诸鬼神。囿于本章的主题，这里仅仅讨论公力救济，其他暂置不论。

对于明清中国的民众来说，但凡与他人发生争执，无论起因大小——睚眦之忿或杀父之仇，心存不平的一方每每感到自己非常冤枉，极度冤屈，从而产生怨恨的情感和“不平则鸣”的愿望，进而引起报仇的心理。在这种情况下，如若不能及时调适解决，他们就会诉诸私斗或者公断的实际行动，以期释放心头的怨气，平复心中的怒火。反过来讲，如果怨气和怒火不得释放，那么，也会产生双重“冤屈”或“冤抑”的感受——施加冤抑的相对人与不能为其申冤的第三者，指民间调停者和衙门司法官，可谓冤上加冤。这时，缠讼和越诉之类的诉讼行动就会出现，甚至干脆付诸械斗。可见，在报仇申冤的过程中，究竟是采取私斗还是公断，往往没有截然的界线，两者视乎不同的情形而有不同选择。

许慎《说文解字》将“冤”释作：“冤，屈也。从兔，从冖。即兔在冖下，不得走，益屈折也。”这一解释没有涉及“冤”的心理和情感因素，而仅仅着眼于“物理”层面，似有不足。在《龙图公案》中，故事作者以“戴帽兔”的意象来描述冤案，[1] 同样也有缺陷。但是，“怨”则涉及了情感和心理层面，据此，两字可以配合起来理解。另外，上文分析过的报仇申冤的熟语，则已经包含了强烈的情感因素。

那么，在明清中国的诉讼实践中，人们又是如何表达“冤情”的呢？为了渲染这种情感，出现了极尽夸张之能事的修辞策略，导致了“申冤”文书的独特风格。我们先来摘录一段文学作品中的

1　参见［清］佚名：《龙图公案》，北京：群众出版社 1999 年版，第 246—247 页。

"告状"。明代陈玉秀选校的《律条公案》记有一则被归入"婚姻类"的故事，[1] 故事开篇写道："潮州府邹士龙、刘伯谦、王之臣三人相善，情同管鲍，义重分金。"后来，士龙和之臣同时考中举人，并一起赴京参加会试，途中士龙提出与之臣缔结"指腹为婚"的约定，之臣表示同意。刘伯谦是媒人。其后，士龙联捷，历任知县和参政等职，有女环玉；之臣落第，历任教职和同知等职，不幸病故，有子朝栋。只因朝栋"惟知读书，坐食山崩，遂至彻贫"，以致士龙悔婚，意欲另选东床。但是，朝栋不愿退婚，而环玉也属意朝栋，两人私下演了一出"西厢"故事，邹环玉又私赠金镯银钗等物给王朝栋。正在两人私下来往之时，却发生了意外事件。一日夜间，丫鬟丹桂误认鼠贼祝圣八为王朝栋，一句"公子来矣"，引得圣八"撞见冲入"，杀死丹桂，入室掳去财物。可见，杀人行劫者并非朝栋。那么，为什么士龙一口咬定是朝栋呢？这是因为，朝栋将环玉所赠金镯请银匠饶贵兑换银两，为病中的母亲赎药，被士龙家人梅旺侦知。这样，士龙遂将朝栋告到潮州府戴朝用台下。

> 告状人邹士龙，告为缉盗事。狼恶王朝栋，系故同知王之臣孽子。因父相知，往来惯熟。突于五月十一日夜二更时分，哨党冲家，杀婢丹桂，逐女窜逃，财货什物，劫去一空。次日，缉获原赃金镯一只，银匠饶贵见证。乞天亲剿，追赃偿命，除害安良，生死感激。上告。[2]

尽管邹士龙将王朝栋控告到衙门并非毫无根据，然而毕竟只是嫌疑

---

1 严格地说，它不应该被归入婚姻纠纷，而是一起杀人劫财的案件，只是案件涉及婚姻纠纷而已。顺便一提，这个故事或类似故事，流传颇广，在不少明清时期的公案小说中都收入了，可见很有典型意义。

2 刘世德、竺青主编：《详情公案·详刑公案·律条公案》，北京：群众出版社1999年版，第319页。

罢了；况且，朝栋“惟知读书”，向来为士龙所熟知。所以，状告朝栋似有借此悔婚的意图。单就告状内容来看，我们可以发现以下两点：其一，夸大和虚构事实。即或是王朝栋杀人劫财，也不至于“哨党冲家”，那是共同犯罪或团伙犯罪的行为特征；仅仅缉获“金镯一只”，却说“财货什物，劫去一空”，显然是肆意夸张，甚至是无中生有。其二，诉诸情感和道德。士龙将“惟知读书”的朝栋，视作畜类——“狼”，并且以“恶”来修饰，意谓畜类不如。众所周知，在儒家思想中，人与兽之间的区别“几希”，也即人知道伦理道德，而兽则不知，[1] 从而使告状获得了道德意义或正当性。另外，所谓“乞天亲剿，追赃偿命，除害安良，生死感激”，属于情感与道德并重的修辞策略。其中，“除害安良”属于道德性话语；而“生死感激”则是情感化表达，它包含着乞求和盼望，乃是“乞天”的落实；如果从下一节将要分析的司法官员“怜悯”的角度来看，那么，通过“乞求”，即可获得承审官员的“怜悯”和“施恩”；对施恩者，自然必须感恩戴德，因此也蕴含着感激之情，刚好与“亲剿”呼应。这样的写作策略，只有在“情感本体”的传统中国文化语境中，我们才能获得切实的理解。

针对邹士龙的告状，王朝栋向潮州知府戴朝用提交了“诉状”。[2] 全文如下：

1　孟子说：“人之所以异于禽兽者几希，庶民去之，君子存之。”引据《孟子·离娄下》。而“几希”则是指：恻隐之心，羞恶之心，辞让之心，是非之心。这“四端”，即人与畜之辨。参见《公孙丑下》。按照《礼记·曲礼上》的说法：人与畜之别，系人知礼。圣人“为礼以教人，使人以有礼，知自别于禽兽”。

2　一般而言，在明清时期的法律文书中，原告的状子称为“告状”，而被告的状子则叫作“诉状”；换句话说，“诉”是对于“告”的驳斥，有“告”必有“诉”，除非被告不予理睬。因此，如果我们将两者配合起来考虑，即可发现，原被两造之间也有某种程度的“竞技”关系。只是，在传统中国的皇权体制下，帝国司法机构的权力占据支配地位，而非中立状态，以致两造难以在诉讼过程中进行合法的竞争。

诉状生员王朝栋，诉为烛奸事。业绍箕裘，颇娴诗礼，叨登乡荐。历任惠州上佐，官居清节，仅遗四海空囊。鲰生樗栎，名列黉宫。岳父邹士龙，曾为指腹之好；长女邹环玉，允谐伉俪之缘。如意聘仪，鸾钗回答。孰意家计渐微，难行六礼。环玉仗义悯贫，私遗镯钗绸疋。岳父爱富嗔贫，屡求退休另嫁。久设阱机，无由投发。偶因贼劫，飘陷祸坑。欲绝旧婚，思媾新缘。贼杀婢命，陷坑婿命。吁天电奸缉盗，断女毕姻，劈陷安良。哀诉。[1]

这份诉状可谓文情并茂，与王朝栋这类喜欢舞文弄墨的读书人身份吻合；当然，这也是六朝以来法律文书（骈体书判）写作传统的延续。其中，“业绍箕裘，颇娴诗礼，叨登乡荐。历任惠州上佐，官居清节，仅遗四海空囊。鲰生樗栎，名列黉宫”之言旨在表明，朝栋与环玉的婚约，曾经是门当户对的良缘。同时，诉状首先标举自己的家世和秀才的身份，更是企图在诉讼程序特权上取得与原告士龙平起平坐的优势地位。点出朝栋的父亲之臣“官居清节，仅遗四海空囊”，更能令人肃然起敬；换句话说，以父亲的清廉来衬托儿子的彻贫，以及随之而来被逼退婚的不幸遭遇，颇能唤起人们（司法官员）的同情之心。另外，采用“孰意家计渐微，难行六礼。环玉仗义悯贫，私遗镯钗绸疋。岳父爱富嗔贫，屡求退休另嫁”的叙事策略，无疑与儒家一贯信仰的“君子喻于义，小人喻于利”[2]的道德信条一致，试图借助经典话语的力量“贬抑”原告的道德意识，从而占据有利的诉讼位置。而“久设阱机，无由投发。偶因贼劫，飘陷祸坑。欲绝旧婚，思媾新缘。贼杀婢命，陷坑婿命”，则层层

1 前揭《详情公案·详刑公案·律条公案》，第 319—320 页。

2 参见《论语·里仁》。

推进，使原告陷入了“诬告”的境地。在上述情况下，一个“惟知读书，遂至彻贫”的书生，不但被无端退婚，而且被诬告杀人劫财，这一切又出自“学而优者仕”的岳父，其所唤起的情感力量，足以让“清如止水，明如秋蟾”的知府戴朝用认真对待。最后，以“吁天”和“哀诉”来结束诉状。很清楚，“吁天”表达了对皇权的绝对信仰，至少也是为了博得作为皇权代表的司法官员的好感而采取的修辞策略；而“哀诉”，则是为了获取他们的同情和怜悯。只有这样，才能激发司法官员“爱民”和“哀矜”的情感。可见，诉状不仅写得措词精当，逻辑严密，叙事清晰，文采可喜，而且内容真实可信，还蕴含着道德力量和情感力量。

关于本案的判词，我们留待下一节再来讨论。

或许读者会觉得，前面分析的诉讼文书只是文学作品，不能作数。在一般意义上，这样的判断很有道理。但是，同样就一般情形而言，诉讼文书与公案文学之间的相互影响，在明清中国也是非常明显的，更是不乏例证的。[1]在讨论实际诉讼文书前，我们先来摘录一份对于明清时期的民间诉讼具有指导意义的资料，看看情形究竟是怎样的。

> 劫财伤命事。某夜鸣锣呐喊，哨涌来家。强徒一党四十余人，各执凶械，破门突入，卷财伤命，一扫罄空，四鼓方散，邻里骇闻。乞严缉捕，剿党安民。上告。[2]

---

1 关于明清中国的公案故事与诉讼文书之关系的讨论，参见陈康大：《明代小说史》，上海：上海文艺出版社 2000 年版，第 392—403 页；也见陈平原：《陈平原小说史论集》，石家庄：河北人民出版社 1997 年版，第 1601 页；特别是［日］唐泽靖彦（Yasuhiko Karasawa），“Between Oral and Written Cultures: Buddhist in Qing Legal Plaint”，in Robert E. Hegel and Katherine Carlitz, eds., *Writing and Law in Late Imperial China: Crime, Conflict, and Judgment*, Seattle: University of Washington Press, 2007, pp.64–80。

2 引据［明］清波逸叟编：《折狱明珠》二卷下层。下文征引的“诉状”和“审语”也（接下页）

这份法律文书的名称，叫作“告劫掠”，属于明代的讼师秘本。但问题是，不读相关的诉讼文书，实在难以判断告状所述情节是否属实。

据此，我们再来摘录诉状：

> 黑天飞祸事。冤蔽覆盆，非天莫救。巨富势豪某，先年与某争基挟仇，无由报害，粪金贿捕，架祸椿陷，平地坑阱。冤黑无诉，冒死奏天，大张赦网，再加细鞫，超甦蚁命。哀诉。

单就诉状来看，除了“先年与某争基挟仇”似乎属于事实性的叙述，其他内容（粪金贿捕，架祸椿陷）都是虚构性的表达。然而，为了博取司法官员的同情，诉状作者采取的修辞策略乃是：竭力彰显自己的弱势，凸显原告的强势——不但“巨富势豪”，抑且“无由报害，粪金贿捕，架祸椿陷，平地坑阱”。面对原告的强势地位和贿赂司法官员，被告非常巧妙地采用了苦苦哀求的言辞——“冤蔽覆盆，非天莫救”“冤黑无诉，冒死奏天”“超甦蚁命”，一副可怜兮兮的样子。与此同时，在这种话语的背后还渗透着浓厚的“申冤”的愿望和期盼，初读起来未免让人感到心动，从而激发司法官员深切的同情之心。只有这样，申冤的愿望才能实现。最后，用“哀诉”来结束诉状，此乃明清诉讼文书的惯常措词，并非本案才用。不消说，这是“诉诸情感”的修辞策略。就诉状写作技巧而言，所谓“大张赦网，再加细鞫”八字，绝不可以轻轻放过。这是被告为证明自己无辜而采取的策略。也就是说，被告乞求司法官员本着宽大精神，细细审理案件，因为只有这样，案情才能水落石

见同书，不再注明出处。现承邱澎生为我提供《折狱明珠》的副本，特此感谢。关于《折狱明珠》的介绍，参见邱澎生：《当法律遇上经济——明清中国的商业法律》，台北：五南图书出版公司2008年版，第137—138页。

出，真相大白，也只有这样，才能还我清白。然而，这仅仅是一种先声夺人的姿态，甚至是一种多少有点色厉内荏的心理战术，借此取得承审官员的信赖。另外，如果与本案判决参照阅读，那么，我们对于被告的这种写作策略，更可一目了然。

现在，我们接着抄录本案的判决文书。

> 周公审语：审得姜某，罪浮盗跖，恶过桓魋。屡犯府县，案卷昭然。今又统凶四十余人，鸣锣劫掠，杀伤三命。及研审，且说输服，情实何辞？相应拟辟，但余党未获，严行缉捕取供。

读了判决之后，我们恍然大悟：原来，告状所述的案件事实，与判决一致；不过判词的修辞却很平实，可谓言简意赅。只是，如果拿判决与被告诉状对勘，却可以发现一个非常有趣的现象，亦即，被告之所以没有提供任何事实上的过硬证据，是因为他们确实作恶多端，所以对于劫财杀人的事实无法辩驳，唯有采取故意“示弱”和“诉诸情感”的答辩策略。细读周公的判决，可以发现，虽然简短精练，但是也不乏修辞技巧的运用，比如“罪浮盗跖，恶过桓魋”之典故的运用，属于“以史论案”。这不但能够彰显作者的博学，而且可以加强论证的力度，更可引起人们对于被告的愤激之情——因为“盗跖”和“桓魋”乃是历史上被公认的恶人。[1] 如此用典，

1　这两个故事的出典，参见《庄子·杂篇·盗跖》和《论语·述而》。根据《庄子》的叙述，盗跖乃是一个“恶贯满盈”的强盗。所谓“盗跖从卒九千人，横行天下，侵暴诸侯。穴室枢户，驱人牛马，取人妇女。贪得忘亲，不顾父母兄弟，不祭先祖。所过之邑，大国守城，小国入保，万民苦之”。更有“盗跖乃方休卒徒太山之阳，脍人肝而哺之”的残暴恶行。甚至还威胁孔子说：“丘来前！若所言顺吾意则生，逆吾心则死。”按照《论语》的记载：“子曰：‘天生德于予，桓魋其如予何？’”这一故事的原委，《史记·孔子世家》有补充性的记载：“孔子去曹适宋，与弟子习礼大树下。宋司马桓魋欲杀孔子，拔其树。孔子去。弟子曰：‘可以速矣。’孔子曰：‘天生德于予，桓魋其如予何？’”可见，宋国司马桓魋有谋害孔子之嫌疑。不消说，以党徒九千（接下页）

可谓“一石三鸟”。因此，虽然用词不多，但力量却不小。另外，“情实何辞”也给人一种“板上钉钉”的修辞效果。概括地说，尽管这份判决没有直接使用具有情感色彩的措词，但是其中蕴含的情感意味依然存在，而且颇为有力。

如果将上引《折狱明珠》与《律条公案》的诉讼文书稍作比较，我们可以看出，两者之间并无根本差异。可见，此类公案小说并非作者的胡编乱造，而是必有事实根据。不过，读者可能觉得，问题尚未得到最终的解决，因为《折狱明珠》同样不是“实判”文书，它只是供给讼师学习的“教材”而已。但是，像《折狱明珠》一类用心编撰的讼师秘本，可能有其真实案件的来源。[1] 如若这样，我们似乎可以说：在诉讼实践中，各类诉讼文书反映出来的一个显著特征就是，对于“诉诸情感”的高度重视。[2] 然而，为了进一步

余人的强盗首领盗跖和意欲谋杀孔子的桓魋来比喻被告，甚至“罪浮盗跖，恶过桓魋”，其所激发起来的厌恶情感和道德意识之强烈，恐怕会令人震惊吧。

1　对此，邱澎生有一概括：“由明末以来书坊商人刊刻发售的三十余种‘讼师秘本’看来，这些影响讼师‘养成教育’的重要书籍，的确有一些内容表现出对各类法律知识的讲究，并且经常以搜集各类案例的相关诉状为主要内容。尽管有些讼师秘本对收录案件的实际原、被告姓名不太仔细，甚至完全略掉案例内人名，但是，这些诉状一般应是转录实际发生的案件。不过也的确存在内容粗糙的讼师秘本，所录案件与诉状，可能早已转录多手，对‘案情’与‘法条’间关系根本不讲究，这和《折狱明珠》这些用心编辑的书籍，对法律知识的重视，高下相去远甚，不可同日而语。”（前揭《当法律遇上经济》，第140页。）

2　实际上，在明清中国的民间“日用类书”中，各类诉讼范本的“硃语”也不乏情感性的词汇，而在各类诉讼文书的“活套”中，带有情感性的修辞更是所在多有。我曾经检阅过数种明清民间“日用类书”，发现其中涉及法律的部分，内容基本一致，而且与讼师秘本的内容也基本相同。就此而言，在诉讼文书中“诉诸情感”的修辞模式，具有实践性和普遍性。这就从另一层面证明了本书的论点尚有道理。参见［日］酒井忠夫监修，坂出祥伸、小川阳一编：《中国日用类书集成》，东京：汲古书院1999—2003年影印版。对于这些书籍的史料价值，学者尚有不同意见。吴蕙芳认为，它们是明清时期的“生活实录”。参见氏著《万宝全书：明清时期的民间生活实录》，台北：台湾政治大学历史系2001年版。王正华表示，这种说法值得商榷。参见氏著《生活、知识与文化商品：晚明福建版“日用类书”与其书画门》，载蒲慕州主编：《生活与文化》，北京：中国大百科全书出版社2005年版，第404—450页。对于“日用类书”法律部分的专门研究，参见尤陈俊：《明清法律知识的另类空间：透过日用类书的展示》，载《法史学刊》第一卷，北京：社会科学文献出版社2007年版；尤陈俊：《明清日用类书中的法律知识变迁》，载苏力主编：《法律和社会科学》第二卷，北京：法律出版社2007年版。

证明这种“诉诸情感”的司法实践，本书打算讨论一下实际诉讼文书，以期窥得全豹。

据此，我们不妨费些笔墨，分析一下实际诉讼案件的法律文书。为了便于比较，本书选择了发生在明末徽州地区的一起契约纠纷案件。下面是原告余绩的第一份告词：

> 万历十五年，契买潘应乾、潘玄寿庄仆程长文、长节等，人历三代，册过四轮，生居身屋，死葬身山，向应主无疑。邓芝可审。讵本村十虎三彪，恶党潘榭、文浩等，霸据一方，害人无算。旧年，潘宥将火佃卖身，恶索酒食不遂，触威，刑禁长文等不许拜年应役。仆畏私刑，敢于叛逆。胡宁证有此大变情急。诸讨临审，开单上告。[1]

通观这份告词，大抵还算平实，但已有“十虎三彪”“霸据一方”，甚至“害人无算”以及“恶党”之类夸张虚构的措词。而用“虎彪”来形容被告，无疑是待之以禽兽，而不以人类视之矣；抑且，虎彪之凶猛，也为人所共知。通过这种修辞技巧，将被告的“恶党”形象活脱脱地刻画出来了。但问题是，如果余氏一姓确系自称的“良善”弱民，而潘氏一族真的是“十虎三彪”、“霸据一方”和“害人无算”的“恶党”，那么，潘、余两姓怎么可能进行如此频繁的交易呢？[2]据此，我们可以推断，所谓“十虎三彪”、“霸据一方”

---

1 稿本全称是《天启崇祯年间潘氏不平鸣稿》(以下简称《不平鸣稿》)，原件藏于南京大学历史系资料室，编号“屯”2026，注：潘氏讼词等稿。现承韩秀桃博士赠阅复制文本，特此感谢。关于《不平鸣稿》的介绍和初步研究，参见韩秀桃：《明清徽州的民间纠纷及其解决》，合肥：安徽大学出版社2004年版，第93—124页。对于《不平鸣稿》的研究，也见徐忠明：《关于明清时期司法档案中的虚构与真实》，载《法学家》2005年第5期。

2 就《不平鸣稿》所收的契约来看，余姓购买潘姓土地、庄仆的很多。尤其值得注意的是，即使在产生纠纷和诉讼的过程中，两姓之间的交易也没有完全停止。这里不便一一罗列，参(接下页)

和“害人无算”的“恶党”的叙述，属于虚构之词，诋毁之言。之所以采取这样的修辞策略，无非是为了引起司法官员的重视，所谓“耸动官府”者是也，更是为了激发他们的同情之心，而使自己占据诉讼的有利位置。值得指出的是，这份告词对争讼事实的陈述倒是不甚明晰。比如，告词以“为请讨叛逆事”作诉讼理由，显然是指庄仆叛逆，不听役使；然而，告词直接指控的对象却是潘槲等人如何强横，如何“刑禁”庄仆程长文、程长节等人不让应役；相反，由于“仆畏私刑”，不得已而做出了“叛逆”的行为。倘若这样的话，庄仆倒是有点可怜；但是，从后面的诉词来看，情况并非如此，庄仆确实参与了潘氏和余氏之间的纠纷，乃至斗殴。

稍后，在《余绩等本县投到词》这份告状的“补充”投词中，用词更为激愤：

> 身等良民，纯一无伪，告词句句真情，开款事事真实，一字涉虚，万死无辞。切闻款安百姓，先除恶人；款除恶人，先要执法。昔仲尼仁圣，曾诛少正卯；舜德好生，必不宥四凶。今天台公慈明果，岂容十虎三彪，盟势滔天，比蛇山而凶甚。群凶乌合，犹蚁聚以作屯。自古草寇，起于结党，及党不除，渐成大逆。按恶罪不止徒流，查骗赃奚啻千百。单开二十九款，大略举其所知。被害冤民，吞声忍气，谁敢出首闻官！乡评长者，皮里春秋，那有正色厉颜！身虽不避斧钺，祸来无可奈何。恳乞执法明刑，严惩逆仆叛主之罪；验契查册，深究虎彪作乱之条。盟党在一日，地方受苦一日；盟党早除一日，地方早沾恩一日。一怒而苏万姓，小民望切云霓。粘单投到。

见《不平鸣稿》的附录。当然，我们也可以说，同族未必真能做到一致对外，同仇敌忾，因此，两姓之间仍有可能继续交易。

从“投词”来看，对争端事实几乎没有任何正面的交代和补充，其所着力渲染的是道德与情感，声称自己是“身等良民，纯一无伪，告词句句真情，开款事事真实，一字涉虚，万死无辞”，以及“被害冤民，吞声忍气”；而被告则是“十虎三彪，盟势滔天，比蛇山而凶甚。群凶乌合，犹蚁聚以作屯。自古草寇，起于结党，及党不除，渐成大逆。按恶罪不止徒流，查骗赃奚啻千百。单开二十九款，大略举其所知”。两相对比，是非罪恶，一目了然。在这种情况下，原告之所以告状，实在是出于无奈，而非刁民健讼，请看“被害冤民，吞声忍气，谁敢出首闻官！乡评长者，皮里春秋，那有正色厉颜！身虽不避斧钺，祸来无可奈何”。并且，出首告状尚非仅仅是为了一己私利，而是为了剪除“公害”，投词写道：“恳乞执法明刑，严惩逆仆叛主之罪；验契查册，深究虎彪作乱之条。盟党在一日，地方受苦一日；盟党早除一日，地方早沾恩一日。一怒而苏万姓，小民望切云霓。”同时，告状还是为了端正“皮里春秋，那有正色厉颜”的“乡评”。亦即，在不能得到公正的“乡评”时，原告才“敢”出首告状。在“私利”和“公益”的双重目的支配下，原告才能理直气壮。由此，可以给承审官员留下“顾全大局”的良好印象。不过，申冤如要博得认同，官司如要取得胜利，司法官员的清廉公正和明察秋毫，也是必不可少的前提。因此，告状不忘颂扬承审官员：“昔仲尼仁圣，曾诛少正卯；舜德好生，必不宥四凶。今天台公慈明果，岂容十虎三彪，盟势滔天，比蛇山而凶甚。”将圣人与法官并列叙述，显然是为了赞美承审官员，此乃投其所好；反过来讲，也是为了使其站在自己的一边，以使冤屈能够平反。

读者或许认为：如果被告的罪情果然如此严重，那么这种修辞并无不妥。但是，我们审读《不平鸣稿》的全部档案，却可发现，原来这起延宕六年之久，经过三次诉讼的案件，实际上并不复杂，而且所争“标的”只不过是一幅价值二十五两纹银的庄地。只是，按照徽州的习俗，在转移庄地时，庄仆必须听从新主的役使，然而，出卖庄地的旧主潘氏不准仆人听从新主余氏的役使。由此，这起“六年三讼”的案件爆发了。[1] 其间，潘、余两姓也曾发生斗殴的事件。正是斗殴事件的发生，导致了诉讼文书虚构成分的凸显。对此，如果不作仔细的辨析，不与其他法律文书进行必要的对勘，那么，三百余年之后我们再来考察这份编于崇祯十年（1637）的诉讼案卷，[2] 真会以为当年确实发生了残酷血腥的械斗事件和人命案件。可是通读之后，我们唯有一声叹息，原来是虚惊一场！

上面，我们用了足够多的篇幅，利用俗话谚语，讨论了明清中国民众对于法律和诉讼的情感体验和道德认知；接着，我们结合文学作品、讼师秘本和司法档案，进一步讨论了民众在诉讼实践中是怎样采取“诉诸情感”的行动策略的。经由这一梳理和分析，我们发现，在“情感本体”的明清中国，在诉讼实践中“诉诸情感”的行动策略不但普遍，而且有效。另外，无论文学作品，抑或讼师秘本和司法档案，就其写作策略而言，其中贯穿的一条基本线索或蕴含的基本特点，乃是围绕情感来诉说冤情，通过诉

1　参见《不平鸣稿》编者余显功的序言，即可知道。

2　虽然这份诉讼案卷标题是《天启崇祯年间潘氏不平鸣稿》，但实际上是原告余显功编撰的。顺便指出，关于编撰这份案卷之目的，从余显功所作“序”来看，不外有三：其一，记录潘、余两姓争讼的经过；其二，保留官府裁决和潘、余两姓合议解决纠纷的结论，作为确定新的法律关系的凭据；其三，劝诫子孙应该从中吸取教训，尽量避免诉讼。通过“六年三讼”的艰辛诉讼，余氏家族似乎已经感到了诉讼的无谓和有害。据此，韩秀桃认为：“在潘、余两姓的诉讼实践中，我们看到或者推断出的并不是什么‘喜讼’‘健讼’的倾向，相反倒是‘厌讼’‘贱讼’的情结不时闪现在前述的诉讼文书中。”（前揭《明清徽州的民间纠纷及其解决》，第 121 页。）果真如此吗？我的回答是，非也。细审和体会“序”的意图，固然不无劝诫子孙避免诉讼的微旨，因而说是“厌讼”或“贱讼”并无不可，但是我们也应看到，这是经过“六年三讼”之后得到的教训，颇有“早知今日，何必当初”的意味。无论如何，这一不屈不挠的悲壮漫长的诉讼过程本身恰恰可以说明，至少，在明代，在徽州，人们很有德国法学家耶林那种“为权利而斗争”的心态和勇气。

说冤情来赢得司法官员的同情，通过博取这种同情来最终赢得诉讼的胜利。所以，据我看来，“诉诸情感”每每与报仇申冤纠缠起来；也就是说，申冤话语必须用情感来修辞，才能适应文化语境的氛围，才能迎合儒家官僚的偏好，由此，申冤之目的才能达到。这时，我们即可通过情感本体文化来理解诉讼的心态模式；反过来讲，通过“诉诸情感”的司法实践来彰显情感本体文化的类型特征，从而完成了解释上的循环，深化了我们对于明清中国“诉诸情感”的心态模式的理解。

三、哀矜：儒吏的裁判心态

曾有学者指出：“宋明清以来，‘情理’一词在司法上运用渐广。确实，最初对‘情’的强调，也是从司法领域开始的。所谓情理，在其初，不过是发轫于断狱的司法要求。”[1] 此一判断凸显了“情”在司法上的重要意义，但是，认定“情”或“情理”最初发轫于司法实践，不知理据何在？且看霍存福接下来的解读：

> 断狱必得先弄清案情、得到真情，并要据此案情、狱情判断，这在古人是明确的。但春秋时期的孔门弟子，却将这一问题纳入一种特殊的考虑之中。《论语·子张》云：“孟氏使阳肤为士师，问于曾子。曾子曰：‘上失其道，民散久矣。如得其情，则哀矜勿喜。’”在孔门弟子中，这是最早问及“典狱之

1　霍存福：《中国传统法文化的文化性状与文化追寻——情理法的发生、发展及其命运》，载《法制与社会发展》2001 年第 3 期。又，论文对“情”和“情理”的司法作用，作了分门别类的梳理，非常清晰，这可以说是霍存福的贡献。它对将来的同类研究，很有参考价值。

> 法"的例子。对于"为轻易漂（剽）掠犯于刑法"已久的民人，应当"哀矜之，勿自喜能得其情"。此"情"当然是具体的狱情、案情。这样一个立场，反映着儒家对犯罪根本原因的认识，对后世有着较大的影响，并由此形成了"原情"论罪的一个支脉。[1]

我觉得，虽然这一论断很有启发，但是也有精细化的余地。首先，从狱情或案情来看，它们至少应该包括：犯罪的内在心理、外在行为与犯罪主体的特殊身份——老幼、蠢愚、残疾和父母子女之类的身份等级。进一步说，从"内在心理"来看，似乎应该包括情感和心理两层意思——比如"复仇"杀人堪称典型，既有情感义愤，也有主观故意，还有道德责任。如若仔细推敲起来，所谓"原情"，既有犯罪情节的因素，也有犯罪心理和情感的成分，甚至还有基于情感发展出来的社会关系，即，由血缘和情感的亲疏远近形成的身份伦理关系；[2]而"原情"也可以用来指称"原心"。具体来讲，"原心"强调的是犯罪的心理和情感，而非仅仅是指犯罪的行为和手段。其次，就"情"或"情理"而言，是否完全源于听讼断狱，也有疑问。前面已经说过，情出于性，又与性等类，故而既有形而上的超越意味，也有形而下的具体含义。总之，在中国思想史上，"情"的源流比较复杂，并非一句最初发轫于听讼断狱所能完全涵盖，因此需要进行更为细致的考述。

---

1 霍存福：《中国传统法文化的文化性状与文化追寻——情理法的发生、发展及其命运》，载《法制与社会发展》2001 年第 3 期。

2 在传统中国，基于血缘亲疏发展出来的伦理纲常和丧服制度，魏晋以来成为亲属之间彼此侵犯的定罪量刑的依据，即是例证。当然，伦理纲常和丧服制度并非完全出于情感上的考量，也有理义上的人为建构；比如，在血缘上父母原本没有的区别，但是在理义上却有很大的不同——因为传统中国属于男权社会，所以一旦子女侵犯父母，在定罪量刑上便有差异。参见前揭《中国法律与中国社会》，第 27—65 页。

从第一节的分析中，我们可以看到，在儒家思想脉络中，在一般意义上考究“情”的内涵者，相关资料很多，我们且引若干经典话语，以资说明。

> 何谓人情？喜、怒、哀、惧、爱、恶、欲，七者弗学而能。
> 性之好、恶、喜、怒、哀、乐，谓之情。[1]

不必细说，即可明白，它们是指人的情感，而非专指狱情和案情。进而，如果在事实和真相的意义上理解“情”，那么我们也可以说，“情”得自“青”，而“青”则来自“生”；再进一步，“情”源于“性”，是“性”的显示。从物之现象（事实）到人之情感的意义演化，一目了然。由此推延，我觉得，无论事实抑或情感，狱情和案情都是后起的用法。为了进一步说明我的论点，再来分析一下两条著名的资料：

> 天视自我民视，天听自我民听。
> 天矜于民，民之所欲，天必从之。[2]

所谓“民之所欲”的“欲”，实际上完全可以与“情”联系起来考虑；换句话说，我们可以将“欲”理解为“情”，故有“情欲”一词；或者说，“欲”是“情”的一种表现形式，亦即人的“七情”之一。而就“情”来讲，则包括了民众生活的实情，以及与他们生活有关的情感。只有这样，我们才能理解“天视”和“天听”的真正意思，亦即通过“视”来了解民众的生活状况，通过“听”来了

1 分别引自《礼记·礼运》和《荀子·正名》。
2 均出《尚书·泰誓》。

解民众的心声或情感，[1]这是西周“民本政治”兴起的新思想、新要求，当然也有旧传统。[2]事实上，随着西周以降“天”的理性化和道德化，[3]他的“视”“听”能力也让渡给了儒家心目中的圣人。无可置疑的是，正是通过圣人的中介，将“天”与“民”联系了起来；因此，民情能够通过圣人上达于“天”，而天意也可以经由圣人下达至“民”。由此，天意与民情得以交流互动，所以“天”就是“民”。[4]

我们来看《礼记·礼运》的记载：

> 故圣人耐以天下为一家，以中国为一人者，非意之也，必知其情，辟于其义，明于其利，达于其患，然后能为之。何谓人情？喜、怒、哀、惧、爱、恶、欲，七者弗学而能。何谓人义？父慈、子孝、兄良、弟弟、夫义、妇听、长惠、幼顺、君仁、臣忠，十者谓之人义。……故圣人之所以治人情、修人义……舍礼何以治之？
>
> 故圣人作则，……礼义以为器，人情以为田，四灵以为

1 饶宗颐将“聖”释作“聽”，很有启发。参见《四方风新义》，载《中山大学学报》1988年第4期。许慎《说文解字》指出：“聖，通也。从耳，呈声。”段玉裁《说文解字注》释：“聖，从耳者，谓其耳顺。《风俗通》曰：‘聖者，声也，言闻声知情。’按聲、聖字古相假借。”沈建华进一步讲：“‘聽’与‘聖’字形义相近同源，古卜辞假借。按‘聽’指乐师，为商王室职官，称之‘王聽’。”又讲：“在商代乐师‘聽’是一种神职，被赋予能分辨四方风向，协调音律，制定历法，视为超自然的聪明圣人。‘王聽’占卜凶祸与否，会直接影响到王室的政治，对商王极重要。”氏著《卜辞中的“听”和“律”》，载江林昌等编：《中国古代文明研究与学术史：李学勤教授伉俪七十寿庆纪念文集》，保定：河北大学出版社2006年版，第20页。如果我们从这一角度来理解，那么圣人之“听”与“求民情”之关系，其政治意义就不可小视了。如若这样，那么“情”的范围也就绝非案件之“情”所能概括；或者说，案件之“情”只是民情的一个支流而已。

2 关于“民本思想”的讨论，参见金耀基：《中国民本思想史》，北京：法律出版社2008年版。

3 对此问题的一般讨论，参见郭沫若：《先秦天道观之进展》，载氏著《郭沫若全集·历史编1》，北京：人民出版社1982年版，第317—376页。

4 前揭《先秦儒家性情思想研究》，第82页。

畜。……礼义以为器，故事行有考也。人情以为田，故人以为奥也。

故圣王修义之柄、礼之序，以治人情。人情者，圣王之田也，修礼以耕之，陈义以种之，讲学以耨之，本仁以聚之，播乐以安之。

凡此，都是谈论人情之“情”，而非专指案件之“情”；以及，如何在礼义上治理“情”，而非在断狱上重视“情”。另外，就“情”与“义”的关系而言，我们看到了它们之间的互动和张力。一则必须顺从人情、正视人情，二则却又必须规训人情、节制人情，这是问题的关键所在；人情与礼义之间的平衡，乃是良好社会秩序的基础。因此，孔子指出：“夫礼，先王以承天之道，以治人之情，故失之者死，得之者生。诗曰：‘相鼠有礼，人而无礼。人而无礼，胡不遄死。’”[1]可见，孔子也是在一般意义上谈论“情”与“礼”之关系。要之，所谓“情”最初发轫于听讼断狱的意见，似有必要重新予以考虑。

现在，是讨论狱情和案情之“情”的时候了。先来摘录几条史料：

非佞折狱，惟良折狱，罔非在中。……哀敬折狱，明启刑书胥占，咸庶中正。其刑其罚，其审克之。狱成而孚，输而孚。[2]

以五刑听万民之狱讼，附于刑，用情讯之。

以五声听狱讼，求民情。[3]

1 《礼记・礼运》。

2 《尚书・吕刑》。

3 以上两条资料引自《周礼・秋官・小司寇》。

孟氏使阳虎为士师，问于曾子。曾子曰："上失其道，民散久矣。如得其情，则哀矜而勿喜。"[1]

大小之狱，虽不能察，必以情。[2]

令国子以情断狱。[3]

第一条资料的内容非常丰富，不但涉及法律适用的诸多原则，而且影响深远。值得我们注意的是，其中"非佞折狱，惟良折狱"是对于司法官员品格的具体要求，也就是说，只有"良吏"，才能做到"哀敬折狱"；唯有"哀敬折狱"，才能确保"咸庶中正"（罪刑相当）的裁判结果。据此，"哀敬"的折狱心态至关重要。那么"哀敬"又是什么意思呢？曾运乾释作"哀敬，敬当为矜，怜也。言以哀矜之心折狱"。[4]可见，"哀敬"即是怜悯同情之心。第二条资料，是否也是从司法官员的视角来阐述听讼折狱的呢？所谓"用情"，究竟是司法官员"用情"，抑或是指案件的真实？有注释说："用情实问之，使得真实。"这一解释的意思似乎是，承审法官用"同情之心"来审案，以期了解案件的真相。另有解释讲："讯得其情"，如若这样，显然是指案件的真相。[5]第三条资料，所谓"民情"，无疑是指案情。然而，是否尚有别的意思呢？值得仔细辨析。单就"听"或"求"的角度来看，显然是指，通过原被两造的脸部表情和心理反应，来判断他们的口供是否能够反映案情，似乎属于案件的事实问题，不必置疑。但是，如果联系到定罪量刑，那么问题也

---

1 《论语·子张》。

2 《左传·庄公十年》所记庄公与曹刿的对话。又，《国语·鲁语上》则有"余听狱，虽不能察，必以情断之"。文字微有出入，意思不变。

3 《管子·匡君大匡》。

4 ［清］曾运乾：《尚书正读》，台北：华正书局 1982 年版，第 288 页。

5 两条注释，引据［清］孙诒让撰，王文锦、陈玉霞点校：《周礼正义》，北京：中华书局 1987 年版，第 2766 页。

就随之而来了。比如《周礼·秋官·小司寇》接着还说："以三刺断庶民狱讼之中，一曰讯群臣，二曰讯群吏，三曰讯万民。"据此，则应该包括官场与民间的"舆情"，俗话"过得官场，走得乡场"，[1]即是此意。这样看来，一个妥当（既合法又合情合理）的裁判，不仅要做到案情真实，而且要做到舆情认可。所谓"舆情"，不外乎是人们的常情和常理，即滋贺秀三所谓"中国型的正义平衡感觉"；[2]换句话说，裁判不但要合法，而且要合情合理。另有一点必须指出，官场与民间的舆情，恰如苏轼所谓"一蹈禁网，利口不能肆其辩；一定刑辟，士师不得私其仁"，[3]这意味着，舆情有着监督司法裁判的功能。[4]我觉得，后来，情理之所以能够进入司法实践，成为裁判必须考量的因素，无疑与儒家的这种经典传统很有关系，当然与传统中国"情感本体"的文化特征更有关系。进一步说，无论案情抑或舆情，其中都有情感的因素。对案犯来说，他们究竟出于何种情感而犯罪，必须考量。就舆情而言，民众究竟基于什么情感而认同裁判，值得关注。第四条资料，杨伯峻将其翻译成："你假若能够审出罪犯的真情，便应该同情他，可怜他，切不要自鸣得意。"[5]据此，"情"是案情真相，而"哀矜"则是司法官员的同情之心和怜悯之情。而这，与儒家的"仁道"——"恻隐之心"、"不忍人之心"和"将心比心"的思想，恰好吻合。第五条和第六条资料，意思显豁，不单纯是指案情，而主要是指司法官员"必尽己

---

1 苏轼在《三法求民情赋》中写道："用三法而下究，求舆情而上通。"参见孔凡礼点校：《苏轼文集》第一册，北京：中华书局 1986 年版，第 26 页。

2 前揭《中国法文化的考察》，载《明清时期的民事审判与民间契约》，第 14 页。

3 前揭《三法求民情赋》，载《苏轼文集》第一册，第 27 页。

4 事实上，"讯群臣"和"讯群吏"属于官场内部的监督，与后来的"审转"制度有着类似的功能，只是运作起来没有那么严格而已；而"讯万民"，则属于社会舆论的监督。总之，《周礼·秋官·小司寇》的制度设计，似乎体现了"儒法国家"的特征，既非单纯的"法治"，也非纯粹的礼法。

5 杨伯峻：《论语译注》，北京：中华书局 1980 年版，第 203 页。

情察审”的审判取向。[1] 也就是说，它们是指司法官员“以情度情”的审判态度。这种态度，无疑与“忠恕之道”切合，具有“尽己为忠”和“将心比心为恕”的深刻涵义。正是通过“必尽己情察审”或“以情度情”的态度审理案件，才能获得案件的事实真相——“情”。我觉得，这就是“以情断之”和“以情断狱”的确诂。换句话说，这里的“情”，既包括了司法官员审理案件时的“哀矜同情”，也包括了待审案件的实情。

综上所述，如果着眼于儒家思想的历史脉络，立足于“情感本体”的文化传统，那么司法官员应该怎样裁判呢？我们发现，除法律外，裁判既包括了司法官员的情感因素——同情和怜悯，也包括了案件的真情实况——罪犯的动机、情感和其他客观情节，曾子所谓“如得其情，则哀矜勿喜”，恰好包括上述诸多意思。在传统中国社会，人们之所以重视“情”或“情理”在司法实践中的作用，是因为“情感本体”的文化传统的影响所致，而非“情”或“情理”最初发轫于司法实践，进而影响整个文化。也就是说，我们不能讲，由于司法实践重视“情”或“情理”的作用，随后才形成了传统中国“情感本体”的文化特征。

前面说过，先秦法家强调法律的治理，主张依法审判；并且随着春秋战国时期君王集权的兴起，官僚政治的发展，特别是秦汉帝国的形成，法吏登上了政治舞台，占据了官僚机构，从而深刻地影响了当时的政治实践和司法实践。阎步克指出：

---

1 霍存福认为：这是司法官员的一种负责任的态度。而且这种断狱心态，也是后来“原情断狱”的一个支脉。参见前揭《中国传统法文化的文化性状与文化追寻——情理法的发生、发展及其命运》。顾元也同意霍存福的意见，他基本上转录了霍存福的相关解释。参见氏著《衡平司法与中国传统法律秩序——兼与英国衡平法相比较》，北京：中国政法大学出版社 2006 年版，第 114 页。

> 西周春秋时代，实行世卿世禄，因而“选贤任能”不出于贵族之外。然而，春秋后期这种情况开始发生了变化；战国时代，客卿制和养士制的发达造成了人才流动，使功绩才能的铨选标准日趋重要。与此同时，虽然“士”已经构成新式官僚的重要来源，但是“士”与“吏”的区别仍然不甚明晰。到了秦帝国，就沙石澄清、尘埃落定了：“秦尊法吏”，以“明法”为特征的文法吏构成了这个帝国的行政骨干，此类角色与学士师儒已经判然有别，至为昭明。与此相关，“礼”原本是糅杂了民俗、道德、礼乐、政制等等的不够分化的混溶物，这时不得不开始让位于更为分化的、纯政治性的、“锻炼”不得不“精密”的官僚法制。[1]

另一方面，鉴于中华帝国的政治结构和官僚组织的内在需要，必然要求本着“循名责实”的原则，将法律当作治理国家的基本工具。在我看来，春秋时期郑国“铸刑书”和晋国“铸刑鼎”的著名事件，[2]就是“法治主义”兴起的契机。之所以这么说，是因为原本那种“议事以制，不为刑辟”的贵族政治的司法传统——这给“酌情裁判”的运用提供了空间[3]——已经不能适应社会变迁和政治改革的需要。唐代学者孔颖达认为：“铸刑书”和“铸刑鼎”的政治

1 为了保持引文的连贯，笔者作了适当调整。参见前揭《士大夫政治演生史稿》，第134—135页。

2 分别参见《左传》“昭公六年”和“昭公二十九年”的记载。

3 对此问题，唐代孔颖达的“注疏”颇可为证。参见《春秋左传正义》卷四十三“疏”：“而云临事制刑不豫设法者，圣王虽制刑法，举其大纲，但共犯一法，情有浅深，或轻而难原，或重而可恕，临其时事，议其重轻，虽依准旧条而断有出入。不豫设定法，告示下民，令不测其浅深，常畏威而惧罪也。法之所以不可豫定者，于小罪之间，或情有大恶，尽皆致之极刑，则本非应重之罪，悉令从其轻比，又不足以创小人也；于大罪之间，或情有可恕，尽加以大辟，则枉害良善，轻致其罚，则脱漏重辜，以此之故，不得不临时议之，准状加罪。今郑铸之于鼎，以章示下民，亦既示民，即为定法，民有所犯，依法而断，设令情有可恕，不敢曲法矜之；罪实难原，不得违制以入之。”引据《十三经注疏·附校勘记》(下册)，北京：中华书局1980年版，第2043页。又说：“刑不可知，威不可测，则民畏上也。今制法以定之，勒鼎以示之，民知在上不敢越法以罪己，又不能曲法以施恩，则权柄移于法，故民皆不畏上。”同书，第2044页。

意义在于“移权于法”。所谓“移权于法”，即是中国本土“法治主义”的固有内涵，它的关键乃是用法律来控制官僚；就司法而言，就是要求司法官员严格依法判决。[1]

不过，严格“法治主义”的实践，随着秦朝的崩溃，渐次退出政治舞台的中心，而被相对边缘化了。事实上，即使在汉朝初期，儒家“诗书礼乐”的治理功能，就已被人们重新提起，并且逐步出现了制度化的实践。[2]在汉代，最能体现“哀矜”情感的法律史事件，当推汉文帝审理少女缇萦为父亲太仓令淳于公申冤的案件。《汉书·刑法志》写道：“书奏天子，天子怜悲其意。”又说：“非乃朕德之薄，而教不明与！吾甚自愧。”又有“朕甚怜之”之类的话语。[3]皇帝的自我反省——德薄和自愧，以及对于肉刑残害肢体之不德，对于“为民父母”不施教化之失责，对于子民陷于法网之悲怜，在在都体现了重新激活法律与司法的情感作用和道德意识的气象。到了汉武帝推行“罢黜百家，独尊儒术”的政策，儒家得以进入权力场域，操纵司法、立法和法律解释的权力，从而使得司法和法律的面貌逐步改变，或者说，由此开启了法律儒家化的历史进程。鉴于儒家重视人的情感和道德，故而在司法实践中出现了“偏向心意”——“原心定罪”[4]或“原情定过”[5]的浓厚色彩，改变了法

1　对于秦代严格“依法判决”的讨论，参见王志强：《制定法在中国古代司法判决中的适用》，载《法学研究》2006年第5期；徐忠明：《清代中国司法裁判的形式化与实质化》，载《政法论坛》2007年第2期。

2　参见《史记·陆贾列传》和《史记·刘敬叔孙通列传》的记载。虽然现代学者认为，叔孙通是法家化了的儒家，而不具备先秦原始儒家的品格。但是，我们也应该看到，他在参与制定汉初礼仪时，毫无疑问会将部分先秦礼仪吸收到汉代礼仪制度中去。程树德说：“汉沿秦制，顾其时去古未远，礼与律之别，犹不甚严。《礼乐志》叔孙通所撰礼仪与律同录藏于理官。”氏著《九朝律考》，北京：中华书局2003年版，第13、18页。

3　《汉书》卷二十三·刑法志，第1098页。

4　参见《汉书》卷八十三·薛宣传，第3395—3396页；《汉书》卷八十六·王嘉传，第3501页；等等。

5　参见［南朝宋］范晔撰，［唐］李贤等注：《后汉书》卷四十八·霍谞传，北京：中华书局1965年版，第1615页。

家的“行为主义”[1] 倾向的司法风格，由此，情感和道德重新回到了司法和法律当中。当然，这里的“情感偏向”和“心意偏向”，虽然是指案件本身蕴含的情感和心理因素，但是，它们之所以受到重视，无疑与司法官员自己转向情感和道德——哀矜同情和道德教化有关，汉文帝在缇萦为父申冤案件中流露出来的“怜悲”和“自愧”，即是表现之一。而其中，自然也包含着儒家的“仁恕之道”、“恻隐之心”和“不忍人之心”的情感和道德意味。

就汉代司法实践的“情感偏向”和“心意偏向”来说，“引经决狱”是不能不提的，然而相关研究已经很多，[2] 所以本章不作讨论。[3] 东汉以降，儒家官僚“情感偏向”的司法风格渐次彰显，相关议论和实践更是不乏其例。关于情感与法律的一般关系，本章第一节已经有所论列，这里从略，下面仅仅讨论司法实践。请看《后汉书·循吏列传》的记载：

> 仇览选为蒲亭长。……览初到亭，人有陈元者，独与母居，而母诣览告元不孝。览惊曰：“吾近日过舍，庐落整顿，

---

1 美国著名中国思想史学者本杰明·史华兹指出：儒家的“礼”强调精神–道德的力量，而“法家的行为主义对于情感漠不关心”。参见氏著《古代中国的思想世界》，南京：江苏人民出版社2004年版，第336—362页。

2 以“《公羊传》是如何解释经义的，阐述了怎样的见解，总体行为的评价又如何”为核心问题的研究成果，参见［日］日原利国：《心意的偏重——关于行为的评价》，载杨一凡总主编：《中国法制史考证》丙编第一卷，北京：中国社会科学出版社2003年版，第554—599页。这篇论文对于我们理解“引经决狱”的解释技术，很有帮助。其他的重要成果，参见高恒：《论引经决狱》，载氏著《秦汉法制论考》，厦门：厦门大学出版社1994年版，第178—193页；黄源盛：《董仲舒春秋折狱》和《两汉春秋折狱案例》，载氏著《中国传统法制与思想》，台北：五南图书出版公司1998年版，第85—178页；黄源盛：《主观与客观之间——两汉春秋折狱“原心定罪”的刑法理论》，“经义折狱与传统法律学术研讨会”论文，台北：台湾“中央研究院”历史语言研究所，2004年12月4—5日；黄静嘉：《中国传统法制儒家化之登场与体系化——以程树德所辑两汉春秋决狱案例为切入点》，载氏著《中国法制史论述丛稿》，北京：清华大学出版社2006年版，第3—76页。

3 我对“引经决狱”作了类型化的分析，参见前揭《清代中国司法裁判的形式化与实质化》。

耕耘以时。此非恶人，当是教化未及至耳。母守寡养孤，苦身投老，奈何肆忿于一朝，欲致子以不义乎？”母闻感悔，涕泣而去。览乃亲到元家，与其母子饮，因为陈人伦孝行，譬以祸福之言。元卒成孝子。乡邑为之谚曰：“父母何在在我庭，化我鸤枭哺所生。”[1]

从纠纷解决的整个过程来看，我们没有见到法律的影子，恰恰相反，凸显的是道德教化和人情感化。也就是说，司法官员所做的工作，乃是通过仔细体察两造的生活境遇——“庐落整顿，耕耘以时”，以此断定被告陈元不是“恶人”；原告由于“守寡养孤，苦身投老”的孤苦生活，而提起了本不应当的诉讼。因此，仇览觉得不应该轻率地将法律拿出来，径直判定陈元犯有不孝之罪。按照汉律，不孝是重罪。[2]经由日常言语的道德教化和人情感化，致使陈元的母亲“感悔，涕泣而去”，应该是撤诉。这还不够，仇览亲自到陈元家，与母子饮酒，这是拉近司法官员与两造的关系，营造一种“如家人父子然”的亲切氛围，以便进行道德教化和人情感化。仇览“因为陈人伦孝行，譬以祸福之言”一句，在我看来，“人伦孝行”涉及母子情感和孝慈伦理，而“祸福之言”，则关乎宗教信仰和宗教情感，属于“神道设教”的做法。在某种程度上，“祸福之言”要比道德教化和人情感化来得有效，对于小民百姓尤其如此，故而，仇览在解决纠纷时不失时机地利用了这一文化资料。这是因为汉代以来，外来佛教和民间道教的祸福报应观念已经开始流

1　谢承所记与《后汉书》稍异。略谓：仇览“诮责元以子道，与一卷《孝经》，使诵读之”。后来，羊元改悔，而成佳士。参见《后汉书》卷七十六·循吏列传·仇览传及引注，第 2480 页。

2　参见前揭《九朝律考》，第 96—97 页。当然，程树德罗列的汉代“不孝，弃市”的案例，都是情节特别恶劣的犯罪，而且身份也比较特殊。比较而言，普通的“不孝”是否也会被判弃市呢？尚不清楚，待考。

行，所以，对于缺乏儒家经典教育（儒家也有“报应”思想）的小民百姓来说，它们的影响应该不小。[1]

这类故事后世也有，这里不拟俱引。[2]更可注意的是，“人情练达”的司法价值，已经为古人所重视，而其司法的积极效果也很突出，尽管例子不多，但是值得一提：

> （朱博）迁廷尉，职典决疑，当谳平天下狱。博恐为官属所诬，视事，召见正监典法掾史，谓曰：“廷尉本起于武吏，不通法律，幸有众贤，亦何忧！然廷尉治郡断狱以来且二十年，亦独耳剽日久，三尺律令，人事出其中。掾史试与正监共撰前世决事吏议难知者数十事，持以问廷尉，得（为）诸君覆意之。”正监以为博苟强，意未必能然，即共条白焉。博皆召掾史，并坐而问，为平处其轻重，十中八九。官属咸服博之疏略，材过人也。每迁徙易官，所到辄出奇谲如此，以明示下为不可欺者。[3]

这个故事读起来有点传奇色彩，可意思很清楚，只要“人情练达”，平决狱讼并非难事，至少朱博创造了“十中八九”的纪录。这段故事的关键在于：其一，是“三尺律令，人事出其中”。唐代颜师古释作“可以人情知之”，意思是指法律与人情（人事）一致，所以只要深通人情，就能领悟法律，换句话说，法律来自人情。其二，是“得（为）诸君覆意之”。汉代如淳将“意”释作“但欲用意覆

1　对汉代末年以来道教和佛教的流行情况和经典化的讨论，参见葛兆光：《中国思想史》第一卷，上海：复旦大学出版社 1998 年版，第 467—614 页。

2　相关的故事和讨论，参见前揭《中国法律与中国社会》，第 291—292 页。

3《汉书》卷八十三 · 薛宣朱博传，第 3403—3404 页。

之，不近法律事故也”。[1] 也就是说，朱博复审旧有疑案，并不参酌法律和事故（案例），而是完全出自臆度，当然，臆度的根据是人事或人情。我们撇开人情与法律之关系的道理不说。从所引史料来看，我们没有理由怀疑朱博“十中八九”的能力，至于是否完全“臆度”决狱，则有疑问。这是因为朱博已有二十年地方官的经历，而且他自己也承认，地方官的基本职守，乃是遵循“三尺律令”[2] 从事行政和司法工作，故而即使“武吏”出身，但是二十年的司法经验，再加“耳剽日久”——这是“潜移默化”的意思吧，无论如何都能积累起相当的法律知识，更何况，朱博还是一个非常精明强干的地方官。据此，朱博之所以能够做到“十中八九”，主要是因为：第一，案件本身属于疑难案件，原本就缺乏法律上的规定，这就给朱博的“臆度”提供了可能的空间。第二，二十年地方官的经历，已经使朱博积累了丰富的断狱经验和法律知识，据此，根据经验，权衡法律与人事或人情，做到“十中八九”也就完全可能，而不是什么奇迹。第三，朱博之所以说自己是“臆度”断狱，无疑是一种驾驭“官属”的权力策略，借此取得震慑的效果，从而避免“为官属所诬”，而未必真是“臆度”复审旧案。[3]

---

1 两条注释均见前揭《汉书·薛宣朱博传》，第 3404 页。

2 从朱博与文学儒吏的一段对话中，我们可以感到朱博的法家倾向。《汉书·朱博传》记有：“文学儒吏时有奏记称说云云，博见谓：‘如太守汉吏，奉三尺律令以从事耳，亡奈生所言圣人道何也！且持此道归，尧舜君出，为陈说之。’”颜师古注“亡奈生所言圣人道何也”曰：“言不能用也。”引据前揭《汉书·薛宣朱博传》，第 3400 页。可见，朱博认为，太守汉吏的职责是遵循法律而非尧舜之道。

3 顺便一提，在上引论文中，霍存福已经敏锐地看出：朱博所谓的“人事”或“人情”，与后来儒家的“人情”是有所不同的，因为它们是法家倾向的东西。此说有理。也因此，关于“三尺律令，人事出其中”的问题，尚有可议之处。第一，所谓“三尺律令”，事实上是指汉承秦制以来的国家法律，或者说是法吏政治底下的律令制度。前面已经提到，法家是反对人情的。既然如此，何以深通人情就能理解法律呢？这至少表明，当时的法律所反映的“人情”，乃是法家意义上的利害、权术之类的东西。第二，法家反对人情，主要是反对以人情来否定法律的作用——亦即“以私废公”，因为法家主张“以公去私”，而并不是说法律不必体现人情——法家认同的（接下页）

另外，关于道德教化与人情感化的社会效果，我们也征引一例：

（刘矩）稍迁雍丘令，以礼让化之，其无孝义者，皆感悟自革。民有争讼，矩常引之于前，提耳训告，以为忿恚可忍，县官不可入，使归更寻思。讼者感之，辄各罢去。其有路得遗者，皆推寻其主。[1]

这条史料说的不是具体案件如何解决，也非朱博那样抽象地谈论“人情与法律”的关系，而是介乎两者之间，因此值得拿来作点分析。这个故事突出的含义有三：一是刘矩力行道德教化，取得了“君子之德风，小民之德草，草上之风必偃”[2]的效果。所谓“感悟自革”，尤可注意，它意味着道德力量使小民在情感上有所触动，最后改过自新。二是刘矩采取“提耳训告”的教化方式，使小民知道争讼的“可耻”，[3]所以才有“忿恚可忍，县官不可入”的自我约

那种“人情”。第三，即便制定法律的时候未必反映人情，但是法律具有建构社会秩序的力量，当然也有改变人情的效果。况且，人情并非单单源于人的天性，也来自人的后天习得，亦即，它是社会文化建构的产物，换句话说，情感既有生物性的因素，也有社会性的因素。儒家所谓“性相近也，习相远也”（《论语·阳货》）与“人之性恶，其善者，伪也”（《荀子·性恶》）之类的观点，都承认了社会文化对于人性或人情的影响。虽然法家不承认这种影响，但并不能否认被现代情感社会学所证明了的东西。第四，所谓“三尺律令，人事出其中”，如果从“字面”上理解，那么它的意思似乎是：人事来自法律，而非人事包含法律。换句话说，经由秦汉长期推行“文法之治”，民众的人情已经被法律所改造和型塑。在这种情况下，理解了人情或人事，自然也能理解法律，这是一个有趣的循环过程。在这一点上，我与霍存福的理解仍有不小的差异。他说：朱博的“意”，是指对于“人事”包括法律的谙熟。

1　前揭《后汉书》卷七十六·循吏列传·刘矩传，第2476页。

2　《论语·颜渊》。

3　在传统中国文化中，“耻”无疑是一种道德意识，因此学者提出“道德耻感”的概念，认为“羞耻决非个人的情绪感受”。详尽的讨论，参见陈少明：《明耻——羞耻现象的现象学分析》，载前揭《经典世界中的人、事、物》，第167—185页；金耀基：《“面”、“耻”与中国人行为之分析》，载《金耀基自选集》，上海：上海教育出版社2002年版，第117—140页。但是，“耻”与面子有关，也与人情有关，而且又是一种控制意念和情绪的重要机制。据此，我觉得，虽然“耻”是一种道德意识，但是与情感也有关系。甚至，这种道德意识的基础，即是情感。比如（接下页）

束和忍让精神。可以说，道德教化如果没有情感的依托，往往很难奏效。三是“忿恚”暗示了，民间争讼往往是出自“忿恚”难忍，一时兴起，遂至告状争讼。就此而言，孔子对待争讼采取“拖延”的办法，[1]一则是让激愤争讼者自省感悟，一则是避免出现不教而诛的尴尬事，而这又是出于“恻隐之心”或“不忍人之心”的缘故。

要而言之，汉代以降，儒家官僚（儒吏）接续了先秦时期“哀矜折狱”的传统，不仅在思想上进行了诸多阐述，而且在司法实践中也试图予以贯彻落实，从而导致了法律面貌与司法风格的巨大变化，构成了传统中国法律文化的一大特征。当然，学者可能会说：就思想而言，那仅仅是一种“表达”而已，在“实践”中并未能够得到全面兑现；换句话说，在司法实践中，司法官员关注的是如何“依法判决”，而非基于“情理”的调解。[2]即使在司法实践中出现了这样一种司法风格，也仅仅是部分官僚罢了，所以完全不能说明整个司法实践的状况。这些判断都有道理，本书也很赞同。但是我们不能忘记，毕竟汉代以降出现了这种思想表达与司法实践，并由此形成了一条“不绝如缕”的红线，深刻地影响了民间百姓的诉讼态度和司法官员的断狱风格。这可不是一件小事，我们也不应该予以忽略。

但接下来的问题是，到了明清中国，司法官员又是如何本着“同情”或“哀矜”的信念听讼折狱的呢？在所谓“依法判决”的情形下，情感的作用又是怎样的呢？

作为呼应，我们来看前引《律条公案》的判词：

孟子所谓“羞恶之心”，恐怕不单单是道德上的感受，而且也是情感上的意念。

1　参见《荀子·宥坐》。

2　参见前揭《民事审判与民间调解：清代的表达与实践》，第1—21页。更为详尽的解说，参见黄宗智：《中国法律的实践历史研究》，载《开放时代》2008年第4期。

> 审得祝圣八素行窃盗，猖獗害民，案卷中重叠鱼鳞；犯刺不悛，恣行偷盗，花园内骤起狼心。杀侍婢而入劫财物以利己，误朝栋而几陷缧绁以离婚。原赃俱在，大辟协宜。邹士龙枉列冠裳，心残忿而不顾仁义；厌贫贪富，思退亲而欲悔前盟。箝束不严，以致怨女旷夫私相授受；防闲法弛，俾令戴月披星密约往来。侍女因而丧命，女婿欲陷极刑。分宜按法，惜尔官休年老，姑从律减，拟尔薄示不应。王朝栋非罪而受丛挫，合应免拟；邹环玉永好而缔前盟，仍断成姻。使效唱随而偕老，俾令山海可同心。[1]

细审这份判语，我们可以发现：第一，配合整篇小说的故事情节来看，判语对于案件事实的叙述，不但脉络清晰，而且紧凑扼要。鉴于与本章题旨没有关系，姑且不作分析。第二，在概括案件事实时，判语还夹杂着不少道德话语和情感话语，而非现代判书那种相对客观的专业措词。比如，承审法官指责原告“邹士龙枉列冠裳，心残忿而不顾仁义；厌贫贪富，思退亲而欲悔前盟。箝束不严，以致怨女旷夫私相授受；防闲法弛，俾令戴月披星密约往来”。这种修辞的预设，乃是读书人或士大夫必须具备相应的道德涵养。因为在儒家眼里，读书的过程，实际上即是涵养身心（修身）的过程，也是激发和提升读书人的“仁心”或“不忍人之心”的过程。也因此，知府戴朝用指责邹士龙的行为属于“心残忿”，没有“仁心”或“不忍人之心”，与读书人的本分不符。据此，我们可以说戴朝用是本着“哀矜”的心态折狱的。再如，判书用“狼心”来形容被告祝圣八，同样是情感修辞的例证。因为“狼心”后面，应该

1　前揭《详情公案·详刑公案·律条公案》，第 323—324 页。

包括“狗肺”两字，只是为了满足“花园内骤起狼心”和“案卷中重叠鱼鳞”这种修辞上的对仗要求，所以也就没有写出“狗肺”两字。对于“狼心狗肺”之人，自然只能禽兽视之。如果稍稍推论一下，那么就可以说杀一残害无辜民众的禽兽，在道德和情感上都是大快人心的事情。这时，须要“哀矜”的是死者，而非已被知府视为杀人禽兽的被告。第三，就判决内容而言，判定被告祝圣八“原赃俱在，大辟协宜”，固无问题，但是，判决被告王朝栋“合应免拟”，恐怕与明代律例不尽吻合，[1]而与“同情”、“怜悯”和“哀矜”的折狱信念有关。另外，由于原告邹士龙“厌贫贪富”的悔婚行为和控告王朝栋“杀人”的诬告行为，已经造成“侍女因而丧命，女婿欲陷极刑”的严重后果，因此“分宜按法，惜尔官休年老，姑从律减，拟尔薄示不应”的判词，无疑也蕴含了情感因素。仔细推敲起来：如果“分宜按法”——“依法判决”的话，那么根据《大明律》的规定，原告邹士龙的罪行起码应判徒流之间的刑罚；[2]但是判词却说“惜尔官休年老，姑从律减，拟尔薄示不应”，这意味着知府没有依法判决，原因即是“惜尔官休年老”，结果只判“笞杖”而已。[3]这里不惟有“物伤其类”的意味，而且有“哀矜年老”的

1　鉴于《律条公案》属于明代编辑出版的作品，故而衡诸明代律例的相关规定，这一判决似有“同情”被告王朝栋的色彩。请看明律“犯奸”的相关规定：凡是和奸（通奸）的男女，都要处以杖八十的刑罚。参见怀效锋点校：《大明律》卷二十五，北京：法律出版社 1999 年版，第 197 页。对于订婚男女的和奸，究竟应该处以什么刑罚，律例没有规定，但是从“不应得为”角度来看，处以笞刑，恐怕没有什么不妥。

2　按照明律“诬告”的相关规定：诬告他人尚未致死，处以杖一百，流三千里的刑罚。另据“干名犯义”的相关规定：如果尊长诬告缌麻卑幼，减轻一等处罚。另据“附图”所示，岳父与女婿之间的服制，正是缌麻。据此，邹士龙与王朝栋应该是缌麻亲的关系，所以，原告邹士龙可以减一等论处，而其刑罚应该不会低于徒刑。相关律文，参见前揭《大明律》卷二十二，第 176、179 页，以及“附图”，第 463—464 页。

3　所谓“笞杖”而已，乃是基于“薄示不应”所作的推断。按照明律“不应为”的规定：“凡不应得为而为之者，笞四十；谓律令无条，理不可为者。事理重者，杖八十。”前揭《大明律》卷二十六，第 205 页。

用心。第四，出于情理上的考量，知府作出了“邹环玉永好而缔前盟，仍断成姻。使效唱随而偕老，俾令山海可同心”的判决。这种判决不但体现出知府“成人之美”的风范，而且蕴含了同情怜悯的因素。总之，无论叙述案件的事实情节抑或裁决两造的量刑轻重，情感都起到了非常重要的作用。

鉴于上面分析的《律条公案》的裁判文书属于文学作品，因此读者可能觉得它不具有代表性，不能作数。据此，我们不妨再来讨论一下《折狱明珠》收入的判书，看看“诉诸情感”的情形究竟怎样。这里，我随机挑选一份“命案”判书：

> 夏侯审语：审得沈某，以万金土豪，所为不轨，盖罄西山竹而书罪无穷，决东海波而流恶不尽者。今因磊债叠利，殴死陈仲升，乃反以仲升夤夜入室盗偷，指贼打死，此小人文过饰非之辞也。但人心不昧，乡有公评，约党里邻，俱称白昼打死。白昼岂行窃之时乎？以斗殴杀人致死者，律绞。[1]

先看“以斗殴杀人致死者，律绞”的裁决，查检明律“斗殴及故杀人”的相关规定，我们可以发现，裁判可谓准确无误。[2]这也再次证明，讼师秘本所载案件，并非凭空虚构，而是确有事实依据。尽管裁决结果与明律严丝合缝，但是措词仍然情感色彩浓厚。比如，用“罄西山竹而书罪无穷，决东海波而流恶不尽”来刻画被告沈某白昼公然的罪行，显然属于“诉诸情感”的修辞策略，且其义愤之情溢于言表。如果按照现代刑事判决文书的写法，那么法官恐怕只能用“情节严重”来加以概括。在我看来，夏侯的裁判修辞的背

1　引据前揭《折狱明珠》三卷下层。

2　参见前揭《大明律》卷十九，第 153 页。

后，即蕴含着“诉诸情感”的意图。至于“人心不昧，乡有公评”，显然也是出于尊重乡土社会舆情的考量，而其用意，不外乎是“不杀不足以平民愤”。这种“民愤”，既有自然情感的因素，也有道德情感的因素。遵循法律和尊重“民愤”，实际上也是对于死者及其亲人的“哀矜”，从而使冤情得以释放。如此看来，判处被告绞刑，既是法律的要求，也是民情的反映，更是承审法官“哀矜”死者的体现，可谓“情法兼顾”。所谓“白昼岂行窃之时乎”无疑是根据情理所作的判断。基本上，它们都是广义上的“情”在裁决案件时所起作用的体现。

为了与前面讨论民众“诉诸情感”的写作方式配合起来，我们接着检讨一下，在实际裁判文书中，明清中国的司法官员采取“诉诸情感”的技艺。我们不妨引据《不平鸣稿》收录的鲁元宠“参语”的陈述：

> 余显功与潘洛，邻居也。潘之族有应乾者，曾于万历十五年因父故将得分东亭坦庄屋并佃仆程积德，卖与显功父，得价二十五两，为葬殓费，已经管业。迨天启四年，两姓因隙成讼。潘姓始有盗卖之说，谓应乾先于十二年间将前产仆卖入祠堂，据其户册，历历可按。然使应乾果先卖入宗祠也，又不知何以隔三十余年而始发？觅故老凋谢，俱无可证。独今潘氏既买应乾之产，归入祠堂公用，亦是义举，不必细问孰先孰后，所当听其复还旧业，此府县屡审即增价到三十五两而给令潘氏面赎也。但府县断于应乾名下追十两，众人名下追二十五两，固是正理，而应乾贫至卖产卖仆，后犹欲其处办十两原价，则此价终无可期，讼亦何时结局。应乾所以匿不到官也。夫潘族所争者非徒应乾，愤为祖宗吐气，则何必更向应乾索十两以滋

多事哉。合将三十五两尽于众人追给显功，完价之日，交业遵守。其仆程积德在显功处有年，且父亦葬显功山上，一旦归潘，遽无旧主之谊，情属难堪，责逐使两无所适，则二主之气俱平。显功抗断，潘洛霸仆，并杖。

根据原告余显功《不平鸣稿》序所记“三年六讼，至此息矣”可知，这是最后一份裁决文书。[1] 与前面的相关文书相比，它对案件事实的陈述，应该是最具权威的。确实，在分析案件事实时，鲁元宠提到了一个关键问题：“潘姓始有盗卖之说，谓应乾先于十二年间将前产仆卖入祠堂，据其户册，历历可按。然使应乾果先卖入宗祠也，又不知何以隔三十余年而始发？觅故老凋谢，俱无可证。”但是，有些模棱两可的是，既说“据其户册，历历可按”，又讲“故老凋谢，俱无可证”。毫无疑问，所谓“故老凋谢，俱无可证”是指可以充当证人的“故老”已经死了，因此也就无法证明当年是否有过“卖入宗祠”的事情。如果真是这样的话，那么“历历可按”的户册，就是唯一现存的证据。值得追问的是：如果只是被告的口头陈述，那么鲁公完全可以不予理睬，可是他又提了这么一个关键性的问题；与此相反，如果已有“户册”提交衙门，那么结果只有两种，要么得到证实而被采用，要么遭到证否而被抛弃。[2] 但是，

1　在《不平鸣稿》中还有一份“朱公参语”，这是另一案件的裁决。不过，这份参语是对民间“和解合同”的官方确认，所谓“生员吴福大、汪士鳌告息，应准和议”，即是这个意思。

2　当然，现代读者（实际上，本案的原告和主审官员也是如此）可以这么设想：其一，就整个诉讼过程来看，被告最后提出“户册可据”的说法显然没有根据；其二，经过三十余年之后，被告方才提出所争地税的“权利主张”本身，也可以反证“户册”可能有诈。但是，我们同样可以这么说，因为潘、余两姓过去的关系一直不错，所以尽管潘氏明知存在“盗卖谋买”的事情，也听之任之；而今，由于两家关系破裂，因而旧账新算，或者更准确地说是旧账新账一起算，只有这样，才能以此加强诉讼的砝码和力度，而且一旦赢得诉讼，也更解气。实际上，余显功所作《不平鸣稿》之序确实说过：潘镀与余辅“素为刎颈之交。一旦因财失义，遂成刖足之仇”。在这种情况下，我们可以说本案的事实真相确实不是很清楚。

鲁元宠却作了“省略”，笔锋一转写道：“潘氏既买应乾之产，归入祠堂公用，亦是义举，不必细问孰先孰后，所当听其复还旧业。”这一转变非常突然，但很巧妙。这位司法官员“扔掉”案件事实而谈起道德来了，所谓“义举”即是一证。谈完本案事实上的若干疑问，我们再来分析“参语”的情感修辞和道德修辞。其一，在文学上，“凋谢”两字给人的感受是凄凉，一如草木凋谢给人带来触景生情的悲切情绪。如若由现代法官来制作裁判文书，似乎会用更加中性的“死亡”两字，亦即“故老死亡，俱无可证”。其二，“义举”两字，无疑与宋代范仲淹创设“范氏义庄”的传统有关，以期达到“敬宗收族”的道德目的和社会目的，属于道德上的赞词。其三，参语所谓“府县断于应乾名下追十两，众人名下追二十五两，固是正理”一句，深可玩味。此“正理”者，乃“人情”的另一说法。而其含义有二：一是为了平息纠纷，承审官员只得将就，同意潘应乾赎回已经出卖的土地。照理，只要原价二十五两银子即可，但是鲁公却判三十五两银子，这无疑是为了平息余显功的不满。二是既然潘应乾已经“贫至卖产卖仆”，那么由其独自承担原价显然已无可能。如若这样，这起诉讼也无“结局”的可能。在这种情况下，唯有斟酌亲戚情谊，彼此分担，方能解决纠纷，结束“六年三讼”的案件。其四，所谓“以滋多事”，乃是兼有道德和情感的评论。在道德上，诉讼本非好事，因为儒家官僚的基本信念是“无讼”的社会理想；在情感上，诉讼已经几起几落，延宕日久，鲁公难免会有“不胜其烦”的情绪反应。其五，参语“其仆程积德在显功处有年，且父亦葬显功山上，一旦归潘，遽无旧主之谊，情属难堪，责逐使两无所适，则二主之气俱平”。其中，“遽无旧主之谊，情属难堪”同样是具有道德色彩和情感意味的措词。在道德上，主仆之间应有伦理名分的约束，不得逾越；在情感上，主仆之间朝夕相处，自然日久生情。但是，一旦新旧主人发生纠纷，引起诉讼，而且仆人也参与其间，那么再将仆人判给新旧主人中的任何一方，势必造成情感上的难堪。据此，鲁公只能驱逐仆人，从而平息双方的不平之气。这种做法，可谓设身处地，具有“将心比心”的同情因素。概括起来，这份看似措词平实、注重清理案件事实真相的“参语”，其中不乏诉诸道德情感和自然情感的文字。据此，我们也可以看出，“诉诸情感”的裁决，乃是明清中国的显著特征。

再看明代广州府推官颜俊彦写作的一则判书：

> 审得陈葆源一贱吏耳，辄敢宣淫相宅，奸其孀妇，奸其笄女，急扑杀此奴，犹不足快通国之愤。乃古槐深巷，谁无门第，凄凉之感，而并为此奴踞而有之。凡有人心，能不投袂而起！准照原价取赎，幸矣。复以修费，加断一百三十两，岂法之平乎？追给原卖主，再拟革后之杖，并请加责枷示，以儆淫吏之为不法于国中者。覆详。[1]

鉴于颜俊彦对于本案事实的叙述不甚清楚，[2] 故而我们暂时撇开事实问题不谈。单单就“覆详”文书的修辞而言，我们已能见出其中蕴含的对于“贱吏宣淫”的愤激之情，比如“急扑杀此奴，犹不足快通国之愤”以及“凡有人心，能不投袂而起”；也能读到其中包含

---

1 ［明］颜俊彦：《盟水斋存牍》，北京：中国政法大学出版社 2002 年版，第 364 页。

2 问题一：文书中的“贱吏”，究竟是指谁呢？是“相宅”虞侯之类的奴仆抑或普通奴仆？我倾向于普通奴仆，如果是这样，那么本案属于奴仆奸淫主人妻女。这种越礼犯法的行为，罪刑不轻。问题二：所谓“准照原价取赎”，是指“贱吏”家人赎回犯罪的奴仆吗？就文书来推敲，应该如此理解。顺便一提，颜俊彦叙述案件事实之所以简单到了“不甚清楚”的地步，是因为这是一份“覆详”文书。而在明代中国，这种“覆详”文书每每在初审看语的基础上略作叙述，通常不会详尽叙述案件的事实情节。因此，必须参照初审资料，方能全面了解案件的事实真相。当然，这种情况基本上不会影响我们的分析。

的对于相宅凋零的哀矜怜惜之情，例如“古槐深巷，谁无门第，凄凉之感”。换句话说，贱吏之豪横——“辄敢”可谓历历如绘，相宅之凄凉——孀妇孤女即是生动写照。两相对比，不由得使广州府推官颜俊彦义愤填膺——所谓“急扑杀此奴，犹不足快通国之愤”和“凡有人心，能不投袂而起”者是也。说来奇怪，虽然措词极其严厉，但判决却非常温和，仅仅判处“贱吏”革职（给还卖主一百三十两银子的身价）之后杖责枷示而已。我们来看明律的规定：“凡奴及雇工人奸家长妻、女者，各斩。”[1] 如此判决，可谓“高高举起，轻轻放下”。或许我们可以责问颜俊彦：如此判决，“岂法之平乎”？由此，我们不禁要问：难道这是“哀矜勿喜”的折狱心态的反映吗？也许，这是颜俊彦“规避”审转程序监督的策略？

顺便指出，通观颜俊彦《盟水斋存牍》收录的判牍文书，我们可以发现，它们大致上都属于叙事平实，裁决就事论事的文书。不过，也不乏上述“诉诸情感”的措词。事实上，如果我们翻检《历代判例判牍》和《刑案汇览》这类资料，[2] 同样可以发现，有很多案件的判词都写得非常平实——就事论事，就法论法，文字也很质朴，以致难以看出情感的措词。但问题是，这样的判决就没有考虑情感因素吗？至少，从目前的研究成果来看，似乎难以得出这种判断。这是因为尽管判词本身没有“诉诸情感”方面的修辞，但是这并不意味着裁决没有考虑情感因素，也不表明司法官员没有用“同情”或“哀矜”的信念来听讼折狱。[3] 或许，这种情感已经深深隐

---

1 前揭《大明律》卷二十五，第 199 页。

2 参见杨一凡、徐立志主编：《历代判例判牍》，北京：中国社会科学出版社 2005 年版；[清] 祝庆祺、鲍书芸、潘文舫、何维楷编：《刑案汇览三编》，北京：北京档案出版社 2004 年版。

3 实际上，在“同情”或“哀矜”的背后，也有“义愤”这种情感。对此，上文分析已经有所涉及。在我看来，司法官员对罪犯之“哀矜勿喜”，并不排斥对罪大恶极的罪犯之“义愤填膺”；反过来说，同情或哀矜无辜被害者的情感，也会导致司法官员对罪犯的强烈“义愤”。总之，两者具有相反相成的特点。

藏在裁判文书当中了。这就要求学者仔细考量和体察每一份判词中的事实情节与法律适用之间的内在关联。也就是说，我们必须追问：事实与法律之间的逻辑关系，究竟是在什么基础上建立起来的？或许这样，方能将司法官员“诉诸情感”的用心揭示出来。可实际上，即使这样，也不能解决问题。因为既有的学术成果，虽然作了计量的分析，得出百分之几是“依法判决”的，百分之几是“情理判决”的看似确凿有据的统计数据，但读者完全不能明白实际情况究竟怎样。原因在于，即使是同一份档案资料，学者得出的结论也大相径庭。[1] 尚须指出的另一问题是，对于那些情真罪确的所谓“依法判决”的案件，实际上正是“诉诸情感”的体现。这里的“情”，包括了案件的具体情节，诸如罪犯身份——性别、良贱、贵贱、尊卑和长幼，罪犯的家族情况——有无年事已高无人赡养的父母；犯罪意图和犯罪手段，诸如谋杀、故杀、戏杀，强奸、和奸、刁奸，等等；甚至，加害者与被害者之间的个体情况，也得认真考量。其中，也包括了自然情感和道德情感，比如，之所以仔细斟酌“罪罚相抵”[2] 的问题，是因为唯有如此判决，司法官员才能感

1　比如，对于《淡新档案》的研究即是例证。有关《淡新档案》援引法律的统计，不同学者得出的数据差异甚大。而其原因又是什么呢？滋贺秀三指出：民事裁判援引法律的频度非常之低。参见前揭《清代诉讼制度之民事法源的概括性考察》，载《明清时期的民事审判与民间契约》，第24—29页。美国学者艾力认为，在《淡新档案》222件中，只有2例间接参照法律，另有2例直接援引法律。有关数据和理由的分析，见 Mark A. Allee, “Code, Culture, and Custom: Foundations of Civil Case Verdicts in a Nineteenth-Century County Court”, in Bernhardt and Huang eds., *Civil Law in Qing and Republican China*, Stanford: Stanford University Press, 1994, pp.125–129。滋贺秀三和艾力的结论比较接近，但与黄宗智的统计却有很大差异。黄宗智说：在巴县、宝坻、《淡新档案》通过庭审结案的221件中，有170件引用了法律，占77%；再加“无人胜诉”的22件，共有192件，占总数的87%。具体来说，巴县98例中有69例，宝坻45例中有38例，淡新78例中有63例。前揭《民事审判与民间调解：清代的表达与实践》，第78页。林端认为：在《淡新档案》222宗民事案件中，共有35宗、53件次提到法律。参见氏著《韦伯论中国传统法律》，台北：三民书局2003年版，第131页。具体讨论，参见同书，第124—149页。在我看来，上述不同数据既反映了学者对于“依法判决”的不同理解，也反映了他们对于“什么是法律”的不同理解。

2　在极端情况下，所谓“一命不得两抵”即是例证。相关讨论，参见［美］D. 布迪、（接下页）

到"心安"，才算落实"恤刑"的司法理念，进而体现"爱民"的政治信念，尽管未必"理得"；与此相关，社会舆情或民愤才能平息下来，也是一种"心安"。这种"心安"就不只涉及通常所说的"情理"，更关乎人们的自然情感和道德情感。

写到这里，似有必要整理本章的理论前提和基本观点。

首先，本章的基本预设，乃是认为传统中国属于"情感本体"的文化类型。在这种文化类型中，作为代表此一文化核心价值的儒家相信，人类的基本情感有二：一是自然情感，即《礼记·礼运》

C. 莫里斯：《中华帝国的法律》，朱勇译，南京：江苏人民出版社 1993 年版，第 279—280 页。甚至年老罪犯与年轻死者之间如何"抵命"的问题，都会成为司法官员认真论辩的量刑因素。例如，明代张肯堂《䇲辞》卷十"熊可大"记有："熊可化一死，实熊九畴与其子可大共为之。故九畴当日承当甚力，乃初审谳者不欲以奄奄垂尽之耄叟，偿中道忽摧之壮夫，故坐可大以辟耳。嗣后九畴狱毙，一线余生已在可大。特是尸亲伤心之痛，不能顿释。而历审成案，亦难一朝遽翻，故姑仍原谳。然可大惊魂似鹿，未尝不时梦绕云山也。府审以为留之为日后祥刑之地，与道审所为以俟他日平反者，盖已明明解网一面矣。九畴虽老，独非一命乎？凶人为恶，惟日不足，亦顾其罪何如耳。若使发短心长者尽免抵死之法，天下又岂无蛇蝎之性，愈老而毒者乎！故九畴而在，尚费推敲，况天又诛之哉。磷青圜户，二载而余，而原谋之配，今又复以其子代之，不负可化一死矣。"引据屈万里主编：《明代史籍汇刊》，台北：学生书局 1970 年影印版，第 538—540 页。此案值得注意的地方有三：一是"不欲以奄奄垂尽之耄叟，偿中道忽摧之壮夫"，其所体现的是一种极端的"抵命"观念；二是"嗣后九畴狱毙，一线余生已在可大"所说，也是"一命不得两抵"的观念；三是"特是尸亲伤心之痛，不能顿释"，以及"府审以为留之为日后祥刑之地，与道审所为以俟他日平反者，盖已明明解网一面矣"。既要考虑尸亲的"伤心之痛"，又要贯彻"一命抵一命"或"一命不得两抵"的精神。实际上，根据明律的规定：如果家人共同犯罪，家长是当然的主犯。但是，如果家人共同盗窃他人财物或斗殴杀伤他人，就以常人分别首犯和从犯论处。参见《大明律》卷一，第 17 页。至于具体的定罪量刑的规定，参见《大明律》卷十九"斗殴及故杀人"，第 153 页。这样一来，判处熊九畴抵命，似乎与法律规定有间。至少就张肯堂叙述的案件事实来看，我们难以判断熊九畴和熊可大两人究竟谁是主犯。查考《问刑条例》万历十六年"斗殴及故杀人新题例"的规定："今后审录官员，凡审共殴下手，拟绞人犯，果于未结之前，遇有原谋助殴重伤之人，监毙在狱，与解审中途因而病故者，准其抵命。"前揭《大明律·附录·问刑条例》，第 417 页。据此，由于熊九畴已经瘐毙，所以将其抵命，符合条例的规定。然而更为有趣的是，承审本案的各级司法官员的论辩和斟酌，显然与"哀矜"人命的情感有关。另外，海瑞《吴吉祥人命参语》记有一起贱民殴死良民的案件，其中的一段文字颇可留意："细审吴沄词意，止是不欲吉祥贱人抵伊父命，故牵扯吴湘不肯休歇。不告奴仆而诬指主人，以求抵敌，今日人情之常。"关于案件的详细内容，参见陈义钟编校：《海瑞集》（上册），北京：中华书局 1962 年版，第 169—170 页。在我看来，此"人情之常"者，包含了当时社会的普遍情感；再者，本案所谓"止是不欲吉祥贱人抵伊父命"表明，当时人们的"抵命"观念已经到了极端的地步。

所讲的喜、怒、哀、惧、爱、恶、欲之七情；二是道德情感，指《孟子·公孙丑上》所说的恻隐、羞恶、辞让、是非之四端。儒家所谓的“修身”，基本上是调适七情和涵养四端。为了达到这一目的，乃有圣人因应人情，制定礼法，故而礼法既是人情的体现，也是节制人情的工具。就此而言，中国传统文化既有崇尚情感的一面，又有抑制情感的一面，[1]两者相反相成而又充满张力。尽管人类的情感源于先天禀赋，但是文化（礼法）熏染也很重要，所以情感具有社会文化建构的特征。在儒家看来，父母子女之间的血缘亲情，乃是自然情感与道德情感的起点，而其核心即是孝悌，由此一轮一轮向外推展，直至“四海之内，皆兄弟也”的境界。就政治道德而言，对上要“尽忠”，尤其要“忠君”；对下则必须“亲民”和“爱民”，所谓“哀矜折狱”即由此而生发，从而必须以“清”“慎”“勤”为核心价值从事行政事务和司法裁判。这里的“爱”，既是“泛爱”，又是“爱的等差”，并且力求保持两者之间的平衡。在理想意义上，基于“爱”的情感和道德、社会秩序得以建构，得以维系和运作；故而良好的，也是“和谐”的政治秩序，乃是“爱民”的政治实践。在我看来，所谓“哀矜折狱”的基础，实际上是“爱民”信念在司法实践中的体现。另一方面，农耕社会的家族共同体和村落共同体，对于培植传统中国民众之间的情感，也提供了非常深厚的社会土壤。由此，所谓的“人情社会”得以形成。而“人情”，则包括了情感、社会规范和道德义务、资源和社会关系。其中，情感是基础。换句话说，人情发轫于人的情感，最初来自父母子女之间的亲情，进而演化为普遍意义上的人与人相处的道理——由“情”而“理”，所谓“情理”即是此意，也有社会规范和道德义务的意思。人情往来，

1　参见前揭乐黛云：《“情”在中国》，载《文艺争鸣》2005年第4期。

必有准绳，而“报”即是基础；礼尚往来，必有载体，而“礼物”即是表征；彼此交往，无论情感抑或物质，都能累积成为资源。综合起来，我觉得，建立在情感基础上的人情或情理，既有模糊性，也有规范性和相对确定性，而其核心部分，也会成为礼法规范。故而，情感—人情—情理—礼法，不但在同一条延长线上展开，并且交互，进而发挥着维护社会秩序的功能，[1] 与儒家所谓“礼乐刑政，其极一也，所以同民心而出治道也”的说法，恰好吻合。据以听讼折狱或解决纠纷，只是这种功能的一个组成部分而已。要之，从社会的表象层面来观察，我们可以说传统中国是身份社会；从礼法的制度结构来观察，我们可以说传统中国是礼法文化；从人性人情的内部视角来观察，我们可以说传统中国是人情社会或情感文化。

其次，本章用“诉诸情感”来探究明清中国的司法特征，正是基于“情感本体”的文化类型的独特语境。然而，必须指出的是，建构文化类型并非出于“本质主义”的信念。在我看来，对于某种文化的类型建构，往往是学者根据研究的意图和需要，在比较过程中随机选取若干能够反映某一文化特征的因素，予以理论化的工作；另外，这些代表文化类型的因素也非固定不变，可以说是视需要而定的，所以理想类型是多元的，可以根据不同标准来建构不同的理想类型。因而，本书以“情感本体”来概括传统中国文化的类型特征，并非排斥其他的类型建构。就“诉诸情感”的司法话语和司法实践而言，本章着重讨论了明清中国民众“申诉冤情”与儒吏“哀矜折狱”的话语和实践。通过分析，我们发现：一者，民众

1　这与滋贺秀三“传统中国法律是情理海洋之冰山一角”的比喻，颇为切合。参见前揭《清代诉讼制度之民事法源的概括性考察》，载《明清时期的民事审判与民间契约》，第 36 页。林端以“法律的多值逻辑”来概括传统中国法律体系的特征，也有这个意思。参见前揭《韦伯论中国传统法律》，第四章，第 39—149 页。

基本上认同皇权政治的统治理念，因此，他们相信王法是可以信赖的，冤情是可以平反的，正义也是可以实现的；另外，由于王法是人情（包含情感）的体现——具体化和形式化，所以只有采取“诉诸情感”的诉讼策略，才能博得司法官员的同情、怜悯和哀矜之心。如此一来，在民众写作的诉讼文书的字里行间，也就必然充满情感（自然情感与道德情感）的修辞。另外，这种诉讼文书也反映了专制政治的另一面向，亦即小民百姓的卑微低贱，帝国庙堂的高不可攀，正是这种地位上的悬隔，导致了在诉讼文书中出现“哀求乞怜”的措辞。一者，秉承儒家“爱民”的政治情怀，司法官员不但本着“哀矜”的心态听讼折狱，而且在他们制作的裁判文书的字里行间，同样不乏情感话语。只是，相对而言，裁判文书中的情感修辞要比诉讼文书来得少些。究其原因，恐怕与中华帝国的权力结构及其运作原理有关。毕竟，中华帝国的规模非常庞大，权力结构也很复杂，再加上专制皇帝意欲严格控制操纵司法权力的众多官僚——法家所谓“明主治官”和“循名责实”，因此就有审转程序，也因此必须依法判决。既然依法判决，那么探明案件的事实真相，援引相关的法律条文，进行逻辑论证，也就在所难免。故而，情感话语常常被事实叙述和法律论证所遮蔽，但是，这并不意味着情感不重要。读者可能要问：既然如此，情感、人情或情理何以还能成为司法裁量的依据呢？我觉得，这与传统中国的社会氛围、政治结构和意识形态的语境密切相关。也就是说，传统中国的人情社会、儒法帝国和爱民理想，对于司法官员的裁判实践的影响，绝对不能低估。例如《史记·酷吏列传》记有汉代著名酷吏张汤以“古义”来缘饰司法裁决的故事。[1] 在“独尊儒术”的政治语境下，酷吏尚且

1　这种做法，在汉武帝以后颇为流行。余英时在《反智论与中国政治传统》中有简要讨论，参见氏著《中国思想传统的现代诠释》，南京：江苏人民出版社 1989 年版，第 91—104 页。

迎合这种意识形态氛围，何况儒吏乎！汉代以降，儒家“偏向心意”的司法取向，也意味着“回向情感”的司法风格的逐步兴起。

最后，尚待说明以下四点：第一，就研究方法而言，本章属于文化类型学的研究，而非司法社会学的研究。因此，虽然我们征引了若干明清时期的司法案例，并且进行了比较详细的阐释，但是，这种阐释旨在揭示司法话语中的修辞技巧与其蕴含的文化意味。正是基于这样的考虑，本章首先勾勒传统中国的“情感本体”的文化类型及其话语表达，进而将司法话语置于这种文化语境来进行解释，以期揭示其所蕴含的意义结构。[1] 另外，本书不但征引了实际司法案件，而且征引了讼师秘本和文学作品，目的是为了进行相互对勘，给予贯通性的解释。事实上，通过这种处理方式，我们已经看到从档案判牍到讼师秘本和公案故事，它们的表达方式基本一致，也就是说，本书所谓“诉诸情感”的司法话语在这些文本中可谓贯彻始终。而这，既反映了“诉诸情感”的裁判具有普遍性，也体现了明清中国司法实践的独特性。第二，对于传统中国的“情感本体”的文化类型的考察，本书将重点安排在春秋战国时期这一学者所谓的“轴心时代”，[2] 其理由是，儒家有关“情性”和“礼法”关系的基本阐述已经形成，汉代以后虽有若干变化，但是核心思想没有根本性的差异。[3] 即使存在某种程度的差异，然而鉴于司法话语中的措辞与思想史和观念史的阐述不同，其中没有涉及微观

1 有关文化的理论和个案研究，可以参见以下两部文集，前揭《表象的叙述——新社会文化史》；［美］克利福德·格尔兹：《文化的解释》，纳日碧力戈等译，上海：上海人民出版社 1999 年版。

2 参见余英时：《轴心时代和礼乐传统》，载氏著《现代儒学的回顾与展望》，北京：生活·读书·新知三联书店 2004 年版，第 392—413 页。实际上，在中国的轴心时代，原始儒家的思想突破，其关键之处，即如余英时所说：孔子重新找寻“礼之基础”，不外向天地，而是内向人心。同书，第 403 页。

3 我们从朱熹等人有关“情感”问题的论辩，可见一斑。相关研究，参见前揭《四端与七情：关于道德情感的比较哲学探讨》，第 60—158 页。

细节的问题，因此不会影响本章的基本观点。在具体分析时，本书不但留心对于经典话语的考察，而且也不放过对于民间俗话谚语的挖掘，从而得以作出具有普遍意义的解释。第三，多少有点遗憾的是，本章基本上围绕着地方司法实践展开讨论，未能考察明清中国的刑部和皇帝在司法实践中的“诉诸情感”问题。实际上，对斤斤计较于法律问题的刑部官员来说，为了追求“罚当其罪”的效果，他们对于案件的裁决，也会抱着哀矜同情的心态来进行，更会认真对待两造的情感——被害者的“冤情”和被告人的“冤情”。对掌握最高酌情权力的皇帝来讲，即使为了博取“仁慈”的美名，也会热衷于酌量案情和两造的“冤情”。[1]第四，必须特别指出的是，本章所论，乃是明清中国的常规司法实践的情形，而非政治腐败情形下的司法实践，所以未免具有理想的色彩，而这与理想类型的研究策略也有关系。另外，本书强调明清中国的司法实践具有“诉诸情感”的特征，并非一笔抹杀“儒法帝国”在司法实践中法律占据的重要地位，发挥的重要作用。

如若可以“一言以蔽之”的话，那么，本章的旨趣不是单单为了回应学界争论已久的裁判依据（究竟是法律抑或是情理）的问题，而是为了进一步阐明，为什么情理可以作为裁判的依据，为什么“诉诸情感”的话语充塞诉讼文书和裁判文书，是什么构成了情理裁判的基础，为什么在“依法裁判”的情况下情理仍然是司法官员考量的因素，情理的最初来源又是什么。通过考察和追溯这一

1　注意，这里的“冤情”，既包括案件的特殊情节，也包括两造的主观感受。就主观感受而言，比如，被害者无辜冤死在亲属心里激起的愤懑之情，产生的申冤之情，复仇之情。反之，加害者虽然必须受到法律的惩罚，但是他们为什么犯罪？有无“情有可原”的特殊情节？虽然必须制裁，但是如果惩罚不当，又会造成新的冤情，一如“窦娥之冤”那样。总之，这里的“冤情”，乃是广义上的“情”。关于清代刑部和皇帝“酌情”裁量，参见孙家红：《清代的死刑监候》，北京：社会科学文献出版社 2007 年版，第 216—263 页。

连串问题，本章的基本结论是：所有这些，都与传统中国“情感本体”的文化结构有关。也就是说，正是“情感本体”的文化结构导致了民众“申诉冤情”的诉讼心态与官员“哀矜折狱”的裁判心态。从法律的冰山，回向情理的海洋，再进一步追溯到底，我们发现：“情感”乃是它们的内在核心。反过来看，剥开“申冤”和“哀矜”的情感话语表层，我们也能找到法律的痕迹，听到利益的诉求。[1]

1 日本学者寺田浩明曾经指出：清代的状子与近代民事诉讼的起诉文书不同，它并不是根据法律主张权利和请求得到保护的书面文书，而是充塞自己“可怜无告”，对方“横行霸道”之类的陈情措辞；从裁判官员角度来看，也不存在依据法律作出裁决的制度要求，他们所要做的，乃是为民申冤。参见氏著《权利与冤抑——清代听讼和民众的民事法秩序》，载《明清时期的民事审判与民间契约》，第 214—218 页。在我看来，之所以出现这样一种独特的诉讼景象，是因为明清中国属于“情感本体”的社会。顺便指出，不但明清时期的民事诉讼具有“诉诸情感”的特点——特别是以“申冤”和“哀矜”为特征，刑事审判也是这样。

第二章

循吏与明清中国的司法实践

一、引言：问题的由来

笔者曾经以清代著名“良幕循吏”汪辉祖晚年撰写的《病榻梦痕录》和《续录》为基本史料，比较详尽地考察了汪氏“情法兼顾”的司法风格与其宏观语境和微观原因。[1]为了进一步把握“情”何以成为传统中国司法裁量必须予以认真对待的因素，我又撰写了《诉诸情感：明清中国司法的心态模式》一文，[2]尝试以传统中国“情感本体”[3]的文化类型为背景，从“自然情感”和“道德情感”[4]两个层面来考察“情”的司法功能。鉴于前者仅仅以汪辉祖为讨论对象，他的代表性可能存在某种不足，后者以“情感本体”的文化类

---

1 参见本书第三章，原载《政法论坛》2007年第2期。有关汪辉祖裁判风格的讨论，也见张伟仁:《良幕循吏汪辉祖——一个法制工作者的典范》，载《台大法学论丛》1989—1990年第19卷第1—2期；鲍永军:《绍兴师爷汪辉祖研究》，北京：人民出版社2006年版，第313—336页。

2 参见本书第一章，原载《学术研究》2009年第1期。

3 有关传统中国“情感本体”的文化类型的概括，本书借用了李泽厚“情本体”的论断。参见氏著《实用理性与乐感文化》，北京：生活·读书·新知三联书店2005年版，第55—56页。

4 关于中国思想史上的“自然情感”与“道德情感”的划分与解释，参见李明辉:《四端与七情：关于道德情感的比较哲学探讨》，上海：华东师范大学出版社2008年版，第7页。

型为背景，虽然视野尚称开阔，但囿于篇幅限制，所举例证不够充分，据此，本章将循吏作为裁判主体来审视明清中国的司法实践，或许可以弥补上述两篇论文的缺陷，至少也可以充实上述论文的理据，从而深化我们对于明清中国的司法实践的认识。

笔者之所以将“循吏”作为考察明清中国司法实践的主体对象，是因为，在汉代以后的中国历史编撰者眼里，与“酷吏”不同，循吏属于帝制中国官僚群体中的正面典范，他们比较充分地体现了“儒法国家”的政治理想，在一定程度上，他们也是传统中国的政治实践与司法实践的楷模。也就是说，在政治道德和历史意识上，如果官方正史编修《酷吏列传》是为了树立具有警策作用的反面形象，那么，撰写《循吏列传》则是为了树立值得效法的正面榜样，以期发挥“风”和“教”的特殊作用。[1] 另一方面，笔者之所以将循吏作为官僚典范予以分析，也是因为在以往关于明清中国的司法实践的学术研究中，无论是主张法律裁判抑或是坚持情理裁判，似乎对于“循吏”的司法特点都没有予以足够的留意。[2] 在某

---

1 必须指出的是，这一概括只能说明部分道理。实际上，在特定场合，酷吏的政治作用远远高于循吏，因此一向受到最高权力当局（皇帝）的重视，汉武帝和武则天可谓利用酷吏巩固统治的突出例证。对此，可参见《史记·酷吏列传》、《汉书·酷吏传》和新旧《唐书·酷吏列传》的相关记载。与循吏有所不同的是，酷吏属于那种不可以说而只能做的官僚；相反，循吏则是那种既可以说也能够做的官僚。而这为“儒法国家”的政治特征所决定，因为酷吏代表了“内法”的一面，循吏体现了“外儒”的一面。

2 有关宋代司法官员的“类型”的研究成果，已经不少。我所寓目的论著如下，陈景良：《文学法理，咸精其能——试论两宋士大夫的法律素养》，载《南京大学法律评论》1996 年秋季号和 1997 年春季号；陈景良的其他相关论文：《试论宋代士大夫司法活动中的人文主义批判之精神》，载《法商研究》1997 年第 5 期；《试论宋代士大夫司法活动中的德性原则与审判艺术》，载《法学》1997 年第 6 期；《试论宋代士大夫的法律观念》，载《法学研究》1998 年第 4 期；何忠礼：《略论宋代士大夫的法制观念》，载《浙江学刊》1996 年第 1 期；郭东旭：《论南宋名公的审判精神》，载氏著《宋朝法律史论》，保定：河北大学出版社 2001 年版，第 354—368 页；王志强：《〈名公书判清明集〉法律思想初探》，载《法学研究》1997 年第 5 期；另有《南宋司法裁判中的价值取向》，载《中国社会科学》1998 年第 6 期；McKnight, Brian（马伯良），“Some Thoughts on Law and Morality in Sung Justice”，载《法制史研究》第 6 期（2005），第 225—258 页。关于其他朝代的司法官员“类型”的研究成果，相对少些。参见张小也：《儒者之刑名——清（接下页）

种程度上，司法主体秉持的政治信念和司法伦理，将会影响纠纷解决的方式或手段，影响裁判依据的选择和适用，从而产生不同的裁判结果，形成不同的司法风格，甚至还会影响民众的诉讼态度、诉讼策略和诉讼行为。事实上，这也不难理解，只要我们稍微想一想，当下中国已经实施的、意欲通过“统一司法考试”的途径来建构“法律职业共同体”或“法律解释共同体”的举措——它不仅包括了法律知识的统一，也包括了法律信念的统一，也就能够明白，司法主体对于审判实践具有何等重要的作用。另外，在美国法律现实主义倡导者的多少有点极端的思想中，这样的议题同样存在。[1]据此，我们将既被帝国官方所宣扬，也被民间百姓所认同的循吏[2]作为特殊的研究对象，来解读明清中国的司法实践，应该说是一个比较理想的分析视角。据我看来，通过挖掘循吏司法实践蕴含的若干因素，似乎能够彰显明清中国司法实践的基本特征，经由类型化的提炼，最终建构明清中国的司法模式；在一定程度上，还能借此揭示明清中国社会与文化的某些特点，这是因为在司法场域中展开的民众和官民之间的互动，不但可以透显民众的生活状况、行为方

代的地方官员与自理词讼》，收入氏著《官、民与法：明清国家与基层社会》，北京：中华书局2007年版，第90—129页。另外，以包拯和海瑞为中心的“清官”的政治文化与司法文化的研究成果，也有若干。参见王子今：《权力的黑光——中国封建政治迷信批判》，北京：中共中央党校出版社1994年版；徐忠明：《包公故事：一个考察中国法律文化的视角》，北京：中国政法大学出版社2002年版，特别是“参考文献”列举的学术研究成果，这里不予枚举；柏桦：《明清州县官群体》，天津：天津人民出版社2003年版，特别是第三章，第108—201页。

1 在法律现实主义看来，美国的司法实践即是很好的例证。相关讨论，参见［美］杰罗姆·弗兰克：《初审法院——美国司法中的神话与现实》，赵承寿译，北京：中国政法大学出版社2007年版。我们也应该知道，影响司法裁判的因素很多，也很复杂。参见［美］P.S.阿蒂亚、R.S.萨默斯：《英美法中的形式与实质》，金敏、陈林林、王笑红译，北京：中国政法大学出版社2005年版。

2 在历代循吏列传中，那些深得民心的循吏往往被百姓呼为慈父慈母。在他们离任时，如失父母的民众，或自发相聚，挥泪送行；或恳请留任，乃至进京叩阍，面呈皇帝，要求挽留。循吏或被建祠纪念，或死后被封为城隍爷，这类例子并不少，在《明史·循吏》中最为多见，写得也非常感人，让人鼻酸！

式和诉讼态度，而且也能反映官员的政治理念、工作能力、司法态度、解决纠纷和裁决案件的技艺和风格。因此，就本章采用的研究方法而言，既是司法社会学的，也是司法文化学的。

必须指出的是，在中国历史上，循吏（包括清官）乃是少数，而俗吏（包括酷吏）则更加普遍。更有甚者，赃官墨吏充塞帝国官场，谚语“三年清知府，十万雪花银”即是生动的概括。在司法实践中，他们利用手中掌握的权力进行“寻租”活动，一如俗话“八字衙门朝南开，有理无钱莫要来”所说的那样。故而王亚南沉痛但也不无夸张地指出：一部中国政治史，实际上就是一部官僚贪污史。[1]但是问题在于，无论俗吏（包括酷吏）抑或贪官污吏，他们显然不能代表传统中国的政治理想，而只能在一定程度上说明那时的政治现实；与此不同，尽管循吏（包括清官）的数量不多，但他们代表了传统中国的政治理想，也或多或少反映了当时的政治现实。这种能够反映理想与现实的相对一致的材料，可以作为我们解读传统中国的司法话语与司法实践的典型素材。但是，读者可以继续追问：既然循吏的数量很少，那么，他们怎么能够代表传统中国的司法实践的真情实况呢？换句话说，在传统中国的司法实践中，循吏的象征意义远远超过现实意义，所以用记载循吏的史料来刻画明清中国的司法实践，难免出现“以偏概全”的缺陷。对于这种疑

---

1 参见王亚南：《中国官僚政治研究》，北京：中国社会科学出版社 1981 年版，第 112—122 页。我想特别指出的是，赃官墨吏之产生，乃至充塞帝国衙门，不能完全或简单归罪于官僚群体的个人品格。其实在某种程度上，这种现象之产生和蔓延，与帝国官方不合理的财政配置和官僚薪水也有莫大关系。姑且撇开清官不谈，只要检视一下《循吏列传》收录的具有“清廉”、“清洁”或“廉洁”等名声的循吏，基本上都过着非常俭朴的生活，有些到了“上不足以事父母，下不足以畜妻子”的地步，更有“死无衣棺”的例证。据此，我们可以追问：在中国历史上，究竟什么是“清官”？什么又是“贪官”？另外，虽然“士志于道”的高调理想值得推许，但是，对于“出仕为官”来讲，对于人情社会来讲，“钱”比“道”更加诱人。于是乎，赃官墨吏也就成了帝国官场的肆意掠食的硕鼠。对此问题，这里不便详论。

问，笔者深表赞同。可是作为一种研究视角，我觉得，从循吏的司法实践出发，配合官方史家的规范表达，我们或许能够接近传统中国司法实践的真相，并且建构相应的司法模式。

从笔者寓目的学术文献来看，专门讨论循吏的研究成果已经不少，它们基本出自历史学家的手笔。概括地说，这些成果主要涉及政治史与文化史两个领域。其中，堪称经典的是余英时先生的《汉代循吏与文化传播》的长篇专论，可谓体大思精。余先生主要利用"前三史"有关循吏的记载，从政治史和文化史的视域出发，非常翔实地考察了以下四个问题：一是"循吏"概念的变迁，二是循吏与儒家思想的关系，三是循吏兴起的政治文化语境，四是循吏的政治功能与文化功能。[1]就国内有关循吏的学术研究而言，[2]虽然已有若干专题论文刊布，而且涉及的史料范围也不仅仅限于汉代，但是基本的学术取向则无根本变化。[3]与以往的循吏研究不同，本章的旨趣有三：其一，梳理汉代以后"循吏"内涵的变迁；其二，考察循吏司法的基本特点，并且辨析循吏内部不同人物在司法风格上的差

1 参见余英时：《士与中国文化》，上海：上海人民出版社 2003 年版，第 117—189 页。

2 从余英时《汉代循吏与文化传播》征引的文献来看，日本学者对于汉代循吏的研究成果不少，参见岡崎文夫：《三史循吏伝を読む》，载《支那学》第 2 卷第 6 号，1922 年 2 月；今村城太郎：《漢代の循吏》，载《東方学》第 32 辑，1965 年 7 月；鎌田重雄：《秦漢政治制度の研究》第 2 篇第 8 章《循吏と酷吏》，东京：日本学术振兴会，1962；好並隆司：《秦汉帝国史研究》第 4 篇第 2 章第 5 节，东京：未来社，1978。可惜笔者没有条件取读，以致未能吸收其中的学术观点，好在本书讨论的重点是明清时期。

3 相关成果，参见姚之若：《以人为鉴　可明得失——〈循吏传〉读后》，载《甘肃理论学刊》1992 年第 6 期；姜宝珠：《循吏、酷吏和其他》，载《船山学刊》1993 年第 2 期；程遂营：《"二十四史"〈循吏〉、〈酷吏〉列传与中国古代监察官的选任》，载《北方论丛》2001 年第 1 期；杨建祥：《循吏与地方风化》，载《上海行政学院学报》2006 年第 3 期；陈梧桐：《论明前期的清官循吏》，载《史学集刊》2006 年第 5 期；陈金花：《论循吏在汉、隋两代的变化及其原因》，载《惠州学院学报》2006 年第 5 期；杨建祥：《评循吏的亦"官"亦"师"》，载《广西社会科学》2007 年第 7 期。关于循吏执法的讨论，笔者在互联网上检索到一篇论文，但是作者对于循吏执法的讨论非常简单。参见王营绪：《从循吏与酷吏的对比看唐代执法者的法律思想》，载《哈尔滨学院学报》2007 年第 3 期。

异；其三，附带地，本章也将适当概括一下明清中国的司法模式。

必须指出的是，首先，由于史料记载的循吏司法每每简略，因而我们不能像利用档案判牍那样，来深入探析循吏司法的细节问题，诸如民事纠纷和刑事犯罪的来龙去脉、诉讼程序和裁判依据、法律文书的修辞策略等。尽管历代《循吏列传》收入的人物，也会出现在其他资料中，并且他们制作的裁判文书同样也会出现在其他资料中，但是，鉴于本章的篇幅，我们暂不准备进行扩展性的研究。其次，称得上循吏的官僚，并不仅仅出现在《循吏列传》中，换句话说，正史记载的其他官僚，也有不少符合循吏的标准，本章同样不作扩展性的利用。这种史料上的“自我封闭”也有它的好处，就是能够比较纯净地反映官方史家的历史意识和循吏标准。据此，通过这样的讨论，我们可以进一步拿来与文学刻画的“循吏”进行比较，或许会有意外的收获。这样的工作，只能留待来日再作专题研究，本章暂时从略。最后，虽然本章讨论的重心是明清时期循吏的司法实践，但是笔者将会适当讨论明清以前循吏的司法实践。这种安排的理由乃是，通过追溯明清以前循吏的司法实践，以见循吏司法实践有着“一以贯之”的悠久传统，而非明清时期突然出现的司法现象。这样一来，我们就能将通史性的考察与断代性的考察比较好地结合起来。

二、明清循吏的历史渊源：概念与例证

众所周知，“循吏”之名源于司马迁《史记》的《循吏列传》，其后被班固《汉书》和范晔《后汉书》所承袭，直到民国初年编撰

《清史稿》，仍然沿用。可是名称相同，并不意味着含义也完全一致。在前述论文中，余英时对于《史记》与《汉书》所载“循吏”之间的差异，辨析尤详。[1]我想进一步指出的是，虽然名称不同，但含义却基本相同，历代正史尚有称作“良吏”、“良政”或“能吏”的例证。[2]另一方面，即便同一史书《循吏列传》中的人物，他们的道德品格和行事作风，也有具体的差异。只是从类型角度来说，这种人物之间的微妙差异可以忽略不计。下面，我们顺着余英时的思路，再来稍作辨析。

那么，究竟什么是“循吏”呢？我们从《史记》说起：

> 奉法循理之吏，不伐功矜能，百姓无称，亦无过行，作循吏列传。
>
> 法令所以导民也，刑罚所以禁奸也。文武不备，良民惧然身修者，官未曾乱也。奉职循理，亦可以为治，何必威严哉？[3]

余英时指出：上引资料代表了司马迁对于循吏的定义，而司马迁心目中的循吏，源出于汉初文景时期“黄老无为而治”的治民官员，与昭帝和宣帝以降“先富后教”的，具有儒家风格的汉代循吏不同，他们的基本特征，兼备“吏”与“师”的双重身份。也就是说，“吏”的基本职责是维护社会秩序，这是奉行朝廷的法令；而“师”的主要任务，则是宣导教化和移风易俗，建立文化秩序，而

1 参见前揭《士与中国文化》，第134—139页。

2 在“二十五史”中，《晋书》、《宋书》、《梁书》、《魏书》、《旧唐书》和《元史》称作“良吏”，而《南齐书》和《辽史》则分别称为“良政”和“能吏”。下文再作具体讨论，暂时从略。

3 分别引据［汉］司马迁撰：《史记》卷一百三十·太史公自序、卷一百一十九·循吏列传，北京：中华书局1959年版，第3317、3099页。

其最后动力来自民间保存下来的儒教传统。[1]从宏观上来看，这是一个有着坚实史料支撑的非常精辟的论断。

然而，我想进一步追问的是：司马迁眼里的循吏，是否果真可以用“因循”两字来概括全部含义呢？仔细考察《史记·循吏列传》记载的人物的行事风格，我们确实可以用“奉法循理”或“因循”来概括。但是，这种司马迁称之为“不教而民从其化，近者视而效之，远者四面望而法之”的，仅仅以“因循”为特征的循吏，是否真的与“富民教化”毫无关系呢？似乎也不尽然。这里，姑且撇开单单记载“奉法”的循吏（石奢和李离）不谈，我们来看以下例证。第一，孙叔敖“三月为楚相，施教导民，上下和合，世俗盛美，政缓禁止，吏无奸邪，盗贼不起。秋冬则劝民山采，春夏以水，各得其所便，民皆乐其生”。就此而言，好像与昭宣以下那种“富民教化”的循吏，没有根本性的差异。第二，子产执政以前，郑国可谓“上下不亲，父子不和”的乱局，经由子产数年的治理，就出现了称得上“雍睦和谐”的社会秩序。试想：如果仅仅是“因循”而毫无作为，似乎难以达到如此境界。实际上，子产执政期间，还是多有创制的。叔向在给子产的信中有一扼要概括：“今吾子相郑国，作封洫，立谤政，制参辟，铸刑书，将以靖民，不亦难乎？”[2]据说，这些创制还引起了不小的“谤声”[3]呢！进一步说，如果子产没有“先富后教”的福惠润泽民间，[4]那么他死之

1　参见前揭《士与中国文化》，第134、136、141页。

2　引据杨伯峻：《春秋左传注》（修订版），北京：中华书局1990年版，第1276页。

3　关于“作封洫”，参见襄公三十年的记载。值得注意的是，当年记有：“从政一年，舆人诵之曰：‘取我衣冠而褚之，取我田畴而伍之。孰杀子产，吾其与之。’”（前揭《春秋左传注》，第1182页。）关于“立谤政”，参见昭公四年的记载：“郑子产作丘赋，国人谤之曰：‘其父死于路，己为虿尾，以令于国，国将若之何？’”（同书，第1254页。）至于“制参辟，铸刑书”，杨伯峻先生认为：“三辟为刑书之内容，铸于鼎而宣布之，又一事也，故分别言之。”（同书，第1276页。）不烦细加考据，上引资料足够说明子产为政并非仅仅以“因循”为特征。

4　襄公三十年记有：“及三年，又诵之曰：‘我有子弟，子产诲之；我有田畴，子产殖（接下页）

时，为什么会出现“丁壮号哭，老人儿啼，曰：‘子产去我死乎！民将安归？’”这一感人场景？这显然与“百姓无称”的评语有悖，与后世循吏的事迹相比，倒是若合符节。第三，鲁相公仪休尽管坚持“奉法循理，无所变更，百官自正”的行政原则，可他拒绝“礼物”（鱼）的言行，则是“清廉”的表现；所谓“不得与下民争利”的事迹和言论，实际上也可以视作“爱民”的体现。在我看来，司马迁眼里的以“奉法循理”为基本特征的先秦循吏，强调他们“奉法”的风格固然不错，但是“循理”的特色同样不可忽视。所谓“循理”之“循”，无疑是“因循”的意思，而“理”，则可以理解为“物理”和“民情”。也就是说，为政不但要遵循“物理”，而且要俯循“民情”。不消说，孙叔敖“劝民”秋冬采山，春夏以水，是遵循“物理”，亦即自然秩序的基本规律；[1] 处理“币轻”和“庳车”的做法，可谓俯循“民情”的明证。而“劝”的意思，则与“教”并无区别，恐怕不单单是消极的身教，而更应该包括积极的

之。子产而死，谁其嗣之？’”（前揭《春秋左传注》，第 1182 页。）可见，子产执政，同样推行“富民”和“教化”的政策。只是，当初人们反对子产的改革措施，乃是只顾眼前利益受到伤害，而不能预见长远利益。我们来看昭公四年记载“郑子产作丘赋”引起的争议：“子产曰：‘何害？苟利社稷，死生以之。且吾闻为善者不改其度，故能有济也。民不可逞，度不可改。诗曰：“礼义不愆，何恤人言？”吾不迁矣。’浑罕曰：‘……政不率法，而制于心。民各有心，何上之有？’”（同书，第 1254—1255 页。）在子产眼里，似乎“作丘赋”属于固有的法度，而且符合礼义的要求，因此可以不管“民心”如何，但是在浑罕心中，子产改变的恰恰是固有的法度，此乃子产“私心”和“民心”的反映。我觉得，子产强调的是“礼义”，而浑罕主张的是“礼仪”；前者在乎礼的精神，后者固守礼的形式。另外，在子产看来，礼义是符合“民心”的，故而坚持改革；相反，浑罕认为，“民心”与礼仪是矛盾的，所以固守礼仪。浑罕固守礼仪的心态，显然是担心，如果“民各有心”，那么，必将出现“何上之有”这种“礼崩乐坏”的局面。总的来说，子产确实改革了固有法度，这应该没有问题；而他的出发点，一如他在回复叔向质疑“铸刑书”的信中所说：“吾以救世也。”（同书，第 1277 页。）司马迁将子产也简单地视为以“因循”为特征的循吏，恐怕与史实不符。或许他是另有意图。

1　这一劝说的内容，应该是指《逸周书》卷四《大聚》所载周公之语：“旦闻禹之禁：春三月山林不登斧，以成草木之长；夏三月川泽不入网罟，以成鱼鳖之长；且以并农力执成男女之功。”（上海：商务印书馆 1937 年影印版，第 107 页。）相关讨论，参见李学勤：《竹简秦汉律与〈周礼〉》，载《中国法律史国际学术讨论会论文集》，西安：陕西人民出版社 1990 年版，第 147—156 页。

言教和政策。儒家式的循吏以“移风易俗”为职志，但其根本理念则是“风”，[1]而“风”即“教”。一如卜商《诗序》所说：“上以风化下，下以风刺上，主文而谲谏，言之者无罪，闻之者足以戒。故曰风。”[2]又说：“风，风也，教也。风以动之，教以化之。”[3]此乃榜样的感化劝诫作用，系指“君子之德风，小人之德草，草上之风必偃”的功效，也是“政者，正也，子帅以正，孰敢不正”[4]的意思。这与孙叔敖“施教导民”应无不同，这是“教”的积极面；也与司马迁“不教而民从其化，近者视而效之，远者四面望而法之”并无二致，它是“教”的消极面，一种《论语·子路》所谓“其身正，不令而行”的身教。事实上，但凡“教”，总是包含了“上行下效”的意思。我们来看《说文解字》的解释：“教”是指“上所施，下所效也”。许慎的解释，和孙叔敖“施教导民”也是一致的。更为重要的是，汉代儒家式的循吏推行“移风易俗”的工作，既有运用权力推行他们认同的文化政策的一面，也有“因循民情”的一面，[5]它们与《史记》中的循吏有着相通的特点。必须指出的是，前引《诗序》关于“风”的解释，尚有“下以风刺上”的意思，与单向的“上以风化下”有所不同，强调的是上下之间的双向互动，这显然是关注“民情”的体现。就此而言，上文讨论的孙叔敖、子产和公仪休的施政方式及其效果，与“风”的含义可以互证。

综上所述，虽然《史记》刻画的循吏与《汉书》以下的循吏，容有某些差别，但是我们不宜夸大这种差异。或者说，在“辨异”

---

1 实际上，《论语·颜渊》所谓“君子之德风，小人之德草，草上之风必偃”讲的就是这个道理。

2 引据《诗序·大序》。

3 引据《诗序·小序》。

4 《论语·颜渊》。

5 对此问题，余英时已有非常精彩的讨论，参见前揭《士与中国文化》，第118—124页。

的同时，我们也不要忘记“求同”的工作。也就是说，司马迁突出的是循吏“消极因循”的一面，而班固则强调循吏“积极有为”的一面；只是，在“富民施教”上，他们并无根本差异，只有程度的不同。也许这也是班固为什么继续使用“循吏”的原因吧。顺便一提，首先，关于“循吏”的概念表达与实际例证，司马迁的理解可能存在某种背离。在概念表达上，司马迁刻意突出“消极因循”的特征，但是在具体例证上，仍然未能抹杀“富民施教”的底色。其中，子产的事迹最为明显，孙叔敖“施教导民”的事例也可以做证。[1] 其次，就研究方法而言，我们不仅要看到“文辞”的表象差异，而且要读出“文意”的共同特点；既要关注作者概括性的界定，也要留意作者提供的实际例证，进而审查定义与例证是否吻合。最后，在《汉书》中，班固彰显汉代循吏“先富后教”的事迹，基本上是在郡守或县令岗位上。[2] 与此不同，在《史记》中记载的先秦循吏，乃是诸侯各国的“朝廷”官员，而非“亲民”的地方官员。据我看来，这种职官位置上的重要差异，恐怕是导致他们行事风格之差异的关键原因。事实上，汉代以下的循吏，基本上也是在地方衙门任职时做出来的业绩，几乎没有朝廷官员。所谓“几乎没有朝廷官员”——《汉书·循吏传》卷首所记汉宣帝的话：“庶民所以安其田里而亡叹息愁恨之心者，政平讼理也。与我共此

1　上文笔者费心钩沉子产为政的几项内容，即是希望借此彰显这种“富民教化”的底色。另一方面，我们也看到了司马迁在写作《史记·循吏列传》时，对于历史人物进行了符合自己意愿的裁剪。因此，如果我们不作仔细推敲的话，就有可能被作者所蒙蔽。我觉得，作为一个现代意义上的历史学家，对于史料或古人的历史著述，必须抱持一种批判或反省的自觉意识。

2　实际上，历代《循吏列传》多有征引汉宣帝“庶民所以安其田里而亡叹息愁恨之心者，政平讼理也。与我共此者，其唯良二千石乎”。班固接着也说：“以为太守，吏民之本也。”引据［汉］班固撰：《汉书》卷八十九·循吏传，北京：中华书局 1962 年版，第 3624 页。将这句话置于《循吏列传》卷首的正史计有：《晋书》《梁书》《南史》《旧唐书》等。而《循吏列传》记载的主要对象，也是地方官员。可见，在正史作者来看，循吏乃以地方官员为核心，其意图是为地方吏治树立典范。

者，其唯良二千石乎”，足以说明循吏的身份特点。当然，这并不是说这些循吏当中没有人担任过这种职位，恰恰相反，他们中的很多人担任过朝廷官员，[1]而是说“富民、教化、理讼”的事迹，主要是在地方任职时做出的政绩，赢得的政声。

准确把握和理解汉代“循吏”的含义，不但对于比较《史记》记载的先秦循吏之间的异同具有关键意义，前面已有扼要的讨论，而且对于进一步阐释汉代以降的历代循吏也具有重要价值。这是因为比较标准的“循吏”概念，实际上是在《汉书·循吏传》中确立下来的。据此，似有必要继续考察《汉书·循吏传》的相关记载和评论。

> 汉兴之初，反秦之敝，与民休息，凡事简易，禁罔疏阔，而相国萧、曹以宽厚清静为天下帅，民作“画一”之歌。孝惠垂拱，高后女主，不出房闼，而天下晏然，民务稼穑，衣食滋殖。至于文、景，遂移风易俗。是时循吏如河南守吴公、蜀守文翁之属，皆谨身帅先，居以廉平，不至于严，而民从化。[2]

这条史料表明，到了著名的文景时期，开始改变汉初那种“无为而治”或“天下晏然”的政治局面，于是乎，出现了“河南守吴公、蜀守文翁之属”这样的循吏。与此同时，这条史料也表明，汉代循吏的逐步兴起，并非完全渊源于汉武帝推行“罢黜百家，独尊儒

---

1 程遂营指出：除了《清史稿》以外的十九部正史，一共记载了大约二百四十名循吏，其中有七十多人担任过诸如御史台官或谏官，占了循吏总数的百分之二十九；在七十多人中，又有十二人担任过御史大夫、黜陟大使、按察使或宰相，占了百分之十七。（前揭《“二十四史”〈循吏〉、〈酷吏〉列传与中国古代监察官的选任》，载《北方论丛》2001年第1期。）载入《清史稿·循吏列传》的总共一百二十八人，其中担任朝廷官职的人，应该也不少。

2 《汉书》卷八十九·循吏传，第3623页。

术”的意识形态政策，而是渊源有自。[1]不过，汉武帝“独尊儒术”的政策，对于循吏的活跃，肯定起了推波助澜的作用。无论如何，其后循吏多了起来。

> 及至孝宣，由仄陋而登至尊，兴于闾阎，知民事之艰难。……常称曰：“庶民所以安其田里而亡叹息愁恨之心者，政平讼理也。与我共此者，其唯良二千石乎！”以为太守，吏民之本也，数变易则下不安，民知其将久，不可欺罔，乃服从其教化。故二千石有治理效，辄以玺书勉厉，增秩赐金，或爵至关内侯，公卿缺则选诸所表以次用之。是故汉世良吏，于是为盛，称中兴焉。……王成、黄霸、朱邑、龚遂、郑弘、召信臣等，所居民富，所去见思，生有荣号，死见奉祀，此廪廪庶几德让君子之遗风矣。[2]

值得注意的是，宣帝以后，儒家式的奉行“先富后教”和“先教化后诛罚”的循吏，可谓盛极一时，而且循吏的主体以郡守为核心，他们的施政理念是“安其田里”、“政平讼理”和“教化”，以期达到庶民没有“叹息愁恨之心”的境界。这里，庶民“安其田里”之说，似有两解：一是务农耕，二是居乡井。而其前提，则是“富民教化”和“政平讼理”；反之，将会出现庶民“叹息愁恨之心”，乃至离乡背井，踏上流亡之途，做出造反之事。可见，在《汉书·循吏传》中，班固虽然没有给“循吏”下具体的定义，但是，从上引资料以及《循吏传》记载的各个循吏的为政事迹中，我们可以看出，在他眼里，符合循吏的标准有三：富民、理讼和教化。值

---

1 详尽的讨论，参见前揭《士与中国文化》，第139—147页。

2 《汉书》卷八十九·循吏传，第3624页。

得一提的是，唐代权德舆对于循吏的定义更为简洁："得柔之道者为循吏，失刚之理者为酷吏，司马氏修《史记》，始作二传，以诫世尔。"[1] 据此，权德舆是以司马迁《史记·循吏列传》为基本来界定循吏之特质的。必须指出的是，在权德舆看来，循吏与酷吏只是"柔"与"刚"之别。这种定义虽然简洁——以"柔德之治"为循吏的特点，特别强调循吏具有宽厚长者的"德治"特点，却缺乏必要的内涵来支撑。对此，清代刘衡又作了进一步的解释："夫既具柔德，又合于道，其被于民也，如惠风之嘘物，所滋长者多矣。既已刚中，又不中理，其被于民也，如疾风之荡物，所覆折者多矣。"[2] 我觉得，如果刘衡的解释符合权德舆的原意（确实如此），那么与《汉书·循吏传》的意思反而比较一致，可是对于循吏特质的概括依然不够清晰。也就是说，关于"柔德之治"究竟包括哪些基本要素，尚待予以明确。比较而言，张纯明有关循吏特质包括"富民、理讼、教化"[3] 的概括，最得要领，它充实了"柔德之治"的具

1 引据［清］董诰等纂修：《全唐文》卷四百八十八，北京：中华书局 1983 年影印版，第 4986 页。

2 ［清］袁守定：《图民录》卷三，收入《官箴书集成》第五册，合肥：黄山书社 1997 年影印版，第 209 页。

3 这与张纯明的概括完全一致，他说：循吏的主要特征如下：一是富民，二是教育，三是理讼，教育尤其重要。这是"师"的特点，也是与"俗吏"不同的特点。参见 Chun-ming Chang, "The Chinese Standards of Good Government: Being a Study of the 'Biographies of Model Officials' in Dynastic Histories", *Nankai Social and Economic Quarterly*, vol.8, no.2, pp.219–249（July, 1935）。感谢温荣帮我复制了这篇论文。

顺便指出：汉代循吏的施政举措，显然与儒家的政治理念有关，换句话说，他们是在出仕为官中落实儒家的政治理念。比如《尚书·泰誓上》记有："天佑下民，作之君，作之师。"可谓"吏"与"师"合一的经典记载。而《论语·子路》则有："子适卫，冉有仆。子曰：'庶矣哉！'冉有曰：'既庶矣，又何加焉？'曰：'富之。'曰：'既富矣，又何加焉？'曰：'教之。'"这是孔子对于"富"与"教"之关系的阐释。那么，如何"教"呢？在《颜渊》中，孔子说："君子之德风，小人之德草，草上之风必偃。"又说："政者，正也，子帅以正，孰敢不正？"《子路》也说："其身正，不令而行；其身不正，虽令不从。"这是"以身作则"的教化。而"教"的具体手法，一如《为政》所说："道之以政，齐之以刑，民免而无耻；道之以德，齐之以礼，有耻且格。"政刑德礼，虽然手段不同，效果不同，但是目标则一，就像《礼记·乐记》所谓"礼乐刑政，其极一也，所以同民心而出治道也"。对于诉讼，孔子也很重视。他在《颜渊》中说："听（接下页）

体内容，值得我们重视。不过，从权德舆和刘衡的解释来看，我们倒是可以发现，《史记·循吏列传》与《汉书·循吏传》之间，确实有着某些共同之处，可以补证笔者前面所作的分析。

细读《汉书·循吏传》中的人物事迹和品格，我们可以发现，尽管详略不一，各有侧重，不过总体来看，可以用“勤政爱民”来概括。之所以产生“详略不一，各有侧重”的现象，是因为，其一，与循吏任职的地方社会的经济条件和风俗习惯有关；其二，与循吏施政的不同关注有关；其三，与班固记载的重点不同有关。现在，我们再来梳理一下《汉书·循吏传》所载六名循吏的突出事迹，作为上述概括性的讨论的佐证。

第一，文翁，蜀郡太守，仁爱而好教化，移风易俗。重视培育人才，一是向京师学校输送学生，二是兴办郡学。文翁办学的影响非常深远，史称“至武帝时，乃令天下郡国皆立学校官，自文翁为

讼，吾犹人也，必也使无讼乎！”在孔子看来，解决纠纷本身也是一种教化的途径。当然，这些都是富民、教化和理讼的基本原则。至于细目和办法，儒家谈得不多。

但是，随着战国时期官僚集权国家的兴起，特别是秦汉帝制国家的形成，法家倡导和设计的法律制度，显然不可或缺，而“吏”的作用，同样不可忽略。也许，这是循吏具有“吏”与“师”的双重身份的关键原因，也是后世历代皇朝将循吏作为官僚典范予以宣扬的一个原因。姚之若另有概括：循吏的事迹包括：（1）勤于政务，多办实事；（2）注重教育，兴利除弊；（3）敢讲真话，不阿权势；（4）为官清廉，自奉俭素；（5）为政宽简，留意德治。（前揭《以人为鉴　可明得失——〈循吏传〉读后》，载《甘肃理论学刊》1992 年第 6 期。）杨建祥则说：循吏的为政特色包括：（1）劝农桑，（2）求雨驱灾，（3）利通商于民，（4）兴文教，（5）理讼有方，（6）治巫。（前揭《循吏与地方风化》，载《上海行政学院学报》2006 年第 3 期。）陈梧桐的概括如下：（1）轻徭薄赋，劝课农桑；（2）为政平恕，执法公正；（3）惩治贪污，搏击豪强；（4）刚直不阿，勇于谏诤。（前揭《论明前期的清官循吏》，载《史学集刊》2006 年第 5 期。）陈金花的解释：（1）崇尚德治，重视教化；（2）廉洁、正直的品行；（3）深得民心；（4）富民、为民兴利。（前揭《论循吏在汉、隋两代的变化及其原因》，载《惠州学院学报》2006 年第 5 期。）总之，循吏为政的基本特点应该包括富民、教化和理讼。

必须指出：第一，任何概括都有遗漏的可能。第二，不同类型的官僚群体，同样会有事迹上的交叉。比如，酷吏在搏击豪强上，也有极为突出的事例；清官同样如此，包公和海瑞都是著名的人物。再如，清官既有清廉而且爱民的，清代的于成龙即是；也有清廉但是残酷的，汉代的张汤即是。这涉及建构类型的方法问题，在此不便展开讨论。参见［德］韦伯：《社会科学方法论》，朱红文译，北京：中国人民大学出版社 1992 年版，第 40—41、85 页。

之始”。这是官方教育。但是，从“蜀地辟陋有蛮夷风，文翁欲诱进之”来看，也蕴含着民间教化的内容。一句话，教化乃是文翁的突出事迹。[1]

第二，王成，胶东相，记载简略，其重点是招徕流民，属于“富民”的范畴。[2]

第三，黄霸，历任颍川太守等职，其特点是“为人明察内敏，又习文法，然温良有让，足知，善御众。为丞，处议当于法，合人心……吏民爱敬”。记载详尽，事迹全面，包揽富民、教化和理讼，至有“然自汉兴，言治民吏，以霸为首”的赞誉。[3]

第四，朱邑，历任北海太守等职，为人淳厚，廉洁守节，公正无私，廉平不苛。没有介绍具体事迹，唯有“吏民爱敬”和“治行第一”的考语，似乎以德性为特点。[4]

第五，龚遂，为人忠厚，刚毅有节。担任渤海太守期间的突出事迹包括：盗贼悉平，庶民安居乐业；吏民富实，狱讼止息；改变当地民众“奢侈，好末技，不田作”的风俗。总体来看，也囊括了富民、教化和理讼。在施政时，龚遂往往不拘文法，一切便宜从事。[5]

1　参见《汉书》卷八十九·循吏传，第3625—3627页。

2《汉书》卷八十九·循吏传，第3627页。

3《汉书》卷八十九·循吏传，第3627—3635页。

4《汉书》卷八十九·循吏传，第3635—3637页。

5《汉书》卷八十九·循吏传，第3637—3641页。值得注意的是，在走马上任渤海太守前，龚遂提出“丞相、御史且无拘臣以文法，得一切便宜从事”的请求，这意味着汉代郡守的基本职责，就是执行“文法”（法律），不得擅为条教。例如《汉书·循吏传·黄霸传》记载张敞的奏议，即说：“郡事皆以义法令捡式，毋得擅为条教。”再如《汉书·朱博传》记有：“文学儒吏时有奏记称说云云，博见谓：‘如太守汉吏，奉三尺律令以从事耳，亡奈生所言圣人道何也！且持此道归，尧舜君出，为陈说之。’”颜师古注“亡奈生所言圣人道何也”曰：“言不能用也。”引据《汉书》卷八十三·薛宣朱博传，第3400页。这也表明郡守的首要职责是执行法律，而非儒家圣贤的遗教。对于“条教”之“教”的含义，余英时曾经指出：“我们可以推断汉代郡守下令曰‘教’或许渊源于儒教。”（前揭《士与中国文化》，第175页。）（接下页）

第六，召信臣，历任零陵太守和南阳太守等职，为政特点是“视民如子”，获得了“吏民亲爱”，因此而有“召父”的美誉。事迹包括“开通沟渎，起水门提阏凡数十处，以广溉灌，岁岁增加，多至三万顷。民得其利，畜积有余。……其化大行，郡中莫不耕稼力田，百姓归之，户口增倍，盗贼狱讼衰止”。据此，召信臣的事迹也是富民、教化和理讼。[1]

综上所述，我们可以得出如下结论：昭帝和宣帝以降的具有儒家风格的汉代循吏，[2] 他们的基本特征，即是富民、教化和理讼。其

对汉家“以王杂霸”的政治传统来说，黄霸因“条教”得到宣帝赏识而位至丞相，龚遂提出“一切便宜从事”而获得宣帝同意，这都说明汉代郡守还是拥有法律之外的裁量权力的；然而，从宣帝“嘉纳”张敞奏议的用意来看，皇帝同样清楚地认识到，如果一概默许郡守“擅为条教”和“便宜从事”的权力，将会侵蚀皇帝自己的权力。不过无论如何，汉代郡守还是在一定程度上拥有较大的裁量空间，得以“擅为条教”和“便宜从事”。

其原因何在？余英时指出：“汉代是中国史上第一个获得长治久安的统一王朝。无论是社会结构和经济形态都处于历史转型的时期。以社会言，汉代正在从古代封建贵族体制蜕变为士、农、工、商的四民体制。以经济言，农业和商业也是处在上升发展的新阶段。汉代循吏因此有较多的活动余地，可以从事于‘富民’‘教民’的努力。这是后世地方官吏所缺乏的有利条件。”（前揭《士与中国文化》，第 172 页。）在宏观上，余英时的论断应无问题，但是具体到微观层面上，我们很难断定后世地方官吏就没有类似的做法和权力。

毕竟，明清尤其是清代中期以后，随着人口暴涨，社会结构要比汉代复杂得多，经济关系也是如此。因此，虽然地方权力体制的层次增加了，对于地方权力的控制也加强了，但是总体而言，可以说是“有此心而无此力”或“力不从心”——我将其视为权力控制的动机与能力之间的背离。在这种情况下，地方官吏的裁量权力依然存在。另外，如果说汉代循吏“设教”之内容有渊源于儒教的成分，它的主要内容恐怕还是出于地方治理的需要，就像余英时所说：“但‘设教’有一重要的原则，即察人情，度时势；‘教’之为善为劣由此而判。”（同书，第 177 页。）这与清代地方官员制定地方条例，并无不同。清代名臣陆陇其就说：“民情土俗，万有不齐；立法更制，随方便宜，随时润泽可矣。”（氏著《莅政摘要》卷下《治人治法》。）清代地方条例的研究，参见王志强：《清代的地方法规》，收入氏著《法律多元视角下的清代国家法》，北京：北京大学出版社 2003 年版，第 19—49 页。顺便指出，这种“不拘文法”的例证，在《清史稿·循吏列传》中也有类似的记载。例如，康熙年间赵吉士出任盗贼纵横的山西交城知县，因其治盗有方而“上官知其能，不拘以文法，用卒成功”。参见［清］赵尔巽等撰：《清史稿》卷四百七十六·循吏一·赵吉士传，北京：中华书局 1977 年版，第 12985 页。

1 《汉书》卷八十九·循吏传，第 3641—3643 页。

2 名列《汉书·循吏传》首位的文翁出现更早，史称“景帝末，为蜀郡守，仁爱好教化”。第 3625 页。这说明循吏的兴起，与“罢黜百家，独尊儒术”没有因果关系。另外，宣帝时期的特点是循吏辈出。顺便指出，这种具有儒家风格的“循吏”，历代《循吏列传》的作者有时（接下页）

中，“富民”系指兴修水利、耕稼力田，“教化”即是仕进教育和平民教育（包括移风易俗），“理讼”乃指平息盗贼和平决狱讼。其中，尤以“导德齐礼，移风易俗”为特色，诸如《梁书·良吏列传》和《南史·循吏列传》卷首都有这样的措辞。大致说来，汉代以下的历代循吏均有上述特征，不过也有例外。

所谓“例外”，主要是指：第一，名称虽有差异，内涵基本相同。譬如“二十五史”中的《晋书》、《宋书》、《梁书》、《魏书》、《旧唐书》和《元史》都将“循吏”称为“良吏”，而《南齐书》和《辽史》则分别称作“良政”或“能吏”。这是否意味着作者意图改变《史记》那种以“奉法循理”为基本特征的循吏呢？似乎不能完全排除这种可能性。可是，将循吏与“良吏”等同对待，实际上《汉书·循吏传》已有此种迹象，所谓“汉世良吏，于是为盛，称中兴焉”[1]即是明证。范晔《后汉书·循吏列传》则以“良能”[2]称呼循吏。《晋书·循吏列传》开篇：“是以东里相郑，西门宰邺，颍川黄霸，蜀郡文翁，或吏不敢欺，或人怀其惠，或教移齐鲁，或政务宽和，斯并惇史播其徽音，良吏以为准的。”[3]将循吏黄霸和文翁之属称为“良吏”。《梁书·良吏列传》开篇也有：“长吏之职，号为亲民，是以导德齐礼，移风易俗，咸必由之。”[4]它与《南史·循吏

也将他们称为“儒吏”。譬如：（1）《南齐书·良政·虞愿传》即有“明帝立，以愿儒吏学涉，兼蕃国旧恩，意遇甚厚”的记载。参见［梁］萧子显撰：《南齐书》卷五十三·良政，北京：中华书局1972年版，第915页。（2）《清史稿·循吏列传》也有陈庆门“著《仕学一贯录》，世以儒吏称之”的说法。参见《清史稿》卷四百七十七·循吏二，第13014页。（3）同书还有关于张作楠“治事廉平，人称儒吏”的评价。参见《清史稿》卷四百七十八·循吏三，第13064页。（4）同书更有柯劭憼和孙葆田“并称儒吏”的记载。《清史稿》卷四百七十九·循吏四，第13090页。

1 《汉书》卷八十九·循吏传，第3624页。

2 ［南朝宋］范晔撰，［唐］李贤等注：《后汉书》卷七十六·循吏列传，北京：中华书局1965年版，第2458页。

3 ［唐］房玄龄等撰：《晋书》卷九十·良吏，北京：中华书局1974年版，第2327页。

4 ［唐］姚思廉撰：《梁书》卷五十三·良吏，北京：中华书局1973年版，第765页。

列传》的措辞完全相同，[1] 也可以印证“良吏”与循吏之间的内在关联。更可留意的是，不但《南齐书》中的“良政”在《南史》中称作“循吏”，而且两书著录的人物也有重复。可见，“良政”与“循吏”并没有实质性的区别。在《旧唐书·良吏列传》基础上改写的《新唐书》，不再称“良吏”而改作“循吏”，人物同样也有重复。必须指出的是，名称改变也有微意存焉。请看《辽史·能吏列传》卷首：“是以治民、理财、决狱、弭盗，各有其人。考其德政，虽未足以与诸循良之列，抑亦可谓能吏矣。”[2] 据此，虽然能吏的政绩不俗，但是“德政”则要比循吏和良吏稍逊一筹。这样看来，虽然不同名称的人物传记的内涵并无根本差异，但是有些名称的改变确实是有意为之的。就本书将要着重考察的明清时期的“循吏”来看，无论名称抑或内涵，都与《汉书·循吏传》以降的富民、教化和理讼的传统比较吻合。比如《明史·循吏列传》卷首写道：“洪武五年下诏有司考课，首学校、农桑诸实政。”[3] 可见，明代将教化和富民列于首位。在《清史稿·循吏列传》中，虽然没有类似的表达，但是开篇也点出了“尤以亲民为重”[4] 的原则。总之，考察明清正史记载的循吏的为政事迹，也不外乎富民、教化和理讼。

第二，概念与例证之间的背离。上述“名称”的梳理，可能会给读者造成一种印象，好像中国历史上的《循吏列传》记录的模范官吏，都是一个格套——富民、教化和理讼。然而仔细推敲起来，他们之间的差别依然存在。例如《南齐书·良政列传》记载的七名官吏的事迹，几乎没有“富民”和“教化”的内容。事实上，循吏

1 参见［唐］李延寿撰：《南史》卷七十·循吏，北京：中华书局 1975 年版，第 1695 页。
2 ［元］脱脱等撰：《辽史》卷一百五·能吏，北京：中华书局 1974 年版，第 1459 页。
3 ［清］张廷玉等撰：《明史》卷二百八十一·循吏，北京：中华书局 1974 年版，第 7185 页。
4 《清史稿》卷四百七十六·循吏一，第 12968 页。

之所以称为循吏，其独特之处即是在行政实践中贯彻落实儒家倡导的“先富后教”的政治理念，一如前引“长吏之职，号为亲民，是以导德齐礼，移风易俗，咸必由之”那样。或许，这是《南齐书》改“循吏”为“良政”的原因。另外，有些著录在《循吏列传》中的官员根本没有富民、教化和理讼的事迹可言，比如《晋书·良吏列传》中的潘京，《宋书·良吏列传》中的王镇之，《旧唐书·良吏列传》中的李君球、张知謇、杨元琰、倪若水和李浚，《新唐书·循吏列传》中的孙至远，《辽史·能吏列传》中的杨遵勖，等等。另有一些载入《循吏列传》的官员，则是以智能刚劲为特色，他们与“富民教化”也不沾边。例如《后汉书·循吏列传》中的王涣和任峻，史称“王涣、任峻之为洛阳令，明发奸伏，吏端禁止，然导德齐礼，有所未充，亦一时之良能也”。[1]再如《南齐书·良政列传》中的傅琰，可谓明察智能，列举的例子则是后来流传广泛的案件。同书孔琇之，史载：“有小儿年十岁，偷刈邻家稻一束，琇之付狱治罪。或谏之，琇之曰：‘十岁便能为盗，长大何所不为？’县中皆震肃。”[2]因而有“清严”的判语。又如《梁书·良吏列传》中的沈瑀，其行政风格也称得上刚劲。《南史·循吏列传》中的吉翰，虽然有“清谨勤正”的考语，但也很酷烈。史书说他“累迁徐州刺史、监徐兖二州豫州之梁郡诸军事，时有死罪囚，典签意欲活之，因翰八关斋呈事，翰省讫，语令且去，明可更呈。明旦，典签不敢复入，呼之乃来。取昨所呈事视讫，谓曰：‘卿意当欲宥此囚死命。昨于斋坐见其事，亦有心活之。但此囚罪重，不可全贷，既欲加恩，卿便当代任其罪。’因命左右收典签付狱杀之，原此囚生

1 《后汉书》卷七十六·循吏列传，第 2458 页。
2 《南齐书》卷五十三·良政，第 922 页。

命。其刑政类如此。自下畏服，莫敢犯禁”。[1] 更多的被载入《循吏列传》的官员，实际上并没有“富民、教化、理讼”的具体事迹，只有“政声大著”和“吏民畏爱”之类的总体评价，是否这种评价蕴含了“富民、教化和理讼”呢？

这样的证据还有一些，但是没有必要继续罗列下去，因为它们足以说明，那些被载入史册的循吏（包括良吏和能吏），单单从他们的事迹来看，可以用“驳杂不一”来概括。换句话说，是否称得上循吏，并非仅仅以“富民、教化、理讼”为标准，似乎只要政绩突出，政声可嘉，即可入选《循吏列传》。这样看来，在传统中国的官方历史编撰者眼里，有关循吏的标准，实际上并不是很统一的，至少也是把握不够严格的，所谓“富民、教化、理讼”只是一个框架而已。有些没有载入《循吏列传》的官员，并不是不符合循吏的标准，可能是由于政绩不够突出，或者是因为政绩太过杰出，以致获得单独列传的资格，例如《清史稿·循吏列传》卷首提到“如于成龙、彭鹏、陈瑸、郭琇、赵申乔、陈鹏年等，皆由县令洊历部院封疆，治理蒸蒸，于斯为盛”。[2] 反过来说，有些本该载入别的列传——比如《酷吏列传》的官员，也许由于酷烈程度不够，而政绩又不错，只能被勉强著录到《循吏列传》当中，比如孔琇之和吉翰之属。一句话，如若我们以这样的眼光来考虑循吏（包括良吏和能吏），那么，司马迁《史记·循吏列传》中的人物，尽管他们以“因循”为特点，但是以他们的政绩和政声，被视作循吏，似乎也无不可。实际上，《元史·循吏列传》即有这种理解。其中言道：“班固有曰：‘汉兴，与民休息，凡事简易，禁罔疏阔，以宽厚清静为天下先，故文景以后，循吏辈出。’其言盖识当时之治体

1 《南史》卷七十·循吏，第 1698 页。

2 《清史稿》卷四百七十六·循吏一，第 12967 页。

矣。”[1]将“与民休息，凡事简易，禁罔疏阔，宽厚清静”作为循吏的特征，显然与《史记·循吏列传》所谓“奉法循理”的旨趣相同，却与《汉书·循吏传》以降侧重富民、教化和理讼的循吏的为政风格，反而有着明显的差异。

综上所述，我们可以得出如下结论：自《史记·循吏列传》出，并经过《汉书·循吏传》的调整和固定，在中国历史上，具有类型意义的“循吏”，作为一个群体，其共同特点乃是富民、教化和理讼。然而，在循吏类型中，官僚的个人品格与政绩政声又有不同程度的差异。[2]换句话说，我们可以在相对宽泛的脉络中考察循

---

1 ［明］宋濂撰：《元史》卷一百九十一·良吏一，北京：中华书局1976年版，第4355页。

2 必须指出的是：在历代《循吏列传》中也有若干颇具酷吏风格的官员。(1)《后汉书·循吏列传》中的王涣和任峻，都有“政尚威猛”的特点(第2468—2470页)。(2)根据《南齐书·良政列传》的记载：孔琇之补授吴县县令，时“有小儿年十岁，偷刈邻家稻一束，琇之付狱治罪。或谏之，琇之曰：‘十岁便能为盗，长大何所不为？’县中皆震肃”。史有“治称清严”的评价(第922页)。(3)在《南史·循吏列传》中，吉翰“累迁徐州刺史、监徐兖二州豫州之梁郡诸军事，时有死罪囚，典签意欲活之，因翰八关斋呈事，翰省讫，语令且去，明可更呈。明旦，典签不敢复入，呼之乃来。取昨所呈事视讫，谓曰：‘卿意当欲宥此囚死命。昨于斋坐见其事，亦有心活之。但此囚罪重，不可全贷，既欲加恩，卿便当代任其罪。’因命左右收典签付狱杀之，原此囚生命。其刑政类如此。自下畏服，莫敢犯禁”。也有“严猛”的特点(第1698页)。(4)《旧唐书·良吏列传》记有李君球也是“政尚严肃，人吏惮之，盗贼屏迹”的良吏。引据［后晋］刘昫等撰：《旧唐书》卷一百八十五上·良吏上，北京：中华书局1975年版，第4790页。(5)同书记载薛季昶“万岁通天元年，夏官郎中侯味虚统兵讨契丹不利，奏言‘贼徒炽盛，常有蛇虎导其军’。则天命季昶按验其状，便为河北道按察使。季昶先驰至军，斩味虚以闻。又有藁城尉吴泽者，贪虐纵横，尝射杀驿使，截百姓子女发以为髢，州将不能制，甚为人吏所患。季昶又杖杀之。由是威震远近，州县望风慑惧”。史书还有“威名甚著”、“严肃为政”和“刚干义烈”的评价。(卷一百八十五上·良吏上，第4804页。)(6)同书记载：张知謇“所涖有威严，人不敢犯”。(卷一百八十五下·良吏下，第4809页。)我们来看明清时期的循吏：(7)在《清史稿·循吏列传》中，白登明“治尚严肃，擒诸盗魁按以法，境内晏然”。(卷四百七十六·循吏一，第12968页。)(8)同书又有陆在新康熙二十五年“擢江西庐陵知县，严重有威，境内贴然”的记载。(同上，第12972页。)(9)在描写牛运震的为政风格“严猛”时，《清史稿·循吏列传》记录了一句牛运震的夫子自道：“边鄙风俗疵悍，不如此，则法不立；令不行，民不可得而治。且与其轻刑十人，不如重处一人而九人畏，是惩一而恕九也。”(卷四百七十七·循吏二，第13022页。)聊举数例，以见一斑。

又，在循吏群体中，不畏权贵和摧折豪强的事迹也不少。例如：(1)《梁书·良吏列传》记有沈瑀“起为振武将军、余姚令。县大姓虞氏千余家，请谒如市，前后令长莫能绝，自瑀到，非讼所通，其有至者，悉立之阶下，以法绳之。县南又有豪族数百家，子弟纵横，递相庇荫，厚自封植，百姓甚患之。瑀召其老者为石头仓监，少者补县僮，皆号泣道路，自是权右屏迹”(接下页)

吏的行政与司法。事实上，这也是笔者刻意辨析《史记·循吏列传》与《汉书·循吏传》之间存在共同之处的原因。对于本书将要研究的明清时期的循吏的基本特点，我们也可以这样来理解。

这里，必须简单交代一下，在“二十五史”中，一共有廿部正史撰写了循吏（包括良吏和能吏）的传记，占80%。撇开重复不计，著录的循吏约有525人，正传有286人，附传有239人，[1]可谓整个官僚队伍中的沧海一粟。明清时期的循吏约有251人，约占历代循吏总数的48%。其中《明史·循吏列传》记有正传30人，附传94人；[2]《清史稿·循吏列传》记载正传58人，附传69人。值得说明的是，直接（有具体故事）和间接（无具体故事）记载循吏捕

（第768—769页）。下面，我们来看明清时期循吏“不畏权贵，摧折豪强”的记载。在《明史·循吏列传》中记有：（2）丁积“为政以风化为本，而主于爱民。中贵梁芳，邑人也，其弟长横于乡，责民逋过倍，复诉于积。积追券焚之，且收捕系狱，由是权豪屏迹”（第7210页）。（3）庞嵩“屡剖冤狱，戚畹王涌、举人赵君宠占良人妻，杀人，嵩置之法”（第7215页）。（4）陈幼学对于“布政使刘浑成弟灿成助妾杀妻，治如律。行太仆卿陈耀文家人犯法，立捕治之”。随后“迁湖州知府，甫至，即捕杀豪恶奴。有施敏者士族子，杨升者人奴也，横郡中。幼学执敏置诸狱。敏赂贵人嘱巡抚檄取亲鞫，幼学执不予，立杖杀之。敏狱辞连故尚书潘季驯子廷圭，幼学言之御史，疏劾之，下狱。他奸豪复论杀数十辈，独杨升畏祸敛迹，置之。已，念己去升必复逞，遂捕置之死，一郡大治”（第7217—7218页）。在《清史稿·循吏列传》中记有：（5）姚文燮出任福建建宁府推官，“时耿氏建藩，其下多怙势虐民，贷民钱而夺其妻女。文燮悉使讦发，为捐募代偿，赎归百数”。（卷四百七十六·循吏一，第12978—12979页。）（6）骆钟麟任职陕西盩厔知县，其作风是“莅狱明决，所案治即势豪居间莫能夺，人畏而爱之”。（同上，第12981页。）（7）邵嗣尧补授直隶柏乡知县，时有“县人大学士魏裔介为嗣尧会试座主，家人犯法，严治之，不少贷。又有旗丁毒殴子钱家，入县庭，势汹汹。嗣尧不稍屈，系之狱，移文都统讯主者，主者不敢承，具论如法”。（同上，第12989页。）（8）靳让任职山西汾西，“布衣羸马之官，皇庄、旗庄恣肆病民，绳以法，不少贷。私钱、私铸悉禁止。时禁河捕鱼，诬累平民，让分别治之。奸商藉权贵势，谋专卖麦豆及设姜肆牟利，并拒绝”。（同上，第12992页。）这样的故事，这里不能枚举。

1　程遂营指出：在“二十四史”中共有十九部史书撰写了循吏列传，除去诸史所载重复的人物，约有240名循吏。参见前揭《“二十四史”〈循吏〉、〈酷吏〉列传与中国古代监察官的选任》，载《北方论丛》2001年第1期。程遂营的统计与我的统计差别很大，当然他的数据没有包括《清史稿·循吏列传》在内。如果加上《清史稿·循吏列传》记载的正传58人，附传69人，合计127人，那么与笔者的数据差距更大。

2　陈梧桐对于《明史·循吏列传》作了统计：正传共有30人，附传共有88人。前揭《论明前期的清官循吏》，载《史学集刊》2006年第5期。而我统计的数据则是正传30人，附传94人。

贼弥盗与听讼折狱的事例，约有213人，约占总数的41%。其中，明清时期的约有116人，约占明清时期循吏总数的46%，比例很高。必须说明的是，本书主要根据具有故事情节的资料进行讨论，其他资料暂时从略。具体统计，参见下表。

表2.1　正史《循吏列传》人物统计

史　书	正传人物	附传人物	人物总计
史记	5	0	5
汉书	6	0	6
后汉书	12	4	16
晋书	12	3	15
宋书	7	14	21
南齐书	7	3	10
梁书	7	0	7
魏书	12	2	14
北齐书	8	1	9
隋书	12	4	16
南史	14	22	36
北史	19	3	22
旧唐书	41	13	54
新唐书	16	8	24
宋史	12	0	12
金史	21	19	40
辽史	6	0	6
元史	18	0	18
明史	30	94	124
清史稿	58	69	127
重复	37	20	57
合计	286	239	525

三、明清循吏的社会基础：制度与文化

如果我们意欲阐明循吏司法特点的形成缘由，那就必须考察循吏得以兴起和存续的语境，这项工作可以从分析传统中国的政治体制、社会结构和思想形态来着手；如果我们意欲勾勒循吏司法的模式特点，那就必须具备一种比较司法研究的视野，这项课题可以通过比较中西（也可以是古今）司法的模式特点来进行。可是，由于这个问题太大，牵连太广，这里不拟展开讨论。[1]不消说，上述两项工作仅仅是一般意义上的观察视点。这是因为，时不论古今，地不分中外，“勤政爱民”和“政平讼理”恐怕均系为官做吏者必须具备的政治素养和职业伦理。现在有人提倡“司法为民”的理念，可谓不同政治体制、社会结构和思想形态下的类似主张。即便是“人民公仆”这种动听的政治修辞，也非纯属现代说法，清代循吏石家绍就有类似概念，他说：“吏而良，民父母也；不良，则民贼也。父母，吾不能；民贼也，则吾不敢，吾其为民佣乎！”[2]所谓“民佣”云云，不就是“公仆”的意思吗？此类问题，我们可以不作深论。具体落实到中国历史上，不同时代的循吏之所以会有某些共通之处——比如《史记·循吏列传》与《汉书·循吏传》以降

---

1 有关“比较司法”的相关讨论，参见［美］米尔伊安·R.达玛什卡：《司法和国家权力的多种面孔——比较视野中的法律程序》，郑戈译，北京：中国政法大学出版社2004年版；［美］马丁·夏皮罗：《法院：比较法上与政治学上的分析》，张生、李彤译，北京：中国政法大学出版社2005年版。从比较司法来考察清代中国司法特点的学术成果，参见滋贺秀三：《清代中国の法と裁判》，东京：创文社，1984。虽然该书作者没有从正面来描述西方司法模式的特点，但是却从西方司法模式来透视清代中国的司法特点，具有比较司法的视野，而且得出了令人惊叹的具有理论意义的结论。

2 《清史稿》卷四百七十八·循吏三，第13055页。

的循吏，是因为他们的“富民、教化、理讼”的为政精神具有超越时代的普遍意义。这种超越时代的普遍意义，则受制于传统中国宏观的政治体制、社会结构和思想形态。所以，考察循吏话语背后的“原因”，可以帮助我们深入理解为什么历代正史都要编写《循吏列传》的意图。这是其一。正史编撰者的意图，既是为了表达一种政治理念，也是为了描述一种政治实践。就此而言，挖掘这种政治表达与政治实践的“原因”，也就可以帮助我们深入理解和阐释传统中国的政治体制、社会结构和思想形态的深层意义。这是其二。由此可见，这是两个具有关联意义的问题，可以采取“解释循环”来深化对于上述问题的思考。

那么，导致循吏长期存在的深层原因（政治、社会和思想）又有什么特点呢？

扼要说来，与古典时期希腊和罗马国家兴起的背景和路径相比，[1] 早期中国的政治国家诞生的特殊背景乃是从血缘氏族到政治国家，一如《尚书·盘庚上》所谓“人惟求旧，器非求旧，惟新”与现代学者所谓“战争推动”[2] 的混合模式。这里的“人惟求旧”，可以理解为旧的氏族组织得以保留，并且融入国家；[3] 而“器惟求新”，则可以理解为新的政治国家由此形成。也就是说，早期中国政治国

1　参见［德］恩格斯：《家庭、私有制和国家的起源》，北京：人民出版社 1972 年版。

2　参见梁治平：《寻求自然秩序中的和谐——中国传统法律文化研究》，北京：中国政法大学出版社 1997 年版，第 6—32 页；张中秋：《中西法律文化比较研究》，南京：南京大学出版社 1999 年版，第 2—18 页。更为详尽的讨论，参见谢维扬：《中国早期国家》，杭州：浙江人民出版社 1995 年版。

3　侯外庐曾说：“如果我们用‘家族、私有、国家’三项来做文明路径的指标，那么，‘古典的古代’是从家族到私产再到国家，国家代替了家族；‘亚细亚的古代’是由家族到国家，国家混合在家族里面，叫作‘社稷’。因此，前者是新陈代谢，新的冲破了旧的，这是革命的路线；后者却是新陈纠葛，旧的拖住了新的，这是维新的路线。前者是人惟求新，器亦求新；后者却是‘人惟求旧，器惟求新’。前者是市民的世界，后者是君子的世界。”（侯外庐、赵纪彬、杜国庠：《中国思想通史》第一卷，北京：人民出版社 1957 年版，第 11—12 页。）所谓“家族、私有、国家”的指标，来自前揭恩格斯《家庭、私有制和国家的起源》一书。

家的基础是氏族组织，从而形成了“家国同构”的特殊面貌，王国维提出“宗统与君统”合一的“宗法国家”的政治模式，就是一个很好的概括。[1] 另一方面，与经由氏族内部冲突和长途贸易需要之类的原因导致国家诞生的路径不同，[2] 推动早期中国政治国家兴起的动力机制，乃是部族之间“血流漂杵”的战争，走的是一条“枪杆子里面出政权”（毛泽东语）的特殊道路。[3] 进一步来说，氏族战争不但导致了酋长权力的集中，而且产生了对于惩罚机制的需求，一句“刑也者，始于兵而终于礼者也”[4] 可谓精辟的概括。在这种背景下，底层社会组织的氏族共同体，与上层政治架构的贵族共同体，通过“宗法分封”——所谓“授民授疆土”的机制，得以整合起来；与此同时，氏族权力和军事权力也得以整合成为君王的权力。[5] 但是，由于三代时期贵族分封体制的特殊架构，所以君王集权与贵族分权之间仍有不小的矛盾和紧张。到了春秋战国，这个问题暴露无遗。再者，因为这一时期的权力结构比较简单，政治社会分层（贵族与庶民）的界线也比较清晰，而且“施教”对象基本上是针对贵族阶层，故而“吏”与“师”的职能分化也不明显。[6]

---

1 在辨析“殷周制度”差异时，王国维特别强调了西周在嫡庶、庙数和同姓不婚三项制度上的建树及其政治意义。因此，所谓“宗统与君统”合一的“宗法国家”的政治体制，以西周为典范。参见王国维：《殷周制度论》，收入氏著《观堂集林》，石家庄：河北教育出版社 2003 年版，第 231—244 页；张光直：《中国青铜时代》，北京：生活·读书·新知三联书店 1999 年版，第 20—21 页。

2 详细的讨论，参见［美］乔纳森·哈斯：《史前国家的演进》，林平等译，北京：求实出版社 1988 年版。

3 虽然儒家的政治理想是“禅让”，实际上却是以战争解决问题，即使近现代的政权更替亦然。

4 引据《辽史》卷六十一·刑法志上，第 935 页。另外，在章太炎看来，早期中国的“法字本义，独限于刑律而已。乃其后一切制度，皆得称法，此非官制起于士师之明证乎”。参见氏著《管制索隐》，收入《中国现代学术经典·章太炎卷》，石家庄：河北教育出版社 1996 年版，第 531 页。

5 学者认为：古汉语中“王”的文字构形，是象征军事首领权力的“斧钺”。参见林沄：《说王》，载《考古》1956 年第 6 期；阎步克：《士大夫政治演生史稿》，北京：北京大学出版社 1996 年版，第 30—36 页。

6 关于先秦时期“吏”与“师”关系的具体研究，参见阎步克：《乐师与“儒”之文化起源》、《史官主书主法之责与官僚政治之演生》和《乐师、史官文化传承之异同及意义》，收入（接下页）

然而，随着贵族世袭政治体制的解体，[1]在争霸战争和法律改革过程中发育起来的中央朝廷与地方郡县的权力架构，使得具有科层特点的官僚制度逐步形成。也就是说，法家推崇的注重治理技术的官僚群体，得以占据政治舞台。由此，作为"吏道"载体的技术官僚，不但继承了早期"士师"和"法吏"的传统，而且迎合了时代的需要。[2]与此同时，他们也企图压抑作为"师道"载体的儒家。这样一来，儒家也就被边缘化了，从而"师道"也跟着流落到民间。[3]不过，在统一战争语境中诞生的秦汉帝国，[4]尽管继承了先秦法家"法制主义"的政治理念和治理技术，但是也吸纳了儒家"道德主义"的政治理想和治理纲领。[5]毫无疑问，前者继承了"吏"的

氏著《乐师与史官——传统政治文化与政治制度论集》，北京：生活·读书·新知三联书店2001年版，第1—114页。

1　参见何怀宏：《世袭社会及其解体——中国历史上的春秋时代》，北京：生活·读书·新知三联书店1996年版。

2　许倬云指出："在战国时期，这类新型国家发展到了一个新阶段：拥有一批组织有序、训练有素的职业官吏。"（许倬云：《中国古代社会史论——春秋战国时期的社会流动》，邹水杰译，桂林：广西师范大学出版社2006年版，第112页。）具体讨论，参见同书，第111—120页。也见赵鼎新：《东周战争与儒法国家的诞生》，夏江旗译，上海：华东师范大学出版社、上海三联书店2006年版。

3　对此问题，王健文有一很好的概括。他说："随着封建体制的瓦解，政治秩序与文化秩序分离了，其具体的表现，首先是大架构上'官师治教'的分离，以及'师'与'吏'分途；其次是在封建君子的身上，'学'与'仕'分离，使得原本兼有政治与文化双重角色的士君子，脱落了政治的身份，成为'学'而未必能'仕'的'游士'。"（氏著《学术与政治之间：试论秦皇汉武思想政策的历史意义》，载王健文主编：《政治与权力》，北京：中国大百科全书出版社2005年版，第131页。）在我看来，法吏登进庙堂，而儒家被边缘化，在一定程度上可以视为学术与政治以及"师"和"吏"分离的象征性的历史事件。

4　必须说明：本书中的"帝国"一词，只是承袭学界流行的用法，而对于其特殊的政治内涵暂时不作深入的界定。对此问题，汪晖作过非常翔实的辨析，可以参考汪晖：《现代中国思想的兴起》上卷第一部"理与物"，北京：生活·读书·新知三联书店2004年版，第23—47页；同书下卷第二部"科学话语共同体"，第1539—1552页。

5　读读秦始皇的"琅邪刻石"铭文，即可见一斑。参见《史记·秦始皇本纪》。余英时指出："秦代'以法为教''以吏为师'的政策并未能完全截断儒家的教化思想伏流。由此可见汉代循吏观念的出现和发展自有其深远的文化背景，《为吏之道》便透露了此中的消息。"前揭《士与中国文化》，第152—153页。关于秦汉政治变迁与律令之学的详尽讨论，也见邢义田：《秦汉的律令学——兼论曹魏律博士的出现》，载黄清连主编：《制度与国家》，北京：中国大百科全书出版社2005年版，第83—138页。

衣钵，后者承袭了“师”的传统。汉代兴起的循吏，可以说是两种传统合流的“儒法国家”的象征。从宏观政治体制来看，秦汉以下的历代王朝，基本上沿袭了秦汉的政治传统。就此而言，作为这部政治机器一环的循吏，也得以保留下来，直到明清时期。从政治体制架构来看，明清时期自然要比秦汉来得复杂和精密，而且皇帝对于官僚权力的控制也要来得严格，清代尤甚。各种各样的官吏处分则例，即是很好的证据。

既然明清时期官吏的处分则例如此繁复细密，为何循吏的“教化”依然能够在法律夹缝中有所作为呢？据我看来，这与传统中国社会结构与国家意识形态有关。前引许慎将“教”释作“上所施，下所效也”，也说明了“教”的过程，乃是一个“上下互动”的过程，从而也意味着“教”的推行，既与接受“教化”的对象有关，也与实施“教化”的主体有关。这就涉及社会结构、意识形态和文化秩序问题。

先说社会结构。如果史乘有关“井田制度”的记载甚或想象有其根据，[1] 那么这种“八家共井”的制度安排，不但有其经济意义，而且有其深刻的社会意义和伦理内涵，一如孟子所谓：“死徙无出乡，乡田同井，出入相友，守望相助，疾病相扶持，则百姓亲睦。”[2] 可见，它既是一个生活共同体，也是一个伦理共同体。相反，战国时代的商鞅，推行“废井田，开阡陌”的措施，[3] 表面上是土地

1　关于“井田制度”的考证，参见齐思和：《孟子井田说辨》，原载《燕京学报》1948 年第 35 期，收入氏著《中国史探析》，石家庄：河北教育出版社 2000 年版，第 321—348 页。值得注意的是，齐思和先生特别指出：“井田制之为孟子之理想，似无问题。不过孟子此种理想，自亦有所依据，而非完全‘凭空杜撰’者，盖井田制度固属理想，而助法则为封建时期之通制。”（第 345 页）

2　引据《孟子·滕文公上》。

3　吕思勉指出：“井田之废，昔人皆蔽罪于商鞅，此谬也。商君一人，安能尽坏三代之法？”问得好。据此，吕思勉认为：“井田之废，实由地狭人稠，而田不给于授。”即井田之废，原因在于人口增长，土地不足所致。参见氏著《吕思勉读史札记》，上海：上海古籍出版社 2005 年（接下页）

制度的改革，但实际上却包括了社会底层组织的重建。如果与“令民为什伍，而相牧司连作”[1]配合起来，那么一张“全民监督”的控制网络，也就得以编织完成。[2]最后，通过“集小（都）乡邑聚为县，置令、丞，凡三十一县”[3]的措置，国家权力与底层社会也就得以整合起来。当然，夹在“家庭”＋“什伍”与郡县中间的，还有乡里系统。[4]到了秦汉时期，基本上也是这种格局，[5]班固《汉书·百官公卿表》记有：“三老掌教化，啬夫职听讼、收赋税，游徼徼循禁盗贼。”[6]可见，乡里秩序的维持，端赖乡官系统的配合。总之，即使法家思想一统天下，法吏占居庙堂之上，但是仍有执掌“教化”的三老活跃于基层社会，实施着“教化”的职能。从制度性质上来说，三老属于“民之在官”的乡官系统。他们是国家与社会之间的桥梁，正是通过他们，帝国统治才能有效进行。

这里，我们没有办法详细缕述秦汉以降的社会组织的演变脉络，[7]但是，可以指出如下三点：其一，宋代以后，随着科举制度的推广，拥有科举功名的人数急剧增长，因未能登进仕途而退居乡里，读书而未能取得功名的士人群体也随之增长，[8]这就迫使他们必

版，第197—200页。不过，倘若吕思勉之说可从，那么就意味着井田制度并非完全出于孟子的“虚构”，而是确实存在过的土地制度。另外，吕思勉的意见与前引齐思和的考证，或可进行比较参证。

1　参见《史记》卷六十八·商君列传，第2230页。

2　参见郑良树：《商鞅评传》，南京：南京大学出版社1998年版，第113—116页。

3　前引《史记》卷六十八·商君列传，第2232页。

4　参见赵秀玲：《中国乡里制度》，北京：社会科学文献出版社1998年版，第4—7页。

5　秦晖认为：“即使在这个时期，只要处在帝国官府的控制下，那里的乡村仍然是编户齐民的乡村，而不是宗族的乡村。”载黄宗智主编：《中国乡村研究》第1辑，北京：商务印书馆2003年版，第21页。

6《汉书》卷十九上·百官公卿表上，第742页。相关解说，参见张哲郎：《乡遂遗规——村社的结构》，载《中国文化新论·吾土与吾民》，北京：生活·读书·新知三联书店1992年版，第192—194页。

7　对基层社会组织的考察，参见前揭《中国乡里制度》；也见闻钧天：《中国保甲制度》，上海：商务印书馆1935年版；江士杰：《里甲制度考略》，上海：商务印书馆1944年版。

8　顾炎武曾说：“今则不然，合天下之生员，县以三百计不下五十万人，而所以教之者，仅场屋之文。”（氏著《顾亭林诗文集》卷一“生员论”，北京：中华书局1983年版，第21页。）（接下页）

须另谋活动空间，从而出现了文化权力的下移，或者说社会权力的上升，宋代以后市民文化的兴起，与此密切相关。其二，宋代以降士人阶层倡导“敬宗收族”的家族伦理，以致与先秦时期不同的家族（宗族）组织有了很大的发展；[1] 士人群体秉借家族（宗族）资源和政治特权，逐步取得了社会权力和文化权力。关于明清时期所谓“乡绅支配”的提法，即与这种社会文化背景有关，因此而有“乡村自治”的说法。[2] 其三，由于士人阶层“走向民间”，[3] 以及商品经

相关考证，也见氏著《日知录集释》卷十七“生员额数”，黄汝成集释：《日知录集释》，郑州：中州古籍出版社 1990 年版，第 392—396 页。陈宝良对明朝生员数量也有详尽的考证，认为明末生员数量与顾炎武的估计相近。参见氏著《明代儒学生员与地方社会》，北京：中国社会科学出版社 2005 年版，第 196—216 页。关于清朝生员的数量，据张仲礼的估算，19 世纪中期，文生员的总数约有 50 万～60 万，加上武生员，约有 80 万～90 万；通过捐纳出身的其他具有绅士资格的人数，总共也有 110 万～140 万；绅士阶层的总数，如果以“五口之家”来计算，也有 550 万～720 万。注意：上述数据的时间标准是以太平天国为界线，小的数据是代表“太平天国”以前，大的数据是代表“太平天国”以后。参见氏著《中国绅士——关于其在 19 世纪中国社会中作用的研究》，上海：上海社会科学院出版社 1991 年版，第 133、109 页。

1 参见徐扬杰：《宋明家族制度史论》，北京：中华书局 1995 年版。当然，我们也不能夸大家族组织的普遍性，因为它们只是极少数。实际上，唐宋以后的家庭规模不大，也就是“五口之家”。参见朱岑楼：《中国家庭组织的演变》，载姜义华、吴根梁、马学新编：《港台及海外学者论中国文化》，上海：上海人民出版社 1988 年版，第 196—201 页。但是，家族组织却有非常重要的社会功能，尤其是它的文化象征意义。

2 关于传统中国“乡绅”研究的成果很多，争议也很大，参见费孝通、吴晗等：《皇权与绅权》，天津：天津人民出版社 1988 年版；张仲礼：《中国绅士——关于其在 19 世纪中国社会中作用的研究》，上海：上海社会科学出版社 1991 年版；瞿同祖：《清代地方政府》，范忠信、晏锋译，北京：法律出版社 2003 年版，第 282—330 页；徐茂明：《江南士绅与江南社会（1368—1911）》，北京：商务印书馆 2004 年版；费孝通：《中国绅士》，北京：中国社会科学出版社 2006 年版；李世众：《晚清士绅与地方政治——以温州为中心的考察》，上海：上海人民出版社 2006 年版；徐林：《明代中晚期江南士人社会交往研究》，上海：上海古籍出版社 2006 年版；［日］寺田隆信：《关于“乡绅”》，载《明清史国际学术讨论会论文集》，天津：天津人民出版社 1982 年版，第 112—125 页；［日］重田德：《乡绅支配的成立与结构》，载刘俊文主编：《日本学者研究中国史论著选译》第 2 卷，北京：中华书局 1993 年版，第 199—247 页；［日］檀上宽：《明清乡绅论》，同上书，第 453—483 页；巴根：《明清绅士研究综述》，载《清史研究》1996 年第 3 期；周锡瑞、兰京：《中国地方精英与支配模式导论》，载邓正来主编：《中国社会科学季刊》夏季卷 1998 年 5 月（总第 23 期），第 148—160 页。

3 士人“走向民间”的足迹遍布各个领域，除了担任师爷（游幕）涉足官场，还有从商（弃儒就贾）、乡村教师（坐馆）、讼师（从事诉讼活动），甚至测字算命等。参见前揭《明代儒学生员与地方社会》。

济迅猛发展（江南更加显著）、人口暴涨（康熙以降尤其突出）和人口流动，[1]从而给国家控制地方社会带来了极大的困难。换句话说，尽管帝国规模在拓展，商品经济在发展，人口在急剧增长，管理事务变得日趋复杂，然而帝国衙门基本维持不变，官僚群体总量有限，而且财政上地方衙门存留很少，简直可以用“微不足道”来形容，[2]因此难以发挥正常的行政绩效。[3]在这种情况下，如何有效实现社会控制、维护社会秩序，便是至关重要的问题。怎么办呢？推行“教化”，尤其是利用民间力量来推行“教化”工作，便是我

1　关于明清时期商品经济（市场经济）和江南经济发展的研究很多，参见吴承明：《中国资本主义与国内市场》，北京：中国社会科学出版社 1985 年版；许涤新、吴承明主编：《中国资本主义发展史》第 1 卷《资本主义的萌芽》，北京：人民出版社 1985 年版；李伯重：《中国全国市场的形成》，收入氏著《千里史学文存》，杭州：杭州出版社 2004 年版，第 269—287 页；范金民：《明清江南商业的发展》，南京：南京大学出版社 1998 年版。关于明清时期人口增长的研究，参见［美］何炳棣：《明初以降人口及其相关问题：1368—1953》，葛剑雄译，北京：生活·读书·新知三联书店 2000 年版。商人和仕宦的流动，自古皆然，可以不说。但是，明清时期的移民运动，则尤可注意，参见葛剑雄主编：《中国移民史》，福州：福建人民出版社 1997 年版。特别值得指出的是，虽然明清时期的社会流动已经非常普遍，但是，对于巨型的乡村中国来说，毕竟只是漂浮在“安土重迁”的平静水面上的浮萍，而不至于影响我们对于“乡土中国”基本格局的判断。龚鹏程试图质疑费孝通“乡土中国”的提法，据我看来，这一质疑尽管不无警醒作用，然而尚不足以颠覆费孝通的论断。这是因为费孝通的论断源自与“现代流动社会”的比较，而且属于“理想类型”的研究。龚鹏程的意见，参见氏著《游的精神文化史论》，石家庄：河北教育出版社 2001 年版，第 1—147 页。

2　黄宗羲说：“今郡县之赋，郡县食之不能十之一，其解运至于京师者十有九。”引据《明夷待访录》“田制”。在这种财政约束下，即使州县长官要想有所作为，也会因严重的经费困扰而作罢。

3　施坚雅（William Skinner）认为：唐代以后直到清朝结束，出现了行政效率长期下降，基层行政职能缩减的情况。参见氏著《中华帝国晚期的城市》，叶光庭译，北京：中华书局 2000 年版，第 19 页。但是，魏丕信（Pierre-Etienne）指出：明清时期的国家机器与人口同步发展，因为除了正式机构和官员，还有大量非正式的机构和官员私人雇员，包括胥吏、幕友、长随之类。参见氏著《明清时期的官箴书与中国行政文化》，李伯重译，载《清史研究》1999 年第 1 期，第 6 页。无论如何，与现代意义的行政管理相比，明清时期的衙门规模显得力不从心。美国学者韩格理有一比较：清代中国，1899 年编修的《大清会典》共有额设官员 2 万，当时人口 4.5 亿，平均 2 万人约有 1 名官员；加上 150 万协助官员的师爷、胥吏、衙役和长随等，平均 1 万人只有 3 名政府的公家仆人。法国人口与官员的比例：1665 年，人口 2 000 万，官员 4.6 万，每 500 人约有 1 名官员；1789 年前夕，人口 4 000 万，科层官员（包括小城书记和城门守卫）30 万，每 1 000 人约有 7.5 名官员。欧洲国家，19 和 20 世纪之交的人口与官员的比例是 1 000 人中有 20 ～ 30 名官员。参见氏著《中国社会与经济》，张维安、陈介玄译，台北：联经出版事业公司 1990 年版，第 120 页。

们现在所能看到的一种办法。[1]也就是说，帝国官方意图通过建构和维护文化秩序来弥补法律秩序的某种缺失，然而问题没有那么简单，因为“教化”并不是免费的午餐，它的实施成本甚至要比“法律治理”更高。另外，如果考虑一下明清时期各种官吏处分则例的约束，那么其结果只能是，真正能够锐意“教化”的官吏，必然是少数，循吏无疑是其中的典范。

再说思想文化。循吏重视“教化”，固不待论。如若“教化”要想取得效果，那就必须具备相应的思想文化和社会心理基础。对此问题，第一章已经作过讨论，就不再赘述了。

对于教化和风俗的政治意义，中国古人向来看得很重。不过，在具体的行政实践中，地方官员每每将学校和风俗之事视作虚文。请看明代萧伯巨的意见：

> 圣人之治天下也，亦犹是也。刑以威之，礼以导之，渐民以仁，摩民以义，而后化熙熙也。孔子曰：如有王者必世而后仁。此非空言也。况今之天下，犹古之天下。民俗虽漓，而民

1 在我看来，明清时期的乡村教化，主要采取官方倡导和民间协助的模式。前面已经说过，汉代基层社会的三老，就是从事教化的专门人员，而郡县长官（循吏）更是身体力行，积极推行教化（移风易俗）和息讼活动。下详。明代的乡约和里老，也有非常重要的教化作用和纠纷解决功能；清代虽有变化，然而基本上也是延续这一思路，诸如宣讲“圣谕”，发挥宗族、乡里、会社之类的社会组织的纠纷解决功能。关于明清教化的相关研究，参见王兰荫：《明代之乡约与民众教育》，载吴智和主编：《明史研究论丛》第2辑，台北：大立出版社1984年版，第275—299页；韩秀桃：《〈教民榜文〉所见明初基层里老人理讼制度》，载《法学研究》2000年第3期；常建华：《乡约的推行与明朝对基层社会的治理》，载朱诚如、王天有主编：《明清论丛》第4卷，北京：紫禁城出版社2003年版，第1—36页；［日］中岛乐章：《明代后期徽州乡村社会的纠纷处理》，载杨一凡总主编：《日本学者考证中国法制史重要成果选译·明清卷》，北京：中国社会科学出版社2003年版，第40—84页；周振鹤：《圣谕、〈圣谕广训〉及其相关的文化现象》，王尔敏：《清廷〈圣谕广训〉之颁布及民间之宣讲拾遗》，载周振鹤撰集、顾美华点校：《圣谕广训集解与研究》，上海：上海书店出版社2006年版，第581—649页；完颜绍元：《千秋教化》，福州：福建人民出版社2004年版。

好善恶恶之心，则未尝泯也。因其好善恶恶之心以正风俗，则求治之道在是矣。求治之道，莫先于正风俗。正风俗之道，莫先于使守令知所务。使守令知所务，莫先于使风宪知所重。使风宪知所重，莫先于朝廷知所尚。则必以簿书、期会、狱讼、钱谷之不报为可恕，而世俗流失败坏为不可不问，而后正风俗之道得矣。风俗既正，天下其有不治者乎！古之为郡县守令，为民之师帅，则以正率下，以善导民，使化成俗美者也。征赋、期会、狱讼、簿书，固其职也。今之守令，以户口、钱粮、簿书、狱讼为急务，至于农桑、学校，王政之本，乃视为虚文而置之不问，将何以教养黎民哉。[1]

萧伯巨的上述评论，正可见出理论上的重视教化和风俗，与行政实践中的漠视和放任，形成了非常鲜明的对比。而这，也是一种表达与实践之间的严重背离。

以上叙述，只是给我们理解循吏兼有“师”与“吏”双重身份的行政风格，提供一个可资参考的政治体制、社会结构和思想文化的语境。至于明清时期的循吏究竟是如何通过司法活动来实施“教化”工作的问题，下节再作详尽的分析。必须指出，明清时期地方官员的“教化”实践，不仅体现在婚姻、田土和钱债案件的诉讼过程中，而且也贯彻在命盗案件的审理过程中，甚至在“捕贼弥盗”过程中，同样没有忘记“教化”工作。关于历代《循吏列传》记载的循吏“听讼折狱”和“捕贼弥盗”等司法事迹的具体统计，参见下表。

---

1 ［明］萧伯巨：《万言疏》，载［明］陈子龙等选辑：《明经世文编》卷三，北京：中华书局1962年影印版，第56页。

表 2.2　正史《循吏列传》所载司法事迹统计

序号	姓　名	官职、地点	司 法 事 迹	抽象	具体	出　处
1	石　奢	楚相国	父亲杀人，忠孝难两全，自刎。		√	《史记》
2	李　离	晋法官	过听杀人，承担司法责任，自杀。		√	同上
3	黄　霸	廷尉正	数决疑狱，庭中称平。	√		《汉书》
		颍川太守	力行教化而后诛罚。八年无重囚。	√		
4	龚　遂	渤海太守	化盗为民，狱讼止息。	√		同上
5	召信臣	南阳太守	盗贼狱讼衰止。	√		同上
6	王　涣	洛阳令	清理积案，曲尽情诈，发擿奸伏。	√		《后汉书》
7	镡　显	豫州刺史	怜悯盗贼穷困犯罪，擅自赦免。		√	同上
8	任　峻	洛阳令	一年断狱，不过数十，作风威猛。	√		同上
9	许　荆	桂阳太守	兄弟争财，感悟息讼。		√	同上
10	孟　尝	上虞户曹	平反冤狱。		√	同上
11	刘　矩	雍丘令	民有争讼，提耳训告，使其感悟。	√		同上
12	仇　览	蒲亭长	母告子不孝，教育感化。		√	同上
13	童　恢	不其令	执法廉平，吏人犯法，随时晓示，牢狱连年无囚。	√		同上
14	杜　轸	池阳令	得罪者无怨言。	√		《晋书》
15	王　宏	汲郡太守	勤恤百姓，导化有方。后更为苛碎，被人举劾。	√		同上
16	曹　摅	临淄令	平反寡妇杀姑冤狱，怜恤囚犯。		√	同上
		洛阳令	仁惠明断，百姓怀之。断夜失行马案。	√	√	
17	丁　绍	广平太守	清官，政平讼理，道化大行。	√		同上
18	乔智明	隆虑令	怜悯复仇杀人囚犯。		√	同上
19	杜慧度	辅国将军	治理林邑，威惠沾洽，奸盗不起，道不拾遗。	√		《宋书》
20	陆　徽	益州刺史	隐恤有方，威惠兼著，寇盗静息。	√		同上

（续表）

序号	姓名	官职、地点	司法事迹	抽象	具体	出处
21	江秉之	建康令	为治严察，京邑肃然。	√		《宋书》
		山阴令	讼诉殷积，御繁以简。	√		
22	傅琰	山阴令	明断争丝、争鸡两案。		√	《南齐书》
23	裴昭明	始安内史	有人惑众，昭明付狱治罪。		√	同上
24	孔琇之	吴县令	十岁小儿偷割稻穗，付狱治罪。		√	同上
25	沈瑀	扬州部传从事	建康令恃势陵瑀，瑀以法绳之。		√	《梁书》
		余姚令	大姓虞氏请谒，瑀以法绳之；豪族子弟纵横，瑀惩之；富吏鲜衣美服，瑀榜之。		√	
26	孙谦	钱塘令	治繁以简，狱无系囚。	√		同上
27	何远	武昌太守	性刚严，鞭罚吏民，为人告发。	√		同上
		宣城太守	听讼犹人，百姓畏服。	√		
		东阳太守	疾富如仇，复为受罚者所谤。	√		
28	张代	汝南太守	兄弟分析争牛，张代赠牛感化。		√	《魏书》
29	宋世景	荥阳太守	清平忠直。郑氏豪横，绳之以法。发擿民间细故，处罚不法吏干。		√	同上
30	张华原	兖州刺史	人怀感附，寇贼寝息；决遣积狱千余；岁末遣囚回家。	√	√	《北齐书》
31	宋世良	清河太守	盗奔他郡，牢无一囚，衙门虚寂，没有诉者。	√		同上
32	宋世轨	廷尉卿	雪冤甚多，平反民众劫河桥案。	√	√	同上
33	郎基	带颍川郡	积年留滞，剖判咸尽。狱讼清息，官民遐迩。清慎。	√		同上
34	孟业	清河法曹	廉谨；断决明白。	√		同上
35	崔伯谦	济北太守	清直奉公，布威德，民无争。	√		同上
36	苏琼	刑狱参军	审得实情，雪活盗犯。		√	同上
		清河太守	断失牛案；兄弟争田，感化息讼。数雪冤狱。		√	
		行徐州事	缉获盗犯。		√	

（续表）

序号	姓　名	官职、地点	司 法 事 迹	抽象	具体	出　处
37	房　豹	乐陵太守	镇以凝重，哀矜贫弱；阶庭简静，囹圄空虚。	√		《北齐书》
38	梁彦光	相州刺史	发摘奸隐，有若神明；焦通不孝，彦光教化。	√	√	《隋书》
39	辛公义	牟州刺史	清理积案，体恤百姓，不忍禁人于狱。		√	同上
40	柳　俭	蓬州刺史	狱讼者庭遣，不为文书，约束佐史，狱无系囚。	√		同上
41	郭　绚	通州太守	克获山东盗贼。		√	同上
42	刘　旷	平乡令	人有争讼，辄丁宁晓以义理，不加绳劾，各自引咎而去。	√		同上
43	王　伽	齐州参军	押解流囚颇有慈爱之心，脱其枷锁，令其自行至京师。		√	同上
44	吉　翰	徐州刺史	清慎勤谨。签典欲活死囚，吉翰杀签典，活死囚。		√	《南史》
45	傅　岐	始新令	以情审断死囚，脱械和言问之。冬至放其归家。		√	同上
46	韦仁寿	蜀郡司法书佐	断狱平恕，得罪者皆曰：韦君所断，死而无恨。	√		《旧唐书》
47	张允济	武阳令	德化。巧破盗葱案和邻县占牛案。		√	同上
48	李素立	监察御史	武德皇帝特命处死罪犯，素立谏诤依法裁决。		√	同上
49	贾敦颐	洛州刺史	发奸擿伏，若有神明。	√		同上
50	李君球	兴州刺史	政尚严肃，人吏惮之，盗贼屏迹。	√		同上
51	田仁会	胜州都督	捕杀山贼，盗贼绝迹。	√		同上
		金吾将军	昼夜巡警；每日庭引百余人，躬自阅罚，略无宽者。京城贵贱，咸畏惮之。治女巫罪。	√	√	
52	韦景骏	贵乡令	母子相讼，取《孝经》付令习读之，使其悔悟。		√	同上
53	冯元常	眉州刺史	捕逐光火盗贼。	√		同上

（续表）

序号	姓　名	官职、地点	司法事迹	抽象	具体	出　处
54	王方翼	安定令	诛大姓皇甫氏，盗贼止息。	√		《旧唐书》
55	薛季昶	御史中丞	为政严肃，刚干义烈；杀败将和贪虐尉。		√	同上
56	裴怀古	监察御史	则天命其诛被诬控大逆不道之僧，怀古抗旨。		√	同上
57	李尚隐	监察御史	推雪桐庐令李师等被诬案，崔湜、郑愔冤案。		√	同上
		御史中丞	御史王旭颇用威权，尚隐获其奸赃，治旭罪。		√	
		河南尹	性率刚直，言无所隐，处事明断。	√		
		大理卿	司农卿陈思问多引小人为其属吏，隐盗钱谷，尚隐举案之。		√	
58	袁　滋	詹事府司直	部有邑长，下吏诬以盗金，滋察其冤。		√	同上
59	薛元赏	京兆尹	杖死恶少三十余辈，陈诸市。		√	《新唐书》
60	何易于	益昌令	凡斗民在廷，丁宁指晓枉直，杖楚遣之，不以付吏，狱三年无囚。	√		同上
61	张　纶	巡检使	所领部卒纵酒掠民，纶斩首恶数人，众乃定。		√	《宋史》
62	邵　晔	蓬州录事参军	知州杨全审断案件有枉，邵晔平反之。		√	同上
63	崔　立	果州团练推官	知州重罚罪犯，崔立议定杖罪。		√	同上
64	鲁有开	韦城知县	剧盗闻有开名，不敢入境。	√		同上
		确山知县	大姓把持官政，有开治其最甚者。		√	
		金州知县	平反巫蛊冤案。		√	
65	张　逸	益州知州	平反杀人冤狱；饥民杀耕牛，与盗杀耕牛不同，放还复业。		√	同上
66	赵尚宽	平阳知县	缉捕越狱重囚。		√	同上
		忠州知州	惩治畜蛊杀人者。		√	

（续表）

序号	姓 名	官职、地点	司 法 事 迹	抽象	具体	出 处
67	高 赋	衢州知州	擒治畜蛊毒害人者，蛊患遂绝。		√	《宋史》
68	程师孟	江西转运使	缉获袁州盗犯；擿伏如神，惩罚豪恶，所部肃然。	√		同上
69	韩晋卿	大理卿	开封府民争鹑杀人，坚持以斗杀论；登州民妇谋杀夫，坚持认为当死；数决疑狱。忠厚。		√	同上
70	大公鼎	东京户部使	盗贼倡乱，单骑降盗。盗贼乞自新，公鼎给以符约，俾还业，境内清肃。		√	《辽史》
71	萧 文	掌秦越国中丞司事	王邦彦子争荫，数岁不能定，上命文诘之，立决。		√	同上
72	马人望	警巡使	决断狱讼无一冤者；枢密使乙辛窃弄威柄，卒害太子，人望平心以处，所活甚众。	√	√	同上
		上京副留守	缉获劫宫女、御物剧贼，恶吏害民。		√	
		保静军节度使	二吏凶暴，人望阴令发其事，黥配之。		√	
73	卢克忠	同知保大军节度使	盗贼夜间剽劫，军卒被诬，克忠平反之。		√	《金史》
74	牛德昌	万泉令	饥民剽掠，德昌劝谕，盗贼解散。		√	同上
75	范承吉	顺天节度使	奚卒数千人为盗，承吉痛惩，不敢再犯。		√	同上
76	王 政	滑州安抚使	民多以饥为盗，坐系，政皆释之，发仓廪以赈贫乏。		√	同上
77	刘敏行	肥乡令	盗贼掠人为食，敏行借兵保护，盗贼不敢复犯。		√	同上
78	刘 焕	北京警巡使	捕二恶少杖于庭中，戒之，众皆畏惮，毋敢犯者。		√	同上
79	高昌福	元帅府令史	纠正间谍案件，释去者甚众；监吏欲杀囚犯灭口，平反之。		√	同上
80	孙德渊	沙河令	盗桑者反诬主人，德渊审出真情。		√	同上

（续表）

序号	姓 名	官职、地点	司 法 事 迹	抽象	具体	出 处
81	蒲察郑留	顺义军节度使	兄弟争财，陈说古今孝弟事迹，使其悔悟；禁盗有方，盗贼衰息，狱空。	√	√	《金史》
82	女奚烈守愚	临沂令	平反临沂刺史诬告县民冒地案件。		√	同上
83	石抹元	同知淄州军事	捕获剧盗，闻赦将至，亟命杖杀之。		√	同上
		大兴府判官	仇家夜入种橙者家残毁其橙，主人诬其劫财，究得其情。		√	
		山东西路按察转运使	弹劾不法官员。		√	
84	赵重福	沧州盐监使	民煮卤为盐卖以给食，盐官往往杖杀之。重福曰：“宁使课殿，不忍杀人。”	√		同上
85	武 都	商水令	纵火行劫、椎埋发冢者，廉得姓名，榜之通衢。	√		同上
86	谭 澄	交城令	解决争水纠纷。		√	《元史》
			惩治持吏长短的豪民。	√		
87	田 滋	浙西廉访使	县尹张彧被诬以赃，狱成，田滋祝祷城隍，审得真情。		√	同上
88	卜天璋	工部主事	刘帅豪夺民产，讯之，田竟归民。		√	同上
		刑部郎中	审理诸侯王谋反案。		√	
		归德知府	捕杀群盗。		√	
		山南廉访使	厉风纪，清吏治，州郡肃然，民众称颂。	√		
89	谙都刺	益都路总管	惩治劫盗。		√	同上
90	杨景行	宜黄县尹	理白冤狱之不决者数十事。	√		同上
		抚州路总管府推官	发擿奸伏，郡无冤狱。县民诬陷县长吏，以法痛绳之；豪僧发冢取财，治之如法；豪猾屏迹。	√	√	

（续表）

序号	姓名	官职、地点	司法事迹	抽象	具体	出处
91	林兴祖	铅山知州	惩罚豪民，逮捕党羽二百余人。		√	《元史》
92	观音奴	归德知府	廉明刚断，发擿如神，平反冤案。神判殴毙案和霸占土地案。	√	√	同上
93	周自强	义乌县尹	听讼重教化，征引经典，民畏且爱，狱讼顿息。	√		同上
94	卢琦	永春县尹	息讼安民；感化盗贼。	√	√	同上
95	邹伯颜	崇安县尹	造伪钞者与卒结谋，入良民家肆虐，伯颜捕讯得其状，使崇安免受伪造之连逮。		√	同上
96	刘秉直	卫辉路总管	盗贼劫财杀人之后逃匿，神判获盗。		√	同上
97	许义夫	封丘县尹	饥荒盗贼抄掠州县，说服盗贼不入县境。		√	同上
98	陈灌	宁国府知府	丰裁严正，宽恤为治；因盗麦舟而坐死数十人，陈灌仅处死首犯一人。		√	《明史》
99	吴履	南康县丞	擿发奸伏如老狱吏；知县为部民所詈，吴履释无辜者。		√	同上
100	史诚祖	汶上知县	政清讼简，百姓戴悦。	√		同上
101	谢子襄	处州知府	神判盗窃官钞案；牛诉被卖案；设计捕叛卒，获其魁，余悉解散。		√	同上
102	信中	乐清知县	辨白诬告谋反案；神判盗杀一家三人积案。		√	同上
103	叶宗人	钱塘知县	蛇鸣冤而得真凶；尸体挂舟舵，审出真凶。		√	同上
104	王源	潮州知府	杖毙一民，被诉，罪当赎徒，潮民叩阍，复官。		√	同上
105	翟溥福	南康知府	饥民擅发富家粟及收取漂流官木者，被论死罪百余人，溥福仅予杖刑。		√	同上
106	李信圭	蕲州知府	饥民攘食人一牛，御史论死八人，信圭免六人。		√	同上

（续表）

序号	姓名	官职、地点	司法事迹	抽象	具体	出处
107	张宗琏	南京大理丞	随御史清理军籍，御史受理黠军诉词，牵连平民，宗琏谏诤：“请代百姓死，免株累甚众。”		√	《明史》
108	李骥	东安知县	神判嫠妇子啮死案。		√	同上
		御史	审理盗仓案，反受诬告。		√	
109	赵豫	松江知府	卫军恣横，杖配尤者；民俗好讼，好言劝谕。	√		同上
110	周济	御史	大同镇守中官骄横，济变服负薪入其宅，尽得不法状。		√	同上
			饥民劫掠富家，周济解散之。		√	
111	范希正	曹县知县	惩办奸吏被诬，百姓为之辨白；弟杀兄，牵连甚广，希正廉得情实。		√	同上
112	丁积	新会知县	中贵弟横行乡里，索债过倍，丁积烧毁债券。		√	同上
113	田铎	蓬州知州	寂无讼者，无冤民也。	√		同上
114	唐侃	永丰知县	民俗刁讼，尚鬼，尤好俳优，禁之。	√		同上
115	汤绍恩	绍兴知府	缓刑罚，恤贫弱，旌节孝，民情大和。	√		同上
116	徐九思	句容知县	擿发奸吏空牒窃印者，论如法；讼者，扶不过十。	√		同上
117	庞嵩	应天府通判	屡剖冤狱；戚畹王涌、举人占良人妻，杀人，置之法。			同上
118	张淳	永康知县	决狱如流，敏断如包拯。	√		同上
			设计缉获巨盗卢十八。		√	
			民辄以人命诬讼，淳验无实即坐之。	√		
			重罚荒年劫掠公行者，劫五斗米杖死。		√	
			推理缉获逸盗。		√	

（续表）

序号	姓　名	官职、地点	司法事迹	抽象	具体	出　处
119	陈幼学	确山知县	布政使弟帮妾杀妻，治如律；行太仆卿家人犯法，立捕治之。		√	《明史》
		刑部主事	中官怒杀园夫母，置之法。恤刑畿辅，出矜疑三百余人。		√	
		湖州知府	捕杀豪恶奴。士族子施敏等奸豪横行郡中，捕杀之。		√	
120	白登明	柘城知县	盗贼啸聚，治尚威严，擒盗首按法，雪诸冤狱。	√		《清史稿》
121	任辰旦	上海知县	敏于听断，数决疑狱，豪猾敛迹；清苦自励。	√		同上
122	张　埙	登封知县	访问民间疾苦，小有争讼，辄于阡陌决之，狱讼日鲜。	√		同上
123	陈汝咸	漳浦知县	民好讼，严惩讼师，无敢欺者；俗轻生，多因细故服断肠草死，挟以图赖，令当刑者掘草赎罪。	√		同上
124	缪　燧	沂水知县	因捕剧盗已获复逸，被议，罢归。	√		同上
125	姚文燮	建宁推官	片言立剖积案，未数月囹圄为空。	√		同上
			审理复仇杀人案和杀害武弁案。		√	
			耿氏下人恃势虐民，擿发其奸。		√	
126	黄贞麟	凤阳推官	严惩讼师，州郡慄然。	√		同上
			祷雨未应，立判诸大狱，三日果雨。		√	
			清理逋赋案件，悉原而释之，保全者五百家。		√	
			平反诬告谋反案。		√	
			吴月邪教惑众，株连千余人，止坐月及为首者，平反被诬者。		√	
		盐山知县	防范盗贼，盗贼日息。	√		

（续表）

序号	姓名	官职、地点	司法事迹	抽象	具体	出处
127	骆钟麟	盩厔知县	莅狱明决，人畏爱之。	√		《清史稿》
			惩办豪右。	√		
		常州知府	赋重，科条繁多，吏缘为奸，立法钩稽清逋。	√		
128	崔宗泰	常州知府	游骑逐妇女溺水死，宗泰置之法。		√	同上
129	祖进朝	常州知府	息讼安民，尽沾惠泽。	√		同上
130	赵吉士	交城知县	缉盗安民。上官知其能，不拘以文法。	√		同上
131	张瑾	昆明知县	审理将军仆杀人案和巡抚仆夺妻案。		√	同上
			清理疑狱，屡次平反。	√		
132	江皋	瑞昌知县	弥盗有方，士卒渔夺百姓，斩以殉，繇是肃然。	√		同上
		柳州知州	审断奴仆侵占主人家产案。		√	
133	张克嶷	刑部主事	有狱连执政族人，诸司莫敢任，克嶷请独任之。		√	同上
		平乐知府	获巨盗二人，毙其一，宥其一。		√	
		潮州知府	贼称明裔，恐兴大狱，株连多，以盗案结；豪猾抢夺人妻，顶住压力，处以大辟；假亲王命开矿，杖杀之。		√	
134	贾朴	思明知府	母子相争，切谕，母子感泣。		√	同上
135	邵嗣尧	临淄知县	嗣尧座师家人犯法，严惩不贷；旗丁毒殴子钱家，具论如法；盗杀人于界，置之法。		√	同上
			屡断疑狱，人比包孝肃。	√		
136	卫立鼎	卢龙知县	决断大狱，准经引律。	√		同上
137	高荫爵	蠡县知县	豪猾侵陵诸佃，诬诸生为奴，而籍其田，置之法。		√	同上
138	靳让	御史	皇庄、旗庄恣意病民，绳以法。	√		同上

（续表）

序号	姓　名	官职、地点	司 法 事 迹	抽象	具体	出　处
139	周中鋐	华亭知县	平反被诬告杀人者；提标兵庇盗，中鋐置之法。被奉为奉贤城隍之神。	√	√	《清史稿》
140	刘　棨	平阳知府	讼牍皆立剖决之。	√		同上
141	陶元淳	昌化知县	审理守备非刑杀人案，刚正不阿。		√	同上
142	廖冀亨	吴县知县	吴俗健讼，但民体弱，从宽决杖；收词不立定期，速决无冤。	√		同上
			审理盐商馆师庠生自杀案，乡民被父故杀案，平反宜兴知县诬揭典史故勘平民为盗致死案。		√	
143	佟国珑	文登知县	捕治凶渠，民赖以安。审理豪民杀人，吏役受贿案；释放被诬告为寇的商人，别捕真盗四十余人诛之。		√	同上
144	陆　师	新安知县	捕诛响马，为盐犯辩冤；将军买饥民妇女，陆师放还妇女。		√	同上
		仪征知县	辨白斗殴。		√	
		御史	巡河、谳狱皆称职。	√		
145	芮复传	钱塘知县	金二交通上官，为奸利，立捕杖毙之。		√	同上
		温处道	持法惩办舞弊铜商，揭劾知府，自己也遭揭劾。		√	
146	阎尧熙	嘉兴知县	俗健讼，尧熙勤于听讼，日收三百词状；杖杀豪恶。营弁缉获私盐，纵其枭，持他人抵罪，尧熙为之辩冤。		√	同上
147	王时翔	晋江知县	民好讼，坐堂问案，呴呴作家人语，讼息。却又敏断，雪决疑狱，时称神明。	√		同上
		漳州同知	民械斗，时翔仅罚首唱者如律。		√	
148	蓝鼎元	普宁知县	有惠政，严而不残，听断如神，疑狱诸多平反。	√		同上
		潮阳知县	处罚妖女惑众。善于治盗和讼师。	√	√	

（续表）

序号	姓名	官职、地点	司法事迹	抽象	具体	出处
149	叶新	仁寿知县	审理地界争讼。		√	《清史稿》
		署嘉定州	部匠采木为暴，激起民变，叶新严厉惩办。		√	
		泸州知州	讼者至，立剖决，滞狱一空。	√		
		建昌知府	南风县令报县民饶令德谋反，叶新为之平反。		√	
		赣州知州	抢夺拒捕案，适用旧例新例之争；宁都民狱，与同官意见不合。		√	
150	施昭庭	万载知县	妥善处理“棚民”事件，大事化小。		√	同上
151	陈庆门	亳州知府	俗悍，好群斗，杖遣数百人；又好讼，宣导排解。勤于听断，世以“儒吏”称之。	√		同上
152	周人龙	蒲州知府	妥善处理山西和陕西民众的争水积案。		√	同上
153	童华	苏州知府	精通法律。百姓因逋赋而系狱千余人，童华释放之。浙江总督李卫捕人于苏，童华以没有法律文书，不与。		√	同上
154	李渭	嘉定知府	以争冤狱忤上官。	√		同上
		彰德知府	平反冤案，如律审断杀人案。		√	
		按察使	折狱平恕。	√		
155	谢仲坃	衡阳知县	参与审理漕米案，重治丁役过当被劾去官。		√	同上
		衡山知县	参与审理巴陵案；参与审理归州纵盗诬良案。长于折狱，历奉决狱两百余起，多所平反；以直戇名。	√	√	
156	李大本	宝庆理瑶同知	受托审理苗僧谋反案件。		√	同上
157	牛运震	秦安知县	平反巡检某诬马得才兄弟五人为盗、清水县某令冤武生杜其陶父子谋杀罪。		√	同上

（续表）

序号	姓　名	官职、地点	司 法 事 迹	抽象	具体	出　处
157	牛运震	秦安知县	他狱多所平反；遇人争讼，必严惩，治盗尤严，轻罚一人，不入重惩九人。	√		《清史稿》
158	张甄陶	历任知县	平反冤狱，诘捕盗贼，为政务无悖逆于民。	√		同上
159	邵大业	黄陂知县	勤于听讼；兄弟争产，教化感悟。	√	√	同上
		苏州知府	审理盗案，以情感化，盗幡然供词。		√	
160	周克开	都匀知府	治贵州逆苗狱，用法有失当者，力争无少逊。		√	同上
		太原知府	清釐积狱；生平治狱多平反；清吏。	√		
161	言如泗	襄阳知府	爱士恤民而治盗严，盗皆远遁。	√		同上
162	汪辉祖	宁远知县	捕黠桀流丐强横之尤者，驱余党出境；勤于听讼；审理匡学义案、李萧争陇案；罪人泣，亦泣。	√	√	同上
163	茹敦和	南乐知县	慎于折狱，立剖曲直，民辄感悔自新。	√		
164	朱休度	广灵知县	审理自杀案和误杀案。		√	同上
			尤善决狱，囹圄一空。	√		
165	吴焕彩	范县知县	保护无辜被诬变百姓。		√	同上
		鹤峰知州	勤于听讼，积弊一清。土司族裔借祖坟诈财，惩治之。	√	√	
166	邵希曾	司粮台	讯鞫土匪，释放无辜被胁良民。	√		同上
		桐柏知县	捕强暴者绳之以法；慎于折狱，速结，讼日以稀。	√		
167	张吉安	署理浦江	灾民纠众抢劫，先赈济，再如律惩办首恶。		√	同上
		余杭知县	惩讼师，勤听断。	√		
168	李毓昌	知县	山阳查赈，拒绝贪官贿赂，被谋杀。		√	同上

（续表）

序号	姓名	官职、地点	司法事迹	抽象	具体	出处
169	龚一发	历任知县	治狱明敏，能以德化。	√		《清史稿》
170	盖方泌	商州州同	剿贼。		√	同上
		署台湾道	屡谳大狱，一以理喻，蔽罪如法。	√		
171	史绍登	文水知县	平乱有方。		√	同上
172	李赓芸	漳州知府	处理械斗和听断案件皆有方略。		√	同上
173	伊秉绶	惠州知府	行法不避豪右，故练刑名，大吏屡以重狱委之，多所矜恤。	√		同上
			陆丰巨猾肆劫勒赎，归善陈亚本作乱，博罗陈烂屐起事，皆缉获。		√	
174	狄尚絅	南康知府	不期年，清理滞狱百余尽得情实；审实武举人调戏侄妇自尽案，调和两姓争田仇杀案，奉缴处理会匪聚众案，皆有决断和谋略。		√	同上
175	张敦仁	吉安知府	巡缉盗贼。	√		同上
		署南昌	审实武宁民妇通奸谋杀亲夫的疑案。龙泉天地会匪滋事，罪坐首恶二人；会匪肆虐，富户佯装附和，事发株连，释之。		√	
176	郑敦允	襄阳知府	讼事多出教唆，长于听讼，积牍为空。	√		同上
			惩办衙蠹如律；惩办巨盗。		√	
177	李文耕	邹平知县	治尚教化，民妇诉子忤逆，文耕引咎自责，母子感动。		√	同上
		山东按察使	严治胥役，诈赃犯辄置重典。断狱宽平，积牍一空。	√		
178	刘体重	抚州知州	问民疾苦，痛惩揽讼胥吏；长于治狱，狱讼日简。	√		同上
179	张琦	邹平知县	民误诉于邻邑，得知归属于琦，不愿以小事烦琦。		√	同上
		章丘知县	邹民诉于琦，以不当受遣之。结案二千有奇，无翻控者。	√		

（续表）

序号	姓　名	官职、地点	司法事迹	抽象	具体	出　处
179	张　琦	馆陶知县	士人诉讼，诉词不直先试以文，后乃决事。		√	《清史稿》
			理狱不待两造至，决遣之；胥吏扰民，严论如法。民爱戴之。	√		
180	石家绍	龙门知县	发奸擿伏，以神明称。尽心民事，理讼至夜不辍。	√		同上
181	刘　衡	博罗知县	俗多自裁，里豪役杂持之，害滋甚，衡释诬滥，严惩使主；缉获啯匪初犯，给资使自谋生；再犯，不宥。啯匪感泣改行。	√		同上
		巴县知县	勤于听讼。	√		
182	姚柬之	临漳知县	屡决疑狱；巡行乡曲，劝民息讼，有诉曲直者平之。	√		同上
			平反杀人案；妇女被杀，祝祷城隍，缉获凶手		√	
		揭阳知县	预防械斗，惩办积盗；民、瑶构讼，判决时，必使相安。	√		
		大定知府	提倡速讯速结，期年而讼稀。	√		
183	吴　均	海阳知县	捕获会匪，置之法。	√		同上
		潮州知府	缉获土匪千余，分别轻重惩治。	√		
			清介，治盗尤严。	√		
184	王肇谦	海澄知县	乡民构衅，劝解；如法惩办巨盗；争财累讼，劝解；妥善处理涉及教堂的案件；捕盗；剖理厦门洋人租赁纠纷。		√	同上
185	曹　瑾	署理闽县	旗兵与民械斗，晓谕利害，贴服。	√		同上
		淡水同知	处理海盗、内匪。		√	
186	桂超万	扬州知府	讼事害民者，绳之以法；讼于府者，一讯即结。	√		同上
187	张作楠	阳湖知县	勤于治事，案无滞牍。	√		同上

（续表）

序号	姓　名	官职、地点	司法事迹	抽象	具体	出　处
188	云茂琦	沛县知县	询民疾苦，恳恳如家人；劝以本分，忍忿争，讼顿稀；筹集缉捕经费，获盗多，给重赏，盗贼屏迹。	√		《清史稿》
189	徐台英	华容知县	速讯速结。诸生作状，试以诗文。		√	同上
			禁告奸，一境安。	√		
190	牛树梅	彰明知县	决狱明慎。	√		同上
			匪徒纠众劫掠，声言必须牛青天来始肯解散。		√	
		四川按察使	百姓喜相告曰："牛青天再至矣！"		√	
191	何曰愈	会理州吏目	奉缴处理土司杀汉民案，清廉勇敢。		√	同上
192	刘秉琳	正定知府	镇将获盗三人，诬服，刘秉琳审得真情，平反之。		√	同上
193	陈崇砥	献县知县	严缉盗贼。	√		同上
		河间知府	多讼，崇砥克期审结。	√		
194	夏子龄	汲县知县	勤听讼，严治盗。	√		同上
		饶阳知县	缉捕剧盗。		√	
		易州直隶州知州	灾年奸民侵扰大户，杖毙惑众者；同治六年防军淫掠者，立斩以殉。		√	
195	萧世本	署天津县	严惩匪徒为害。讼狱殷繁，世本手批口鞫，断决如神。	√		同上
196	李炳涛	同知	惩办匪首和豪猾。		√	同上
		署蒙城县	缉获盗马贼。		√	
		署亳州	审实通奸谋杀亲夫；擿发如神。		√	
197	朱根仁	署定远县	捕获巨猾，烧毁党羽名册；平反诬陷从贼侵占田地。		√	同上
198	邹钟俊	太平知县	平反冤狱，慈祥而人不欺。	√		同上

（续表）

序号	姓　名	官职、地点	司法事迹	抽象	具体	出　处
199	王懋勋	官安徽近五十年	惩械斗，清积案，士民戴之；捕诛剧盗数十，闾阎得安；亲历乡曲，民隐悉达。	√		《清史稿》
200	蒯德模	署理长洲	缉盗；聚众抗租，治首恶，散胁从。		√	同上
			奸人诱买良家妇女，豪右为之庇护，蒯德模不畏强御，亲往解救。		√	
			断狱如神，执法持平。在长洲四年，判八百余牍，尽惬民意。	√		
201	林达泉	崇明知县	清釐积狱，洁己爱民。	√		同上
202	方大湜	广济知县	盗贼屏息。	√		同上
		为守令时	时周历民间，一吏一担夫自随，即田陇间判词。	√		
203	陈　豪	署房县	勤于听讼。每履乡，憩息荒祠，与隶卒同甘苦。会匪谋乱，立擒置之法。置匦县门，谕胁从自首，杖而释之。刁绅感而戢讼。	√		同上
		授汉川	江口奸民辄恃众索诈，捕治，谕禁之。因病乞休沐，将去任，有淹讼久未决，虑贻后累，舁胡床至厅事判定，两造感泣听命。		√	
		署随州	俗多自戕图诈，豪遇讼，实究虚坐，不稍徇，浇风革焉。濒行，闻代者好杀，竭数昼夜之力，凡狱情可原者，悉与判决免死。	√		
204	杨荣绪	湖州知府	鞫狱详审，吏胥立侍相更代，终日无倦容。亲受讼牒，指其虚谬，手书牒尾，辄数百言，剖析曲直，人咸服之。讼以日稀，刑具朽敝。隶役坐府门，卖瓜果自活。	√		同上

（续表）

序号	姓名	官职、地点	司法事迹	抽象	具体	出处
205	林启	杭州知府	余杭巨猾杨乃武，因奸通民妇葛毕氏，兴大狱。刑部讯治，幸免重罪。归则益横，揽讼事，挟制官吏，莫敢谁何。启捕治之，乃武控京师，不为动，卒论如法。		√	《清史稿》
206	朱光第	补邓州	奉缴平反冤狱。		√	同上
			善治盗，民戴之。	√		
207	冷鼎亨	署瑞昌	捕讼师和猾吏数人，绳之以法；叔侄相争，即于树下谕解，遂悔悟如初。	√	√	同上
		调补新建	勤于听讼，每至深夜署理案牍。清廉自苦。	√		
208	孙葆田	合肥知县	审理大学士李鸿章弟子逼债殴死人命案。		√	同上
209	柯劭憼	补太湖	为治清简，断狱明决，所至民爱戴。	√		同上
210	涂官俊	补宜君	躬巡阡陌，与民絮语如家人。	√		同上
		调泾阳	清釐积讼千余；编保甲，捕盗贼。	√		
211	陈文黻	鄠县知县	教化为先，政平讼理。	√		同上
		留坝厅同知	奸民狙伏行劫，或掠妇孺卖境外，文黻微服擒治；熟悉民间，如家到户至，诉讼亦莫敢欺。侦破杀子妇匿尸案。	√	√	
212	张楷	金华知府	捕诛匪首；平息械斗和争讼。	√		同上
		补河南府	收捕巨盗；治狱多平反。	√		
213	王仁堪	镇江知府	丹阳教案，亲验教堂孩尸。		√	同上
		调苏州	日坐谳局清积案，风采动一时。视民事如家事，有古循吏风。	√		

制表说明：
1.“抽象”是指仅有评论性的记载，而无具体的司法事迹。
2.“具体”是指有司法事迹的记载。
3. 有时，在一人的事迹中，既有抽象评论，又有具体记载，分别标注抽象或具体。
4.“官职、地点”是指事迹发生时的任职衙门。

四、明清循吏的调处息讼：仁爱与教化

检视历代《循吏列传》的记载，我们可以发现，不少对于循吏的赞誉，都是用“民之父母”和“吏民怀爱”之类的情感措词来形容的；[1] 甚至“父母官”的称谓，如果追根溯源的话，实际上也可以追溯到汉代的循吏，比如“前有召父，后有杜母”[2] 即是例证。这样一种修辞风格，无疑与“家国同构”或政治家族化和家族政治化的语境有关；当然，亦与地方长官尤其是州县牧令的“亲民”姿态和身份有关。

现在，我们来考察明清时期循吏的司法实践，看看他们的司

1 《汉书·循吏传》记载：黄霸，吏民爱敬（第3628—3631页）；朱邑，其民爱我（第3635—3637页）；召信臣，视民如子，吏民亲爱，呼之召父（第3642页）；《后汉书·循吏列传》记载：杜诗，号为杜母（第2457页）；卫飒，理恤民事，居官如家（第2459页）；秦彭，百姓怀爱（第2467页）；王涣，民思其德，百姓追思（第2469—2470页）；孟尝，民慕其德，吏民攀车请之（第2473页）；刘宠，以仁惠为吏民所爱（第2477—2478页）。例证太多，只能跳过中间一段历史，我们来看明清时期的循吏。《明史·循吏列传》记载：方克勤，我民父母（第7187页）；吴履，百姓爱之（第7188—7189页）；高斗南，百姓爱之（第7190页）；史诚祖，民心悦戴，死的时候，士民哀号（第7192页）；等等。再看《清史稿·循吏列传》记载：白登明，被革职时，州民请留（卷四百七十六·循吏一，第12969页）；任辰旦，百姓感念任辰旦之仁（同上，第12970页）；于宗尧，卒于任上，万民留葬（同上，第12971页）；宋必达，被论罢职，百姓哭而送之；途经所治，民遮道慰问，日行仅数里（同上，第12972页）；张壎，离任之时，民遮道哭（同上，第12974页）；等等，不一而足。在明清时期，几乎每个循吏都有类似的记载，只是措词稍有不同而已，读起来着实令人感动。

2 《汉书》已称召信臣为“召父”，而《后汉书》则称杜诗为“杜母”。《后汉书·杜诗传》则有“前有召父，后有杜母”的说法。（卷三十一，第1094页。）顺便一提，钱大昕认为：将州县长官称为“父母官”，是北宋开始流行起来的。参见氏著《十驾斋养新录》卷十“父母官”，南京：江苏古籍出版社2000年版，第347页。当然，从政治思想角度来看，所谓“民之父母”的提法，至少可以追溯到《诗经》时代。比如《诗经·南山有台》记有：“南山有杞，北山有李。乐只君子，民之父母。乐只君子，德音不已。”再如《诗经·泂酌》也有：“岂弟君子，民之父母。”在儒家思想中，可谓一贯传统。参见张丰乾：《思孟学派与“民之父母”》，载杜维明主编：《思想·文献·历史——思孟学派新探》，北京：北京大学出版社2008年版，第231—260页。

法理念与司法实践究竟有些什么独特之处。据我看来，不外乎是以“仁爱”为核心思想，以“教化”为具体途径，这显然是“寓教化于吏事”的进路。我们先读两条汉代的史料：

> 和帝时，(许荆)稍迁桂阳太守。郡滨南州，风俗脆薄，不识学义。荆为设丧纪婚姻制度，使知礼禁。尝行春到耒阳县，人有蒋均者，兄弟争财，互相言讼。荆对之叹曰：“吾荷国重任，而教化不行，咎在太守。”乃顾使吏上书陈状，乞诣廷尉。均兄弟感悔，各求受罪。在事十二年，父老称歌。[1]

在这短短百余字中，蕴含着非常丰富的信息量。第一，点出了桂阳地区“风俗脆薄，不识学义”的社会面貌。针对这种情况，许荆的首要任务便是“为设丧纪婚姻制度，使知礼禁”的移风易俗。因为“丧纪婚姻”是人伦的基础，[2] 也是“风俗”的核心内容，故而构成社会秩序和文化秩序的基础。第二，许荆巡视所属州县，显然是为了体察民情风俗，此乃移风易俗的先决条件。解决纠纷，则是其中的一项内容。第三，关于财产争讼问题。那么，汉代的司法官员究竟应该按照什么原则来处理“兄弟争财”的纠纷呢？目前，我们尚未读到相关的法律条文，但是，如果我们从汉初陆贾“分产故事”[3] 所隐含的意思来看，对于兄弟争财的纠纷，应该采取平均分配

1　引据《后汉书》卷七十六·循吏列传·许荆传，第2472页。

2　根据《礼记·昏义》的记载：“夫礼，始于冠，本于婚，重于丧祭，尊于朝聘，和于乡射，此礼之大体也。”我们可以看到，婚丧嫁娶乃是礼法的核心内容；反之，礼法之于婚丧嫁娶也有关键性的作用。

3　我们来看《史记·陆贾列传》的记载：“孝惠帝时，吕太后用事，欲王诸吕，畏大臣有口者，陆生自度不能争之，乃病免家居。以好畤田地善，可以家焉。有五男，乃出所使越得橐中装卖千金，分其子，子二百金，令为生产。”(卷九十七，第2699页。)这个故事被中国法律史学者广为征引，以为它是汉代“分家析产”的典型。参见张晋藩主编：《中国民法史》，福州：福建(接下页)

的原则来处理。必须承认，当时确实存在这种家产分割原则。这是因为，在《许荆列传》中，即有“均分家产”的记载：“许荆……祖父武，太守第五伦举为孝廉。武以二弟晏、普未显，欲令成名，乃请之曰：‘礼有分异之义，家有别居之道。’于是共割财产以为三分，武自取肥田广宅奴婢强者，二弟所得并悉劣少。乡人皆称弟克让而鄙武贪婪，晏等以此并得选举。武乃会宗亲，泣曰：‘吾为兄不肖，盗声窃位，二弟年长，未豫荣禄，所以求得分财，自取大讥。今理产所增，三倍于前，悉以推二弟，一无所留。’于是郡中翕然，远近称之。位至长乐少府。”[1] 所谓“三分”家产，无疑是“兄弟均分”原则的体现。据此，尽管我们尚未见到法律的具体规定，但是“均分家产”起码也是当时的习惯，所以为舆论所认同。然而令人感到奇怪的是，太守许荆非但没有审理案件，反而自责“吾荷国重任，而教化不行，咎在太守”，并且上书廷尉。虽然我们不知道“上书陈状”的内容，不过按照常理来推测，也不外乎是责备自己“教化不行”的“渎职”行为。换句话说，之所以发生了“兄弟争财”的诉讼，是因为“风俗脆薄，不识学义”；而之所以“风俗脆薄，不识学义”，则是因为太守未能厉行教化。根据这种逻辑，责任当然应该由许荆来承担。但是，太守的“自责”和“上书陈状”，作为一种“身教”的方式，却导致“兄弟感悔，各求受罪”的结果，案件自然撤诉了事。这是消极的息讼手法。

不过，也有积极的息讼艺术。请看《后汉书·循吏列传》的记载：

人民出版社 2003 年版，第 227—228 页。更有学者认为，这是“诸子均分财产”的典型例证。参见郭建：《中国财产法史稿》，北京：中国政法大学出版社 2005 年版，第 175 页。

1 《后汉书》卷七十六·循吏列传·许荆传，第 2471 页。

（仇览）选为蒲亭长。……览初到亭，人有陈元者，独与母居，而母诣览告元不孝。览惊曰："吾近日过舍，庐落整顿，耕耘以时。此非恶人，当是教化未及至耳。母守寡养孤，苦身投老，奈何肆忿于一朝，欲致子以不义乎？"母闻感悔，涕泣而去。览乃亲到元家，与其母子饮，因为陈人伦孝行，譬以祸福之言。元卒成孝子。乡邑为之谚曰："父母何在在我庭，化我鸤枭哺所生。"[1]

从纠纷解决的整个过程来看，我们没有见到法律的影子，恰恰相反，其所凸显的是道德教化和人情感化，也就是基于"仁爱"的教化。在仇览看来，发生母子诉讼案件，乃是"教化未及"所致。可见，核心问题仍然是"教化"。在这种情况下，司法官员所做的工作，乃是了解"致讼"的原因，通过留意体察两造的生活境遇——比如"庐落整顿，耕耘以时"，来断定被告陈元不是"恶人"；原告由于"守寡养孤，苦身投老"的孤苦生活，而提起了本不应当的诉讼。值得注意的是，教化的原则是"具体问题，具体解决"，具有情境性和个案性的特点，所要处理的不是"争点"的事实本身，而是"争点"背后的社会关系，就本案而言，则是母子之间的情感关系和伦理关系。因此，仔细了解两造的生活境遇，显得尤为重要。

1 《后汉书》卷七十六·循吏列传·仇览传，第 2479—2480 页。谢承所记与《后汉书》稍异。略谓：仇览"诮责元以子道，与一卷《孝经》，使诵读之"。后来，羊元改悔，而成佳士。参见第 2480 页引注。谢承记载的故事，与《旧唐书·循吏韦机附韦景骏列传》的故事非常相似。文曰："县人有母子相讼者，景骏谓之曰：'吾少孤，每见人养亲，自恨终天无分，汝幸在温清之地，何得如此？锡类不行，令之罪也。'因垂泣呜咽，仍取《孝经》付令习读之。于是母子感悟，各请改悔，遂称慈孝。"（卷一百八十五上·良吏上，第 4797 页。）《新唐书·循吏韦景骏列传》的记载，文辞比较典雅，但内容一致："后为贵乡令，有母子相讼者，景骏曰：'令少不天，常自痛。尔幸有亲，而忘孝邪？教之不孚，令之罪也。'因呜咽流涕，付授《孝经》，使习大义。于是母子感悟，请自新，遂为孝子。"引据［宋］欧阳修、宋祁撰：《新唐书》卷一百九十七·循吏，北京：中华书局 1975 年版，第 5626 页。这可以说是"晓之以理，动之以情"的现身说法的经典例证。

另外，教化面对的是“人情”秩序或文化秩序，故而不能一概诉诸法律。据此，仇览觉得不应该轻率地将法律拿出来，径直判定陈元犯有不孝之罪。按照汉律的规定，不孝是重罪。[1]在本案中，仇览经由日常言语的道德教化和人情感化，致使陈元的母亲“感悔，涕泣而去”，了结诉讼，应该是撤诉。这还不够，仇览亲自到陈元家里，与母子饮酒，这是拉近司法官员与两造的关系，营造一种“如家人父子然”的亲切氛围，以便进行道德教化和人情感化。仇览“为陈人伦孝行，譬以祸福之言”一句，在我看来，“人伦孝行”涉及母子情感和孝慈伦理，而“祸福之言”，则关乎宗教信仰和宗教情感，属于“神道设教”的做法。在某种程度上，“祸福之言”要比道德教化和人情感化来得有效，对于小民百姓尤其如此，故而仇览在解决纠纷时不失时机地利用了这一文化资料。这是因为，汉代以来，外来佛教和民间道教的祸福报应观念已经开始流行，所以，对于缺乏儒家经典教育（儒家也有“报应”思想）的小民百姓来说，它们的影响应该不小。[2]可见，与许荆处理案件的消极办法不同，仇览采取的却是地地道道的积极“教化”手法，可以归入“言教”的范畴。

这种纠纷解决或息讼艺术，后世《循吏列传》也有若干记载。但是，为了配合明清时期的主题，故而将它们置于注释里面，以供读者参考。[3]我们来看清代的故事：

1 参见程树德：《九朝律考》，北京：中华书局2003年版，第96—97页。当然，程树德罗列的汉代“不孝，弃市”的案例，都是情节特别恶劣的犯罪，而且身份也比较特殊。比较而言，普通的“不孝”是否也会被判弃市呢？尚不清楚，待考。

2 关于汉代末年以来道教和佛教的流行情况和经典化的讨论，参见葛兆光：《中国思想史》第一卷，上海：复旦大学出版社1998年版，第467—614页。

3 此类故事，后来也有。除了前引新旧唐书《韦景骏列传》以外，还有《魏书·良吏张恂附张代列传》所载：张代“出为宁远将军、汝南太守。有郡民刘崇之兄弟分析，家贫惟有一牛，争之不决，讼于郡庭。长年见之，凄然曰：‘汝曹当以一牛，故致此竞，脱有二牛，各应得一，岂有讼

> 邵大业……雍正十一年进士，乾隆元年，授湖北黄陂知县。初到官，投讼牒者坌至，不移晷，决遣立尽。吏人一见问姓名，后无不识，众莫敢弄以事。有兄弟争产讼，皆颁白，貌相类。令以镜镜面，问曰："类乎？"曰："类。"则进与为家人语曰："吾新丧弟，独不得如尔两人白首相保也。"二人感动罢去。[1]

这条史料透露出来的信息有二：首先，抽象的评论。传记所述邵大业"初到官，投讼牒者坌至，不移晷，决遣立尽"的事迹，乃是为了彰显邵大业的勤政作风和审案能力。不过，这条资料多少可以用来说明，尽管科举考试选拔上来的官员缺乏必要的法律训练，但是，对于具体官员来讲，是否能够胜任行政管理和司法审判的工作，与官员本身也有莫大的关系。也就是说，如果一个官员果真关心民瘼，勤于政务，就会采取相应的措施，进行专业方面的学习和

理。'即以家牛一头赐之。于是郡境之中各相诫约，咸敦敬让"。引据［北齐］魏收：《魏书》卷八十八·良吏，北京：中华书局1974年版，第1900—1901页。牛是活体，自然没法分割，因此张代为了息讼，干脆送了一头牛给兄弟两人。故事感人，但也很难操作。原因非常简单，司法官员哪有那么多的财产送人？《北齐书·循吏苏琼列传》也有："有百姓乙普明兄弟争田，积年不断，各相援引，乃至百人。琼召普明兄弟对众人谕之曰：'天下难得者兄弟，易求者田地，假令得地失兄弟心如何？'因而下泪，从人莫不洒泣。普明弟兄叩头乞外更思，分异十年，遂还同住。"引据［唐］李百药撰：《北齐书》卷四十六·循吏，北京：中华书局1972年版，第644页。《金史·循吏蒲察郑留列传》则有：蒲察郑留任职"顺义军节度使，西京人李安兄弟争财，府县不能决，按察司移郑留平理，月余不问。会释奠孔子庙，郑留乃引安兄弟与诸生叙齿，列坐会酒，陈说古之友悌数事，安兄弟感悟，谢曰：'节使父母也，誓不复争。'乃相让而归"。引据［元］脱脱等撰：《金史》卷一百二十八·循吏，北京：中华书局1975年版，第2768页。这是用古人的"先进事迹"来承当教化的资源。这种教化方式，在《隋书·循吏梁彦光列传》中也有类似记载："有滏阳人焦通，性酗酒，事亲礼阙，为从弟所讼。彦光弗之罪，将至州学，令观于孔子庙。于时庙中有韩伯瑜母杖不痛，哀母力弱，对母悲泣之像，通遂感悟，既悲且愧，若无自容。彦光训谕而遣之。后改过厉行，卒为善士。以德化人，皆此类也。吏人感悦，略无诤讼。"引据［唐］魏征、令狐德棻撰：《隋书》卷七十三·循吏，北京：中华书局1973年版，第1676页。

1 《清史稿》卷四百七十七·循吏二，第13023页。

训练。[1] 此其一。州县官员必须面对的法律问题，实际上并不是我们想象的那么复杂。相反，它们基本上都是比较简单的婚姻、田土、钱债纠纷。尽管也有命盗案件必须审理，但是不仅数量很少，而且法律问题也不复杂，自学起来并不困难。[2] 进一步说，在司法实践中出现“冤假错案”的现象，根据笔者的考察，更多的不是法律问题，而是破案取证问题，以及与破案取证相关的刑讯逼供问题。举例来讲，包公之类的“青天”或“清官”之所以引得古人崇拜，基本上是因为他们超强的破案能力，至于法律适用是否准确，法律推理是否合乎逻辑，民众好像并不特别关心。[3] 虽然这些故事都有虚构的因素，不能完全当真，但是故事背后隐含的司法理念却有普遍意义。此其二。在《汉书·朱博传》中，记录了朱博根据“人事”或“人情”臆断案件的故事，很有提示价值。也就是说，鉴于传统中国具有礼法出于“人情”的特点，“人情练达”和“世

---

1 有关明清时期司法官员的法律知识问题的讨论，目前尚在起步阶段，成果不多。参见徐忠明、杜金：《清代司法官员知识结构的考察》，载《华东政法学院学报》2006 年第 5 期；前揭张小也：《儒者之刑名——清代的地方官员与自理词讼》，收入氏著《官、民与法：明清国家与基层社会》，第 102—122 页。

2 在台湾“中央研究院”历史语言研究所召开的“中国传统法律文化的形成与转变”研讨会（2006 年 12 月 14—16 日）上，柳立言教授曾经提到他自学《唐律》的体会，认为理解起来并不是那么困难。根据笔者近来翻检明清律例的经验，对此也深有同感。这似乎可以从另一层面说明，我们不应过分夸大法律专业知识对于明清时期的州县官员的作用。况且，州县官员不但有着经典方面的训练，以及对于生活本身的体验和洞察，而且尚有刑名幕友在专业上的襄助。这个问题必须专题讨论，这里只能点到即止。当然，古人也有不同的观点。张玉书曾说：“律文古质简奥，难以卒读，而经生家又辄视为法律之书，不肯深究。迨身为刑官，乃勉强检按，取办一时，无惑乎！学士大夫之能精于律者，鲜也。”引据氏著《刑书纂要序》，载［清］贺长龄编：《清经世文编》卷 90，北京：中华书局 1992 年版，第 2235 页。值得注意的是，张玉书所言，虽然涉及律例的精微深奥，但他的核心观点仍是批评学士大夫不肯研读法律的弊病。

3 胡适说过：“在这些侦探式的清官之中，民间的传说不知怎样选出了宋朝的包拯来做一个箭垛，把许多折狱的奇案都射在他身上。包龙图遂成了中国的歇洛克·福尔摩斯了。”这一概括，可谓一语中的。参见胡适：《〈三侠五义〉序》，收入姜义华主编：《胡适学术文集·中国文学史》，北京：中华书局 1998 年版，第 1038 页。当然，包公之类的“青天”或“清官”崇拜，与他们铁面无私的公正、不畏强权的勇气和为民请命的爱心，也有非常大的关系。参见前揭《包公故事：一个考察中国法律文化的视角》，第 370—439 页。

事洞明”[1] 对于案件的审理也有关键性的作用。此其三。清代循吏汪辉祖提倡官员多读书，无疑有着通过读书来汲取行政经验和司法经验的深刻用意。[2] 日本学者滋贺秀三也说：清代地方官员通过“体问风俗”与涉猎书籍来积累婚姻、田土和钱债方面的经验知识和洞察能力。[3] 据我看来，这实际上是古代中国法律知识传统的一个重要特征，它不是罗马法学以降的法律知识传统中的那种运用概念、命题和逻辑来组织知识和传播知识，[4] 而是重视通过“具体事案”和“体验亲证”来获取法律知识与积累司法经验——所谓“见诸实事”者是也，还包括“理与事”的互证与“比兴”的想象，以期达到“触类相通”的效果。自从秦汉律令之学诞生以来，一直采取律令注释与案例汇编的方式来组织法律知识和传播法律知识。[5] 到了明

1 关于朱博“臆断”案件的分析，参见霍存福：《中国传统法文化的文化性状与文化追寻——情理法的发生、发展及其命运》，载《法制与社会发展》2001 年第 3 期。另见徐忠明：《诉诸情感：明清中国司法的心态模式》（本书第一章）。与霍存福的观点不同，我强调了朱博的司法经验对其臆断案件的特殊意义。

2 必须指出的是：第一，尽管汪氏说话的对象是幕友，但是他的话对于州县官员同样适用。第二，汪氏并不单单强调“读书”的重要性，也强调“读律”和“体问风俗”的重要性。参见汪辉祖：《佐治药言》“读律”、“读书”和“须体俗情”，以及《学治臆说》卷上“初任须体问风俗”。

3 参见滋贺秀三：《清代诉讼制度之民事法源的考察——作为法源的习惯》，载前揭《明清时期的民事审判与民间契约》。

4 只要我们留意一下罗马法学的知识传统，即可见一斑。参见徐国栋：《共和国晚期希腊哲学对罗马法之技术和内容的影响》，载《中国社会科学》2003 年第 5 期。关于西方法学史的宏观描述，参见何勤华：《西方法学史》，北京：中国政法大学出版社 1996 年版。

5 检视明清时期的“公私律例注释”和案例汇编作品，或检视历代官箴书涉及法律的相关部分、讼师秘本和民间日用法律知识书籍，基本上是一种套路。滋贺秀三指出：“欧洲法的历史有一半可说就是法学的历史，而与此相对，言之有据地讨论中国法学史近乎不可能。”又说：“笔者在东京大学法学部担任面向一年级学生的‘法学史’综合课程中的一节‘中国法学’时，深切地感到了这一点。在洋洋洒洒地讲过罗马、中世、近世各国的法学之后，到这一节却没有在同等的层次上与前面的内容并列的东西，只好以‘在中国又如何？’这种反问的形式来进行讲授。”（氏著《中国法文化的考察》，收入前揭《明清时期的民事审判与民间契约》，第 2、17 页注 2。）相反观点的总体叙述，参见何勤华：《中国法学史》，北京：法律出版社 2000 年版。从法律解释学角度来研究传统中国法学的作品，参见谢晖：《中国古典法律解释的哲学向度》，北京：中国政法大学出版社 2005 年版。这里必须指出：滋贺先生的论断揭示了这样一种法律知识上的事实，即传统中国法学与西方法学属于两种不同类型的知识体系。故而按照西方法学的套路难以讲述传统中国（接下页）

清时期，由于我们所能读到的相关资料比较丰富，对于这种法律知识的特点，也就看得更加清楚。同时，传统中国法律知识的这一特征，与儒家经学传统也有密切关系，必须结合起来予以研究。此其四。

其次，具体的记载。传记“有兄弟争产讼，皆颁白，貌相类。令以镜镜面，问曰：‘类乎？’曰：‘类。’则进与为家人语曰：‘吾新丧弟，独不得如尔两人白首相保也。’”这段描写颇类小说家言，辞简意深，用来刻画邵大业的纠纷解决艺术，可谓生动。其中“皆颁白”尤其值得注意，这表明，争讼两造是一对两鬓斑白的老兄弟；而“貌相类”，则意味着“本是同根生”，既为“本是同根生”的兄弟，那么“相煎何太急”呀！据此，我们也就可以设想一下：一双两鬓斑白的老兄弟，桑榆晚景，垂暮之年，还要匍匐公堂。面对此情此境，将会引发人们怎样的感叹呢？在这场诉讼中，又蕴含着怎样的情感危机和伦理危机呢？这意味着，简单诉诸法律，似乎是不妥当的，故而邵大业采取“以情解纷”的息讼办法。下令兄弟两人“以镜镜面”，且问“类乎”（即“像吗”），得到了“类”的答复。是啊，同胞兄弟，本是父母“同气分形”的遗体，在通常情况下，自然长得“类”呀；既然是“同气”兄弟，理应“同气相求”，同气连枝，[1] 珍惜手足之情，保持和睦关系，何故居然对簿公堂呢！俗谚所谓“世上莫过手足情，打断骨头连着筋”以及“千金难买兄

的法学。这是非常精辟的论断。但是，我们也很难遽然抹杀传统中国法学的存在及其固有特点。这与中国哲学史的问题类似。另外，在少数地方，也会涉及律例之学的形上根源和律例概念，但是解释仍然简单。这里牵扯出来的两个问题是：我们究竟应该怎样面对传统中国的法学，以及如何讲述传统中国的法学？在我看来，这是必须重新省思的问题。然而，由于这是一个很大的问题，必须进行专门研究，方能说出子丑寅卯，这里不便多说，希望来日有人进行专门的研究。

1 关于“同气”和“情同”的讨论，参见［日］小野泽精一、福永光司、山井涌：《气的思想——中国自然观和人的观念的发展》，李庆译，上海：上海人民出版社 1990 年版，第 236—242 页。

弟情”，[1] 想必老兄弟也知道。因此邵大业“进与为家人语曰：‘吾新丧弟，独不得如尔两人白首相保也。’”这是“将心比心”的劝解，平凡而又感人。所谓“将心比心”，即是儒家的“恕道”。[2] 经由邵大业一番非常情境化的解纷，老兄弟“感动罢去”。本案没有任何多余的“说教”言辞，而是以情感人，可谓“感化”的解纷典范。我觉得，在处理这类案件时，简单诉诸法律，一如“小葱拌豆腐，一清二白”那样，虽然争讼得到了解决，但是纠纷未必能够解决。这是因为，诉讼“争点”是具体的，而纠纷却是有机的，它们镶嵌在社会关系、伦理关系和情感关系中，并不能仅仅依靠争点的解决而自行消解。换句话说，虽然争点没有了，但是纠纷可能依然存在，甚至还会加剧，进而影响两造未来的关系。因此，发生在家族组织和乡土社会中的纠纷，一旦两造对簿公堂，简单诉诸法律，判个是非曲直了事，尽管直截了当，快捷有效，但是并非上策；与此相反，教化式的解纷模式，倒是有其特殊的司法功能与社会意义。只是，鉴于明清时期的州县衙门必须处理的日常案件很多，再加上牧令繁重的其他行政事务，教化能否持续有效地进行，倒是问题所在。顺便指出，如果现代社会的结构已经改变，那么解纷模式也应该跟着调整，故而简单拔高教化的作用，可能并不妥当。这个问题比较复杂，不可一概而论。比如，对于被人们喻为“on wheels”的

1 前引《北齐书·循吏苏琼列传》记有苏琼在处理同类案件时曾说：“天下难得者兄弟，易求者田地，假令得地失兄弟心如何？”（第 644 页）可见，其所表达的也是“情义”重于天地财物的理念。

2 在《论语·里仁》中，曾子在解释孔子“吾道一以贯之”时，拈出“忠恕”两字。在《雍也》中，孔子说：“夫仁者，己欲立而立人，己欲达而达人。”在《卫灵公》中，还说：“其恕乎！己所不欲，勿施于人。”古今通说认为，“仁”的要义是“忠恕”。“忠”是“尽己为人”的意思，暂时不说。“恕”的积极面是“己欲立而立人，己欲达而达人”；它的消极面是“己所不欲，勿施于人”。可见，“恕”就是“将心比心”的意思，亦即站在他人立场上思考问题，就是现在人们常说的“换位思考”。精要而又通俗的阐释，参见冯友兰：《新世训》，北京：生活·读书·新知三联书店 2007 年版，第 12—32 页。

美国这个流动性社会或陌生人社会来说，由于人们来去匆匆，擦肩而过，彼此之间因流动而产生了疏离感，所以一旦发生纠纷，径直对簿公堂，就不至于严重影响未来的生活。不过即使在这种国家，对于那些具有长期合作关系的商家企业来讲，倒也不会轻易诉诸法律。这是因为长期合作所能带来的好处远比通过一场诉讼获取的眼前利益来得重要。另外，对于邻里关系紧密的乡村地区，即使发生纠纷，人们同样不会轻易提起诉讼，而“做好邻居”则是大家必须认真考虑的问题。[1] 由此看来，社会结构会给纠纷解决模式带来很大的影响。换句话说，在一个多元化的社会，法律体系和司法体制也会呈现多元化的特点，人们对于诉讼的态度同样会有差异，[2] 最终形成多元化的诉讼态度和解决纠纷模式。在总体上，美国社会之所以诉讼率高，是因为文化（包括种族和信仰）差异性大，从而导致风俗习惯和价值标准的差异也大。在这种情况下，容易发生摩擦和纠纷，进而选择以诉讼来解决问题。[3] 在我看来，这一结论，对于明清时期的司法实践基本也同样适用。实际上，明清时期，在商品经济发达、移民众多和民族杂居的地区，纠纷和诉讼也相对较多。最后，就具体案件的解决来看，影响司法官员纠纷解决的手段和结果的，尚有构成待决案件的其他特殊的社会因素；[4] 就本案而言，老

---

1 相关讨论，参见［美］罗伯特·C. 埃里克森：《无需法律的秩序——邻人如何解决纠纷》，苏力译，北京：中国政法大学出版社 2003 年版。

2 事实上，即使好讼的美国人，有人也会认为：“社会变得如此好讼，真是一件耻辱的事。”可见，人们的诉讼态度并非一致。参见［美］帕特里夏·尤伊克、苏珊·西尔贝：《法律的公共空间——日常生活中的故事》，陈益龙译，北京：商务印书馆 2005 年版，第 240 页。

3 美国学者指出：美国人的“好讼”风气，与开国时期“多元化”的社会构成和“异质性”的思想信仰极有关系。也就是说，由于缺乏传统资源的依托，美国人不得不通过诉诸法律的手段来解决纠纷。参见［美］史蒂文·苏本、玛格瑞特·伍：《美国民事诉讼的真谛》，蔡彦敏、徐卉译，北京：法律出版社 2002 年版，第 1—9 页。

4 关于“案件的社会构成”的相关讨论，参见［美］唐·布莱克：《社会学视野中的司法》，郭星华等译，北京：法律出版社 2002 年版，第 1—120 页。

兄弟的血缘关系，老来相保相守的伦理要求，都是影响邵大业解决本案的重要因素。

再来解读一则清代循吏“仁爱教化”的故事：

> 李文耕……家贫，事亲孝，服膺宋儒之学。嘉庆七年进士……在邹平五年，治尚教化。民妇陈诉其子忤逆，文耕引咎自责，其子叩头流血，母感动请释，卒改行。[1]

在本案中，传记点出李文耕不仅“事亲孝，服膺宋儒之学”，而且“治尚教化”，因此遇到这类“忤逆”案件，自然不会简简单单将法律拿出来，依法作出判决了事。但问题是，其一，由于我们不知道本案儿子“忤逆”的具体情节，所以很难判断被告究竟应得何种刑罚，才算合适。不过从作者一笔带过的行文风格（多少有点轻描淡写）来推测，被告“忤逆”的情节不会很重，应该属于“子孙违反教令”的行为。根据清律规定，其刑罚是杖责一百。[2]然而李文耕并没有照此办理。其二，根据乾隆四十二年条例规定：“父母控子，即照所控办理，不必审讯。”[3]也就是说，司法官员的工作，只要按照父母的请求，给被告以处罚即可，不必考虑事实和法律。可是李文耕也没有照此办理。可见就本案而言，李文耕既没有根据例文的程序规定，也没有根据律文的实体规定。恰恰相反，他的第一反应是“引咎自责”，真是令人惊讶！不过，惊讶归惊讶，传记作者的语调无疑是赞叹。关键问题在于，李文耕的“引咎自责”给两造带

1 《清史稿》卷四百七十八·循吏三，第13051页。

2 参见田涛、郑秦点校：《大清律例》，北京：法律出版社1999年版，第488页。关于不孝和忤逆的详细讨论，参见前揭《中国法律与中国社会》，第8—15页。

3 转见前揭《中国法律与中国社会》，第15页。

来了压力，以致产生了儿子“叩头流血”，母亲“感动请释”的效果。而从“卒改行”来看，大概也成了孝子吧。这与上述仇览的故事如出一辙。孔子曾说：“听讼，吾犹人也，必也使无讼乎！”[1]应该承认，李文耕听讼折狱的效果，可谓庶几近之。请看“听讼无株累，久之，讼者日稀”的记载。恐怕这是“寓教化于听讼”所产生的效果吧。总而言之，对于李文耕来讲，重要的不是把法律拿出来，而是激发母子之间的自然情感，并且将其提升到道德情感的层面上予以考量，进行宣导教化，使母子悔悟改过，从而彻底消解矛盾，最终成为慈母孝子。李文耕采取这种司法技艺来解决母子之间的这起争讼，而不是像“俗吏”那样，采取就事论事的简单手段来解决纠纷，据我看来，他的真正目的，是要深入道德自觉的层面，从纠纷的根子上做起，以期彻底解决母子的矛盾。不消说，这种纠纷解决手段，比诸“依法裁决”来得更有深度，社会效果也可能更好一些。无疑，这是循吏采取情感教化和道德教化式的司法技艺的原因之所在。当然，这种解决纠纷手段的弱点，乃是如何实现“同类案件同样解决”的形式正义的问题，进而言之，是怎样实现法律固有的确定性、可预测性、可计算性，从而最终达到社会秩序的稳定之目的。

我们稍稍发挥一下，教化与社会风俗的淳厚和浇漓息息相关。[2]如果社会风俗窳败，教化往往无从措手，即便能够措手，也是一项长期而又艰苦的工作。在这种情况下，移风易俗必须持续进行才能

---

1 引据《论语·颜渊》。

2 关于中国古人对于风俗之认识的相关讨论，参见［日］岸本美绪：《“风俗”与历史观》，载《新史学》（2002 年）第 13 卷第 3 期。关于明代社会风气的讨论，参见徐泓：《明代社会风气的变迁》，载邢义田、林丽月主编：《社会变迁》，北京：中国大百科全书出版社 2005 年版，第 292—318 页。关于清代社会与诉讼风气之关系的讨论，参见徐忠明、杜金：《清代诉讼风气的实证分析与文化解释》，载《清华法学》2007 年创刊号。

奏效，所谓“百年树人”就是这个道理。这样一来，必然要求地方官员熟悉辖区的风俗人情。但问题是，明清时期地方官员的任职，必须遵守严格的回避制度，[1] 再加任期一般很短，[2] 而频繁的调任，使他们难以周知地方风俗。另外，地方官员个人的性情（仁爱与否）和旨趣（是否愿意教化）也是不尽相同。这是因为，从明清中国的律例来看，无疑是要求司法官员“依法判处”[3] 的，所以推行教化式的司法，虽然与明清国家“道德政治”的意识形态有关，但是与司法官员的个人偏好也有密切的关系。如此一来，教化式的行政和司法无疑就会出现“人存政举，人亡政息”[4] 的局面。或许，这就是为什么推行这种司法模式的循吏很少的原因所在。就记载来看，并非所有循吏都有教化式的司法偏好。

---

1 关于明代地方官员任职回避的介绍，参见杜婉言、方志远主编：《中国政治制度史》第 9 卷《明代》，北京：人民出版社 1996 年版，第 435—436 页；关于清代地方官员任职回避制度的研究，参见魏秀梅：《清代之回避制度》，台北：台湾“中央研究院”近代史研究所 1992 年版。

2 就制度安排而言，明代州县官员任期的总体趋势是不断缩短。参见何朝晖：《明代县政研究》，北京：北京大学出版社 2006 年版，第 34—36 页。清代亦然，地方官员的任期一般是三年，但实际上远比三年要短，平均不到一年。参见尤陈俊：《清代地方司法的行政背景》，载《原法》第 3 卷，北京：人民法院出版社 2008 年版，第 7 页注 2。在明清《循吏列传》中，循吏久任和民众请留的故事也时有所见。例如《明史 · 循吏列传》记有：民众对于方克勤寄予“使君勿去，我民父母”的期望（第 7187 页）；河内丞廖钦任职八年；兴华丞周舟因“民争留之”而“乃遣还之”（第 7189 页）；陆安知州余彦诚因征税愆期而就逮，当地“父老伏阙乞留”，获得朱元璋同意（第 7190 页）；汶上知县史诚祖治绩第一，“屡当迁职，辄为民奏留。阅二十九年，竟卒于任”（第 7192 页）；等等。又如《清史稿 · 循吏列传》也有：太仓知州白登明因被大吏所劾，落职，引起“州民列治状请留”（卷四百七十六 · 循吏一，第 12969 页）；陈汝咸任职漳浦十八年，调任之时，“县民请留不得”（同上，第 12975 页）；汝阳知县陈时临，任职二十年（同上，第 12977 页）；等等。这类例子尚有不少，这里不能枚举。

3 这是秦汉以来中国法律的一贯传统，明清时期也不例外。例如《大明律》卷二十六“断罪引律令”明确规定：“凡断罪皆须具引律令。违者，笞三十。若数事共条，止引所犯罪者，听。其特旨断罪，临时处治不为定律者，不得引比为律。若辄引比，致罪有出入者，以故失论。”（怀效锋点校：《大明律》，北京：法律出版社 1999 年版，第 221 页。）前揭《大清律例》卷三十七“断罪引律令”也有同样的规定（第 595 页）。

4 参见《礼记 · 中庸》。原文：“哀公问政。子曰：‘文武之政，布在方策，其人存，则其政举；其人亡，则其政息。……故为政在人，取人以身，修身以道，修道以仁。’”可见讲的是道德政治。

再看一例清代循吏“送法下乡”的故事：[1]

> 冷鼎亨……同治四年进士，即用知县，发江西，署瑞昌。……白鹤乡人叔与侄争田，即树下谕解，遂悔悟如初。[2]

传记所述案件事实非常简单，乃是一起“叔侄争田”的纠纷。这条史料的核心内容是“树下谕解”。众所周知，明清中国的州县衙门，大体上可以用瞿同祖发明的“一人政府”[3]来概括。州县牧令的职掌可谓无所不包，无所不统。请看：“掌一县之政令，平赋役，听治讼，兴教化，励风治，凡养老、祀神、贡士、读法，皆躬亲厥职而勤理之。”[4]其中“征收赋税”、“治听讼狱”和“教化风治”，是三项基本任务。事实上，教化工作往往被州县长官所忽略，而被视为不关痛痒的事务。[5]由于牧令职掌繁多，在一般情况下，忙得不可开交的州县官员，都是坐堂问案，很少下乡“调研”民情，所谓“体问风俗”，基本上是通过乡绅耆老这一特殊群体获取相关信息。[6]通观

---

1 必须指出，或许，我们不能一概将其称为“送法下乡”的故事。因为，虽然本案属于“下乡”听讼的事例，但是解决纠纷的关键恐怕不一定是法律。当然，如果进一步追问，究竟根据什么来“谕解”？似乎应该是人情道德，而不是法律。只是，由于记载过于简单，我们仍不清楚在“谕解”过程中是否也会考虑法律，甚至直接援引法律作出“谕解”。如若答案是肯定的，那么将其视为“送法下乡”应该没有问题。

2 《清史稿》卷四百七十八·循吏三，第13088页。

3 参见前揭《清代地方政府》，第29页。必须指出，所谓“一人政府”是指清代，明代偶尔也有一县多名知县的特例。参见前揭《明清州县官群体》，第50页注1。

4 引据《大清通典》卷三十四。明代州县牧令的职掌，也是如此，详见《明史·职官四》，不拟俱引。

5 例如，明代张萱指出：“今之守令以户口、钱粮、簿书、狱讼为急务，至于农桑、学校，王政之本，乃视为虚文，而置之不问。”参见氏著《西园闻见录》卷97《守令·前言》所引叶居升之言。现代学者也有类似的评价，何朝晖以为：“除刑名、钱谷、治安、荒政之外，县官的职责中还有‘务虚’的一面，这就是教化。”（前揭《明代县政研究》，第248页。）

6 汪辉祖曾说：“谘访利弊，自以绅耆为重。余初至宁远，懵如也，宾至即见，各叩以乡土情形，及棍匪姓名，密置小簿，宾去详录所言。”当然也会通过其他人来了解风俗民情。又说：“每听一事，须于堂下稠人广众中择传老成数人，体问风俗，然后折中剖断，自然情法兼到。”前（接下页）

明清史料，我们可以发现，牧令下乡办案更是少见。[1] 但本案却颇为特殊，冷鼎亨在榆树下受理“叔侄争田”的诉讼，并当场予以解决。当然，由于记录过于简单，我们不清楚冷鼎亨是否经常下乡办案，抑或偶尔为之，甚至本案只是他在下乡巡视时偶然遇上的。不过本案体现出来的“亲民”姿态，依然值得我们注意。因为在循吏眼里，“听讼”本身就是“亲民”的一种方式，汪辉祖就说过“亲民在听讼”的话。虽然“体问风俗”可以像汪辉祖所说的那样，通过绅耆这一特殊管道来获取信息，但是地方官员通过直接下乡巡察的方式来“体问风俗”，无疑也是一条有效的途径，其所获得信息不但更加真切，而且快捷有效。就解决乡村社会发生的纠纷而言，下乡办案有其特殊的好处，一者可以方便民众诉讼，免致候审拖累；二者可以快速获取证据，尤其是证人证言；三者可以起到宣

者属于一般情形，后者则是特殊问题。分别引据前揭《学治臆说》卷上“察事之法”和“初任须体问风俗”。另据《清史稿·循吏列传》的记载，江西庐陵知县陆在新专门“建问苦亭于衙西，访求民隐”。（卷四百七十六·循吏一，第 12972 页。）这是比较特殊的“体问风俗”措施。另外，（1）广东昌化知县陶元淳，“时步行闾里间，周咨疾苦，煦妪如家人”。（同上，第 12996 页。）（2）陈豪署理房县期间，“每履乡，恒提榼张幕，憩息荒祠，与隶卒同甘苦”。（卷四百七十九·循吏四，第 13083 页。）（3）宜君知县涂官俊“躬巡阡陌，与民絮语如家人”。（同上，第 13090 页。）提到巡视乡下，同时听讼的记载也有数例，参见下注有关记载。必须指出：对于“体问风俗”，明清时期的官箴书都比较重视，对其重要意义也有解释。参见［清］黄六鸿：《居官福惠全书》卷一，前揭《官箴书集成》第 3 册，第 224—225 页；另见［清］袁守定：《图民录》卷三，前揭《官箴书集成》第 5 册，第 215 页。

1　根据《清史稿·循吏列传》记载：（1）河南登封知县张壎单骑之任，并且不时“策蹇驴历诸郊问所苦，有小争讼，辄于阡陌间决之”。（卷四百七十六·循吏一，第 12974 页。）（2）山西交城知县赵吉士“往谕朝廷德意，勖以力耕勿为盗，众悚息。日暮寝陶穴中听讼，左右多贼党，吉士阳若勿知，诘朝深入，察其形势”。（同上，第 12983 页。）（3）河南临漳知县姚柬之“每巡行乡曲，劝民息讼，有诉曲直者即平之”。（卷四百七十八·循吏三，第 13059 页。）（4）江苏沛县知县云茂琦“询民疾苦，恳恳如家人。劝以务本分、忍忿争，讼顿稀”。（同上，第 13065 页。）（5）方大湜历任地方官员，政绩也以地方任职期间为主，时常“周历民间，一吏一担夫自随，即田陇间判讼”。（卷四百七十九·循吏四，第 13083 页。）这些都是下乡体访民情，存问疾苦和听讼捕盗兼顾的例证。前揭袁守定《图民录》卷二《往乡听讼》在列举前朝循吏下乡听讼事迹之后，写道：“凡因事往乡，即以其乡讼牒带置肩舆中，暂驻其里，为之讯断，了得一案，省得百姓一累，便民莫要于此矣。”（前揭《官箴书集成》第 5 册，第 201 页。）

传法律的作用；[1] 四者可以发挥“移风易俗”的教化作用。事实上，无论现代学者艳称的“马锡五审判方式”[2]，抑或“炕上开庭”[3] 和“马背上的法庭”[4]，其所产生的社会文化语境，与其所产生的社会效果，可谓基本相同。只是传统中国的“送法下乡”可能也会带来问题：一是州县官员的时间成本；二是可能造成扰民的不良后果；[5] 三是如果承审官员经验不够，裁断与民情不合，恐怕就会产生不必要的弊端；四是特别就刑事案件而言，通过“微服私访”的手段来缉捕罪犯和收集证据，还会造成先入为主的后果。因为承审官员相信，经由自己“微服私访”缉捕的人犯与收集的证据，都是亲眼所见，不会有错，从而出现司法官员“片言折狱”的弊病，进而导致裁判的偏失。据此，我们方能理解为何现代司法体制将警察、检察和法院的权力分离，就是为了避免出现审判不中立、不客观和不公正的现象。就地方官员下乡办案而言，明清法律以及有关的“办案手册”都会提出“单骑减从”和“自备干粮”的要求，[6] 显然是担心骚扰民

1 汪辉祖说：“内衙听讼，止能平两造之争，无以耸旁观之听。大堂则堂以下伫立而观者不下数百人，止判，而事之相类者，为是为非，皆可引伸而旁达焉。未讼者可戒，已讼者可息。”（前揭《学治臆说》卷上“亲民在听讼”。）既然大堂听讼都能发挥法律宣传的效果，那么在乡间榆树下的听讼教化，效果自然更佳。

2 参见张希坡：《马锡五审判方式》，北京：法律出版社 1983 年版。

3 强世功：《“法律”是如何实践的》，载王铭铭、王斯福主编：《乡土社会的秩序、公正与权威》，北京：中国政法大学出版社 1997 年版，第 488—520 页。

4 参见刘杰导演、工力扶编剧：《马背上的法庭》，2006 年。

5 例如《御制大诰续编》即有：“十二布政司并府、州、县，往常官吏不时亲自下乡，扰吾良民，非止一端，数禁不许，每每故违不止。”又有：“今后敢有如此，许民间高年有德耆民，率精壮拿赴京来。”引据杨一凡：《明大诰研究·附录》，南京：江苏人民出版社 1988 年版，第 276—277 页。我觉得，朱元璋之所以作出这样的法律规定，就是担心官吏下乡难免鸣锣开道，前呼后拥，从而引起扰害百姓的事端；甚至，有些贪官污吏之所以“不辞辛劳”，亲自下乡，本身就是为了扰害百姓，譬如搜刮民财。

6 对此问题，清代雍正三年定例：“凡人命呈报到官，该地方印官立即亲往相验，止许随带仵作一名，刑书一名，皂隶二名。一切夫马、饭食俱自行备用，并严禁书役人等，不许需索分文。”引据［清］吴坛原著，马建石、杨育棠主编：《大清律例通考校注》，北京：中国政法大学出版社 1992 年版，第 1100 页。另见［清］薛允升原著，胡星桥、邓又天主编：《读例存疑点注》，（接下页）

间。[1] 故而唯有那些真正具备“勤政爱民，奉公清廉”信念的循吏，才能做到这一点。[2]

顺便一提，当笔者写下“事实简单”四字时，禁不住要追问：为什么前面分析过的所有案件，在叙述争讼事实时都用“争某”两字来概括，绝不多用一字。作者为什么如此“惜墨如金”呢？读者可能会说：传记叙事本就简单，相应来讲，概括案件事实也不能泼墨挥洒。此说有理。但是，细细推敲起来，还是觉得理由不够充分。为什么呢？据我看来，根本原因在于，在司法官员眼里，争讼事实似乎并不重要，重要的是如何“教化”。否则，只要加上“某属某”三字，用以点出财产属于某甲，某乙争之，那么引起争端的是非曲直即可一目了然，而所费笔墨只有寥寥三字。不过对于“教化”来说，争讼事实不必分出青红皂白，关键是激发两造争讼背后潜伏的自然情感、情感道德，揭示两造的人伦道德，诸如母子、兄弟和叔

北京：中国人民公安大学出版社 1994 年版，第 864 页。另外，明清时期的《官箴书》也多有记载。例如，刘衡提出：“偶有公出，必自带行粮，不准差派。”（氏著《自治官书不分卷》，收入前揭《官箴书集成》第 6 册，第 77 页。）如果遇有命案，需要验尸，刘衡要求：“只带仵作一名，刑书一名，皂役一名，轿夫四名，给以夫价路费，自备菜食，前站棚厂等陋规概行裁革。”（同上书，第 80 页。）又现身说法：“至报有命案，卑职亲赴相验，只用刑仵皂各一名，从不带差及家人下乡。”（同上书，第 95 页。）另外，在《札各牧令相验宜遵例自备夫马少带人役由》中，刘衡对此问题更有专门的阐述，并且写了《作牧令时相验告示稿》，可谓再三致意。（同上书，第 101—103 页。）在司法档案中，也有相关的记载。参见四川省档案馆编：《清代巴县档案汇编》（乾隆卷），北京：档案出版社 1991 年版，第 78 页。

1 也有相反的例子，比如《明史·循吏列传·吴履传》记载：“知县周以中巡视田野，为部民所詈。”（第 7188 页）

2 请看以下例证：（1）张壎“策蹇驴历诸郊问所苦”。（《清史稿》卷四百七十六·循吏一，第 12974 页。）（2）陈豪“每履乡，恒提榼张幕，憩息荒祠，与隶卒同甘苦”。（卷四百七十七·循吏二，第 13083 页。）（3）方大湜“周历民间，一吏一担夫自随”。（同上。）（4）直隶卢龙知县卫立鼎以清廉著称，以至于“尚书魏象枢及侍郎科尔坤奉命巡畿内，至卢龙，已治具，不肯食，仅啜一瓯。曰：‘令饮卢龙一杯水耳，吾亦饮令一杯水。’”（卷四百七十六·循吏一，第 12990 页。）（5）即使携带随从出巡，有的循吏也很注意约束他们，以免骚扰百姓。比如冷鼎亨“因事诣乡，使胥役尽随舆后，返则令居前而己殿之，未尝以杯勺累民”。（卷四百七十九·循吏四，第 13088 页。）循吏以清廉著称的很多，不便枚举。

侄等。也就是说，如果两造认识到了情感和人伦的可贵，提升自己的道德境界，那么所争财物也就变得无足轻重。孔子不是说过“君子喻以义，小人喻以利”[1]的著名格言吗？虽然只有君子才能达到以义为本而非以利为本的境界，但是，儒家不是希望人人都能成为君子，乃至成为圣人吗？秉承这样一种道德旨趣，在传记作者的心目中，争讼事实同样不是关键问题，关键乃是以情感化和以德教化及其效果；只有在感化不能奏效的情况下，才须考虑案件的是非曲直。因此，作者采用了这种切割争讼事实而彰显教化方式的叙事策略，目的在于，撰写这种传记本身即有教化的意图和目的。袁守定在《骨肉兴讼当有以感动之》中指出：“凡骨肉兴讼，最关风化，当以天理民彝感动之；感而不动，然后为判曲直，切勿加刑。”[2]可见，在袁守定看来，案件的是非曲直并非首要问题，只占次要地位。

上面讨论过的邵大业、李文耕和冷鼎亨的“息讼”故事，属于积极“教化”的模式。下面，我们再来讨论一则消极息讼的故事。请看《明史·循吏赵豫列传》的记载：

> 方（赵）豫始至（松江），患民俗多讼。讼者至，辄好言谕之曰：“明日来。”众皆笑之，有“松江太守明日来”之谣。及讼者踰宿，忿渐平，或被劝阻，多止不讼。[3]

明清时期的松江地区，其“好讼”可谓出名。[4]但问题是，面对好

1 引据《论语·里仁》。

2 前揭《图民录》卷二，收入《官箴书集成》第5册，第201页。袁守定在前引下，还征引了若干循吏调处“骨肉兴讼”的事迹，以为佐证。参见同书，第201—202页。

3 《明史》卷二百八十一·循吏，第7205页。

4 有趣的是，据《嘉庆松江府志》（一）卷五《疆域志·风俗》记载：松江属于“今文物衣冠蔚为东南之望，经学辞章，下至书翰，咸有师法。田野小民，生理咸足，皆知以教子孙读书为事。畏官法，贱告讦，租税百万，如期而集，无逾岁者”。引据《中国地方志集成·上海府（接下页）

讼的社会风气，地方官员究竟应该如何对付呢？检读史料，我们可以发现，做法各有不同，效果也有差异。其一，采取积极态度，勤于听讼。比如《清史稿·循吏列传》载有：山西平阳知府刘棨，“讼牍皆立剖决之”。[1]面对好讼的江苏吴县民众，知县廖冀亨“收词不立定期，民隐悉达。尝自谓讼贵听，听之明，乃能速决而无冤抑”。[2]浙江嘉兴也是好讼的地区，知县阎尧熙勤于听讼，“日受状三百。比对簿，自请息者二百余，庭折数十，各得其情”。[3]其二，宣导教化。例如《清史稿·循吏列传》记有：河南登封知县张壎到任之后，“间策蹇驴历诸郊问所苦，有小争讼，辄于阡陌间决之。西境有吕店者，俗好讼。壎察里长张文约贤，举为乡约，俾行化导，浇风一变”。[4]可见，不但官员自己积极听讼教化，而且善于利用社会资源，参与纠纷解决，从而达到教化息讼之目的。福建晋江知县王时翔，面对好讼的晋江百姓时说：“此吾赤子，忍以盗贼视乎？”并且在坐堂听讼时“呴呴作家人语。曲直既判，令两造释忿，相对揖，由是讼者日衰”。[5]湖北鹤峰知州吴焕彩，“勤于听讼，

县志辑》，上海：上海书店1991年版，第152页。又说：“康熙以来科第甚盛。……无包揽漕粮词讼，舞智告讦者。……乡民畏见官府。”似乎是风俗淳厚、民众不好诉讼的社会。但是，根据松江府下辖的县志记载来看，情况却有不同。比如《光绪松江府续志》卷五《疆域志·风俗》记载：“士习日衰。《南汇志》云：呰窳之徒好訾议结党聚讼，持官吏短长。”（同上书，第114页。）再如《光绪重修华亭县志》卷二十三《杂志·风俗》记有：“田野小民生理裁足，皆知以教子孙读书为事。畏官府，贱告讦，租税如期而集，无逾岁者。虽词讼盈庭，未尝有一言犯上，淫放不孝之刑几措而不举。”尽管这条史料内容与府志记载略同，可是“词讼盈庭”四字足以说明，那里也是“好讼”的地区。（同上书，第766页。）根据《光绪南汇县志》卷二十《风俗志·风俗》的记载：“乡民谨愿者多，每以鼠牙雀角涉讼公堂，讼师暗唆胥吏，又从中煽惑，株连不已。其始，一时逞忿；其后，欲罢不能，经年累月，破家亡身，前志谓动以人命相倾，至今犹然。”（同上书，第900页。）

1 《清史稿》卷四百七十六·循吏一，第12995页。

2 《清史稿》卷四百七十六·循吏一，第12997页。

3 《清史稿》卷四百七十七·循吏二，第13007页。

4 《清史稿》卷四百七十六·循吏一，第12974页。

5 《清史稿》卷四百七十七·循吏二，第13008页。

积弊一清”。[1] 其三，抱持消极态度，回避诉讼。由于历代《循吏列传》著录的都是勤政爱民的良吏或能吏，因此没有这一方面的例证。不过对于地方官员回避诉讼造成的弊病，明初名臣刘基曾经指出：“仆往尝观于牧民之以简讼名者，之其庭草生于阶，视其几尘积于牍。徐而访于其乡，察其田里之间，则强梁横行，怨声盈路。问其故，曰：‘官不受词，无所诉，受之而已矣。’大吏至，则曰：‘官能不生事，民哗，非官罪也。’则皆扶出之，诉者悉含诟去，则转以相告，无复来者。由是，卒获简讼之名。”[2] 其四，使用严刑峻法，压抑民众的诉讼行为。检索明清《循吏列传》，未见这样的记载，但是历史上的循吏不乏这种“听讼”的风格。[3]

现在，我们回到赵豫听讼上来。从赵豫的听讼态度来看，尽管表面上比较消极，对于前来诉讼的民众，往往以“明日来”表示拒绝，这似乎是回避诉讼的态度，但实际上，这种“拖延”策略，属于一种“寓消极于积极”的息讼艺术。这是因为但凡民间日常词讼，每每因“睚眦小忿”而引起，可以说提起诉讼乃是出于一时激愤或冲动，而并没有深仇大恨或重大利害。因此，如若稍隔时日，即有可能平息下来；如果其间又有亲邻居间劝解，也会平息下来。故而，所谓“明日来”，乃是给争讼两造一个调整心态的时

---

1 《清史稿》卷四百七十七·循吏二，第 13034 页。

2 ［明］刘基：《书苏伯修御史断狱记后》，载《文渊阁四库全书·集部·一六四·诚意伯文集》卷七，台北：台湾商务印书馆 1986 年影印版，第 189—190 页；也见前揭《明经世文编》卷 3，第 25 页。

3 譬如《后汉书·循吏任峻列传》记载：勃海县令任峻“一岁断狱，不过数十。威风猛于（王）涣，而文理不及之”（第 2470 页）。再如《南齐书·良政列传》记有：吴县县令孔琇之到任，遇见“有小儿年十岁，偷刈邻家稻一束，琇之付狱治罪。或谏之，琇之曰：‘十岁便能为盗，长大何所不为？’县中皆震肃。”（第 922 页）又如《梁书·良吏列传》所载：宣称太守何远，廉洁刚严，“然其听讼犹人，不能过绝，而性果断，民不敢非，畏而惜之”。（第 778 页）这样的例子当然可以继续罗列下去，但是没有这个必要。我想，这一类型的循吏，治理辖区的基本特征是严厉，故而，对于民事诉讼的裁判风格应该与教化有所不同，而其效果则是百姓畏惧，不敢诉讼。

间，而非是指对于前来诉讼的两造一概拒不受理。引文讲得非常清楚，“讼者逾宿忿渐平，或被劝阻，多止不讼”。可见，它是一种息讼的技艺。实际上，这种息讼技艺，并非赵豫的发明，而是儒家的传统。例如《荀子·宥坐》记有一则孔子听讼的故事：“孔子为鲁司寇，有父子讼者，孔子拘之，三月不别。有父请止，孔子舍之。”这是儒家“先教化，后诛罚”的实践。[1]对此，在清代袁守定《图民录》卷二“劝民息讼”中更有详尽的事例，不妨抄录在此：

> 来讼者固有不得已之情，而亦有不能忍。苟能容忍，则十省七八矣。长民者果谆谆切切，劝民忍忿兴让，必有气平而已。讼者（今按：此“讼者”两字，似为衍文）。杜畿为河东守，有讼者，为陈大义，令归谛思之，自后少有讼者。刘旷为平乡令，以义理晓谕，讼者皆引咎而去。刘矩为雍邱令，以礼让化民。民有争讼，常引之于前，提耳训告，以为忿恚可忍，县庭不可入，使归更寻思，讼者感之，辄各罢去。李焘知双流县，仕族张氏子，居丧而争产，焘曰：“若忍堕先训乎？盍归思之，三日复来。”迄，悔艾无讼。赵豫为松江知府，始至，患民俗多讼。讼者至，辄好言谕之曰：“明日来。”众皆笑之，有“松江太守明日来”之谣。及讼者踰宿，忿渐平，或被劝阻，多止不讼。顾光远知泰和州，民好讼，光远自书牓联，

1　这种颇类小说家言的故事，似乎并不少见。例如，张瀚所撰《松窗梦语》卷一记有：“余为郡守，预约州邑，凡事难断处者，听其申达。大名有兄弟构讼财产，继而各讦阴私，争胜不已。县令不能决，申解至郡。余鞫之曰：‘两人同父母生耶？’曰：‘然。’余曰：‘同气不相念，乃尔相攻，何异同乳之犬而争一骨之投也！’各重笞之，取一扭各械一手，置狱不问。久之，亲识数十人入告曰：‘两人已悔罪矣，愿姑宽宥。’唤出，各潸然泪下，曰：‘自相构以来，情睽者十余年，今月余共起居，同饮食，隔绝之情既通，积宿之怨尽释。’余笑曰：‘知过能改，良民也。’遂释之。”这与本书上面分析过的邵大业令争讼的白首兄弟“以镜镜面”的故事，也有异曲同工之妙，可以相互参观，彼此发明。

纸长数丈，诲谕谆切，民争来观，观已，去不讼者十二。又令凡讼者居谯楼上，思三日，然后得诉；思不三日，去不讼者过半矣。以数公观之，善劝谕者，虽未便使民无讼，亦必有效于民，不无裨益。[1]

以上数例表明，所谓“明日来”的要旨，不外乎是留出一段时间，让两造自我反思，以期取得息讼的效果。如果从这一角度来思考，我们甚至可以说，明清时期之所以形成了具有时间区隔性的“放告日”制度，其根本原因，除了州县衙门自行协调行政工作的时间以外，恐怕与“明日来”这种给两造留出反思时间的意图，也有或多或少的关系。

综上所述，对于基本上都是发生在家族内的伦理纠纷与财产纠纷，明清时期的循吏本着“仁爱”精神，采取“教化”手段，进行调处息讼，从而维护了家族秩序的和谐。[2]如果我们从循吏扮演的角色来看，那么他们不仅仅是以帝国官员的身份出现，而更多是以“民之父母”和教师的身份登场。像邵大业与争讼的老兄弟“为家人语”，就是放下官员的架子，扮演“民之父母”和教师的角色；冷鼎亨“谕解”之“谕”，其所彰显出来的，不但是官员，而且包括了“民之父母”和教师的身份。实际上，从明清律例“子孙违反

1 前揭《图民录》卷二，收入《官箴书集成》第5册，第196页。刘旷的事迹见于《隋书·循吏列传》，第1685页；刘矩见于《后汉书·循吏列传》，第2476页；赵豫见于《明史·循吏列传》，第7205页。

2 实际上，非家族成员之间的争讼，循吏也会本着“仁爱”精神，采取“教化”方式予以调处息讼。只是明清《循吏列传》记载的具体事例较少，一般都是抽象记载，比如赵豫“明日来”的故事。我们来看《清史稿·循吏列传》的记载：福建海澄知县王肇谦遇到“富绅争产累讼，男妇数十人环跪堂下，援引古义喻之，更反自责。众赧然，谓今日始知礼义，讼以是止”。（卷四百七十八·循吏三，第13061页。）可见，王肇谦一边“援引古义喻之”，一边“更反自责”，终于使两造“赧然”——对于争讼感到羞愧，并且懂得“礼义”，由此息讼。

教令”也可以看出：父母权力的核心，即是“教令”，而“教令”，则是“谕”的意思。另外，就教令者的身份而言，乃是以上对下的关系；从教令的方式来看，具有教育与命令的双重特点。许慎《说文》释“父”作：“矩也，家长率教者，从又举杖。”这进一步说明了父权的内涵，具有“先教后刑”的意思。一句话，以“爸爸式”的权力来调和“子民”之间的纠纷，既是上述故事告诉我们的调处息讼的基调，也是传统中国政治权力结构的特征——吏道、父道、师道兼容并包。由此，我们可以想象“天地君亲师”[1]意涵的政治意义和文化意义。

循吏的爱民教化，其感召力也非常明显，例如《清史稿·循吏列传》记有：

> （张琦，道光三年署理山东邹平知县）民失物，误讼邻邑长山，归狱于琦。琦曰：“汝失物地，大树北抑大树南？”曰：“树北。”琦曰：“若是，则我界也。”民愕然，曰：“诚邹平耶？即不欲以数匹布烦父母官。”持牒去。[2]

可见，本案原告有感于张琦的教化，以致“不欲以数匹布烦父母官”而自动撤诉。也正因如此，在循吏治理下的乡土社会，方能出现“讼简狱空”的景象。但是，检阅历代《循吏列传》可知，这种“讼简狱空”的效果，往往与循吏的个人魅力有关，难以持久。据此，循吏的司法实践具有明显的个人化色彩，或者说难以进行制

1 参见余英时：《“天地君亲师”的起源》，收入氏著《现代儒家的回顾与展望》，北京：生活·读书·新知三联书店 2004 年版，第 126—131 页。顺便一提，虽然余英时说自己不准备讨论“天地君亲师”的文化意义，但是，这篇文章对于我们理解“天地君亲师”的文化意义仍有帮助，因为它代表了传统中国文化的普遍价值观念。

2 《清史稿》卷四百七十八·循吏三·张琦传，第 13054 页。

度化的操作。倘若与明清时期地方官员任期偏短联系起来考虑，那么这一特色也就更加明显。在我看来，这就是为什么在循吏离任时往往出现民众“乞留”现象（明代尤其突出）的根本原因。另一方面，如果循吏意欲实现“讼简狱空”的理想，那就必须在“正人心，移风俗”上用心。诚如李颙庐所说：“天下之治乱在人心，人心之邪正在学术。人心正，风俗移，治道毕矣。”[1] 故而，调处息讼的旨趣，并不是压抑民间百姓的正常诉讼，而是为了达到“使民无冤”的境界。一如《明史·循吏田铎列传》所载：田铎出任蓬州知州，其时“御史行部至蓬，寂无讼者，讶之。已，乃知州无冤民也，太息而去”。[2] 就此而言，循吏着力调处息讼的功夫，端赖司法实践之外的爱民教化，与作诗者所谓“功夫在诗外”的意思完全一致。

五、明清循吏的刑事裁判：哀矜与宽宥

尽管上述例证确实体现了明清时期的循吏基于“仁爱”的道德情感，比较妥帖地解决了家族成员之间的纠纷，维护了家族秩序与社会秩序的和谐，然而，由于它们毕竟都是家族内部的人伦纠纷（忤逆）和财产纠纷（争财抑或争田），所以，情感教化易于奏效。这是因为，家族既是一个伦理共同体，也是一个财产共同体，基于伦理要求而有“通财”义务，虽然不是绝对的法律义务。在法律上，秦汉以来，“别籍异财”已经成为一种传统。比如《史记·陆贾列传》所记汉初陆贾“分产”故事，又如《后汉书·许荆列传》

---

1 引据《清史稿》卷四百七十六·循吏一·骆钟麟传，第 12981 页。

2 《明史》卷二百八十一·循吏，第 7211 页。

所载许武所说“礼有分异之义，家有别居之道”，[1] 均可为证。反过来讲，强调家族“通财”的义务，实际上是家族人伦道德在财产上的反映。对此，瞿同祖曾有很好的解说：

> 亲属相奸，加凡治罪，亲属相殴，卑幼亦重处分，何以独为亲属相盗则不论尊卑长幼俱减凡人治罪，其实是有其立法原因的，目的都在维护家族的和睦和亲爱，两者的目的殊途同归，并不冲突。亲属本以亲爱和睦为主，所以禁亲属间的斗殴。从经济的观点来看，凡属同宗亲属，不论亲疏远近，道义上都有患难相助的义务，理当周济。法律上虽无绝对的义务，也就对于因贫穷而偷盗财物的穷本家加以宽恕，认为与窃盗本无相恤义务的凡人不同，越是亲疏关系亲近，则不容坐视，愈有赒急的义务，古大功同财，所以大功以上盗罪更轻。[2]

据此，亲属之间的人伦纠纷和财产纠纷，不仅可以诉诸情感和道德，而且更应该用调处息讼的方式来维护家族之间的和睦关系。可是问题在于：对于那些命盗案件，明清时期的循吏是否同样秉承“仁爱”原则进行“教化”呢？这个问题比较复杂，需要具体研究。

在先秦儒家典籍中，因信奉“为民父母”的政治理念而提出“哀矜折狱”的司法言辞，实际上早有记载。笔者抄录两条史料，并稍作分析：

1　引据《后汉书》卷七十六·循吏列传，第 2471 页。实际上，后世法律仅仅禁止：祖父母、父母健在以及居父母丧，而子孙“别籍异财”的行为，但是须有尊亲告发，才算犯罪，杖责八十。可见，并不一概禁止“别籍异财”。换句话说，如果祖父母、父母已经去世，而且丧服已除，那么子孙“别籍异财”为法律所不禁。（前揭《大明律》卷四“别籍异财”，第 51 页；前揭《大清律例》卷八“别籍异财”，第 186—187 页。）清例补充：“其父母许令分析者，听。”（第 187 页）

2　前揭《中国法律与中国社会》，第 52—53 页。

史料一 非佞折狱，惟良折狱，罔非在中。……哀敬折狱，明启刑书胥占，咸庶中正。其刑其罚，其审克之。狱成而孚，输而孚。[1]

史料二 孟氏使阳虎为士师，问于曾子。曾子曰："上失其道，民散久矣。如得其情，则哀矜而勿喜。"[2]

第一条资料的内容非常丰富，不但涉及法律适用的诸多原则，而且影响深远。值得我们注意的是，其中"非佞折狱，惟良折狱"是对于司法官员品格的具体要求。根据袁守定的解释："非口才便给之人，可以折狱，惟温良忠厚之长者，乃能折狱也。"[3] 也就是说，只有循吏或良吏，才能真正做到"哀敬折狱"；唯有"哀敬折狱"，才能确保"咸庶中正"（罪刑相当）的裁判结果。据此，"哀敬"的折狱心态至关重要。那么"哀敬"又是什么意思呢？曾云乾释作"哀敬，敬当为矜，怜也。言以哀矜之心折狱"。[4] 可见，所谓"哀敬"，即是怜悯同情和慈良恻怛之心。第二条资料，杨伯峻将其翻译成："你假若能够审出罪犯的真情，便应该同情他，可怜他，切不要自鸣得意。"[5] 据此，"情"是案情真相，而"哀矜"则是司法官员的同情之心和怜悯之情。这与儒家的"仁道"——"恻隐之心"、"不忍人之心"和"将心比心"的思想，恰好吻合。可以说，"哀矜"乃是"仁爱"的一层意思。

翻检法律史资料，我们可以发现，这种思想也为后世官方意识

1 《尚书·吕刑》。

2 《论语·子张》。

3 前揭《图民录》卷二，收入《官箴书集成》第5册，第194页。

4 曾云乾：《尚书正读》，台北：华正书局1982年版，第288页。

5 杨伯峻：《论语译注》，北京：中华书局1980年版，第203页。

形态所继承。《唐律疏议》具有“一准乎礼”[1]的特点，体现了儒家道德礼法思想的典范；而明清律例，则反映了本书讨论的明清时期官方的政治法律思想。姑录三条史料，以见一斑。

史料一 伏惟皇帝陛下，体元纂业，则天临人，覆载并于乾坤，照临运于日月，坐青蒲而化光四表，负丹扆而德被九围。日旰忘餐，心存于哀矜；宵分不寐，志在于明威。一夫向隅而责躬，万方有犯而罪己。[2]

史料二 天生蒸民，不能无欲。欲动情胜，诡伪日滋。强暴纵其侵凌，柔懦无以自立。故圣人者出，因时制治，设刑宪以为之防，欲使恶者知惧而善者获宁。《传》所谓狱者万民之命，所以禁暴止邪，养育群生者也。……洪惟皇帝陛下，受亿兆君师之命，登大宝位，保乂臣民，孳孳弗怠。其训迪群臣，谆复数千言，唯恐其有犯。慈爱仁厚之意，每见于言外，是大舜惟刑之恤之义也。矜悯愚民无知，陷于罪戾，法司奏谳，辄恻然弗宁，多所宽宥，是神禹见辜而泣之心也。……由是仰见陛下仁民爱物之心，与虞夏帝王同一哀矜也。……陛下圣虑渊深，上稽天理，下揆人情，成此百代之准绳。[3]

史料三 康熙十八年九月十四日奉上谕：国家设立法制，

---

1 已有学者认为，所谓“一准乎礼”之“礼”，并非原始儒家心目中的礼，而是秦汉以降随着社会政治变迁而发生了变化的“礼”。参见苏亦工：《唐律“一准乎礼”辨正》，载《政法论坛》2006年第3期。

2 （唐）长孙无忌：《进律疏表》，载刘俊文点校：《唐律疏议》，北京：法律出版社1999年版，第620页。

3 （明）刘惟谦：《进大明律表》，前揭《大明律》，第2—3页。

原以禁暴止奸，安全良善，故律例繁简，因时制宜，总期合于古帝王钦恤民命之意。向因人心滋伪，轻视法网，及强暴之徒，陵虐小民，故于定律之外复设条例，俾其畏而知警，免罗刑辟。乃近来犯法者多，而奸伪未见衰止，人命关系重大，朕心深用恻然。[1]

第一条史料所述，在《进律疏表》中长孙无忌阐述“日旰忘餐，心存于哀矜；宵分不寐，志在于明威。一夫向隅而责躬，万方有犯而罪己”的政治理念，无疑是承袭了先秦儒家的政治理想。其中的要义有三：其一，既倡导又彰显皇帝必须勤政的理念；其二，标举“哀矜”与“明威”相须为用的原则；其三，更为关键的是，作为“民之父母”的皇帝，必须本着“哀矜”的道德情感，具备“一夫向隅而责躬，万方有犯而罪己”的反省精神，显然是“爱民”的体现，也是“天视自我民视，天听自我民听”[2]的另一说法。第二条资料依然在“慈爱仁厚”和“矜悯愚民”的情感语境中讨论法律之目的，讲述法律之由来，强调“哀矜折狱”之理念。第三条史料的字里行间也充满着“钦恤民命之意”和“朕心深用恻然”的非常浓厚的道德情感。必须指出，伴随基于“仁爱矜悯”的道德情感而来的，是法律话语的道德化，乃至严刑峻法的情感化，明清王朝的专制统治从而也被道德与情感所整饰和美化。但是，不管怎么说，这种“哀矜”的道德情感文化的扩散和弥漫，实实在在深刻地影响了小民百姓的诉讼期盼与司法官员的纠纷解决和刑事裁判。依我看来，只有在这样一种“哀矜”的自然情感和道德情感文化语境中，我们才能真正理解小民百姓的诉讼心态和修辞技巧，也才能切

1 《圣祖仁皇帝上谕》，前揭《大清律例》，第 2 页。

2 引据《尚书·泰誓》。

实领悟司法官员何以“情法兼顾”与“钦恤宽宥”的裁判意图和实践——无论词讼纠纷抑或命盗案件，莫不如此。这是本节“明清循吏的刑事裁判：哀矜与宽宥”的命意之所在。

在《汉书·循吏传》中，宣帝强调的郡守“政平讼理”[1]四字，虽然难以直接读出“钦恤哀矜”的意涵，但是黄霸“数决疑狱，庭中称平”[2]一言，实际上已经包含了“力行教化而后诛罚”的司法道德主义的价值取向，而“平”字本身，在司法实践中即有“仁恕哀矜”的意思。只有这样的治狱态度，才能出现“狱无冤刑，邑无盗贼”[3]的治狱效果。另外，有着“视民如子”美誉的召信臣，将南阳辖区治理得“盗贼狱讼衰止”[4]。召信臣以“视民如子”的道德情感来断狱，绝对不会简单采取严刑峻法的手段，恰恰相反，必然与其积极的教化有关，与其“哀矜折狱”的司法实践恐怕也有密切的关系。事实上，所谓“决狱称平”既是“哀矜折狱”的题中应有之义，也是其必然结果。但是，如果将“哀矜”推延到极端，一味同情被告，那么也会产生相反的后果，即，对被害人及其家属的痛苦漠不关心，从而导致“下害人命，上干天和”的另一种后果（下详）。在历代《循吏列传》中，此类话语很多，可以不必枚举。其中，《宋史·循吏韩晋卿列传》的如下记载，最具典型意义：

> 诸州请谳大辟，执政恶其多，将劾不应谳者。晋卿曰：“听断求所以生之，仁恩之至也。苟谳而获谴，后不来矣。”议者又欲引唐日覆奏，令天下庶戮悉奏决。晋卿言：“可疑可矜

1 《汉书》卷八十九·循吏传，第3624页。
2 《汉书》卷八十九·循吏传，第3629页。
3 《汉书》卷八十九·循吏传，第3634页。
4 《汉书》卷八十九·循吏传，第3641—3642页。

者许上请，祖宗之制也。四海万里，必须系以听朝命，恐自今瘐死者多于伏辜者矣。”朝廷皆行其说，故士大夫间推其忠厚，不以法家名之。[1]

这里所谓“不以法家名之”的意思，即是韩晋卿虽然精通法律，善于听讼折狱，但是他在司法实践中秉承“忠厚仁恕”的信念，则与法家“刻薄寡恩”完全不同。另外，值得一提的是，元代张养浩《为政忠告》更有“哀矜”的专条。他说：

亡友段伯英尝尹巨野，民有犯法受刑者，每为泣下。或以为过，余闻之私自语曰：人必有是心，然后可以语王政。且独不闻古人亦有禁人于狱，而不家寝者乎？要皆良心之所发，非过也。[2]

此“良心”者，即孟子所谓“恻隐之心”和“不忍人之心”的道德情感。下面我们再来考察明清时期的循吏又是怎样在司法实践中贯彻“哀矜”精神的。

强盗人命，果寔见得是，然后拟死。若有毫发可疑，须反复推详，必问官一念为人求生之心，与死者求生之心同，彼此之心方无恨。若尘心浮气，但以考讯求真，是以民命为戏也。下害人命，上干天和，非细故也。[3]

---

1 ［元］脱脱等撰：《宋史》卷四百二十六·循吏，北京：中华书局 1977 年版，第 12706 页。

2 《清史稿·循吏列传》记有汪辉祖“罪人泣，亦泣”的感人事迹，见卷四百七十七·循吏二，第 13029 页。

3 ［明］佘自强：《治谱十卷》卷四，前揭《官箴书集成》第 2 册，第 128—129 页。

书云“罪疑惟轻，功疑惟重”，又云“与其杀不辜，宁释不经”。要皆从圣贤不忍人立念，每事只向出人罪处着想。其人苟有一线可宽，我即从此处引而生之。若谓彼自所犯，于我何与？或据狱以谳，何能求宽？是则人溺于水、焚于火，号呼望救，而我方乘舟负梯，将立视而待其死。犹曰：“彼固自罹耳，我胡为而拯之？”呜呼！此性同豺虎者所为，谅非仁人君子所忍出也。[1]

由此可见，在以命盗案件为核心的明清时期的刑事裁判实践中，怀抱哀矜恻怛之心乃是承审官员应该具备的道德情感和职业伦理。换句话说，司法官员必须本着尊重生命的原则，只有在“求生不得”的情况下，方能“求死”——作出对于命盗罪犯的死刑判决。唯有这样，才能做到判者无憾，死者也无恨。[2] 实际上，这不仅是尊重生命的问题，而且也是与宇宙秩序保持谐调的绝对命令或终极原则。[3] 否则，就会出现“下害人命，上干天和”的灾变，而且与“仁人君子”之所为也不相称。另一方面，司法官员以“哀矜之心”来治狱，并不仅仅是指命盗重案，也包括了普通的刑事案件，甚至还包括了狱政管理。

对此，袁守定在《图民录》中也反复申述：

---

1 ［清］黄六鸿《福惠全书》卷十二，前揭《官箴书集成》第3册，第346页。在《佐治药言·求生》中，汪辉祖也曾指出：“求生二字，崇公仁心曲，传于文忠公之笔，实千古法家要诀。法在必死，国有常刑，原非幕友所敢曲纵其介。可轻可重之间者，所争止在片语，而出入甚关重大，此处非设身处地诚求不可。诚求反复，必有一线生机，可以藉手。”可见，唯有在“求生不得”的情况下，方能判决囚犯的死刑。汪辉祖对于“求生”的看法，与前引余自强和黄六鸿的话正好相同。

2 譬如《晋书·良吏列传》就说，杜轸决狱即有“得罪者无怨言”的赞誉（第2331页）。再如《旧唐书·良吏列传》记有：“韦仁寿……为蜀郡司法书佐，断狱平恕，其得罪者皆曰：‘韦君所断，死而无恨。’”（卷一百八十五上·良吏上，第4782页。）

3 简要讨论，参见徐忠明：《古典中国的死刑：一个思想史与文化史的考察》，收入氏著《案例、故事与明清时期的司法文化》，北京：法律出版社2006年版，第403—404页。

《吕刑》曰：告尔祥刑。又曰：监于兹祥刑。刑凶器也，谓之祥者，有慈良恻怛之意焉。用刑者须识此意。

盛吉为廷尉，每至冬节，罪囚当断，妻夜执烛，吉持丹笔，夫妻相对垂涕决罪。隽不疑为青州刺史，每行县录囚徒还，其母辄问不疑，有所平反，活几何人。不疑多所平反，母喜笑为饮食，语言异于他时。或亡所出，母怒为之不食。夏原吉尝夜阅爰书，抚案而叹，笔欲下辄止。妻问之。曰："此岁终大辟奏也。"此皆慈祥恻怛，得祥刑之意者。

《汉书》载于定国父于公为狱吏，决狱平，闾门壤，父老共治之。公曰："少高大门闾，令容驷马高车。我治狱多阴德，未尝有所冤，子孙必有兴者。"至定国为丞相，《后汉书》载虞诩祖父经为狱吏，案法平允，务存宽恕。每冬月上其状，泣涕随之。尝曰："于公高为里门，其子卒至丞相。吾决狱六十年，虽不及于公，其庶几乎！子孙何必不为九卿邪？"故字诩曰"升卿"。后诩为尚书令。夫狱吏之微，但能平恕，遂克当天心若此。唐崔仁师曰："治狱主仁恕。"盖仁恕者，天地之心也。能以天地之心为心，天必福之矣。[1]

这种话语不乏其例，在此不必枚举。但是，上述引文足资说明，宽恕恻怛乃是治狱官员应当具备的道德情感和职业伦理。必须指出：倘若盛吉"夫妻相对垂涕决罪"的情形，尚属比较纯粹的出于哀矜死者生命情感的自然流露，那么，对于隽不疑母亲的行为，似乎难以作出这样的评判。相反，这种单单以罪犯生死为考虑基准——如生则喜，若死则怒，而将被害人的生死利害置之度外的情绪反应，

1　前揭《图民录》卷二，收入《官箴书集成》第5册，第193—194页。

则显然有悖于儒家强调惩罚“中道”的思想，[1] 而且还蕴含着某种私心或自利，这与于公所谓“我治狱多阴德”的祸福报应观念有关。据我看来，这种“追寻一己之福”的思想，实际上就是私心或自利的反映。[2]

更有甚者，某些俗吏为开脱死囚的罪责而不惜采取剪裁狱词的办法，以期达到避重就轻之目的。这种置被害人无辜枉死而不顾的司法作风，表面上看来似乎“仁恕”，但实际上却完全无视“天道”的自然正义——所谓“杀人者死，伤人者刑”的朴素正义观念。对此，宋代司马光写道：“杀人不死，伤人不刑，尧舜不能以致治。”[3] 清代乾隆年间的循吏李渭也有如下批评：“古人言求其生而不得，今俗吏移易狱词，何求生不得之有？然如死者何！此妇人之仁，非持法之正。”[4] 可谓一语中的。一味提倡罪犯不死，正可与“求生不救死”[5] 的信条同科，都是有悖天道秩序内在要求的做法。由此看

---

1 比如，西周强调“慎刑”的惩罚原则，就体现在“中罚”上。根据《尚书·立政》记载：“周公若曰：‘太史，司寇苏公！式敬尔由狱，以长我王国。兹式有慎，以列用中罚。’”在《吕刑》中也反复提到“士制百姓于刑之中，以教祗德”，又说“故乃明于刑之中，率乂于民棐彝”。可见，唯有刑罚是否“适中”才是周人特别关心的基本问题。就死刑而言，关键问题也非是否适用死刑，而是如何适用死刑。在周人看来，适用死刑必须遵循“中”的标准。此“中”的意思有二：其一，刑罚与社会情势的彼此协调；其二，刑罚与罪名的相互适应。为了达到这一目标，他们提倡“非佞折狱，惟良折狱，罔非在中”。此“中”与汉代约法三章所谓“杀人者死，伤人及盗抵罪”（《史记》卷八·高祖本纪，第 362 页）中的“抵”，是一个意思。总之，不是一概不杀，而是本着“若保赤子”（《康诰》）和“勿庸杀之，姑为教之”（《酒诰》）的精神，提倡慎杀或不杀无辜，也就是“刑用中罚”。所谓“刑用中罚”，即是治狱之“平”的意思。

2 蒲慕洲指出：“追寻一己之福，不见得必然是一种理性选择的行为，人在遂行所有各种方法以求一己之福的时候，有可能是采取非常不理性（或者至少是由我们现代人的眼光看来不理性）的途径。……至于个人道德行为与此一己之福之间，并没有一个明确而固定的对应关系。”氏著《追寻一己之福：中国古代的信仰世界》，上海：上海古籍出版社 2007 年版，修订版序，第 3 页。如果说隽不疑母亲的情绪反映尚难见出自觉“追寻一己之福”的意思，那么于公和虞经的话语，无疑带有自觉“追寻一己之福”的意识。

3 引据《宋史》卷二百一·刑法三，第 5012 页。

4 引据《清史稿》卷四百七十七·循吏二·李渭传，第 13018 页。

5 应指出，如果司法官员一味追求不判罪犯死刑，就与“为救生而救生”的所谓“四救先生”没有什么区别了。有关“四救先生”的故事全文如下：“宋清远先生言，昔在王坦斋先（接下页）

来，即或“哀矜折狱”，也难免自利的用心。更为重要的是，这种“宽宥”措施的效果未必理想。宋人曾说：“有罪者宽之，未必自新；被害者抑之，未必无怨。不能自新，将复为恶；不能无怨，将悔为善。一赦而使民悔善长恶，政教之大患也。”[1] 倘若被佞臣贪吏所利用，后果更为恶劣。清人即说：“当世之吏，有受贿而谓有阴德者，如富人当死而求所以出之是也。乌呼，富人当死，官得其情而断以法，是死于法，非死于官也。今有富人以非礼杀，臧获而官乃受贿而出之，则死者之魂魄，将诉于幽而又何德焉。”[2] 可见，同样反对不讲原则的宽宥。

简要梳理“哀矜折狱”的法律思想史和文化史的表达之后，我们来看明清时期的循吏的折狱风格，以期考掘其中的独特意味。请看《清史稿·循吏廖冀亨列传》的记载：

生学幕时，一友言梦游至冥司，见衣冠数十人累累入，冥王诘责良久，又累累出，各有愧恨之色。偶见一吏，似相识而不记姓名，试揖之，亦相答。因问，此并何人，作此形状？吏笑曰：君亦居幕府，其中岂无一故交耶？曰：仆但两次佐学幕，未入有司署也。吏曰：然则真不知矣，此所谓四救先生者也。问四救何义，曰：佐幕者有相传口诀，曰：救生不救死，救官不救民，救大不救小，救旧不救新。救生不救死者，死者已死，断无可救，生者尚生，又杀以抵命，是多死一人也，故宁委曲以出之，而死者衔冤与否，则非所计也；救官不救民者，上控之案，使冤得申，则官之祸福不可测，使不得申，即反坐，不过军流耳，而官之枉断与否，则非所计也；救大不救小者，罪归上官，则权位重者谴愈重，且牵累必多，罪归微官，则责任轻者罚可轻，且归结较易，而小官之当罪与否，则非所计也；救旧不救新者，旧官已去，有所未了，羁留之恐不能偿，新官方来，有所委卸，强抑之尚可以办，其新官之能堪与否，则非所计也。是皆以君子之心，行忠厚长者之事，非有所求取巧为舞文，亦非有所恩仇私相报复。然人情百态事变万端，原不能执一而论。苟坚持此例，则矫枉过直，顾此失彼，本造福而反造孽，本弭事而反酿事，亦往往有之。天日所鞫即以此贻祸者。问其果报何如乎。曰：种瓜得瓜，种豆得豆，夙业牵缠，因缘终凑，未来生中不过亦遇四救先生，列诸四不救而已矣。俯仰之间霍然忽醒，莫明其入梦之故。岂神明或假告人欤？”（[清]纪昀：《阅微草堂笔记》，天津：天津古籍出版社 1994 年版，第 454—455 页。）

必须说明，纪昀所讲的故事主体虽然是指幕友，我想它对官吏也同样适用。另外，其中“救生不救死”一说，无疑是对于“哀矜折狱”的滥用，因为这种做法乃是“死者衔冤与否，则非所计也”。据此，考虑被害人是否蒙受“冤抑”，也应该是“哀矜折狱”必须考虑的问题。

1 《宋史》卷二百一·刑法三，第 5029 页。

2 [清]施朝幹：《刑论》，载前揭《清经世文编》卷九十，第 2236 页。

> 初，（康熙年间江苏吴县知县廖）冀亨莅任时，有吴人语之曰："吴俗健讼，然其人两粥一饭，肢体薄弱，凡讼宜少准、速决，更加二字曰'从宽'。"冀亨悚然受之。收词不立定期，民隐悉达。尝自谓讼贵听，听之明，乃能速决而无冤抑。在吴三年，非奸盗巨猾，行杖无过二十，盖守此六字箴也。[1]

这条史料颇为有趣，值得我们认真疏解：其一，江苏吴县地处江南，这是明清时期商品经济发达与人口稠密的地区，也是史称"健讼"风气炽盛的地区。[2]其二，针对吴县民众的"健讼"行为，有人劝廖冀亨采取"少准""速决""从宽"的原则。其中"少准""速决"乃是明清时期的息讼言论经常提到的原则，[3]不必多说。值得我们注意的是"从宽"两字，其所指并不是对于某些情节疑似或罪名可轻可重的被告适用"从宽"惩处的原则，[4]而是基于吴县百姓

---

1 《清史稿》卷四百七十六·循吏一，第12997页。在《清史稿·循吏刘衡列传》中也有类似的记载，请看刘衡"性素严，临讼辄霁颜，俾得通其情，扶不过十，惟于豪猾则痛惩不稍贷"。（卷四百七十八·循吏三，第13057页。）可见，对于小民的寻常诉讼，刘衡每每网开一面，不愿重责。

2 这与县志的记载合辙，参见《民国吴县志》卷五十二《风俗》，收入《中国地方志集成·江苏府县志辑》第11册，南京：江苏古籍出版社1991年版，第859、861页。说明：其一，虽然《吴县志》是民国时期编写的，但是资料却来自康熙年间的江苏巡抚汤斌《抚吴告谕》和江苏布政使陈宏谋《风俗约束》的内容。其二，在《同治苏州府志》卷三《风俗》中也有同样的内容，换句话说，《民国吴县志》的记载很有可能是从《同治苏州府志》抄来的。参见《中国地方志集成·江苏府县志辑》第7册，南京：江苏古籍出版社1991年版，第143、147—148页。如果这样，那么《民国吴县志》的记载是否专指吴县的"健讼"风气，尚难决断，不过用以说明吴县"健讼"应该没有问题，否则《民国吴县志》的作者为什么要抄录下来呢？

3 参见前揭《佐治药言》中的"省事"和"词讼速结"两条。当然，也有不同意见。佘自强就有"准状不妨多"的说法。其原因是，如果不准告状，将会导致民众越诉。参见《治谱十卷》卷四，前揭《官箴书集成》第2册，第108页。类似观点，参见《福惠全书》卷十一，前揭《官箴书集成》第3册，第328页。

4 儒家经典《尚书·大禹谟》早有"罪疑惟轻"和"与其杀不辜，宁失不经"的刑罚思想，此乃"仁爱"精神的体现。宋人范纯仁说："臣固知未改法前全活数多，其间必有曲贷，然犹不失'罪疑惟轻'之仁；自改法后，所活数少，其间必有滥刑，则深亏'宁失不经'之义。"参见《宋史》卷二百一·刑法三，第5012页。

"两粥一饭，肢体薄弱"的体质，予以"从宽"处罚。这与老幼和残疾"不合拷讯"和"有罪收赎"的法律规定，可谓异曲同工，都是基于体质上的考虑。[1] 其三，为了贯彻这一"从宽"惩处的原则，廖冀亨居然"在吴三年，非奸盗巨猾，行杖无过二十"。据此，我们完全可以推断，在裁决普通刑事案件和民事案件时，廖冀亨肯定没有依据法律，而是出于"哀矜"吴县民众体质羸弱，从而不堪刑罚的特殊现象。这是因为，根据《大清律例》卷三十三"犯奸"规定：凡是和奸，杖责八十。这是"犯奸"的最低刑度。[2] 另外，按照《大清律例》卷二十四"窃盗"规定：即使盗窃不得财物，也要笞责五十。[3] 可见，与"非奸盗巨猾，行杖无过二十"相比，廖冀亨的量刑明显偏轻。当然，有人可能会作这样的辩解，因为笞杖以下的刑罚属于知县"自由裁量"的范围，故而如此轻判，也无伤大雅。虽然这一辩解有其道理，但却并不充分。这是因为，如果这种说法可以成立，那么笞杖以下的刑罚根本没有必要规定具体的刑度。可见，法律明确规定笞杖的具体等级，本身就是约束州县牧令裁量权力的一种技术装置。更为关键的是，所谓"州县自理"笞杖案件，只是不必遵循"审转"程序而已，而非规定牧令可以不必依法实施笞杖之刑。从法理的角度来讲，这是两个完全不同的问题，不可混为一谈。其四，廖冀亨之所以能够凭借"哀矜"的道德情感"从宽"处罚吴县百姓，是因为规避了"审转"程序的约束。否则的话，我们很难想象在"审转"程序的约束下，廖冀亨居然能够

---

1 关于"拷讯"的规定，参见前揭《大明律》卷二十八，第215页；也见前揭《大清律例》卷三十六，第573页。在解释"不合拷讯"的理由时，清律指出："八议之人"不合拷讯，乃是"礼所当优"，与本书题旨无关，可以不说。老幼残疾"不合拷讯"，则是出于"恤"、"慈"和"矜"的考虑。关于"有罪收赎"的法律规定，参见《大明律》卷一，第11—12页；也见《大清律例》卷五，第106—107页。

2 前揭《大清律例》卷三十三，第521—523页。

3 前揭《大清律例》卷三十三，第391—392页。

如此“擅作威福”，灵活裁决。就此而言，现代学者关于清代司法官员“依法判决”的论断，基本上是根据留存下来的判牍和档案作出的多少带有某种程度的形式主义之缺陷（仅仅检索判牍有无引照法律）的判断，[1] 至于如何援引法律，法律与案件的事实和情节之间的逻辑关系究竟怎样，往往在所不问。[2] 因此，这种论断只能说明清代司法实践的部分真实，而不能反映清代司法实践的全貌，最多也是一种“表达”而已。因为，就明清时期的司法话语表达来看，中国古人确实也有严格“依法判决”的论调。张玉书曾说：“务令铢黍毫发无畸轻畸重之失，然后刑与罪相准。”[3] 张朝珍也有裁判必须“一之以律法，务期情当乎罪，罪协于律”。[4] 其五，廖冀亨所谓

1 关于清代中国司法实践是否“依法判决”之争论的学术回顾，参见前揭《清代中国司法裁判的形式化与实质化》。

2 笔者近来之所以特别关注明清时期司法官员裁决案件的细节问题，根本原因就在于此。当然，由于这种细节上的深度解读受到样本不足的限制，不可能大面积展开分析，因此不能在数量上取胜，结论的普遍意义也会受到影响。但是，这种研究策略无疑有其特殊的价值，它可以帮助我们理解明清时期的司法官员究竟是如何裁决案件的，所谓“依法判决”又是怎么一回事。另一方面，笔者再三强调，检讨明清时期司法官员“依法判决”之问题，必须特别留意那些规避“审转”程序的案件与规避“审转”程序的技术。

3 前揭张玉书：《刑书纂要序》，载前揭《清经世文编》卷九十，第 2235 页。

4 ［清］张朝珍：《详定刑律疏》，载前揭《清经世文编》卷九十一，第 2249 页。之所以说上述“依法判决”也是一种表达，是因为在司法实践中，官员根本不能达到“铢黍毫发”不失“畸轻畸重”的境界。况且罪罚与律例之间的关系并非严丝合缝，律例更非能够涵盖所有罪情。在这种情况下，司法官员之衡情酌量不可避免。因此，才有“拟人之罪，最贵原情”的说法。而能“原情”的司法官员，唯有秉承圣贤“不忍人之心”的循吏或儒吏之类的官员。参见黄六鸿：《问拟余论》，载前揭《清经世文编》卷九十一，第 2255 页。清代赵俞也说：“律之为义精微，非法吏所能穷究也。根极于天理民彝，称量于人情事故，非穷理无以察情伪之端，非清心无以祛意见之妄，非养德无以调血气之平，非持敬无以合中正之矩。”引据《读律辩讹序》，载前揭《清经世文编》卷九十一，第 2247 页。一句话，律例尽管精微，但运用律例者的“不忍人之心”依然是其前提，不可或缺。否则的话，赵俞就不会排斥“法吏”或“俗吏”了。就此而言，操作精微的律例，必须具备三个条件：一是循吏或良吏，诚如《尚书·吕刑》所谓“惟良折狱”之意；二是司法官员必须以“哀矜恻怛”的心态来听讼折狱；三是仔细考量具体案件的情节。据此，这种“依法判决”并非形式主义的司法追求，而是实质主义的理想——在个案裁决中追求没有“铢黍毫发畸轻畸重”的境界。请看萧震的如下言论：“俗儒多是古而非今，而法吏又执律而不通经，盖两失之矣。合之情法，参以经律……”引据《理刑爰书》，载《清经世文编》卷九十二，第 2258 页。总之，一名优秀的司法官员，必须掌握“于矜恤之中，仍寓慎重之意”的司法精神和原则。［清］（接下页）

“乃能速决而无冤抑”的自我评价，应该是指被告感到“无冤抑”，而不是说原告或被害人也感到“无冤抑”。依我看来，倘若能使加害人和被害人都觉得“无冤抑”，才真正称得上折狱平恕而“无冤抑”的裁决。其六，必须说明的是，这个故事所说的，廖冀亨因吴县百姓体质薄弱而“从宽”量刑，在其他史料中甚少见到——至少笔者是首次读到这样的记载，故而很有可能是一种非常特殊的做法，因此缺乏普遍意义。可我觉得，正因为少见，反而值得引起我们的深思，亦即“哀矜折狱”不惟针对命盗重案，并且也适用于某些非常特殊的情形，而这些情形，又与案件本身的情节——诸如事实疑案、法律疑案和必须“原情”[1]——没有什么关系。

灾荒岁歉之年，最易导致百姓流离失所，出现“千里就食，糊口四方”的饥民群体流亡的情景，甚至铤而走险，干起盗窃劫掠的勾当——所谓“日则就食，夜则匪窃”，[2]乃至啸聚山林。[3]比如《汉

初彭龄：《陈刑名例案六条疏》，载《清经世文编》卷九十二，第2263页。

1 在传统中国法律中，疑案可以分为两种：事实之疑与法律之疑。前者是指“虚实之证等”，后者系指“是非之理均”。参见前揭《唐律疏议》卷三十“断狱”，第617页。清代著名律学家薛允升指出：“明律并无疑罪专条，设有实在难明之事，即无办法。”（氏著，怀效锋、李鸣点校：《唐明律合编》卷三十，北京：法律出版社1999年版，第819页。）继承《明律》而来的《大清律例》也无类似规定。不过《清史稿·刑法三》记有：“初制分情实、缓决、矜、疑，然疑狱不经见。雍正以后，加入留养承祀，区为五类。”（卷一百四十四，第4207页。）据此，“可疑”依然是秋审中的一项。但是，乾隆五年撰修的《大清律例》卷四“名例上”注有：“内外死罪人犯，除应决不待时外，余俱监固候秋审、朝审分别情实、缓决、矜疑，奏请定夺。”（前揭《大清律例》，第81页。）而其中的“矜疑”，当属“可矜”和“可疑”两项，或将“可矜可疑”合作一项。但是仍有“可疑”的内容，似无疑问。不过根据学者考订：雍正三年以后，已无“可疑”一项。参见孙家红：《清代的死刑监候》，北京：社会科学文献出版社2007年版，第112—113页。至于“原情”的内涵，既与“可疑”有关，也与“可矜”有关。适用“可矜”，必须符合若干条件。参见前揭《清代死刑监候》，第116—118页。至于“法律之疑”的情形，在《刑案汇览》中仍有涉及。所谓“例无专条，情节疑似者”云云，即是此意。参见［清］祝庆祺、鲍书芸、潘文舫、何维楷编：《刑案汇览三编》，北京：北京档案出版社2004年版，“凡例”第2页。

2 关于清代饥荒和流民的讨论，参见［法］魏丕信：《18世纪中国的官僚制度与荒政》，徐建青译，南京：江苏人民出版社2003年版，第32—51页。

3 学者在探讨明代强盗原因时，将“天灾”列于首位，尚有其他复杂的原因。参见戴顺居：《明代的强盗案件——判牍中所反映的民间社会治安问题》，台北：明史研究小组2005年印行，第21—69页。

书·循吏龚遂列传》即有“宣帝即位，久之，渤海左右郡岁饥，盗贼并起，二千石不能禽制”的记载。[1]可见，这次“盗贼并起”的规模不小，以致出现郡守“不能禽制”的局面。如此记载，史不绝书。[2]在这种情况下，帝国官方的平息盗贼的办法，不外乎是劝民归农，与民休息，配合荒政和基层社会组织（诸如保甲、乡约、宗族和巡查）的建设，或者采取招抚盗贼和剿灭盗贼的措施。在司法实践中，除了严厉惩罚以外，也会本着“哀矜”心态，同情百姓的生活境遇，因而网开一面，宽宥盗贼。一般来讲，灾民强盗劫掠，最有可能获得司法官员的同情和宽宥。例如《后汉书·循吏王涣列传》就说：

> 安帝时（镡显）为豫州刺史。时，天下饥荒，竟为盗贼，州界收捕且万余人。显愍其困穷，自陷刑辟，辄擅赦之，因自劾奏。有诏勿理。[3]

普通的州县官员收捕盗贼万余，属于秉遵法律职守；镡显所为，则是出于“哀矜”盗贼——因“愍其困穷，自陷刑辟”而“辄擅赦之”的解释，即是明证。所谓“愍”，即“哀矜”之意。这里的

---

1 《汉书》卷八十九·循吏传，第3639页。

2 邓云特指出：我国历史上，自然灾害频仍，自公元前1766年到1937年，共有5 258次自然灾害，平均每6个月即有一次。明代享国276年，自然灾害竟达1 011次；清代享国296年，自然灾害多达1 121次。参见氏著《中国救荒史》，上海：上海书店1984年版，第51、30、32页。根据邓云特提供的资料，我们完全可以想象，灾荒岁歉之年，饥民的劫掠犯罪，恐怕不在少数，故而其时除盗也就成了地方官员的一项重要的任务。可见，一则是哀矜同情饥民，一则是必须惩办因饥荒而引起的劫掠犯罪。在这种情况下，如何面对饥民的劫掠，难免成为一种因人而异的举措。厌恶者严惩之，哀矜者宽宥之。在下面将要讨论的案件中，我们就会看到两种绝然相反的处置方法。由此，我们再一次看到，在明清时期的司法实践中，法律是如何受到因具体案件的特殊情节和司法官员的不同态度，而导致裁判的不确定性的困扰。

3 《后汉书》卷七十六·循吏列传，第2470页。

“辄擅赦之，因自劾奏”的记载，更说明了镡显的“擅赦”行为违反了法律的规定；而“自劾”，乃是对于“失职”行为的自我检举，请求朝廷的处理，只是因安帝“有诏勿理”而免受法律的制裁。实际上，皇帝之所以对于镡显“擅赦”不予处罚，也是因为同情灾民的不幸遭遇，并赞许镡显识大体的举措。而是否“识大体”，则意味着是否具备大局观念，能否维护帝国统治的根本利益，这是循吏与俗吏之间的一个重要区别。当然，地方官员能否采取“识大体”的措施以应对非常局面，也与他们是否具备担当精神有关。[1] 相反，那些尸位素餐，以一己身家性命为念的俗吏，每每因拘守文法而畏缩不前。总之，镡显“擅赦”盗贼的故事颇具典范意义。类似的故事，后来的《循吏列传》也不乏记载。[2]

跳过其他朝代，我们来看《明史·循吏翟溥福列传》的记载：

> （正统元年七月，翟溥福出任南康知府。）先是，岁歉，民擅发富家粟，及收取漂流官木者，前守悉坐以盗，当死者百余

---

1 这里聊举两例，以为证据。比如《明史·循吏张宗琏列传》记载：宣德初年，常州同知张宗琏为替平民辩冤，抗拒御史李立。史称“立怒，宗琏辄卧地乞杖，曰‘请代百姓死’，免株累甚众”（第7201页）。又如《清史稿·循吏朱根仁列传》记有根仁宽宥巨猾党羽的言辞：“捕巨猾雍秀春未获，得党羽名册，根仁曰：‘我何忍兴大狱以博能名？丧乱未平，民气未固，激之生变，可胜诛乎？’遂火其册，闻者为之改行。”（卷四百七十九·循吏四，第13078页。）

2 这里，我们列举若干例证。（1）《晋书·良吏王宏列传》记有“……擅纵五岁刑以下二十一人，为有司所劾。帝以宏累有政绩，听以赎罪论”（第2333页）。（2）《辽史·能吏大公鼎列传》记有“时盗贼充斥，有遇公鼎于路者，即叩马乞自新。公鼎给以符约，俾还业，闻者接踵而至。不旬日，境内清肃”（第1460页）。（3）《金史·循吏王政列传》记有“金兵伐宋，滑州降，留政为安抚使。……是时，民多以饥为盗，坐系。政皆释之，发仓廪以赈贫乏，于是州民皆悦，不复叛。傍郡闻之，亦多降者。宋王召政至辕门，抚其背曰：‘吾以汝为死矣，乃复成功耶。’慰谕者久之”（第2760页）。（4）《金史·循吏牛德昌列传》记有“群盗充斥，州县城门昼闭。德昌到官，即日开城门纵百姓出入，榜曰：‘民苦饥寒，剽掠乡聚以偷旦夕之命，甚可怜也。能自新者一不问。’贼皆感激解散，县境以安”（第2758—2759页）。（5）《清史稿·循吏黄贞麟列传》记有“江南逋赋案兴，蒙城、怀远、天长、盱眙各逮绅民百余人系狱候勘。狱不能容，人皆立，贞麟曰：‘彼逋赋皆未验实，忍令僵死于狱乎？’悉还其家。及讯，则或舞文吏妄为注名，或误报，或续完，悉原而释之，保全者五百家”。（卷四百七十六·循吏一，第12979—12980页。）

人。溥福阅实，杖而遣之。[1]

在通常情况下，南康百姓这种“擅发”富家粟米和“收取漂流官木”的行为，如果根据明律的相关规定，那么“前守悉坐以盗，当死者百余人”的定罪和量刑，未必不妥。我们姑且撇开“收取漂流官木”不谈，单单“擅发”富家粮食的行为，即已属于公然抢劫富家的粮仓占为己有的行为，已经构成强盗的罪名，即可判处斩刑。[2]而翟溥福仅仅予以杖责了事，这是宽宥饥民，不忍严格依法惩办。只是“阅实”两字，值得我们深思。所谓“阅实”者也，无非是指通过审理被告，翟溥福已经掌握了案件的事实真相，故而作出“杖遣”的惩罚。但问题是，其一，翟溥福是否“阅实”被告没有“擅发”富家粮仓？如果是，那么“杖遣”的理由又是什么呢？其二，如果“擅发”富家粮仓的罪名成立，那么，翟溥福作出“杖遣”的惩罚，也就没有法律上的依据，属于自作主张的举动。其三，对于“阅实”两字，我们只能将其理解为翟溥福认识到“擅发”富家粮仓的行为，乃是“岁歉”所致，故而予以宽宥。依我看来，唯有最后一种解释符合翟溥福“宽宥”饥民“擅发”富家粮仓行为的动机。此外，可能与“法不责众”有关。毕竟，仅仅因“擅发”富家粮仓而判处一百多人死刑，实在牵连太广，惩罚太重，明显与儒家的“恕道”和“不忍人之心”的思想有悖，所以翟溥福感到如此判决于心不忍，不如“宽宥”倒能取得“外得于人，内得于己”[3]的效果。在本案中，引导翟溥福作出

1 《明史》卷二百八十一·循吏，第 7197 页。

2 参见前揭《大明律》卷十八，第 140 页。

3 儒家“德治”的核心思想，即是《说文解字》所谓“外得于人，内得于己”的八字箴言。就统治者的政治行为而言，所谓“外得于人”，是指他们的行为必须得到被统治者的赞许；而“内得于己”，则是统治者不但要修身养性，具有高尚的道德品格，而且要做到行为能使自己安心。这里的“安心”两字，可谓至关重要，它与《孟子·公孙丑上》中的“以不忍人之心，行不忍人之政”的思想深有关系。

“杖遣”裁决的不是法律，而是“哀矜”的道德情感。

在《明史·循吏周济列传》中，另有一例类似的案件：

> （宣德十一年，周济出任安庆知府。）饥民聚掠富家粟，富家以盗劫告。（周）济下令曰：“民饥故如此，然得谷当报太守数，太守当代尔偿。”掠者遂解散。[1]

本案也是“饥民”聚掠富家粮食，但处理却完全不同，就连起码的“杖遣”都免除了，传记根本没有提到惩罚的事情，或许，周济压根儿就没有将其视为犯罪。面对“掠者遂解散”的记载，我们恐怕只能这么解释。周济非但没有予以处罚，而且还下令说：“民饥故如此，然得谷当报太守数，太守当代尔偿。”意思是说，尽管饥民确实犯有聚掠富家粮食的行为，但鉴于他们是饥民，不必将其看作普通的劫盗，也就是说，饥民的“劫掠”行为，实属情有可原。这还不够，周济干脆要求被告提供劫得谷物的数量，以便代为赔偿。对此，我们似乎不能认为周济无视富家的财产权利，因为“代偿”本身，就意味着尊重富家的财产权利。这样一来，我们只能从“哀矜”饥民的角度来理解周济的道德行为——不忍坐视饥民陷入刑网的同情之心，因而愿意自掏腰包，赔偿富家的谷物。可问题是，尽管知府愿意代为赔偿，但是，如果富家果真接受这笔赔偿费用的话，就会感到莫大的道德压力。据此，赔偿很有可能就会不了了之。或许，富家只能把它看作掏了一笔赈灾费用，做了一件善事。其实，灾荒岁歉之年，地方官员向富家募捐赈灾，乃是常有之事。[2]

---

1 《明史》卷二百八十一·循吏，第 7208 页。

2 例如（1）《清史稿·循吏白登明列传》记有“次年复灾，再请蠲赈，劝富民分食，全活无算”。（卷四百七十六·循吏一，第 12969 页。）（2）《清史稿·循吏骆钟麟列传》记有“九年，（接下页）

反过来讲，周济代偿谷物，亦可视为“捐廉赈灾”的行为，因此在情理上也并不令人感到意外。[1]但不管怎么说，从处理本案的法律依据来看，安庆知府周济却完全将法律抛在一边，而以“哀矜之心”来审理案件，属于道德与情感上的考虑，而非基于法律上的裁判。必须指出，虽然“矜恤”饥民有其道德上的正当性，但是灾荒之时“除盗贼”[2]也是当务之急。

再看《明史·循吏陈灌列传》记载的一起更为普通的案件：

> （明初，陈灌任职宁国知府。）有坐盗麦舟者，论死数十人。灌覆按曰：“舟自漂至，而愚民哄取之，非谋劫也。”坐其首一人，余悉减死。[3]

大水，发仓廪，劝富人出粟赈，民无荒亡”。（同上，第12981页。）（3）《清史稿·循吏伊秉绶列传》记有“时秉绶方奉檄勘高邮、宝应水灾，刺一小舟，栖户杙渚，必亲阅手记。及莅任，饬躬率属，赈贷之事，锱铢必覈，吏无所容其奸。倡富商巨室捐设粥厂，费以万计”。（卷四百七十八·循吏三，第13048页。）（4）《清史稿·循吏王仁堪列传》记有“十八年秋，丹阳大祲，恩赈之外，劝绅商捐赀，全活甚众。又假官钱于民，使勿卖牛，名曰牛赈”。（卷四百七十九·循吏四，第13094页。）汪辉祖指出：“藏富于民，非专为民计也。水旱戎役，非财不可。长民者保富有素，遇需财之时，恳恻劝谕，必能捐财给匮，虽怯于财者，亦感奋从公，而事无不济矣。”（前揭《学治续说》“保富”。）可见，富家赈灾济贫，原本就是地方官员为政必须依赖的对象。据此，保护富家的财产权利，也是题中应有之义。所谓“劝巨室之发廪”和“诱富民之兴贩”都是借助富民力量赈灾的说法。参见嘉靖《浦江志略》卷三。相关讨论，参见前揭《明代县政研究》，第243—244页。

1　这里，我们列举若干“捐廉赈灾”的例证：（1）《清史稿·循吏缪燧列传》记有“时山左饥，朝使发赈，将购米济南。……既而帑金不足，倾囊以济之。洊饥之后，民多流亡，出私钱为偿逋欠，购牛种，招徕复业”。（卷四百七十六·循吏一，第12976页。）（2）《清史稿·循吏高荫爵列传》记有“河数决孟尝村，岁比不登，民大饥。……出帑五百金贷民种麦”。（同上，第12991页。）（3）《清史稿·循吏盖方泌列传》记有“境内甫定，捐俸赈饥”。（卷四百七十八·循吏三，第13043页。）（4）《清史稿·循吏方大湜列传》记有“大水，难民避高阜，绝食两日。大湜捐赀煮粥糜，又为饽饦数万赈之。谕米商招民负米，日致数十石，计口散给，灾户无失所”。（卷四百七十九·循吏四，第13082—13083页。）虽然官员“捐廉赈灾”的行为令人感动，但是，由于他们的俸禄本来就不高，所以政府并不鼓励。相关的讨论，参见张小聪、黄志繁：《清代江西水灾及社会应对》，载曹树基主编：《田祖有神——明清以来的自然灾害及其社会应对机制》，上海：上海交通大学出版社2007年版，第131—132页。

2　参见前揭嘉靖《浦江志略》卷三。

3《明史》卷二百八十一·循吏，第7187页。

如果我们意欲了解陈灌审理本案是否得当，那就必须首先考察当时的法律，可是，陈灌已于洪武四年病卒，如果我们以洪武四年为时间坐标，那么其时《明律》尚未制定，[1]因此不能仅仅根据《明律》的相关规定，就来认定陈灌的判决有无法律依据。故而，这里的分析不能做到确凿无疑，仅供参考而已。据《大明律》卷十八“白昼抢夺”规定：“凡白昼抢夺人财物者，杖一百，徒三年。计赃重者，加窃盗罪二等。伤人者，斩。为从，各减一等。并于右小臂膊上，刺抢夺二字。若因失火及行船遭风着浅，而乘时抢夺人财物及拆毁船只者，罪亦如之。……”[2]可见，这条律文与陈灌描述的犯罪情节比较吻合。据此，结果可能有三：第一是“杖一百，徒三年”；第二是“计赃重者，加窃盗罪二等”；第三是“伤人者，斩。为从，各减一等”。可问题是，史料没有提到赃物价值与是否伤人，所以我们难以确定是否符合第二和第三两种情节。如果这样的话，那么初审作出宁国民众“有坐盗麦舟者，论死数十人”的裁决，也就值得推敲。首先，如果根据“杖一百，徒三年”的量刑，那么，陈灌所作“减死”的惩罚，显然不算出格，至于具体量刑情况如何，没有记载，不说也罢。其次，如果按照“计赃重者，加窃盗罪二等”的规定，鉴于史料没有讲到是否再犯和三犯，因此我们只能以初犯

1　洪武四年以前的修律情况，根据《明史・刑法志》的记载，唯有吴元年十二月修订的《律令直解》，内容不详。接着便是洪武六年二月修订的“篇目一准于唐”的《大明律》。相关考证，参见杨一凡：《明初重典考》，长沙：湖南人民出版社 1984 年版，第 3—12 页；同书《洪武法制大事年表》洪武四年以前的情况，第 126—130 页。杨一凡：《洪武法律典籍考证》，北京：法律出版社 1992 年版，第 1—4 页。又，根据《明史・刑法志》的记载：“洪武元年又命儒臣四人，同刑官讲唐律，日进二十条。……（洪武七年）二月书成。篇目一准于唐……”（卷九十三・刑法一，第 2280—2281 页）可知，《唐律》对于明初法律有着非常巨大的影响。据此，我们再来参考一下《唐律》对于“强盗”的规定：凡是强盗不得财者，徒二年；得财者，一尺徒三年，二疋加一等；十疋，绞。引据前揭《唐律疏议》卷十九，第 386—387 页。可见，量刑要比《明律》来得轻些，但是仍有死刑。不过，这毕竟是唐代的法律，不能完全适用，之所以特别提到《唐律》的规定，只是作为参考而已。

2　前揭《大明律》卷十八，第 141 页。

来认定。另据“窃盗”规定：“一百二十贯，罪止杖一百，流三千里。”[1] 又据“加减罪例”规定：“加罪止于杖一百，流三千里，不得加至于死。本条加入死者，依本条。”[2] 可见，在通常情况下，窃盗并无死罪。故而，初审“论死数十人”的裁决，量刑明显偏重。最后，如果按照“强盗”来论处，那么初审“论死数十人”的裁决，似乎可以成立。因为“强盗”只要得财，可以“不分首从，皆斩”。[3] 接着，我们来看陈灌的判决。一者，陈灌认定本案被告不是“谋劫”，只是“哄取”而已，所以不必判处死刑。二者，刻意强调被告都是“愚民”，故而可以宽恕。三者，所谓“坐其首一人，余悉减死”的定案，值得追问。这是因为，所谓“坐首一人”是指判处首犯一人死刑，不知有何法律依据。既然陈灌认定被告不是强盗，那么判处首犯死刑便无法律依据；如果认定被告属于强盗，那么死刑并无不当。综上所述，我们可以得出初步结论：陈灌的裁决，乃是因“愚民无知”而网开一面，并非严格按照法律作出的判决。而其背后的动机，仍然不出“哀矜折狱”的信念，因此可以将其视为“宽宥”的例证。事实上，紧接本案，传记尚有陈灌“丰裁严正，而为治宽恤类此”[4] 的总体评价，可见把本案看作“宽宥”的例证，应该没有什么问题。

如果说灾荒岁歉之年饥民盗粟充饥，颇能得到循吏的谅解而在量刑上予以宽宥，原因乃是饥民盗粟，出于活命，值得矜恤——也许，这种情况下的劫掠谷物，可以作为政治性的事件来对待，而与普遍劫掠犯罪有间——那么，循吏又是如何审理其他刑事案件

1 前揭《大明律》卷十八，第 142 页。

2 前揭《大明律》卷一，第 21 页。

3 前揭《大明律》卷十八，第 140 页。

4 《明史》卷二百八十一 · 循吏，第 7187 页。

的呢？这里，我们着重分析一下循吏平反冤狱的故事。范晔《后汉书·循吏孟尝列传》记有：

> （孟尝）仕郡为户曹史。上虞有寡妇至孝养姑。姑年老寿终，夫女弟先怀嫌忌，乃诬妇厌苦供养，加鸩其母，列讼县庭。郡不加寻察，遂结竟其罪。尝先知枉状，备言之于太守，太守不为理。尝哀泣外门，因谢病去，妇竟冤死。自是郡中连旱二年，祷请无所获。后太守殷丹到官，访问其故，尝诣府具陈寡妇冤诬之事。因曰："昔东海孝妇，感天致旱，于公一言，甘泽时降。宜戮讼者，以谢冤魂，庶幽枉获申，时雨可期。"丹从之，即刑讼女而祭妇墓，天应澍雨，谷稼以登。[1]

上述记载提到"东海孝妇"[2]的故事，两者确实非常相似，唯有两点不同——前者婆婆是寿终，后者是自杀；前者杀牛祭孝妇，后者是刑诬告者祭孝妇——但也同样令人震惊。由于"东海孝妇"的婆婆是自杀，以免拖累孝妇，因此孝妇更易引起怀疑，从而产生冤狱的可能性也更大一些。这起冤案包括如下意思，值得我们深入解读。其一，嫂嫂侍奉婆婆至孝，本该邻里皆知，一如"东海孝妇"故事

1 《后汉书》卷七十六·循吏列传，第2472—2473页。

2 关于"东海孝妇"的故事，参见《汉书·于定国传》记载："东海有孝妇，少寡，亡子，养姑甚谨，姑欲嫁之，终不肯。姑谓邻人曰：'孝妇事我勤苦，哀其亡子守寡。我老，久累丁壮，奈何？'其后姑自经死，姑女告吏：'妇杀我母。'吏捕孝妇，孝妇辞不杀姑。吏验治，孝妇自诬服。具狱上府，于公以为此妇养姑十余年，以孝闻，必不杀也。太守不听，于公争之，弗能得，乃抱其具狱，哭于府上，因辞疾去。太守竟论杀孝妇。郡中枯旱三年。后太守至，卜筮其故，于公曰：'孝妇不当死，前太守强断之，咎党在是乎？'于是太守杀牛自祭孝妇冢，因表其墓，天立大雨，岁孰。郡中以此大敬重于公。"（卷七十一，第3041—3042页。）这一故事流传甚广，晋代干宝《搜神记》卷十一诸书也有记载，最为著名的要算元代关汉卿改编的《窦娥冤》杂剧。但是，也有情节类似而得实的案件。比如《晋书·良吏曹摅列传》记有："县有寡妇，养姑甚谨。姑以其年少，劝令改适，妇守节不移。姑愍之，密自杀。亲党告妇杀姑，官为考鞫，寡妇不胜苦楚，乃自诬。狱当决，适值摅到。摅知其有冤，更加辨究，具得情实，时称其明。"（第2334页）

所谓“以孝闻”那样，因此县令和太守如欲探明本案的事实真相，并不困难，但是居然成为冤狱，实在令人匪夷所思。其二，县令在初审时对于听讼折狱采取敷衍了事的态度，以致造成冤案，但是经由“上报”程序，上达郡守衙门进行复审，尚有机会审出真情，可是同样未能查个水落石出。甚至在孟尝“备言哀哭”请求重新审理的情况下，太守依然置之不问，可谓草菅人命已极。实际上，根据《汉书·刑法志》的记载：“高皇帝七年，制诏御史：‘狱之疑者，吏或不敢决，有罪者久而不论，无罪者久系不决。自今以来，县道官狱疑者，各谳所属二千石官，二千石官以其罪名当报之。所不能决者，皆移廷尉，廷尉亦当报之。廷尉所不能决，谨具为奏，傅所当比律令以闻。’”其后，此类诏书屡颁。[1]可见，如果司法官员稍稍慎重一些，将其作为疑狱看待，那么完全可以通过“疑狱上报”程序来尽量避免冤案的产生。其三，在“东海孝妇”故事中，婆婆“自经”身亡，照理可以用尸体检验的办法来查明死亡原因。这种办法，至少在战国末期已经出现，比如《睡虎地秦墓竹简·封诊式·经死》即有记载。[2]在本案中，诬告者指控孝妇“鸩毒”致死其母，以当时的毒物知识来判断，也非毫无认识。[3]可是，司法官员竟然没有提到，似乎也没有做过相应的检验。当然，我们尚不清楚当时有无技术能力予以检验。其四，按照秦简中的《经死爰书》来看，已有“自杀者必先有故，问其同居，以答其故”的要求。据此，初审县令询问同居邻里，乃是必经的程序。对于孝妇来讲，有

1　参见《汉书》卷二十三·刑法志，第1106页。

2　参见睡虎地秦墓竹简整理小组：《睡虎地秦墓竹简》，北京：文物出版社1978年版，第267—268页。对《经死爰书》的简要讨论，参见贾静涛：《中国古代法医学史》，北京：群众出版社1984年版，第20—21页；栗劲：《秦律通论》，济南：山东人民出版社1985年版，第329—330页；闫晓君：《出土文献与古代司法检验史研究》，北京：文物出版社2005年版，第24—29页。

3　参见前揭《出土文献与古代司法检验史研究》，第77—78页。

无可能“鸩死”婆婆，在情理上应该容易得出前汉于定国“以孝闻，必不杀”的判断。就此而言，宣帝所谓“政平讼理，其唯良二千石”的提法，可谓切中肯綮！其五，尽管本案并非孟尝亲自平反的冤狱，但其不屈不挠的平反冤狱的决心，以及为之奔走呼吁的行动——新太守到任，孟尝旧案重提，终于使冤案得以平反，也就更加令人肃然起敬。其六，与“东海孝妇”故事一样，本案也事涉“天人感应”的思想信仰，值得注意。在现代读者看来，虽然“天人感应”事关迷信，但是，这种“迷信”却产生了积极的政治效果。就本案而言，因孝妇冤死而导致“郡中连旱二年，祷请无所获”的感应关系，致使人们反省政治之得失与司法之平冤，实际上是一种具有终极意义的约束机制。另一方面，这种“天人感应”的思想信仰，也意味着人的生命有着天的“超越”根源，如若枉杀无辜，便是违背天和。对此，我们不能一笔抹杀。其七，不消说，太守判处诬告的小姑子死刑，它的法律依据乃是“诬告反坐”[1]的原则。

与上述类似的平反冤狱的故事，在历代《循吏列传》中多有记载，[2]这里难以一一展开讨论。我们来看《明史·循吏李信圭列传》

1　参见《汉书》卷二十三·刑法志，第1106页。关于“诬告反坐”的具体考证，参见程树德：《九朝律考》，北京：中华书局2003年版，第59页；刘俊文：《唐律疏议笺解》，北京：中华书局1996年版，第1615—1617页。

2　在历代《循吏列传》中，平反冤狱乃是循吏司法实践的一个突出特点，所谓“政平讼理”，实际上也包括了“平反冤狱”的内容。在《循吏列传》中，不仅有“狱无冤刑”（《汉书·循吏黄霸列传》，第3634页）这种一般性的评价，而且有很多具体生动的描写。譬如（1）《后汉书·循吏列传》记有王涣“永元十五年，从驾南巡，还为洛阳令。以平正居身，得宽猛之宜。其冤嫌久讼，历政所不断，法理所难平者，莫不曲尽情诈，压塞群疑”（第2468—2469页）。（2）《晋书·循吏列传》记有曹摅平反孝妇的冤狱（第2334页）。（3）《北齐书·循吏列传》记有宋世轨“幼自严整。好法律，稍迁廷尉卿。洛州民聚结欲劫河桥，吏捕案之，连诸元徒党千七百人。崔暹为廷尉，以之为反，数年不断。及世轨为少卿，判其事为劫。于是杀魁首，余从坐悉舍焉。时大理正苏珍之亦以平干知名。寺中为之语曰：‘决定嫌疑苏珍之，视表见里宋世轨。’时人以为寺中二绝。南台囚到廷尉，世轨多雪之。仍移摄御史，将问其滥状，中尉毕义云不送，移往复不止。世轨遂上书，极言义云酷擅。显祖引见二人，亲敕世轨曰：‘我知台欺寺久，卿能执理与之抗衡，但守此心，勿虑不富贵。’敕义云曰：‘卿比所为诚合死，以志在疾恶，故且一恕。’仍顾谓朝（接下页）

的记载：

饥民攘食人一牛，御史论死八人。信圭奏之，免六人。[1]

读到这样的文字，我们感到非常震惊。首先，御史针对饥民“攘食”他人一牛的事实，作出判处八人死罪的法律依据究竟何在，并不清楚。因为根据《大明律》卷十八“宰杀马牛”规定：“若故杀他人马牛者，杖七十，徒一年半。……若计赃重于本罪者，准盗论。”[2] 又据同律“盗马牛畜产”规定：“若盗马牛而杀者，杖一百，

臣曰：‘此二人并我骨鲠臣也。’及疾卒，廷尉、御史诸系囚闻世轨死，皆哭曰：‘宋廷尉死，我等岂有生路！’”（第639—640页）（4）同书又有苏琼“推察务在公平，得雪者甚众，寺署台案，始自于琼。迁三公郎中。赵州及清河、南中有人频告谋反，前后皆付琼推捡，事多申雪。尚书崔昂谓琼曰：‘若欲立功名，当更思余理，仍数雪反逆，身命何轻？’琼正色曰：‘所雪者怨枉，不放反逆。’昂大惭。京师为之语曰：‘断决无疑苏珍之。’”（第645页）（5）《宋史·循吏邵晔列传》记有：“时太子中舍杨全知州，性悍率蒙昧，部民张道丰等三人被诬为劫盗，悉置于死，狱已具，晔察其枉，不署牍，白全当核其实。全不听，引道丰等抵法，号呼不服，再系狱按验。既而捕获正盗，道丰等遂得释，全坐削籍为民。晔代还引对，太宗谓曰：‘尔能活吾平民，深可嘉也。’赐钱五万，下诏以全事戒谕天下。”（第12696页）同书又有鲁有开“知金州，有蛊狱，当死者数十人，有开曰：‘欲杀人，衷谋之足矣，安得若是众邪？’讯之则诬。天方旱，狱白而雨”（第12698页）。（6）《辽史·能吏马人望列传》记有：“先是，枢密使乙辛窃弄威柄，卒害太子。及天祚嗣位，将报父仇，选人望与萧报恩究其事。人望平心以处，所活甚众。”（第1462页）（7）《清史稿·循吏列传》记有：周中鋐“擢华亭知县，民有被诬杀人久系狱，中鋐立出之，而坐其实杀人者”。（卷四百七十六·循吏一，第12993页。）（8）同书又有李渭“授四川嘉定知府，复以争冤狱忤上官。渭曰：‘吾官可弃，杀人媚人不为也。’”（卷四百七十七·循吏二，第13018页。）（9）同书记有张甄陶“平反冤狱，诘捕盗贼，为政务无怫逆于民。”（同上，第13022页。）（10）同书记载朱光第“光绪中，补邓州。在任三年，大祲之后，壹意休养。善治盗，民戴之。王树汶者，邓人，为镇平盗魁胡体安执爨。镇平令捕体安急，乃贿役以树汶伪冒，致之狱。既定谳，临刑呼冤。重鞫，则檄光第逮其父季福为验。开归陈许道任恺先守南阳，尝谳是狱，驰书阻毋逮季福，且诱怵之。光第曰：‘吾安能惜此官以陷无辜？’竟以季福上，则树汶果其子。巡抚李鹤年袒恺，持初谳益坚。河南官科道者，交章论其事。命东河总督梅启照覆讯，树汶犹不得直，众论大哗。刑部提鞫，乃得实。释树汶，自鹤年、启照以次谴黜有差，而光第已先为鹤年摭他事劾去官，贫不能归，卒于河南”。（卷四百七十九·循吏四，第13087页。）诸如此类的记载，不一而足。又，明清时期循吏平反冤狱的故事，在“智谋与神判”中还会谈到，这里从略。

1 《明史》卷二百八十一·循吏，第7198页。

2 前揭《大明律》卷十八，第123页。

徒三年。……若计赃重于本罪者，各加盗罪一等。”[1]另外，参照同律“二罪俱发以重论”[2]的精神，无疑以“杖一百，徒三年”为合适。实际上，我们可以直接适用“盗马牛畜产”的规定，不必转弯抹角兜圈子。这样一来，根据《大明律》卷十八“窃盗”规定，盗窃价值九十贯，应得“杖一百，徒三年”的刑罚，[3]与“盗马牛而杀者，杖一百，徒三年”的刑罚相等。但是，由于我们没有案发当时当地一头牛的具体价格资料，所以很难判断饥民“攘食”之牛的价格究竟所值几何，不过相关资料显示，明代初年一头牛的价值，大约是水牛三百贯，黄牛二百五十贯。[4]据此，可以适用“加盗罪一等”的刑罚。参照法律，我们可以推断，判处死刑颇有问题。因为同律“加减罪例”规定：“不得加至于死”，除非“本条加入死者，依本条”[5]，但是“盗马牛畜产”并无这样的规定。因此作出死罪判决，完全没有法律根据。在这种情况下，同时判处八人死罪，量刑明显过重。与此同时，传记也没有告诉我们这起“攘食”他人一牛的案件，究竟有多少饥民参与。如果只有八人，那么全都处以死刑，显然与法律规定更不吻合。退一步讲，即使判处首犯死刑可以接受，按照《大明律》卷一“共犯罪分首从”规定：“凡共犯罪者，以造意为首，随从者，减一等”[6]，其他从犯也可以减等免死，而得流三千里。[7]总之，御史的判决，可谓严刑峻罚。而究其原因，恐

1 前揭《大明律》卷十八，第 143 页。

2 参见前揭《大明律》卷一，第 15 页。

3 前揭《大明律》卷十八，第 142 页。

4 ［明］申时行等修：《明会典》卷一百七十九“计赃时估”的规定（万历朝重修本，北京：中华书局 1989 年版，第 908 页）。这一价格可能估计偏高，其他牛价的资料，参见黄冕堂编著：《中国历代物价问题考述》，济南：齐鲁书社 2008 年版，第 218 页；彭信威：《中国货币史》，上海：上海人民出版社 2007 年版，第 527 页。

5 参见前揭《大明律》卷一，第 21 页。

6 参见前揭《大明律》卷一，第 17 页。

7 参见前揭《大明律》卷一，第 20 页。

怕与灾荒“除盗”有关。也就是说，灾荒岁歉之年，倘若帝国衙门听任饥民肆意劫掠，必将带来不可预测的灾难性后果。其次，李信圭免除六人死罪，是不是在御史基础上作出的法律推理呢？当然，关键要看没有免死的两人是否即是首犯。根据传记的记载，目前我们只能如此推断。如果参照上引法律规定，李信圭的判决也没有依据，而且明显偏重。另外，如果与前面分析过的饥民劫掠富家谷物的惩罚相比，那么读者可能会说，李信圭的量刑仍然偏重。其原因何在呢？我觉得，除了灾荒“除盗”之外，它可能与耕牛作为生产资料这一独特因素有关，换句话说，灾荒一过，恢复生产乃是当务之急，然而一旦宰杀耕牛，来年赖以恢复生产的资源将会失去，将会面临“灾上加灾”的困境。事实上，这也是传统中国法律何以特别规定“宰杀马牛”的根本原因之所在。[1] 对此，在《宋史·循吏张逸列传》中有一值得我们参考的解释：“初，民饥多杀耕牛食之，犯者皆配关中。（张）逸奏：‘民杀牛以活将死之命，与盗杀者异，若不禁之，又将废穑事。今岁少稔，请一切放还，复其业。’报可。”[2] 综上所述，我们可以这么认为：鉴于御史已经判决“攘食”他人之牛的被告死刑，在这种情况下，虽然李信圭免除六人死罪的判决可能与法律规定不相吻合，或者偏重，但是与御史的判决相比，依然可以视为“宽宥”的裁决。一句话，李信圭的裁决，无疑是在平衡（酌情）本案的诸多因素——灾荒岁歉、迫于饥饿、灾荒除盗、恢复生产和御史重罚之后作出的裁决，而其平衡（酌情）背

1　比如汉代《盐铁论·刑德》即有“盗马者死，盗牛者加，所以重本而绝轻疾之资也”的解释。参见前揭《九朝律考》，第 113 页。另据前揭《唐律疏议》卷十五“故杀官私马牛”的解释：“官私马牛，为用处重：牛为耕稼之本，马即致远供军，故杀者徒一年半。”（第 307 页）同律卷十九“盗杀官私马牛”解释：“马牛军国所用，故与余畜不同。”（第 385 页）相关考证，参见前揭《唐律疏议笺解》，第 1109—1110、1373—1375 页。

2　《宋史》卷四百二十六·循吏，第 12700 页。

后的道德情感，则是“哀矜折狱”的精神和原则。

再看《清史稿·循吏姚文燮列传》的记载：

> （顺治年间，建宁府推官姚文燮）有方秘者，杀方飞熊，前令已谳定大辟。文燮鞫得飞熊初为盗，尝杀秘一家，既就抚，秘乃乘间复仇，不可与杀平人等，秘得活。[1]

评估本案是否属于“宽宥”的裁决，关键问题有三：其一，初审县令判处方秘死刑，与清代法律是否吻合。传记告诉我们，姚文燮是顺治十六年进士，授官当在其后。有鉴于此，笔者参照顺治三年奏定的《大清律集解附例》的相关规定，来略作疏解。从方秘杀人的行为本身来看，属于谋杀，应无问题。清律“谋杀人”规定：凡是谋杀人者，斩监候。[2]据此，县令的判决没错。不过，问题并非如此简单。这是因为，其二，姚文燮经过复审之后发现，方飞熊曾经因强盗而杀害方秘一家。如果这一罪名成立，那么根据同条律文规定：凡是谋财害命因而得财者，不分首从皆斩。[3]又据同律“杀一家三人”规定：凡是杀一家非死罪三人者，凌迟处死。[4]不过，传记没有提到方飞熊杀害方秘一家是否多达三人的事实，因此是否符合这一条款的规定，尚有疑问。但问题是，方飞熊“就抚”，是否属于“自首”呢？传记的文意不甚清楚，不便断定。倘若符合“自首”的标准，得减一等。[5]按照同律“加减罪例”规定：“惟二死、

---

1 《清史稿》卷四百七十六·循吏一，第 12978 页。

2 参见《大清律集解附例》卷十九，引据杨一凡、田涛主编，王宏治、李建渝点校：《中国珍稀法律典籍续编》第 5 册《顺治三年奏定律》，哈尔滨：黑龙江人民出版社 2002 年版，第 322 页。

3 乾隆二年定有专门条例，参见前揭《读例存疑点注》，第 546 页。

4 参见前揭《大清律集解附例》卷十九，第 325 页。

5 参见前揭《大清律集解附例》卷一，第 141 页。

三流，各同为一减。”夹注又说：斩刑可以减为流三千里。[1] 顺便一提，如果根据乾隆五年修定的《大清律例》卷五“犯罪自首”条例规定，鉴于杀人犯罪深重，也就不准自首。[2] 其三，对于方秘的定罪量刑来讲，更为关键的是，他是复仇杀人，应该与常人谋杀有间。按照《大清律集解附例》卷二十“父祖被殴”规定：“若祖父母、父母为人所杀，而子孙不告官，擅杀行凶人者，杖六十；其即时杀死者，勿论。”[3] 当然，方秘并非“即时”复仇，而是在事后“擅杀”方飞熊，所以杖责六十的惩罚，符合法律规定。经由上述仔细的疏解，我们可以看到，尽管姚文燮的裁决没有明确提到被告方秘究竟应该获得怎样的惩罚，但是“得活”的结果，显然与慎重人命的思想、哀矜死囚的情感有关。实际上，传记之所以特意记载这一故事，也是为了表彰姚文燮“哀矜折狱”的品格。对此，我们从姚文燮裁决的以下案件中可以看出。传记写道：“有武弁被杀，株连众，文燮仅坐数人罪。大吏骇曰：‘此叛案，何遽轻率？’文燮曰：‘某所据初报文及盗供也。’”大吏表现出来的骇异，以及“何遽轻率”的质疑，显然蕴含着此案不该如此“宽宥”的意思；而姚文燮所谓“某所据初报文及盗供也”的辩解，无疑是因“哀矜”的情感而不愿意“株连”他人。

考察历代《循吏列传》的记载，我们可以发现，循吏在司法实践中展现出来的“哀矜折狱”的道德情感，对于减少犯罪与感化囚犯也有至关重要的作用。比如《汉书·循吏黄霸列传》即有黄霸“行教化而后诛罚”的实践，不仅能使“百姓乡化，孝子弟弟贞妇顺孙日以众多，田者让畔，道不拾遗，养视鳏寡，赡助贫穷”，而且也

1 参见前揭《大清律集解附例》卷一，第 148 页。
2 参见前揭《大清律例》卷五，第 114 页。
3 参见前揭《大清律集解附例》卷二十，第 347 页。

是“狱或八年亡重罪囚，吏民乡于教化，兴于行谊”的根本原因。[1]再如《后汉书·循吏童恢列传》也有郡吏童恢因“执法廉平”而产生“一境清静，牢狱连年无囚”的社会效果。[2]此类“狱无重囚”和“狱空”[3]的事例，在后世《循吏列传》中也不乏记载，[4]明清时期也不例外。譬如《明史·循吏列传》记有：万观出任“严州知府。府东境七里泷，有渔舟数百艇，时剽行旅。观编十舟为一甲。令画地巡警。不匝月，盗屏迹。乃励学校，劝农桑，奏减织造，以银代丝税，民皆便之。九年考绩，治行为海内第一”。[5]虽然盗贼“屏迹”与万观“编十舟为一甲。令画地巡警”的御盗措施密切相关，甚至是其结果，但是与其推行“富之，教之”的政策也有关系。再如《清史稿·循吏列传》记有李文耕“断狱宽平，责属吏清滞狱，数月，积

---

1 《汉书》卷八十九·循吏传，第3631页。

2 《后汉书》卷七十六·循吏列传，第2482页。

3 这种“狱空”事迹，属于传统中国地方官员政绩的一个重要表现，笔者尝读《宋会要辑稿·刑法四》的记载，发现这一方面的不少记载。由于“狱空”是一种政绩，因而出现了官员制造“狱空”的假象。相关资料，参见［清］徐松辑：《宋会要辑稿》第7册，北京：中华书局1957年影印版，第6664—6667页。

4 这种例子可谓史不绝书，诸如《宋书·良吏列传》记有陆徽“隐恤有方，威惠兼著，寇盗静息，民物殷阜，蜀土安说，至今称之”。（［梁］沈约撰：《宋书》卷九十二·良吏，北京：中华书局1974年版，第2268页。）其中“寇盗静息”四字，即有“狱无重囚”的意思。《梁书·良吏列传》记有孙谦推行“恩惠之化”和“治烦以简”的措施，从而导致了“狱无系囚”的结果。更有甚者，孙谦还有感化牲畜的本领。所谓“先是，郡多虎暴，谦至绝迹。及去官之夜，虎即害居民”，即是例证（第772—773页）。但是，对于这种神话色彩浓厚的描述，我们不必完全当真。《北齐书·循吏列传》记有张华原“累迁为兖州刺史，人怀感附，寇盗寝息”（第638页）。同书记有房豹“迁乐陵太守，镇以凝重，哀矜贫弱。豹阶庭简静，囹圄空虚”（第646页）。《北史·循吏列传》记有刘旷“在职七年，风教大洽。狱中无系囚，争讼绝息，囹圄皆生草，庭可张罗”。引据［唐］李延寿撰：《北史》卷八十六·循吏，北京：中华书局1974年版，第2888页。《隋书·循吏列传》记有“栎阳令渤海高世衡、萧令彭城刘高、城皋令弘农刘炽，俱有恩惠。大业之末，长吏多赃污，衡、高及炽清节逾厉，风教大洽，狱无系囚，为吏人所称”（第1688页）。《辽史·能吏列传》记有大公鼎“拜中京留守，赐贞亮功臣，乘传赴官。时盗贼充斥，有遇公鼎于路者，即叩马乞自新。公鼎给以符约，俾还业，闻者接踵而至。不旬日，境内清肃”（第1460页）。这些都是循吏力行道德教化，从而产生盗贼静息和“空狱”的部分例证。实际上，也有采取其他措施（编制保甲、勤于决狱和严刑峻法）达到这种结果的例子，这里不予枚举。

5 《明史》卷二百八十一·循吏，第7194—7195页。

牍一空”[1]的事迹，其中“断狱宽平”与“积牍一空”之间，同样有着密不可分的关系。我们完全可以想象，如果“决狱严厉”的话，即使情节轻微的罪犯，乃至婚姻、田土和钱债之类的诉讼两造，[2]也会被囚禁在牢狱和班房之中，从而导致“囹圄充塞”和“私设班房”[3]的恶果。可以这么说，这种所谓“狱空”现象，既是皇帝和司法官员“恻隐之心，好生之德”的情感体现，也是他们希望达到“哀矜审克，期于无刑”的理想境界，[4]更是“爱民仁恕”思想的实现。必须指出，这仅仅是一种表达与理想，而实际情况则恰恰相反，以至于有“活地狱”[5]之称。不过，正是鉴于明清时期牢狱和班房的腐败和黑暗，循吏追求“狱无重囚”和“狱空”的努力，也就显得更加难能可贵，从而成为一种“爱民恤囚”的理想与努力的目标。

在狱政管理上，循吏也能践履“哀矜”的思想。请看《晋书·良吏列传》的记载：

> （曹摅调补临淄县令。）狱有死囚，岁夕，摅行狱，愍之，曰：“卿等不幸致此非所，如何？新岁人情所重，岂不欲暂见家邪？”众囚皆涕泣曰：“若得暂归，死无恨也。”摅悉开狱出之，克日令还。掾吏固争，咸谓不可。摅曰：“此虽小人，义不见负，自为诸君任之。”至日，相率而还，并无违者，一县叹服，号曰圣君。[6]

1 《清史稿》卷四百七十八·循吏三，第13052页。

2 不消说，这与实体法和程序法的规定也有密切的关系。如果实体法严酷，那么犯罪率就会上升；如果程序法旨在方便衙门审判，而非保障两造的诉讼权利，那么羁押率同样也会增加。

3 关于清代“私设班房”的讨论，参见张世明：《清代私设班房考释》，载《清史研究》2006年第3期。

4 前揭《宋会要辑稿》，第6667页。

5 参见［清］李伯元：《活地狱》，北京：中国书店1994年版。

6 《晋书》卷九十·良吏，第2334页。

从“掾吏固争，咸谓不可”一言可知，曹摅擅放囚犯回家与亲人团聚，共度新岁，完全是出于一己“哀矜”囚犯的道德情感，属于“以情感人”的行为，具有教化上的积极意义；从曹摅所谓“自为诸君任之”一言，我们同样可以看出，其擅放囚犯属于违法行为；众囚涕泣所言“若得暂归，死无恨也”和“一县叹服，号曰圣君”更是表明，曹摅擅放囚犯属于格外的恩典。依我看来，传记之所以没有提到曹摅应得何种制裁，是因为囚犯如期回到监狱，使其得以避免法律的制裁。这类故事后世也有，[1] 鉴于明清《循吏列传》没有相应的记载，所以这里不能展开讨论。

更为令人瞩目的是乔智明“恤囚”的故事。请看《晋书·良吏列传》的记载：

1 比如《南史·循吏列传》记有：傅琰之子傅岐“复除始新令。县人有因斗相殴而死，死家诉郡，郡录其仇人，考掠备至，终不引咎。郡乃移狱于县，岐即令脱械，以和言问之，便即首服。法当偿死，会冬节至，岐乃放其还家。狱曹掾固争曰：‘古者有此，今不可行。’岐曰：‘其若负信，县令当坐。’竟如期而反。太守深相叹异，遽以状闻”（第1708页）。

又如《隋书·循吏王伽列传》记有：“王伽，河间章武人也。开皇末，为齐州行参军，初无足称。后被州使送流囚李参等七十余人诣京师。时制，流人并枷锁传送。伽行次荥阳，哀其辛苦，悉呼而谓之曰：‘卿辈既犯国刑，亏损名教，身婴缧绁，此其职也。今复重劳援卒，岂独不愧于心哉！’参等辞谢。伽曰：‘汝等虽犯宪法，枷锁亦大辛苦。吾欲与汝等脱去，行至京师总集，能不违期不？’皆拜谢曰：‘必不敢违。’伽于是悉脱其枷，停援卒，与期曰：‘某日当至京师，如致前却，吾当为汝受死。’舍之而去。流人咸悦，依期而至，一无离叛。上闻而惊异之，召见与语，称善久之。于是悉召流人，并令携负妻子俱入，赐宴于殿庭而赦之。乃下诏曰：‘凡在有生，含灵禀性，咸知好恶，并识是非。若临以至诚，明加劝导，则俗必从化，人皆迁善。往以海内乱离，德教废绝，官人无慈爱之心，兆庶怀奸诈之意，所以狱讼不息，浇薄难治。朕受命上天，安养万姓，思遵圣法，以德化人，朝夕孜孜，意在于此。而伽深识朕意，诚心宣导。参等感悟，自赴宪司。明是率土之人非为难教，良是官人不加晓示，致令陷罪，无由自新。若使官尽王伽之俦，人皆李参之辈，刑厝不用，其何远哉！’于是擢伽为雍令，政有能名。”（第1686页）

在《新唐书·刑法志》中也有这样的故事。文曰：“太宗以英武定天下，然其天姿仁恕。初即位，有劝以威刑肃天下者，魏征以为不可，因为上言王政本于仁恩，所以爱民厚俗之意，太宗欣然纳之，遂以宽仁治天下，而于刑法尤慎。四年，天下断死罪二十九人。六年，亲录囚徒，闵死罪者三百九十人，纵之还家，期以明年秋即刑；及期，囚皆诣朝堂，无后者，太宗嘉其诚信，悉原之。”（卷五十六·刑法志，第1412页。）由此可见，纵囚属于“仁恩”和“爱民”的一环。

部人张兑为父报仇，母老单身，有妻无子，智明愍之，停其狱。岁余，令兑将妻入狱，兼阴纵之。人有劝兑逃者，兑曰："有君如此，吾何忍累之！纵吾得免，作何面目视息世间！"于狱产一男。会赦，得免。其仁感如是。[1]

众所周知，传统中国向来看重"不孝有三，无后为大"[2]的伦理道德。实际上，婚姻的根本目的，即是"昏礼者，将合二姓之好，上以事宗庙，而下以继后世也，故君子重之"。[3]无论"上事宗庙"抑或"下继后世"，核心则是"有后"，否则一切皆是空谈。据此，乔智明不忍心坐视死囚"张兑为父报仇，母老单身，有妻无子"的惨剧发生，故而将张兑妻子带到监狱与其同居，并且解除张兑的刑具，让其自由活动。结果，不但张兑妻子产下一子，而且张兑也交上了"会赦，得免"的好运。因此，传记称赞乔智明"仁感"。

必须指出，哀矜狱囚也是循吏勤于决狱的动力。请看《隋书·循吏列传》的记载：

（辛公义早孤，为母氏所养，亲授书传。）后迁牟州刺史，下车，先至狱中，因露坐牢侧，亲自验问。十余日间，决断咸尽，方还大厅。受领新讼，皆不立文案，遣当直佐僚一人，侧坐讯问。事若不尽，应须禁者，公义即宿厅事，终不还合。人或谏之曰："此事有程，使君何自苦也！"答曰："刺史无德可以导人，尚令百姓系于囹圄，岂有禁人在狱而心自安乎？"罪人闻之，咸自款服。后有欲诤讼者，其乡闾父老遽相晓曰：

1 《晋书》卷九十·良吏·乔智明传，第2337—2338页。

2 引据《孟子·离娄上》。

3 《礼记·昏义》。

“此盖小事，何忍勤劳使君。”讼者多两让而止。[1]

这是一个非常感人的故事，值得稍作解说：其一，辛公义走马上任，但不去官厅将息而先到牢狱断狱，可见其爱民情怀和对于司法工作的重视。其二，辛公义上任伊始，持续“十余日间，决断咸尽，方还大厅”，这种勤于决狱作风，也体现在日常司法实践中。传记写道：“事若不尽，应须禁者，公义即宿厅事，终不还合。”可见其心系囚犯以及听讼折狱不辞辛劳的可贵精神。其三，辛公义所谓“刺史无德可以导人，尚令百姓系于囹圄，岂有禁人在狱而心自安乎”，可见其勤于决狱的思想动力来自“哀矜”囚犯久系囹圄的惨境，也可见其平实质朴的司法态度。其四，辛公义勤于断狱的行为，不但感化了罪犯，一句“罪人闻之，咸自款服”即是最好的概括，而且感动了百姓，所谓“后有欲诤讼者，其乡闾父老遽相晓曰：‘此盖小事，何忍勤劳使君。’讼者多两让而止”。就此而言，勤于听讼折狱，已非个案治理，而是社会秩序的总体治理，并且有着“先苦后甜”的效果。[2]

---

1 《隋书》卷七十三·循吏·辛公义传，第1682页。

2 司法官员勤于听讼断狱，既是“爱民恤囚”的基本要求，也是“刑措狱空”的主要原因。但是在中国历史上，所谓“滞狱”和“瘐毙”问题，同样令人触目惊心。实际上，“滞狱”也是造成“瘐毙”的一个重要原因。对此，史册多有记载。譬如《汉书·刑法志》即有“今郡国被刑而死者岁以万数，天下狱二千余所，其冤死者多少相覆，狱不减一人，此和气所以未洽者也”。（卷二十三，第1109页。）我们完全可以想象，数以万计的死囚，以当时的牢狱条件，恐怕难免出现“滞狱”和“瘐毙”的情形。

又如《明史·刑法二》也有正统“九年，山东副使王裕言：‘囚狱当会审，而御史及三司官或逾年一会，囚多瘐死。’”的记载。还有“嘉靖六年，给事中周琅言：‘……况偏州下邑，督察不及，奸吏悍卒倚狱为市，或扼其饮食以困之，或徙之秽溷以苦之，备诸痛楚，十不一生。’”（卷九十四，第2310、2315页。）再如《清史稿·刑法三》也有，外省监狱湫隘，胥役虐待，以致因“弊窦丛滋”而产生“瘐毙”的记载。（卷一百四十四，第4217页。）在《清史稿·循吏邵大业列传》中也有“松江盗狱久不决，株连瘐毙者众，奉檄鞫治”的记载。（卷四百七十七·循吏二，第13023页。）清代方苞《狱中杂记》（参见《方望溪全集》，北京：中国书店1991年版）的描述，已经为现代读者所熟悉。（接下页）

这种因“哀矜”囚犯而勤于听讼折狱的故事，史不绝书。[1]我们且看明清时期循吏的此类记载。在《明史·循吏列传》中，即有张淳决狱如流的故事：

> （永康知县张淳）日夜阅案牍。讼者数千人，剖决如流，吏民大骇，服，讼浸减。凡赴控者，淳即示审期，两造如期至，片晷分析无留滞。乡民裹饭一包即可毕讼，因呼为“张一包”，谓其敏断如包拯也。[2]

张淳日夜审阅案牍，说明其勤于司法审判工作。而在勤于听讼折狱的背后，则有“爱民”和“恤囚”的道德情感作为支点。但是，一如黄仁宇在评论海瑞时所说：“个人道德之长，仍不能补救组织和技术之短。”[3]换句话说，帝国官吏如欲真正实现“爱民恤囚”的道

对此问题的相关讨论，参见郑秦：《清代司法审判制度研究》，长沙：湖南教育出版社 1988 年版，第 166—170 页；前揭《清代私设班房考释》，载《清史研究》2006 年第 3 期，第 6—12 页。

关于清代“积狱”的讨论，参见赵晓华：《晚清讼狱制度的社会考察》，北京：中国人民大学出版社 2001 年版，第 81—115 页。与滞狱相关的清代积案问题的更为详尽的数据和文献，见 Melissa Macauley, *Social Power and Legal Culture: Litigation Masters in Late Imperial China*, Stanford : Stanford University Press,1998, pp.61–69。

1 诸如《后汉书·循吏列传》记有：王涣出任洛阳县令，“其冤嫌久讼，历政所不断，法理所难平者，莫不曲尽情诈，压塞群疑”（第 2468—2469 页）。顺便指出：王涣的司法风格与法吏接近。《宋书·良吏列传》记有：江秉之“山阴令，民户三万，政事烦扰，讼诉殷积，阶庭常数百人，秉之御繁以简，常得无事”（第 2270 页）。所谓“御繁以简，常得无事”与勤于决狱并不矛盾，而是积极为政断狱而后采取的措施，否则根本没法应付“民户三万，政事烦扰，讼诉殷积，阶庭常数百人”的局面。《魏书·良吏列传》记有：宋世景“明刑理，著律令，裁决疑狱，剖判如流”（第 1902 页）。《北齐书·循吏列传》记载：张华原“累迁为兖州刺史，人怀感附，寇盗寝息。州狱先有囚千余人，华原皆决遣。至年暮，惟有重罪者数十人，华原亦遣归家申贺，依期至狱。先是州境数有猛兽为暴，自华原临州，忽有六驳食之，咸以化感所致”（第 638 页）。尽管传记强调张华原司法实践旨在感化的特点，但是“州狱先有囚千余人，华原皆决遣”的记载，也足资说明其勤于听讼折狱的作风。诸如此类，不能枚举。

2 《明史》卷二百八十一·循吏·张淳传，第 7216 页。

3 参见黄仁宇：《万历十五年》，北京：中华书局 1982 年版，第 135 页。

德理想和司法目标，那就必须具有良好的行政与司法的能力。就张淳而言，传记特别称扬其“剖决如流，吏民大骇，服，讼浸减”，已经充分说明他的司法审判能力超越常人。所谓“凡赴控者，淳即示审期，两造如期至，片晷分析无留滞”，也是赞美张淳听讼决狱的能力，不但审理得当，而且裁决神速——“乡民裹饭一包，即可毕讼”，更是生动的写照。在传记中，尚有刻画张淳侦破盗贼和决断狱讼的具体事迹，足资证明他的司法能力。

在《清史稿·循吏列传》中，也有同样的故事：

> （姚文燮）顺治十六年进士，授福建建宁府推官。建宁俗号犷悍，以睚眦仇杀者案山积，文燮片言立剖，未数月囹圄为空。[1]

> （张瑾，康熙二年举人，十九年）授云南昆明知县。初至，滞狱以百数，断讫皆当。后一省疑狱辄付瑾治，屡有平反。[2]

> （阎尧熙，康熙四十五年进士。）擢山东青州知府，未之官，改授浙江嘉兴。俗健讼，良懦不得直。讼府，下县，或不理，奸猾益无忌。尧熙始至，日受状三百。比对簿，自请息者二百余，庭折数十，各得其情。[3]

> （叶新，康熙五十一年，顺天举人。）又署泸州知州，讼者至，立剖决，滞狱一空。治泸两载，俗一变焉。[4]

---

1 《清史稿》卷四百七十六·循吏一·姚文燮传，第 12978 页。

2 《清史稿》卷四百七十六·循吏一·张瑾传，第 12986 页。

3 《清史稿》卷四百七十七·循吏二·阎尧熙传，第 13008 页。

4 《清史稿》卷四百七十七·循吏二·叶新传，第 13011 页。

（陈庆门，雍正元年进士。）十一年，擢亳州知府，俗悍，好群斗，倚蠹役，表里为奸。庆门廉得其魁党，先后杖遣数百人。又好讼，仿古乡约法，使之宣导排解。勤于听断，日决数十事。不数月，浇风一变。[1]

（陈豪，光绪年间任职汉川。）因病乞休沐，将去任，有淹讼久未决，虑贻后累，舁胡床至厅事判定，两造感泣听命。……（其后，署理随州）治随二年，濒行，闻代者好杀，竭数昼夜之力，凡狱情可原者，悉与判决免死。[2]

上述诸例，不但说明了循吏具有“勤政爱民”的政治理想，而且也说明了他们具备出色的司法审判的能力。事实上，如果地方官员真能钦恤小民，就会勤于行政和司法，假以时日，胜任司法工作也

1 《清史稿》卷四百七十七·循吏二·陈庆门传，第13014页。

2 《清史稿》卷四百七十九·循吏四·方大湜传附陈豪传，第13084页。在《清史稿·循吏列传》中，尚有其他例子：（1）牛运震“居官，不假手幕下，事辄自治。所至严行保甲，斗争讼狱日即于少。遇人干讼，必严惩”。（卷四百七十七·循吏二，第13022页。）尽管牛运震为政颇具法家风格，然其勤于听讼折狱则没有问题。（2）邵大业“乾隆元年，授湖北黄陂知县。初到官，投讼牒者坌至，不移晷，决遣立尽”。（同上，第13023页。）（3）汪辉祖手谕写道：“官民一体，听讼责在官，完赋责在民。官不勤职，咎有难辞；民不奉公，法所不恕。今约每旬以七日听讼，二日较赋，一日手办详稿。较赋之日亦兼听讼。若民皆遵期完课，则少费较赋之精力，即多听讼之功夫。”（同上，第13029页。）手谕表明，汪辉祖是一个勤于听讼折狱的官员。（4）茹敦和“授直隶南乐知县。慎于折狱，于片纸召两造，立剖曲直，当笞者薄责之，民辄感悔自新”。（同上，第13030页。）（5）吴焕彩“勤于听讼，积弊一清”。（同上，第13034页。）（6）邵希曾“慎于折狱，皆速结，讼日以稀”。（同上，第13035页。）（7）郑敦允“道光八年，出为湖北襄阳知府。襄阳俗朴，讼事多出教唆。敦允长于听断，积牍为空”。（卷四百七十八·循吏三，第13050页。）（8）刘体重“廉平不苛，尤长治狱。所居，吏畏民怀，讼狱日简”。（同上，第13053页。）（9）张琦“在馆陶八年，民爱戴之，理讼不待两造集，即决遣之。以其辞质后至者，莫敢狡饰。有疑狱，亦不过再讯”。（同上，第13054—13055页。）（10）石家绍“尽心民事，理讼尝至夜不辍”。（同上，第13055页。）（11）姚柬之“道光十九年，擢贵州大定知府，俗好讼，柬之速讯速结，不能售其欺，期年而讼稀”。（同上，第13060页。）（12）桂超万“道光二十三年，擢授江苏扬州知府。扬俗浮靡，超万励勤俭，严禁令，凡衙蠹、营兵、地棍、讼师诸害民者，悉绳以法。讼于府者，一讯即结”。（同上，第13064页。）例证尚有，不能枚举。必须指出：上述例证也包括了婚姻、田土和钱债之类的纠纷案件。

非遥不可及的事情。因此真正的问题在于：出仕之前不学，既仕之后怠慢。在这种情况下，要想地方官员胜任司法审判工作，必不可能。当然，我并不是要否定法律知识和司法技艺对于地方官员的重要作用，[1]而是希望指出职业精神的关键价值。这就是说，如果司法官员没有“勤政爱民”和“钦恤罪囚”的道德情感的支撑，也就很

1　关于循吏研习和通晓法律的记载，撇开《史记·循吏列传》有关循吏“奉法循理”的记载不谈，我们来看：(1)《汉书·循吏列传》记有黄霸“少学律令”(第3627页)。(2)《后汉书·循吏列传》记有王涣“习《尚书》，读律令，略举大义”(第2468页)。(3)《魏书·良吏列传》记有宋世景“明刑理，著律令，裁决疑狱，剖决如流”(第1902页)。(4)同书录有窦瑗讨论法律的“上表”，可见其精通法律知识(第1908—1910页)。(5)《北齐书·循吏列传》记有宋世轨“幼自严整，好法律”(第639页)。(6)《南史·循吏列传》录有郭祖深的“封事”一篇，其中写道：“法者人之父母，惠者人之仇雠。法严则人思善，德多则物生恶，恶不可长，欲不可纵。伏愿去贪浊，进廉平，明法令，严刑罚，禁奢侈，薄赋敛，则天下幸甚。谨上封事二十九条，伏愿抑独断之明，少察愚瞽。”(第1721页)可见作者应该通晓法律知识。(7)《旧唐书·良吏列传》记有李素立“武德初为监察御史。时有犯法不至死者，高祖特命杀之，素立谏曰：‘三尺之法，与天下共之，法一动摇，则人无所措手足。陛下甫创鸿业，遐荒尚阻，奈何辇毂之下，便弃刑书？臣忝法司，不敢奉旨。’高祖从之”。(卷一百八十五上·良吏上，第4786页。)可见其对法律之重视。(8)同书又有裴怀古“长寿中，累转监察御史。时姚、嶲蛮首反叛，诏怀古往招辑之。怀古申明赏罚，贼徒归附者日以千数，乃俘其魁首，处其居人而还。蛮夷荷恩，立碑颂德。时恒州鹿泉寺僧净满为弟子所谋，密画女人居高楼，仍作净满引弓而射之，藏于经笥。已而诣阙上言僧咒诅，大逆不道。则天命怀古按问诛之。怀古究其辞状，释净满以闻，则天大怒。怀古奏曰：‘陛下法无亲疏，当与天下画一。岂使臣诛无辜之人，以希圣旨。向使净满有不臣之状，臣复何颜能宽之乎？臣今慎守平典，虽死无恨也。’则天意乃解”。(卷一百八十五下·良吏下，第4807—4808页。)也有“法治主义”的倾向。(9)同书还有薛珏“刚严明察，练达法理，以勤身率下，失于纤巧，无文学大体”。(同上，第4828页。)(10)同书记载范传正“举进士，又以博学宏辞及书判皆登甲科”。(同上，第4830页。)应该说，他对法律知识也有不错的修养。(11)《元史·良吏列传》记有周自强“好学能文，练于吏事，以文法推择为吏”。(卷一百九十二·良吏二，第4369页。)(12)同书还有白景亮“明法律，善书算”的记载。(同上，第4369页。)(13)《明史·循吏列传》记有段坚“能以儒术饰吏治”(第7209页)。(14)《清史稿·循吏列传》记有：卫立鼎善于“引经准律”。(卷四百七十六·循吏一，第12990页。)(15)童华“年未冠为诸生，长习名法家言，出佐郡邑治。雍正初，入赀为知县。时方修律例，大学士朱轼荐其才，世宗召见，命察赈直隶”。(卷四百七十七·循吏二，第13015页。)倘若说他是法律专家，应该没有问题。(16)汪辉祖“习法家言”。(同上，第13029页。)(17)伊秉绶“故练刑名”。(卷四百七十八·循吏三，第13047页。)(18)张敦仁“精于吏事”。(同上，第13049页。)

此外，在历代《循吏列传》中记载的通晓儒家经典和久历法曹官员的循吏也不少。至于传记评价某人明习法律的标准究竟是什么，我们并不清楚。不过，值得注意的是，桂超万和方大湜这些留下“律学”著作的循吏，在传记中也没有说他们明习法律，估计标准不低。与此同时，我们也得承认，至少在《循吏列传》的作者眼里，是否精通法律并非问题的关键。但是，我们尚须注意，在历代循吏中，确有不少循吏具有相当好的司法实践能力和经验。

难激发他们专研法律知识和司法技艺的热情；实际上，也唯有那些本着“勤政爱民”和“钦恤罪囚”之精神从事司法裁判的循吏，才能尽心体会律例的深意，把握适用刑罚的轻重。对此，清人曾有很好的解释，请看姚文然在《律意律心说》中的阐述：

> 凡讲论律令，须明律意，兼体作律者之心。律意者，其定律时斟酌其应轻应重之宜也。如秤锤然，有物一斤在此，置之十五两九钱，则锤昂；置之十六两一钱，则锤沈；置之恰当，则不昂不沈，锤适居其中央，故曰“刑罚中”。中者，中也，不轻不重之谓也。此律意也。何谓律心？书曰：“罪疑惟轻，与其杀不辜，宁失不经。”曾子曰：“如得其情，则哀矜而勿喜。”此律心也。譬如一秤锤也，存心宽恕者，则用锤平，且宁于其出也，微失之昂；于其入也，宁失之沈。若心存刻核者，则其用锤也，出必欲其沈，入必欲其昂，此非锤之不平也，用锤者之心不平也。故用律者亦然。[1]

可见，只有那些心存“宽恕”的司法官员——循吏即是如此，方能在适用法律和斟酌罪罚时真正做到恰到好处。徐宏先在《修律自愧文》中也有解释：

> 至难者，修律之事；而尤难者，读律之人。何则？律文至细，律义至深，有一句一意者，有一句数意者；有一字一意者，有一字数意者。总是一片哀矜恻怛之心，不欲轻致民于死之意也。[2]

1　前揭《清经世文编》卷九十一，第2244页。
2　前揭《清经世文编》卷九十一，第2246页。

一句话，唯有秉持“一片哀矜恻怛之心，不欲轻致民于死之意”的循吏，才能认真体会律例中的一字一义。这与孟子所谓“徒善不足以为政，徒法不能以自行”[1]的意思正好相同。否则，即使具备精湛的法律知识和司法技艺，也难以保证他们能够作出公正的司法裁决。要而言之，唯有德艺双全，才是优秀司法官员必须具备的素质。

在这一节中，笔者围绕着循吏在刑事司法实践中因“哀矜”的道德情感而“宽宥”罪犯的各个层面，作了比较翔实的考察。通过考察，我们发现，无论是非常时期（灾荒岁歉）的盗贼犯罪，抑或是通常情况下的普通犯罪，无论是超越法律的裁决，抑或是按照法律作出的裁决，无论是“宽纵”囚犯，抑或是勤于折狱，它们都蕴含着“哀矜”和“钦恤”的道德情感。可以这么说，循吏的司法实践有着鲜明的道德化与情感化的特征。进一步讲，他们的司法实践，也非仅仅局限于解决纠纷和惩罚罪犯，而是包含了教化和感化的意图；不单单是为了社会秩序的安宁，而且也是为了宇宙秩序的和谐，所谓“下害人命，上干天和”，即是最为简明扼要的概括。另一方面，如果谋财害命属于伤天害理的犯罪，那么司法官员制造冤假错案，同样属于“下害人命，上干天和”的行为。因为在“气化生命”与“气化宇宙”的思想文化脉络中，个体生命与宇宙秩序有着内在的关联。

六、明清循吏的司法技艺：智谋与神判

在前面的讨论中，笔者已经涉及了明清时期循吏的司法技艺问题。因为归根结底，调处息讼与哀矜折狱属于司法技艺中的两个不

1 《孟子·离娄上》。

同侧面。下面，我们将要继续探讨明清时期循吏的司法技艺的另一侧面——破案智慧与超验神判。前者关注的是人的司法智慧，后者凸显的是神的明察秋毫。与此同时，本书还将略微涉及明清时期循吏的法律知识与司法能力之间的关系问题，以期揭示司法官员的法律知识和经验能力之于司法实践的价值究竟何在。

倘若我们展读五代和凝父子编辑的《疑狱集》与宋代郑克扩增的《折狱龟鉴》之类传统中国破案断狱的资料汇编，[1] 就可以发现，司法官员洞察“人情”和“物理”的能力，乃是他们司法智慧和司法技艺的基础，而在“智慧与技艺”背后，则仍然蕴含着“仁恕哀矜”的道德情感。这是因为在中国古人（尤其是儒家）眼里，与“智慧和技艺”相比，道德具有天然的优越性和正当性；[2] 也就是说，他们对知识和技术进行了道德化的处理。就司法实践而言，司法的“智慧与技艺”同样必须在道德引领下，才能发挥积极的作用。为了进一步证明上述判断，我们来看《疑狱集·序》的相关阐述：

---

1 参见杨奉琨：《疑狱集·折狱龟鉴校释》，上海：复旦大学出版社 1988 年版。这类书籍的名目不少，诸如：宋人桂万荣编集的《棠阴比事》（参见清文渊阁四库全书本和四部丛刊续编景元钞本），也是同类性质的作品。明代著名文人冯梦龙编撰的《智囊全集》（栾保群、吕宗力校注，北京：中华书局 2007 年版），也收录了不少破案断狱的故事。晚清胡文炳在《折狱龟鉴》基础上增补的《折狱龟鉴补》（陈重业主编：《折狱龟鉴补译注》，北京：北京大学出版社 2006 年版），收录了七百多个相关的故事。

2 先秦道家不但反对道德的优越性与正当性，而且同样反对知识和技术的价值。老子所谓“绝圣弃智”的名言，以及“赤子”或“婴儿”之类的隐喻，即是最好的证据。老子的旨趣，在于强调人类应该顺从“自然”或“道”的生活方式的意义，因而反对“智”对于“道”或“自然”的干预和破坏。在《庄子》一书中，同样不乏这样的言论。譬如，著名的“混沌故事”（《庄子·内篇·应帝王》）的隐喻，即隐含了人为知识对于“道”或“自然”的背离和破坏。再如，用“机械装置”来汲水的故事（《庄子·外篇·天地》），也是旨在说明心智的开发和利用，将会败坏人类淳朴的心灵世界。

实际上，反对“奇器淫技”，乃是中国古人在道德主义文化语境中的普遍态度。依我看来，有关传统中国科学技术落后之原因，尽管可能多种多样，但是与这种反对“奇器淫技”的道德主义的一般态度，恐怕也有密切的关系。另一方面，与科举考试牢笼人才，甚至败坏人才，以及对于知识的道德解释与政治控制，有着更为密切的关系。当然，此处不是探讨这种宏大问题的地方，因此唯有存而不论。

《易》曰："先王以明罚敕法。""君子以折狱致刑。"《书》曰："钦哉，钦哉，惟刑之恤哉！""两造具备，师听王辞。"是知古之圣贤，慎兹狱讼。念一成而不变，审五听以求情。悉其聪明，致其忠爱。俾无枉滥，以召和平。在上者既能尽心，居下者得以措手。其来尚矣，可略言焉。……足使愚夫增智，听讼而不敢因循；酷吏敛威，决狱而皆思平允。助国家之政理，为卿士之指南。仁人之言，其利甚溥。况当圣世，拒可忽旃。……父作子述，诚有愧于下才；刑清狱平，冀少裨于大化。[1]

这篇《序》的要旨有三：其一，扼要地阐述了远古圣贤和儒家经典关于"听讼折狱"的核心思想，无论"明罚敕法"抑或"折狱致刑"，关键在乎"惟刑之恤"。所谓"五听求情"，系指司法官员的知识和技术，即司法官员如何通过两造的五种不同（色、气、词、耳、目）的脸部表情和心理反应，[2] 来判断他们的"口供"的真实程度，属于"聪明"的智慧范畴——主要是指经验智慧；而"慎兹狱讼"和"致其忠爱"，则包括了司法官员的职业态度和道德情感的两个层面。两者结合起来，它们的最终目的，乃是达到"俾无枉滥，以召和平"的理想境界。其二，简洁地说明了作者编集《疑狱集》的旨趣，所谓"助国家之政理，为卿士之指南"者是也。具体来讲，系指"足使愚夫增智，听讼而不敢因循；酷吏敛威，决狱而皆思平允"。不消说，前者关乎司法的智慧和技艺，后者涉及司法的职业态度和道德情感。合而观之，乃是追求"决狱平允"或"刑

---

1 引据杨奉琨：《疑狱集 · 折狱龟鉴校释》，第 43 页。

2 关于"五听"的内容与解释，参见［清］孙诒让撰，王文锦、陈玉霞点校：《周礼正义》第 11 册，北京：中华书局 1987 年版，第 2770—2771 页。

清狱平”的司法境界。在作者看来，良好（酷吏敛威和平允无冤）的司法效果，有赖于司法官员的法律技艺和道德情感。其三，所谓“父作子述”一言，既交代了《疑狱集》的编撰情况，又隐含了作者重视司法实践的基本态度。

元代杜震在《疑狱集·序》中也有类似的意见：

> 狱者，天下之大命，死者不可复生，断者不可复续。[1]《王制》曰：“凡听五刑之讼……意论轻重之序，慎测浅深之量以别之。悉其聪明，致其忠爱以尽之。疑狱，泛与众共之。”古之君子，其详慎用刑而不敢忽也如此。大抵鞫狱之吏，不患其处事之不当，每患其用心之不公；不患其用心之不公，每患其立见之不明。苟其仁足以守，明足以烛，刚足以断狱，无余憾矣。[2]

这篇《序》所欲阐述的基本道理只有一点：唯有在“仁足以守，明足以烛”（道德与智慧兼容并包）的条件下，司法官员才能实现“足以断狱”之目的。总之，在中国古人看来，法律知识与司法技艺，只是听讼折狱的一个方面，而非全部内容。换句话说，司法官员的道德情感（哀矜）与职业态度（审慎），乃是实现司法平允的必不可少的前提条件。对此，南宋景定年间的赵时棄在《折狱龟鉴·跋》中这样写道：“盖狱者民之命，折狱者贵其明而尤不敢轻

1　顺便指出：其中“死者不可复生，断者不可复续”一言，见于《汉书·刑法志》文帝十三年少女缇萦的上书。尤可注意的是，缇萦“自伤悲泣”的上书，引发了汉文帝的同情之心。所谓“天子怜悲其意”以及“非乃朕德之薄，而教不明与！吾甚自愧。……朕甚怜之。……何其刑之痛而不德也！岂称为民父母之意哉？”（第1098页）等等，通篇诏令充满着“致刑”的自然情感和道德情感的修辞，是一篇刑罚道德主义的宣言。据我看来，杜震援引《汉书·刑法志》的文字，颇能激发读者对于“刑罚与哀矜”之间的联想和共鸣。

2　引据杨奉琨：《疑狱集·折狱龟鉴校释》，第44页。

用其明。龟鉴有书，所以推广其明而示人以慎重之意也。”[1] 在赵时薰看来，司法官员的折狱态度非常重要。也就是说，司法官员必须要“明”，但却不能轻易用“明”，进而，即使具备了“明”，仍然要用“慎”来加以约束。无论“明”抑或“慎”，都要秉承一个基本前提，即是“惟良折狱”的古训。只有这样，才能达到“惟良折狱，罔非在中”与“哀敬折狱，咸庶中正”[2] 的理想境界。归根结底，还是强调司法官员的道德操守，只是，赵时薰已经充分地认识到了法律知识和司法技艺之于听讼折狱的关键作用。

此外，清代道光年间的许梿在《折狱龟鉴·叙》中这样写道：

> 甲午岁冬，与天门熊君璧臣有刑部比照加减成案之刻，以为案者已成之狱，而深有感于哀敬折狱之旨。……或疑其（笔者按：系指《折狱龟鉴》）偏主于宽，未协中道，不知法有宽有猛，心有宽无猛，道德之弊，犹或流为申韩，刻核以立论，其不为《罗织经》者几希。……著其法于事，而存其心于论，不可谓非中道。……读是书者，知人罪之出入，务慎之于定案之先，其于哀敬之思，且油然生矣。[3]

许梿在《叙》中明确指出：“哀敬”乃是折狱的核心价值。与此同时，针对有人批评《折狱龟鉴》偏于宽宥的论调，许梿认为：首先，司法官员应持“有宽无猛”的折狱态度，这显然是“哀矜”思想的另一表述。其次，竭力表彰《折狱龟鉴》能够贯彻“著其法于事，存其心于论”的“中道”精神——法律与情感之间的平衡，审

1 引据杨奉琨：《疑狱集·折狱龟鉴校释》，第 435 页。

2 参见《尚书·吕刑》。

3 前揭杨奉琨：《疑狱集·折狱龟鉴校释》，第 438 页。

慎与哀矜之间的平衡。

一句话，像《疑狱集》和《折狱龟鉴》以降的司法故事汇编，有着千年一贯的传统，[1] 它们旨在展现，在司法官员必须具备“审慎”的职业态度与“哀矜”的道德情感的前提条件的引领下，传统中国的司法智慧和司法技艺。反过来讲，它们也是传统中国司法经验的积淀与汇总。所以，把握其中的核心要义，对于我们理解传统中国的司法实践的意义，实在不可小觑。而这也是本书专门予以讨论的原因之所在。

这种思想观念、法律知识和司法技艺，在郑克所撰《折狱龟鉴》的“按语”中也有很好的体现，囿于篇幅，这里不再展开讨论。[2] 下面，我们来看历代《循吏列传》中的记载。

> 孝武之世，外攘四夷，内改法度，民用凋敝，奸轨不禁。时少能以化治称者，惟江都相董仲舒、内史公孙弘、兒宽，居官可纪。三人皆儒者，通于世务，明习文法，以经术润饰吏事，天子器之。[3]

1　根据杨奉琨的考证，和凝所编《疑狱集》的成书时间，约在 984 年前后。参见前揭《疑狱集·折狱龟鉴校释·前言》，第 1 页。其后，元明清三朝都有刊刻和增补。根据元代杜震《序》提供的信息可知，元代曾经刊刻过《疑狱集》；根据《四库全书总目提要》卷一〇一·子部十一提供的信息，明代张景所著《补疑狱集》六卷，增补了《疑狱集》的故事。参见《疑狱集·折狱龟鉴校释》，第 14—15 页。另外，根据道光乙未（1835 年）中秋许梿所写的《折狱龟鉴·叙》可知，当时还在“锓梓”此书。稍后，光绪四年（1878 年）胡文炳则完成了《折狱龟鉴补》一书，这是根据“作叙”的时间推断而得。参见前揭陈重业主编：《折狱龟鉴补译注》，第 10 页。虽然该书收录的司法故事堪称宏富，共有 719 个案件，编辑方式也有调整，但贯彻其间的司法知识却没有什么变化。由此可见，他们对于《疑狱集》和《折狱龟鉴》总结的司法知识的重视。从《疑狱集》到《折狱龟鉴》，再到《折狱龟鉴补》，已历 894 年。在这将近千年的时间里，居然在司法道德、法律知识和司法技艺上没有什么根本性的改观和进步，也是一件令人惊讶的事情。

2　有关《折狱龟鉴》蕴含的编者郑克的法律思想的讨论，参见张全民：《郑克法律思想初探》，载《法制与社会发展》2004 年第 6 期。顺便一提，关于传统中国司法智慧的一般讨论，见 Sidney Shapiro, *The Law and The Lore of China's Criminal Justice*, Beijing: New World Press, 1990。

3　《汉书》卷八十九·循吏传，第 3623—3624 页。

其中，所谓“通于世务，明习文法，以经术润饰吏事”一句，可谓意蕴丰富。随着孝武皇帝推行“罢黜百家，独尊儒术”的政策，战国以降逐步形成的法制传统与“吏道”传统，如今渐次朝着“儒法结合”的方向发展。[1]与此同时，以“通于世务”来概括的行政和司法的经验知识，与文本上的法律知识和经典知识，在司法实践中也出现了融合的局面。由此，儒家倡导的“哀矜折狱”的司法理念，也得到了相应的落实。[2]这是循吏得以兴起——尽管他们早在文景时期就已出现，以及在司法实践中兼顾“法律与道德”的意识形态背景。

班固在《汉书·循吏传》中盛赞黄霸的司法能力，文曰：

> 为人明察内敏，又习文法，然温良有让，足知，善御众。为丞，处议当于法，合人心，太守甚任之，吏民爱敬焉。
>
> 自武帝末，用法深。昭帝立，幼，大将军霍光秉政，大臣争权，上官桀等与燕王谋作乱，光既诛之，遂遵武帝法度，以刑罚痛绳群下，由是俗吏上严酷以为能，而霸独用宽和为名。
>
> 会宣帝即位，在民间时知百姓苦吏急也，闻霸持法平，召以为廷尉正，数决疑狱，庭中称平。[3]

---

1 参见前揭《中国法律与中国社会》，第 303—325 页，同书附录《中国法律之儒家化》，第 328—346 页；余英时：《反智论与中国政治传统》第五节《儒学的法家化》，收入氏著《中国思想传统的现代诠释》，南京：江苏人民出版社 1989 年版，第 91—104 页；前揭《寻求自然中的和谐》，第 251—325 页。

2 汉代的“经义决狱”是其典型，相关讨论，参见高恒：《论引经决狱》，收入氏著《秦汉法制论考》，厦门：厦门大学出版社 1994 年版，第 178—193 页；俞荣根：《儒家法思想通论》，南宁：广西人民出版社 1992 年版，第 576—584 页；黄源盛：《董仲舒春秋折狱》和《两汉春秋折狱案例》，收入氏著《中国传统法制与思想》，台北：五南图书出版公司 1998 年版，第 85—178 页；黄源盛：《主观与客观之间——两汉春秋折狱“原心定罪”的刑法理论》，“经义折狱与传统法律学术研讨会”论文，台北：台湾“中央研究院”历史语言研究所，2004 年 12 月 4—5 日；黄静嘉：《中国传统法制儒家化之登场与体系化——以程树德所辑两汉春秋决狱案例为切入点》，收入氏著《中国法制史论述丛稿》，北京：清华大学出版社 2006 年版，第 3—76 页。

3 《汉书》卷八十九·循吏传·黄霸传，第 3628—3629 页。

可见，黄霸兼具“明察内敏，又习文法，温良有让”的司法经验和道德情感。在司法实践中也能做到“持法平允”，从而赢得了“吏民爱敬”和皇帝的赏识。然而，这些都是一般意义上的评论，而没有涉及具体的决狱智慧。[1]

在《南齐书·良政列传》中，则记载了傅琰决狱的著名故事：

> **故事一** 太祖辅政，以山阴狱讼烦积，复以（傅）琰为山阴令。卖针卖糖老姥争团丝，来诣琰，琰不辨核，缚团丝于柱，鞭之，密视有铁屑，乃罚卖糖者。

> **故事二** 二野父争鸡，琰各问“何以食鸡”。一人云“粟”，一人云“豆”。乃破鸡得粟，罪言豆者。县内称神明，无敢复为偷盗。[2]

从傅琰审理的两个案件中，我们看到了傅琰确实颇具司法的智慧和能力。然而，这种智慧和能力与法律知识没有任何关系，而是凸显傅琰的明察和经验。它们与传记“琰尤明察，又著能名”的评价吻合，主要表现在揭破真相和获取证据的能力上。就两个案件的取证而言，我们确实看到了傅琰观察“物理”的能力，但是必须承认，这种“观察”尚需一定的条件。这里，我们稍作抬杠。在“故事

1 关于黄霸的折狱智慧，在《疑狱集》中记有“黄霸察姒”和“黄霸戮乱”两事，郑克《折狱龟鉴》也收录了。另据杨奉琨的校释，前者出自东汉应劭《风俗通》，后者来自唐代杜佑《通典》。参见《疑狱集·折狱龟鉴校释》，第313、189页。至于黄霸的断狱故事是否源于真实的历史记载，笔者不敢断定，只得暂时存疑。必须指出：黄霸处理上述案件，比较符合“明察内敏”的特点，而与“温良有让”并不相关。

2 《南齐书》卷五十三·良政·傅琰传，第914页。另见《南史》卷七十·循吏·傅琰传，第1706页。和凝父子所编《疑狱集》和郑克《折狱龟鉴》都收录了这两个故事，参见《疑狱集·折狱龟鉴校释》，第6、323、325页。

一”中，如果卖糖者足够机智，事前也来“敲打”团丝，那么傅琰的取证工作，就有可能受阻。在“故事二”中，倘若“言豆者”足够聪明，拖延一下时日，等到鸡胃中的食物排泄干净，再去衙门诉讼，那么傅琰的判断也会出错。当然，这些都是“马后炮”式的事后高明，甚至是无理取闹，并不符合案发当时的情境。况且是否即时提起诉讼，也非“言豆者”能够单方决定。不过这也告诉我们，揭破案件的事实真相，确实并非易事，古今中外概莫能外。据此，我们才能理解，为何胡适要将包公式的司法官员视为“中国的歇洛克·福尔摩斯”。[1]根本原因，即是他们的案件侦破能力和获取证据能力，与法律知识和是否“依法裁决”无关。与此同时，这也告诉我们，一味以法律知识来考虑传统中国司法官员的决狱能力，可能有失偏颇。撇开其他因素不谈，在传统中国社会，导致冤假错案的根本原因，或许并非由于司法官员的法律知识不足，而是因为他们“兼负”的破案能力不够，再加“审限”制度的约束，一旦草率将事，难免出现冤假错案。

这类刻画司法官员“明察”的故事，在历代《循吏列传》中还有若干。[2]现在，我们来看明清时期《循吏列传》的相关记载。先

---

1 前揭《胡适学术文集·中国文学史》，第1038页。

2 关于循吏破案能力和取证能力的刻画：（1）《魏书·良吏列传》所记：宋世景对于“民间之事，巨细必知，发奸摘伏，有若神明。尝有一吏，休满还郡，食人鸡豚；又有一干，受人一帽，又食二鸡。世景叱之曰，汝何敢食甲乙鸡豚，取丙丁之帽！吏干叩头伏罪。于是上下震悚，莫敢犯禁”（第1902—1903页）。（2）《北齐书·循吏列传》记有：苏琼“除南清河太守，其郡多盗，及琼至，民吏肃然，奸盗止息。或外境奸非，辄从界中行过者，无不捉送。零县民魏双成失牛，疑其村人魏子宾，送至郡，一经穷问，知宾非盗者，即便放之。双成诉云：‘府君放贼去，百姓牛何处可得？’琼不理，密走私访，别获盗者。从此畜牧不收，多放散。云：‘但付府君。’有邻郡富豪将财物寄置界内以避盗，为贼攻急，告曰：‘我物已寄苏公矣。’贼遂去”。尚有一例：苏琼“迁左丞，行徐州事。徐州城中五级寺忽被盗铜像一百躯，有司征检，四邻防宿及纵迹所疑，逮系数十人，琼一时放遣。寺僧怨诉不为推贼，琼遣僧，谢曰：‘但且还寺，得像自送。’尔后十日，抄贼姓名及赃处所，径收掩，悉获实验，贼徒款引，道俗叹伏”（第643、645页）。苏琼不仅明察，而且“仁恕”，以至于有“断决无疑苏珍之”的美誉。（3）《旧唐书·良吏列传》记有：（接下页）

来解读《明史·循吏列传》中的故事：

（张淳）授永康知县。……巨盗卢十八剽库金，十余年不获，御史以属淳。淳刻期三月必得盗，而请御史月下数十檄。及檄累下，淳阳笑曰："盗遁久矣，安从捕。"寝不行。吏某妇与十八通，吏颇为耳目，闻淳言以告十八，十八意自安。淳乃令他役诈告吏负金，系吏狱。密召吏，责以通盗死罪，复教之请以妇代系，而已出营赀以偿。十八闻，亟往视妇，因醉而擒之。及报御史，仅两月耳。[1]

"张允济，青州北海人也。隋大业中为武阳令，务以德教训下，百姓怀之。元武县与其邻接，有人以牸牛依其妻家者八九年，牛孳产至十余头，及将异居，妻家不与，县司累政不能决。其人诣武阳质于允济，允济曰：'尔自有令，何至此也？'其人垂泣不止，具言所以。允济遂令左右缚牛主，以衫蒙其头，将诣妻家村中，云捕盗牛贼，召村中牛悉集，各问所从来处。妻家不知其故，恐被连及，指其所诉牛曰：'此是女婿家牛也，非我所知。'允济遂发蒙，谓妻家人曰：'此即女婿，可以牛归之。'妻家叩头服罪。元武县司闻之，皆大惭。又尝道逢一老母种葱者，结庵守之。允济谓母曰：'但归，不烦守也。若遇盗，当来告令。'老母如其言，居一宿而葱大失。母以告允济，悉召葱地十里中男女毕集，允济呼前验问，果得盗葱者。曾有行人候晓先发，遗衫于路，行十数里方觉，或谓曰：'我武阳境内，路不拾遗，但能回取，物必当在。'如言果得。远近称之。政绩尤异。"（卷一百八十五上·良吏上，第4784—4785页。）也见《新唐书·循吏列传》，第5618页。（4）《金史·循吏列传》录有：孙德渊"察廉迁沙河令。有盗秋桑者，主逐捕之，盗以叉自刺其足面，曰：'秋桑例不禁采，汝何得刺我。'主惧，赂而求免，盗不从，诉之县。德渊曰：'若逐捕而伤，疮必在后，今在前，乃自刺也。'盗遂引服"（第2766页）。（5）《元史·良吏列传》记有周自强"转饶州路经历，迁婺州路义乌县尹。周知民情，而性度宽厚，不为刻深。民有以争讼诉于庭者，一见即能知其曲直，然未遽加以刑责，必取经典中语，反覆开譬之，令其诵读讲解。若能悔悟首实，则原其罪；若迷谬怙恶不悛，然后绳之以法不少贷。民畏且爱，狱讼顿息"。（卷一百九十二·良吏二，第4369页。）其中"民有以争讼诉于庭者，一见即能知其曲直"颇可注意，它说明了周自强确有不同凡响的洞察能力与司法经验。（6）《明史·循吏列传》记有叶宗人"常行江中，有死人挂舟舵，推问，则里无赖子所沉者。遂俱伏法，邑民以为神"（第7195页）。（7）《清史稿·循吏列传》记有陈文黻在"光绪九年，授留坝厅同知。……厅介万山中，林谷深阻，奸民狙伏行劫，或掠妇孺卖境外。文黻密图其处示捕役，时复微服迹之，多就擒治。……民有杀子妇匿其尸者，母家以无左验，不得直。文黻偶行山径，群鸦噪于前，索而得之，一讯具服，人以为神"。（卷四百七十九·循吏四，第13091—13092页。）以上诸例，都有详尽的故事，引述在此，聊见一斑而已。至于一般性的评价某某司法官员"发奸摘伏"和"决狱如流"的事例很多，不拟枚举。

1 《明史》卷二百八十一·循吏·张淳传，第7216页。

一个“十余年不获”的巨盗卢十八，却在张淳手里仅仅费了“两月”即被缉获，充分展现出张淳侦破案件的超强能力。必须指出，张淳缉获巨盗的手段，属于“钩慝”之法。所谓“钩慝”之法，郑克在《折狱龟鉴》中曾有简要的解释：“按：贼逃匿者，谲使出焉，免于追捕之烦，其术固不可废。然人之逃匿，既可谲取之矣，则贼之隐匿，亦可谲取之也。擿奸钩慝，是谲取其情者也。”[1]说白了，所谓“钩慝”，即是“诈术”。在侦破这起巨盗案件时，张淳设计了一个连环套。首先，他“请御史月下数十檄。及檄累下，淳阳笑曰：‘盗遁久矣，安从捕。’寝不行”。请求御史不断下檄，乃是为了迫使巨盗逃匿；张淳“寝不行”而佯装懈怠，则是为了麻痹巨盗，使其放松警惕。卢十八果然中了圈套，所谓“意自安”，即是此意。其次，张淳得知“吏某妇与十八通，吏颇为耳目，闻淳言以告十八”，随即采取将计就计的办法，“乃令他役诈告吏负金，系吏狱。密召吏，责以通盗死罪，复教之请以妇代系，而己出营赀以偿”。张淳利用“钩慝”之法，达到“引蛇出洞”之目的。果不其然，巨盗得知吏妇入狱，“亟往视妇”，却因醉而被张淳擒获。

顺便指出：其一，根据《大明律》卷十八“常人盗仓库钱粮”规定，得财价值八十贯，处以绞刑。[2]据此，巨盗卢十八至少应判绞刑。另据卷二十七“知情藏匿罪人”规定：“若知官司追捕罪人，而漏泄其事，致令罪人得以逃避者，减罪人罪一等。”[3]其二，按照卷一“加减罪例”规定：死罪减一等，应得流三千里。[4]如果这样的话，某吏当得流三千里的刑罚。由此看来，张淳“责（某吏）以

1 前揭《疑狱集·折狱龟鉴校释》，第385页。关于“钩慝”和“擿奸”的相关讨论，参见前揭《郑克法律思想初探》，载《法制与社会发展》2004年第6期，第47—49页。

2 参见前揭《大明律》卷十八，第138—139页。

3 前揭《大明律》卷二十七，第209页。

4 参见前揭《大明律》卷一，第20—21页。

通盗死罪”的指控，恐怕与法律规定不合。其三，至于“复教之请以妇代系，而己出营赀以偿”的举措，更是没有法律依据。因为根据《大明律》卷二十八“因应禁而不禁”规定：对于流罪囚犯应禁而不禁，相关的司法官员必须承担法律责任，笞责五十。[1] 所以，张淳让某吏“己出营赀以偿”的行为，属于违法行为。然而，在张淳看来，只要能够缉获罪犯，采取何种手段并无严格限制，在法律上是否得当也可以在所不问。实际上，这并不是张淳的个人风格，而是传统中国司法实践中的普遍现象。

描写张淳善于听讼和破案的评价和故事，在传记中还有记载。请看：

故事一 （在建康担任县令时）日夜阅案牍。讼者数千人，剖决如流，吏民大骇服，讼浸减。凡赴控者，淳即示审期，两造如期至，片晷分析无留滞。乡民裹饭一包即可毕讼，因呼为“张一包”，谓其敏断如包拯也。

故事二 民有睚眦嫌，辄以人命讼。淳验无实即坐之，自是无诬讼者。

故事三 岁旱，劫掠公行，下令劫夺者死。有夺五斗米者，淳佯取死囚杖杀之，而榜其罪曰“是劫米者”，众旨慑服。

故事四 久之，以治行第一赴召去永，甫就车，顾其下曰：“某盗已来，去此数里，可为我缚来。”如言迹之，盗正濯

1 参见前揭《大明律》卷二十八，第211页。

> 足于河，系至，盗服辜。永人骇其事，谓有神告。淳曰："此盗捕之急则遁，今闻吾去乃归耳。以理卜，何神之有。"[1]

关于"故事一"，前面已经作过讨论，不再赘述。根据"故事二"所述，明清时期的民间百姓往往因"睚眦小忿"而"辄以人命"起诉，这种风气非常流行。但是，面对这种情况，只要尚未造成致命后果，地方官员往往以"乡愚无知"为理由，采取网开一面的态度，或者以"讼简刑措"为借口，采取"息事宁人"的态度。因此，很少按照"诬告反坐"[2]的法律进行惩办，通常是杖责了事，以致诬告之风炽盛，成为难以根治的社会问题和司法顽症。有所不同的是，张淳本着"现实主义"的态度，面对民众的诬告风气，不是采取"姑息养奸"的态度，而是依法予以惩罚，传记所谓"验无实即坐之，自是无诬讼者"。[3]再加张淳"剖决如流"的干练敏断和勤于听讼，从而出现了"吏民服，讼浸减"的结果。事实上，这也是"仁恕爱民"和"钦恤罪犯"的表现。必须指出：民众诬告与地方官员消极懈怠、压抑诉讼、处置不当或审断不公，有着非常密切

1 《明史》卷二百八十一・循吏・张淳传，第 7216 页。

2 根据《大明律》卷二十二"诬告"规定的核心内容："凡诬告人笞罪者，加所诬罪二等；流、徒、杖罪，加所诬罪三等；各罪止杖一百，流三千里。……至死罪，所诬之人已决者，反坐以死。未决者，杖一百，流三千里，加役三年。"（前揭《大明律》，第 176 页。另见前揭《大清律例》卷三十"诬告"，第 481 页。）可见，明清法律对于诬告犯罪的量刑很重。在我看来，明清法律之所以加重诬告的刑罚幅度，是因为国家希望借此遏制诬告的风气，一则可以维护社会秩序的和谐安定，二则可以减轻国家的司法成本。正因为"诬告"很少反坐，故而诬告之风炽盛。对此困境，李渔曾说："人情刁恶，非复三代遗风。十纸人命状词，究无一纸是实。"因此李渔建议："令告者据实填进（状词），审得其实，固为伸冤洩愤，即其词稍有不实，亦不必概坐反诬。轻者斥逐，重则杖惩。以民间刁讼之风浸淫日久，不能遽革，且留余地，以待逐渐挽回。"（氏著《论人命》，载前揭《清经世文编》卷九十四，第 2305 页。）李渔之言，正可见出其对诬告的尴尬态度。

3 在《清史稿・循吏列传》中也有陈豪的类似故事："寻署随州，素多盗，豪如治房县时，置匦令自首。选贤绅，行保甲，盗风顿戢。俗多自戕图诈，豪遇讼，实究虚坐，不稍徇，浇风革焉。"（卷四百七十九・循吏四，第 13084 页。）

的关系。甚至可以这么说，正是地方官员的上述行为，才导致了民间百姓的诬告和缠讼的风气。[1] 在“故事三”中，张淳针对饥民公然劫掠的行为，一是“下令劫夺者死”，这仅仅是文本上的恐吓，未必有效。这是因为对于真正的“夺五斗米者”，张淳又不忍心根据自己所下的“劫夺者死”的命令处以死刑。换句话说，张淳的司法实践，仍然蕴含着“哀矜”饥民的道德情感。二是“佯取死囚杖杀之”，并且“榜其罪曰‘是劫米者’”。[2] 这当然是一种“杀鸡儆猴”的策略。不过两者相配，颇能给人一种“令行禁止”的感受。由此可见，张淳措置干练，应对灵活机变，以致取得了“众旨慑服”的积极效果。在“故事四”中，我们更能看出张淳的破案能力。就表面而言，很有一种“料事如神”的气派。但是，我们从张淳自谓“此盗捕之急则遁，今闻吾去乃归耳。以理卜，何神之有”一言可知，这是张淳“人情练达，世事洞明”而后取得的司法能力。综上所述，我们可以发现，张淳的司法能力并非来自法律知识，而是来自先天智慧和后天经验。

我们再看《清史稿·循吏列传》中的其他故事：

故事一 （咸丰年间，李炳涛先后出任蒙城和亳州牧令，

1 对此问题的相关讨论，参见徐忠明：《诉讼与伸冤：明清时期的民间法律意识》，收入前揭《案例、故事与明清时期的司法文化》，第 233—277 页。

2 值得略作讨论的是：张淳“佯取死囚杖杀”的所谓“死囚”，在司法程序上究竟处在哪个阶段？是张淳在县衙初审时作出的死刑“裁决”，抑或是经由“审转”程序和“覆奏”程序获得批准的死囚？并不清楚。如果是前者，那么张淳根本没有作出死刑“裁决”的权力，他能作出的只是初审“看语”，并无可以执行的法律效力。如果是经由“审转”程序和“覆奏”程序获得核准的死囚，那么张淳必须在接到刑部下达死刑执行的法律文书后，才能予以执行，否则也是违法行为。关于明清时期“死刑执行”的程序，参见《大明律》卷二十八“死囚覆奏待报”的规定，第 223 页；另见《大清律例》卷三十七“死囚覆奏待报”的规定，第 600—601 页。如果被杖杀的只是瘐毙的死囚，当然没有问题。如果杖杀只是一场“杀鸡儆猴”的演戏，拿死囚来做做样子，实际上并没有真的杖杀，这自然也没有什么问题。就传记文字来推敲，我更愿意相信张淳杖杀的死囚，乃是尚未获得“覆奏”批准的罪犯。

有机警，善断狱之誉。）在蒙城，营马为贼所劫。乃传谕，诘旦城但启一门。见有马奔出，有鞍而无辔，命羁之。俄一人手持一封，将出城，回顾者再，缚之。发其封，则辔与劫物皆在，其人伏罪。

故事二 在亳州，田父报子夜投井死，验无伤，井旁有汲水器。炳涛念夜非取水时，既原死，何暇持器。询其妇，无戚容。侦其平日与邻妇往来，拘邻妇鞫之，果得状。盖邻妇弟与妇通，欲害其夫。适其夫以事忤父，邻妇邀醉以酒而投之井。置汲器者，欲人信其取水投井也，于是皆伏法。[1]

就“故事一”而言，李炳涛可谓“机警”，而其成功缉获盗马贼的根本原因，乃是洞察人情事理。首先，传谕“诘旦城但启一门”的理由，是因为李炳涛洞察盗马贼急需出城，逃避官府的追捕。可以想象，如果四处城门皆开，就会给缉捕盗马贼带来不必要的困难。其次，李炳涛下令只要“见马奔出，有鞍无辔，羁之”，是因为被盗之马有鞍无辔，这是缉捕盗马贼的重要线索，不能轻易放过。果不其然，捕快一举缉获了盗马贼。其中，尚有盗马贼“回顾者再”的细节，引起了捕快的注意，从而将盗马贼绑缚归案。从“故事二”来看，引起李炳涛特别注意的疑点有三：一是“夜非取水时”，二是“既原死，何暇持器”，三是“询其妇，无戚容”。这些都是日常生活的经验与人类情感的反映。试想：在通常情况下，谁会深更半夜去井边打水？一个想要自杀的人，难道还会带着汲水工具投井自杀？面对丈夫死于非命，妻子难道毫无悲切的情感流露？这些都

1 《清史稿》卷四百七十九·循吏四·李炳涛传，第 13077 页。

是违反常识（常理和常情）的现象，因此引起了李炳涛的注意。可见，这是一起他杀案件。据此判断，李炳涛展开了调查，结果案件的真相得以大白天下——邻居“妇弟”与死者妻子私通，起意谋杀亲夫。案发现场乃是被告的伪造，以期制造自杀的假象。案件被李炳涛审问清楚，被告只得认罪服法。值得稍事探究的是，就“邻妇弟与妇通，欲害其夫。适其夫以事忤父，邻妇邀醉以酒而投之井”来看，其中有一法律问题值得追问：死者之妻是否与奸夫共谋？单就此言而论，死者之妻似乎并不知情，因为“欲害其夫。适其夫以事忤父，邻妇邀醉以酒而投之井”表明，是邻妇和兄弟密谋将死者投之于井的。而且从“拘邻妇鞫之，果得状”来看，结果也是如此。否则，何以李炳涛只字不提死者之妻的行为呢？倘若这样，那么，根据《大清律例》卷二十六“谋杀奸夫”规定：“其妻妾因奸同谋杀死亲夫者，凌迟处死；奸夫处斩。监候。若奸夫自杀其夫者，奸妇虽不知情，绞。监候。”[1] 在本案中，邻妇也参与了谋杀亲夫的犯罪，按照同律卷二十六“谋杀人”规定：“凡谋杀人，造意者，斩，监候。从而加功者，绞，监候。”[2] 综上，奸夫当得斩监候，邻妇当得绞监候，奸妇也应该处以绞监候。当然，传记没有提到三人应该如何定罪量刑。

下面，我们接着分析《清史稿·循吏列传》的故事：

> **故事一** （乾隆年间，朱休度出任山西广灵知县）尤善决狱，刘杷子妻张，以夫出，饥欲死，易姓改嫁郭添保。疑郭为略卖，诘朝手刃所生子女二而自刭。休度诣验，妇犹未绝，目郭作声曰：“贩，贩！”察其无他情，谳定，杷子乃归。众曰：

1 前揭《大清律例》卷二十六，第424页。
2 前揭《大清律例》卷二十六，第420页。

“汝欲知妇所由死，问朱爷。”休度语之状，并及其家某事某事。杞子泣曰：“我归慾期至此，勿怨他人矣。”稽首去。

故事二 薛石头偕妹观剧，其友目送之。薛怒，刃伤其左乳，死。自承曰：“早欲杀之，死无恨。”越日，复诘之曰：“一刃何即死也？”薛曰：“刃时不料即死。”曰：“何不再刃？”薛曰：“见其血出不止，心惕息，何忍再刃？”遂以误杀论，减戍。[1]

如欲审理这两起杀人案件，关键在于“明察”案件的事实真相。不过在“故事二”中，也涉及了法律适用问题，此乃后话，暂且不说。

我们先看“故事一”的描述。本案的事实比较简单，关键在于如何判断。传记写道：“休度诣验，妇犹未绝，目郭作声曰：‘贩，贩！’察其无他情，谳定。”根据这一描述，朱休度似乎完全相信刘氏临死之前的口供：“贩，贩！”意即，刘氏的新任丈夫郭添保贩卖人口。配合朱休度的现场勘验，[2]得出“其无他情”的判断，确实有其道理。当然，本案死者刘氏的改嫁，倒是值得我们深思。她的故事告诉我们，对于普通民众来说，现实生活的压力可能要比礼教纲常的压力来得更加实实在在。换句话说，理学家标榜的“饿死事极小，失节事极大”[3]（程颐语）的教条，对于社会底层的妇女来

---

1 《清史稿》卷四百七十七・循吏二・汪辉祖传附朱休度传，第 13031 页。

2 在传统中国社会，对于自杀与他杀的区别，至少战国时期的司法人员已经有所认识。譬如《秦简》已有所谓“贼死”与“经死”的基本分类。参见前揭《睡虎地秦墓竹简》，第 264—270 页。到了南宋，这一方面的知识更加完备。有关自杀与他杀的物理现象，已有比较仔细的刻画。参见［南宋］宋慈著，罗时润、田一民、关信译释：《洗冤集录译释》，福州：福建科学技术出版社 1992 年版，第 146—157 页。洎乎清代，相关知识依然是人们关注的问题。参见前揭贾静涛：《中国古代法医学史》，第 143 页。

3 引据［宋］程颐、程颢：《二程遗书》卷二十二下，上海：上海古籍出版社 2000 年版，第 356 页。

讲，实际影响或许并不是很大。[1] 换句话说，在生存压力下，民间妇女之改嫁，并非我们想象的那样，令人感到羞耻。

在“故事二”中，核心问题有三：首先，被告自承：“早欲杀之，死无恨。”就此而言，被告似有杀人故意，从“欲”字可以看出。朱休度复诘：“一刃何即死也？”被告回答：“刃时不料即死。”实际上，这也可以用来说明，被告下手很重，以致一刀毙命；况且伤在“左乳”，很有可能刺中心脏，以致毙命。当然，我们不太清楚的是，这一刀究竟是“砍中左乳”还是“刺中左乳”。但是朱休度好像不信，因此又问：“何不再刃？”被告再答：“见其血出不止，心惕息，何忍再刃？”这意味着被告没有再次下手杀人的决心与狠心。综上两点，朱休度认为：“一刃即死”的可能性很小，而且被告已有“不忍再刃”的意图。如果这样的话，恰好可以证明，死者毙命出乎被告的意外，因此不是谋杀或者故杀，而是误杀。这就涉及法律适用问题。其次，我们来看朱休度作出“误杀”的判决是否得当。那么，什么是“误杀”呢？根据《大清律例》卷二十六“戏杀误杀过失杀伤人”规定：“因斗殴而误杀伤旁人者，各以斗杀伤论。（死者，并绞。）”[2] 据此，被告的行为与“误杀”根本不同。对此，清代著名律学家沈之奇作了很好的解释：“误中旁人，出于

1 这一方面的讨论，参见美国学者苏成捷（Matthew H. Sommer）：《作为生存策略的清代一妻多夫现象》，李霞译，载黄东兰主编：《身体・心性・权力》，杭州：浙江人民出版社 2005 年版，第 236—262 页。

2 前揭《大清律例》卷二十六，第 433 页。当然，误杀之“误”有其特殊含义，只是传统中国法律上的“误”的一种含义，而非全部。日本学者西田太一郎指出：“与‘过失’、‘失’相类似的法律用语还有‘误’。从文字上来说，与那种感觉上的过错、疏忽大意的‘失’相对而言的‘误’，就是错误。它是由于对于情况、对象、自己应该做的行为等等的误认、误解而发生的，也就是说，是因为认识上的错误而导致的方法、手段和行为上的错误。因此，作为一种‘过失’的‘误’，也是与‘故’相对称的。”又说：“所谓‘误’，从含义上看，就是没有实行能够产生正确结果的行为，却采取了导致不正确结果的行为。”还说：“这是《唐律》的特点，后来的明律、清律也都继承了这一点。”（氏著《中国刑法史研究》，段秋关译，北京：北京大学出版社 1985 年版，第 103—104、109 页。）关于“误”的具体分析，参见第 103—107 页。

不意，然其心则欲以杀伤人之心也，虽未及于欲殴、欲杀之人，而旁人已被杀伤，则其殴与杀之事，已施于人矣。故由斗殴而误者，以斗杀伤论；由谋杀、故杀而误者，以故杀论。”[1] 值得我们注意的是：一者，死者与被告没有斗殴。当然，鉴于记载简单，我们难以判断两人是否相斗或相殴，不说也罢。二者，即使斗殴，被告并非误杀旁人。所以，朱休度的判决并不得当。依我看来，被告的行为更像是谋杀，而非故杀，更非误杀。因为被告声称“早欲杀之”和“一刀毙命”两个情节，已经足以证明被告的行为特征是谋杀。如果被告属于谋杀，那就应得斩刑。[2] 必须指出，与现代刑法及其理论不同，在传统中国法律里，谋杀与故杀有着根本性的差异。前者强调杀人的预谋，后者乃是临时起意的杀人。按照《大清律例》卷二十六“谋杀人”的解释，所谓“谋”，系“或谋诸心，或谋诸人”的意思。又据“斗殴及故杀人”的解释，所谓“故”，指“临时有意欲杀，非人所知”的意思。[3] 不过“临时有意欲杀”的语境，则是斗殴。再次，即使是“误杀”，根据“律注”解释，被告应得绞刑，而非“减戍”，意即流刑。当然，所谓“减戍”，也可以被解释成在绞刑上减一等，应得流三千里的刑罚。[4] 如果这样的话，那么“减戍”无疑属于宽宥的处罚。复次，按照“斗殴及故杀人”所附条例规定：“凡审理命案，一人独殴人致死，无论致命不致命，皆拟抵偿。”[5] 可见，本案被告也应得死刑，而非流刑。总而言之，朱休度作出“减戍”的裁决，无疑是出于“哀矜”囚犯而“宽宥”其

---

1 ［清］沈之奇著，怀效锋、李鸣点校：《大清律辑注》，北京：法律出版社 2000 年版，第 689—690 页。

2 参见前揭《大清律例》卷二十六，第 420 页。

3 参见前揭《大清律例》卷二十六，第 420、430 页。

4 参见前揭《大清律例》卷五，第 123 页。

5 前揭《大清律例》卷二十六，第 431 页。又，根据薛允升的考证，这一条例是康熙五十一年议准，而在乾隆五年收入《大清律例》。参见前揭《读例存疑点注》，第 582 页。

罪，减轻其刑。最后，笔者推测，朱休度之所以认定被告属于“误杀”，可能是因为被告仅仅砍了一刀，而且砍的地方也非致命的左乳，其友死亡出乎自己的意外，未能产生正确的结果，或者说产生了不正确的结果。在通常意义上，对“误”的这种理解，不能说是错误的，但是，就“误杀”的法律定义而言，则是错误的。那么，朱休度究竟是因为法律知识不足而导致认识上的错误，抑或是为了开脱被告罪责而故意作出的错误理解？笔者更愿意接受后面一种解释。这是因为根据传记的记载，朱休度对于法律颇为精通，适用法律也很慎重，并有丰富的司法经验和司法能力。请看传记所谓：“休度尝曰：‘南方狱多法轻情重，北方狱多法重情轻，稍忽之，失其情矣。’待人以诚，人亦不忍欺。周知民情，诉曲直者，数语处分，民皆悦服。数年囹圄一空，举卓异。”如果他对于法律懵懂无知，那么传记作出这样的评价，显然是混淆视听。根据笔者上面的分析，传记这一评价颇为得当。但是就朱休度裁决的案件来看，依然不免超越法律的做法。据我看来，朱休度之所以如此裁决，是因为出于“哀矜”囚犯的考虑，而非司法能力与法律知识的不足。顺便一提，朱休度有关“地域文化与法律轻重”的概括，实际上是“一方水土养一方人”和“因风俗而形成礼教”[1]的另一说法，并非什么新鲜的观点。程颐曾说：“南方人柔弱，所谓强者，是义理之强，故君子居之。北方人强悍，所谓强者，是血气之强，故小人居之。凡人血气，须要理义胜之。”[2]所谓“血气强”，故而刑罚须重；所谓“义理强”，所以刑罚应轻。这与廖冀亨因吴人体质柔弱而不愿处以重罚的意思，刚好相同。因此，我觉得，如此理解朱休度的概括，也非不得要领。

---

1 关于“风俗与礼教”的关系的说法，参见《汉书·地理志》的记载。

2 前揭《二程遗书》卷二十二上，第344—345页。

在明清时期的《循吏列传》中，尚有其他描写循吏破案决狱的智慧与能力的故事，这里不再一一展开讨论。[1]下面，我们再来分析几个比较特殊的破案决狱的故事。也就是说，当人的智慧和能力不足以完成侦破案件或决断狱讼的艰巨任务时，明清时期的循吏又

---

1 在《明史·循吏列传》中记有：（1）吴履出任南康县丞，“居数月，摘发奸伏如老狱吏，则皆大惊，相率敛迹。履乃改崇宽大，与民休息。知县周以中巡视田野，为部民所詈。捕之不获，怒，尽絷其乡邻。履阅狱问故，立释之，乃白以中。以中益怒，曰：‘丞慢我。’履曰：‘犯公者，一人耳，其邻何罪？今絷者众，而捕未已，急且有变，奈何？’以中意乃解”（第7188页）。可见，不但有“摘发奸伏”的能力，而且有“仁爱宽大”的精神。（2）范希正授职曹州知州，时有“吉水人诬曹富民杀其兄，连坐甚众。希正密移吉水，按其人姓名皆妄，事得白”（第7208页）。（3）徐九思“嘉靖中，授句容知县。始视事，恂恂若不能。俄有吏袖空牒窃印者，九思摘其奸，论如法。郡吏为叩头请，不许，于是人人惴恐。为治于单赤务加恩，而御豪猾特严。讼者，挟不过十”（第7213页）。可见，徐九思颇有“明察”与“仁恕”兼备的司法风格。在《清史稿·循吏列传》中，同样不乏这样的故事：（4）崔宗泰担任常州知府，“政尚严厉，善钩距，吏民惊为神明”。（卷四百七十六·循吏一，第12982页。）所谓“善钩距”，是善于缉捕罪犯的意思。（5）邵嗣尧出任山东临淄知县，“益感奋自励，屡断疑狱，人以包孝肃比之”。（同上，第12989页。）（6）王时翔授职“福建晋江知县。时福建吏治颓废，遣使按视，多更诸守令有司，颇尚操切。晋江民好讼，时翔至，曰：‘此吾赤子，忍以盗贼视乎？’一以宽和为治。坐堂皇，呴呴作家人语。曲直既判，令两造释忿，相对揖，由是讼者日衰。观风整俗使刘师恕按泉州，委时翔鞫疑狱二十余事，语人曰：‘晋江长者，决狱又何精敏也！’”时翔调任“成都，屡雪疑狱，时称神明”。（卷四百七十七·循吏二，第13008—13010页。）被人们誉为决狱“神明”的时翔，也是一个“一以宽和为治”的长者。（7）蓝鼎元授职“广东普宁知县，在官有惠政，听断如神”。（同上，第13010页。）我们检阅《鹿洲公案》（北京：群众出版社1985年版）所载故事，与此可以相互补证。（8）牛运震出任甘肃秦安知县，“先是巡检某诬马得才兄弟五人为盗，前令弗察，得才自刎死。其兄马都上控，令又诱而毙之狱。其三人者将解府，运震鞫得其情，昭雪之。又清水县某令冤武生杜其陶父子谋杀罪，上官檄运震覆治，验死者得自刎状，以移尸罪其陶而释其子。他讼狱多所平反”。（同上，第13021页。）牛运震平反这两起冤案的关键，也是揭破案情真相。（9）张敦仁署理南昌，“所属武宁民妇与二人私，杀其夫，前守以夫死途中，非由妇奸报。敦仁覆鞫词无异，而其幼子但哭不言，疑之。请留前守同谳，遂得谋杀移尸状，狱乃定”。（卷四百七十八·循吏三，第13050页。）这是“明察”的例证。（10）李文耕授职邹平知县，“听讼无株累，久之，讼者日稀。善捕盗，养捕役，使足自赡，无豢贼。数亲巡，穷诘窝顿。尝曰：‘治盗必真心卫民，身虽不能及者，精神及之，声名及之。’终任，盗风屏息”。（同上，第13051页。）（11）姚柬之担任河南临漳知县，“屡决疑狱。县民张鸣武控贼杀妻，称贼攀二窗棂入室。柬之勘窗棂窄，且夫未远出。诘之，果夫因逐贼，误斫杀妻”。（同上，第13058页。）（12）萧世本署理天津知县，“天津民悍好斗，锅伙匪动为地方害，世本严惩之。地为通商大埠，讼狱殷繁，世本手批口鞫，断决如神”。（卷四百七十九·循吏四，第13075页。）（13）蒯德模署理长洲知州，“附郭讼狱故繁，日坐堂皇判决，间用俳语钩距发摘，豪猾屏息。然执法平，不为核刻。上官遇疑狱，辄移鞫治，多所平反。治长洲四年，判八百余牍，尽惬民意，或播歌谣焉”。（同上，第13080页。）这些故事中的循吏，不少应该属于法律知识、司法智慧和司法经验兼备的地方官员，由于传记所述简单，以致我们难以一一作出仔细的分辨。

是怎样借助神的明察秋毫之超验能力来破案决狱的呢？这个问题较少受到学者的关注，相关的学术成果也不是很多。这里从瞿同祖先生的讨论说起。他说：

> Robson 说神判法是普遍的习惯，在世界上很少有一国家不曾使用这方法，唯一的可能的例外是中国，中国人中找不到神判的痕迹。（见 W.A. Robson, *Civilization and the Growth of Law*, *Macmillan*, London, 1935, p.112, note 1）是慎重而较合于历史事实的论断。
>
> 中国有史以来就以刑讯来获得口供，早就不仰赖神判法了。但在使用刑讯以前，似也曾经过神判的阶段。
>
> 神判法在中国的历史时期虽已绝迹，但是我们只是说在规定的法律程序上不见有神判法而已。实际上神判法依然有其潜在的功能。官吏常因疑狱不决而求梦于神，这显然是求援于神的另一种方式。[1]

细绎瞿同祖先生的观点，不外是说：由于上古中国的人文进化较早，因此自从有史（文明时代降临）以来，在国家的法典和法规中已经不见神判法的痕迹，而且在法律程序上也没有神判的遗迹。[2]

---

1 前揭《中国法律与中国社会》，第 252—254 页。

2 至少，在夏商周三代时期，神判的实践还是非常明显的，这是研究中国法律思想史和法律制度史的学者的共识。譬如《尚书·甘誓》所谓“天用剿绝其命，今予惟恭行天之罚”；再如商朝甲文记有“贞：王闻惟辟。贞：王闻不惟辟”（引据《殷墟文字乙编》4604）；等等。另外，滋贺秀三也说：先秦诅盟具有神明裁判的性质，但是“进入帝制时代以后，除了与外藩缔结条约，诅盟作为立法手段的现象在国家法制中已完全消失；神明裁判也只是在民间裁判中有用，在国家法庭中则已绝迹，盛行诅盟确实是上古时代的特色”。（氏著《中国上古刑罚考》，载刘俊文主（接下页）

但是，在司法实践中，司法官员如果遇到疑难案件，单凭人的理性智慧不能侦破解决，那么求助神的超验智慧也是时有所见的办法，它是神判的另一方式。近些年来，更有学者张大其事，认为传统中国民众的法律意识具有“鬼神化”的特征。这一判断颇有道理，它提出了一个值得我们认真思考的课题，即关于“民众法律意识”的课题。但是，审视其著作罗列的史料，我们可以发现，其中谈论“民众法律意识”的内容，实际上与“官方法律意识”和“精英法律意识”仍有不少重叠部分。[1] 譬如，作者谈到“善书”中的法律意识，就不仅仅涉及民众的法律意识或法律信仰；[2] 再如，其中提到的“城隍信仰”，也非单单关乎民众的法律意识或法律信仰，因为“城隍信仰”属于国家祀奠的正式内容，而非纯然是民众的信仰。对此，英国人类学者王斯福指出：“城隍是民间崇拜与官方崇拜之间象征性对话的基点。”[3] 这是比较妥帖的意见。据此，城隍崇拜是官方与民间共有的信仰。

必须指出的是，第一，就早期中国神判的发生学意义而言，瞿同祖先生已有非常敏锐的观察。他说：獬豸神兽的传说诞生的时

编：《日本学者研究中国史论著选译》第八卷《法律制度》，北京：中华书局 1992 年版，第 3 页。）必须指出：帝制时代以后，神判的实践渐渐淡出而成为一种历史的影迹，但是它仍然忽隐忽现地存在着，并没有完全在国家的司法实践中消失，也不完全是民间裁判的实践。

1　参见郝铁川：《中华法系研究》，上海：复旦大学出版社 1997 年版，第 80—82、87—163 页。

2　参见前揭《中华法系研究》，第 99—108 页。依我看来，将“善书”中的法律意识或法律信仰归入民间信仰，也许要比“民众信仰”来得妥当。因为习惯上，“民众信仰”往往与“大众信仰”等同。关于明清时期“善书”的研究，参见陈霞：《道教劝善书研究》，成都：巴蜀书社 1999 年版；游子安：《劝化金箴——清代善书研究》，天津：天津人民出版社 1999 年版；游子安：《善与人间——明清以来的慈善与教化》，北京：中华书局 2005 年版；关于明清时期“功过格”的研究，参见［美］包筠雅：《功过格——明清社会的道德秩序》，杜正贞、张林译，杭州：浙江人民出版社 1999 年版；［日］酒井忠夫：《功过格的研究》，刘俊文主编：《日本学者研究中国史论著选译》第七卷《思想宗教》，北京：中华书局 1993 年版，第 497—542 页。

3　［英］王斯福（Stephan Feuchtwang）：《帝国的隐喻——中国民间宗教》，赵旭东译，南京：江苏人民出版社 2008 年版，第 84 页。

代，正是上古中国"第一法官产生的时代，其巧合不是无因的。这种神兽后代虽然绝迹，但汉以来法官一直以獬豸为冠服。犹有其遗留，至少上古的人都相信此种传说。可能当初即普通的羊，后人不明了神判的意义，加上神话的渲染。亦可能当初以羊为判时即利用神的心理，使人易于信服。后来獬豸的绝迹与其说是神兽的绝迹，毋宁说是神判法的绝迹"。[1] 由此，我们可以将早期中国的神判传统与许慎所谓"灋，刑也；平之如水，从水；廌，所以触不直者去之，从廌去"[2] 联系起来加以考虑。换句话说，许慎关于"灋"的含义的著名解释，与神判的历史遗迹有关。[3] 当然，从司法制度的角度来看，神判早已不是汉族政权的司法传统的特点，[4] 但神判的印迹倒是不绝如缕，即使到了现代，我们依然能够看到它的痕迹。[5] 第二，从"城隍崇拜"的历史脉络来看，作为城市守护神的城隍信仰的起源很早。据说，城隍之名，最早见于《易经》第十一卦"城复于隍，勿用师"的记载。在《礼记·郊特牲》中，则有"天子大蜡八，伊耆氏始为蜡。……祭坊与水庸事也"。后有"水庸居七，水则隍也，庸则城也，此正城隍之祭之始"的注释。[6] 综上，城隍之

1　前揭《中国法律与中国社会》，第 253—254 页。

2　许慎：《说文解字·廌部》。

3　关于"灋"与神判之关系的相关讨论和学术研究文献，参见徐忠明：《"灋"的故事：中国司法的起源与理念》，收入氏著《案例、故事与明清时期的司法文化》，第 327—342 页。

4　在中国的少数民族"习惯法"中，神判还是非常流行的纠纷解决方式。参见夏之乾：《神判》，上海：上海三联书店 1990 年版；师蒂：《神话与法制》，昆明：云南教育出版社 1992 年版。

5　参见赵旭东：《权力与公正》，天津：天津古籍出版社 2003 年版，第 189—195 页。

6　参见［清］孙承泽：《春明梦余录》卷二十二·都城隍庙。有关城隍祭祀起源的考证，参见［清］赵翼：《城隍神》，收入氏著《陔余丛考》，石家庄：河北人民出版社 1990 年版，第 635—636 页；颜亚玉：《城隍祭起源与城隍原型探析》，载《吉林大学社会科学学报》1999 年第 2 期。顺便一提，荣真认为：其一，城隍的起源"与水庸无关"；其二，城隍信仰是"从民间文化到列入祀典"，明代朱元璋更定城隍祀典至关重要，在中国历史上第一次建构了完备的系统化的城隍祭祀制度。详尽的考证，参见氏著《中国古代民间信仰研究——以三皇和城隍为中心》，北京：中国商务出版社 2006 年版，第 179—212 页。当然，尽管这些考证很有价值，不过与本书讨论的要旨关系不大，因此这里不拟纠缠。

祭，似乎与农业丰歉之报有关。在《说文解字》中，许慎将城隍释作“城，以盛民也”，“隍，城池也，有水曰池，无水曰隍”。可见，城隍是指城市的城墙与沟壕，城是居住区，隍是防御沟或防御池。另外，尚有学者认为：城隍祭祀始于尧舜时代，因为“伊耆氏”即“尧也”。[1] 至少到了隋唐时期，随着都市商品经济的发展与工商阶层的兴起，城隍信仰得以发展，从京师到全国各地的府县都普遍修建了城隍庙。[2] 洎乎明清，城隍信仰和城隍祀典有了空前的发展，城隍地位也被帝国政府抬高到了登峰造极的地步。与此同时，城隍信仰的政治作用得到了凸显，与世俗社会官僚系统匹配的冥界官僚架构，也渐成系统。[3] 姑且撇开城隍的各种具体功能不谈，作为世俗社会的司法实践之守护者和监督者的城隍，不但成为民众申冤雪枉的对象，而且司法官员遇到难以侦破和裁决的疑难案件，也会祝祷城隍。由此，城隍也就变成了传统中国的司法神。[4] 顺便指出，城隍神有时是那些深得民心的司法官员生前死后被晋封的，以期福佑一方平安。[5] 实际上，明清时期《循吏列传》记载的神判故事，基本上都是诉诸城隍的审判。

那么，城隍信仰的政治意义和司法意义究竟怎样呢？明初洪武二十六年“祭文”写道：

1 王永谦：《土地与城隍信仰》，北京：学苑出版社 1994 年版，第 140 页。

2 参见余欣：《神道人心：唐宋之际敦煌民生宗教社会史研究》，北京：中华书局 2006 年版，第 91—98 页。

3 参见王占华：《城隍信仰与明清政治》，武汉：华中师范大学 2005 年硕士论文。

4 关于城隍信仰与司法实践的讨论，参见［日］增田福太郎：《台湾汉民族的司法神——城隍信仰的体系》，古亭书屋编译，台北：众文图书公司 1999 年版，第 151—176 页；前揭《中华法系研究》，第 131—163 页；前揭《中国古代民间信仰研究——以三皇和城隍为中心》，第 336—340 页。

5 譬如，在《清史稿·循吏周中鋐列传》中即有“当（周）中鋐令华亭时，奉贤犹隶境内，后析为县，中鋐适为知府，至是民怀其泽，奉以为奉贤城隍之神，岁时祈报，著灵异，长洲王芑孙为庙碑纪其事。道光七年，巡抚陶澍复濬吴淞江，疏请立庙江干”。（卷四百七十六·循吏一，第 12994 页。）这是在明清《循吏列传》中的唯一例证。

凡我一府境内人民，傥有忤逆不孝，不敬六亲者；有奸盗诈伪，不畏公法者；有拗曲作直，欺压良善者；有躲避差徭，靠损贫户者；似此顽恶奸邪，不良之徒，神必报于城隍，发露其事，使遭官府。轻则笞决杖断，不得号为良民；重则徒流绞斩，不得生还乡里。若事未发露，必遭阴谴，使举家并染瘟疫，六畜田蚕不利。如有孝顺父母，和睦亲族，畏惧官府，遵守礼法，不作非为，良善正直之人，神必达之城隍，阴加护佑，使其家道安和，农事顺序，父母妻子保守乡里。我等阖府官吏等，如有上欺朝廷，下枉良善，贪财作弊，蠹政害民者，灵必无私，一体照报。如此，则鬼神有鉴察之明，官府非谄谀之祭。尚享。[1]

如果我们将“祭文”中的“孝顺父母，和睦亲族，畏惧官府，遵守礼法，不作非为，良善正直”与朱元璋手书的《教民六谕》所谓“孝顺父母，恭敬长上，和睦乡里，教训子孙，各安生理，毋作非为”[2]相比，即可发现，两者的基本精神完全一致，内容也大致相同。就此而言，国家倡导的礼法秩序和良好风俗，不仅仰赖世俗政权和民间社会的积极推动，而且要靠幽冥世界的神灵予以配合。另外，在明代洪武二十六年《告城隍文》中也有类似的表述：

果有生为良善，误遭刑祸，死于无辜者，神当达于司，使之还生中国，永享太平之福。如有素为凶顽，身死刑宪，虽获善终，亦出侥幸者，神当达于所司，屏之四裔，善恶之报，神必无私。……神当钦承敕命，镇控坛场，鉴察善恶，

1 前揭《明会典》卷九十四，第 535 页。

2 引据［明］张卤：《皇明制书》卷九《教民榜文》。

无私昭报。[1]

清代著名循吏汪辉祖曾经这样写道：

> 朝廷庙祀之神，无一不当敬礼，而城隍神尤为本境之主。余向就幕馆，次日必斋诚诣庙焚香，将不能不治刑名及恐有冤抑，不敢不洁己佐治之故，一一摅诚默祷，所馆之处，类皆宁谧。馆仁和，则钱塘多狱；馆钱塘，则仁和多狱。其后，馆乌程、归安，亦然。当事戏号余为福幕。自维庸人庸福，荷主人隆礼厚糈，所以蒙神佑者大矣。窃禄宁远，亦以素心誓之于神，凡四年，祈祷必应，审理命案，多叨神庇。而刘开扬一事，尤众著者。谨略书于左，以著城隍神之有益吏治云。[2]

据此，如果我们从官方“神道设教”的角度来看，那么城隍信仰的政治意义与司法意义实在不可小觑。对此，著名学者杨庆堃也曾指出：“城隍通过支配人死后的灵魂，以其威慑力对人的道德良知产生了影响，正如世俗政府以法律的威慑力管理人的行为一样。”又说：“这足以证明城隍信仰对普通百姓的影响力，而且这种影响力已经成为传统社会加强政治伦理秩序的重要手段。”[3]这样一来，从人间世到幽冥界，从人法（王法）到神法，就形成了一个相互支持的权力网络与惩戒体系，从而发挥了控制人们的行为和精神的功能。汪辉祖所谓“庸人稚妇，多不畏官法而畏神诛，且畏土神甚于

1 前揭《明会典》，第 535 页。

2 前揭《学治臆说》卷下“敬城隍神”。

3 ［美］杨庆堃：《中国社会中的宗教——宗教的现代社会功能与其历史因素之研究》，范丽珠译，上海：上海人民出版社 2007 年版，第 153、154 页。

畏庙祀之神。神不自灵，灵于事神者之心，即其畏神之一念，司土者为之扩而充之，俾知迁善改过，讵非神道设教之意乎？”[1] 正是鉴于城隍崇拜具有“神道设教”的重要作用，故而明清时期的地方官员到任伊始的首要任务，即是告祭城隍。例如，黄六鸿在《入境》中说：“上任前一日或前三日，至城隍庙斋宿。”在《斋宿》中又讲：“斋宿例于城隍庙，如不便，就宿公馆，于行香时诣城隍庙亦可。”在《到衙门》中提到：“上任日照择定某时，穿吉服，诣城隍神前，行祭礼……”在《到任祭城隍文附》中我们可以读到祭祀的写作格式，核心内容不外乎是“善恶报应”的意思。[2]

除了上书具有一般意义的关于城隍崇拜的政治、司法和教化功能的阐述之外，汪辉祖更是现身说法，特别介绍了自己利用城隍信仰破案决狱的好处。请看“敬城隍神”的记载：

> 刘开扬者，南乡土豪也。与同里成大鹏山址毗连。成之同族私售其山于刘氏，大鹏讼于县，且令子弟先伐木以耗其息。开扬虑讼负，会族弟刘开禄病垂死，属刘长洪等负之上山，激成族斗争，则委使殴毙，为制胜之计。比至山，而伐木者去，长洪等委开禄于地，开扬使其子闰喜击开禄额颅立毙，而以成族殴死具控。余当诘开扬，辞色可疑，絷焉。已而大鹏词诉辨未殴而已，终不知殴者主名，因并絷大鹏同至城隍庙。余先拈香叩祷，祷毕，命大鹏、开扬并叩首阶下。大鹏神气自若，而开扬四体战栗，色甚惧。余更疑凶手之不在成氏

1　前揭《学治臆说》卷下“敬土神”。

2　参见前揭《福惠全书》，载《官箴书集成》第3册，第236—238页。地方志也有类似的记载，例如同治《随州志》卷三十二《重修城隍庙记》记有地方长官上任伊始，必须“首诣城隍庙，对神矢誓忠君爱民”。具体讨论，参见郑土有、刘巧林：《护城兴市——城隍信仰的人类学考察》，上海：上海辞书出版社2005年版，第55—56页。

矣，然不敢有成见也。相验回时已丙夜，复祷神，鞫两造于内衙，讫未得实。忽大堂声嘈嘈起，询之，有醉者闯入，为门役所阻，故大哗。命之入，则闰喜也。开扬大愕，跪而前曰："此子素不孝，请立予杖毙！"余令引开扬去，研鞫闰喜，遂将听从父命击开禄至死颠末，一一吐实；质之开扬，信然。长洪等皆俯首画供，烛犹未跋也。次日覆鞫闰喜投县之故，则垂泣对曰："昨欲窜匿广西，正饮酒，与妻诀，有款扉者，呼曰：'速避去，县役至矣！'启扉出，一颀而黑者导以前。迨至县门，若向后推拥者，是以哗。"夫闰喜下手，正凶也，牍无名，而其父开扬方为尸亲，脱俟长洪等供吐拘提，已越境飏去安能即成信谳。款扉之呼，其为鬼摄无疑也。杀人者死，国法固然，懵昧如余，得不悬案滋疑，则神之所庇，不信赫赫乎！[1]

这是一起不知杀人真凶的疑案。在这种情况下，汪辉祖利用民众崇拜和敬畏城隍的心理，将两造带到城隍庙进行审理，一番焚香祝祷之后，根据两造不同的心理反应和神情表现，初步判定凶手不是成大鹏。进而慑于城隍的威力，真凶刘闰喜发癫，供出真情。因此，汪辉祖才会说："款扉之呼，其为鬼摄无疑也。杀人者死，国法固然，懵昧如余，得不悬案滋疑，则神之所庇，不信赫赫乎！"其自信和自得之情，可谓跃然纸上。

这类故事，在《循吏列传》中也不乏记载。譬如，在《梁书·良

1　另见［清］汪辉祖：《病榻梦痕录》卷下，收入《续修四库全书》第555册·史部·传记类，上海：上海古籍出版社1995年影印版，第654—655页。根据《病榻梦痕录》的记载，这个案件处理结果，乃是"余念开禄气已将尽，不殴亦死。以开扬父子抵之，情稍可悯，将手下之闰喜照故杀拟抵，不究余犯。比解省，臬司委员审出主使缘由，颇关出入"。可见，汪辉祖的初审看语有着因怜悯罪犯而从宽量刑的考虑。

吏列传》中记有何远修缮“城隍”的政绩。[1] 第一例诉诸城隍的司法故事，见于《元史·良吏列传》的记载：

> （田滋）大德二年，迁浙西廉访使。有县尹张彧者，被诬以赃，狱成，滋审之，但俯首泣而不语。滋以为疑，明日斋沐，诣城隍祠祷曰：“张彧坐事有冤状，愿神相滋，明其诬。”守庙道士进曰：“曩有王成等五人，同持誓状到祠焚祷，火未尽而去之，烬中得其遗稿，今藏于壁间，岂其人耶？”视之，果然，明日，诣宪司诘成等，不服。因出所得火中誓状示之，皆惊愕伏辜，张彧得释。[2]

当然，这起案件最终得以水落石出，并非由于城隍的显灵，而是道士提供的线索。但是，从罪犯祝祷城隍的行为来看，是祈求城隍神

1 《梁书》卷五十三·良吏·何远传，第 778 页。

2 《元史》卷一百九十一·良吏一·田滋传，第 4359 页。在《元史·良吏列传》中，还有其他神判故事。传记写道：观音奴“知归德府。廉明刚断，发擿如神。民有衔冤不直者，虽数十年前事，皆千里奔走来诉，观音奴立为剖决，旬日悉清”。据此可见，观音奴颇有司法能力。（1）“彰德富商任甲，抵睢阳，驴毙，令郄乙剖之，任以怒殴郄，经宿而死。郄有妻王氏、妾孙氏，孙诉于官，官吏纳任贿，谓郄非伤死，反抵孙罪，置之狱。王来诉冤，观音奴立破械出孙于狱，呼府胥语之曰：‘吾为文具香币，若为吾以郄事祷诸城隍神，令神显于吾。’有睢阳小吏，亦预郄事，畏观音奴严明，且惧神显其事，乃以任所赂钞陈首曰：‘郄实伤死，任赂上下匿其实，吾亦得赂，敢以首。’于是罪任商而释孙妾。”这是一起在观音奴诉诸城隍的情况下，睢阳小吏因“畏观音奴严明，且惧神显其事”而吐露案件真相的事例。（2）“宁陵豪民杨甲，夙嗜王乙田三顷，不能得。值王以饥携其妻就食淮南，而王得疾死，其妻还，则田为杨据矣。王妻诉之官，杨行贿，伪作文凭曰：‘王在时已售我。’观音奴令王妻挽杨，同就崔府君神祠质之。杨惧神之灵，先期以羊酒浼巫嘱神勿泄其事，及王与杨诣祠质之，果无所显明。观音奴疑之，召巫诘问，巫吐其实曰：‘杨以羊酒浼我嘱神曰：“我实据王田，幸神勿泄也。”’观音奴因讯得其实，坐杨罪，归其田王氏，责神而撤其祠。”这是一起诉诸崔府君（地狱判官）的神判故事。以上参见卷一百九十二·良吏二，第 4368 页。就信仰系统而言，城隍神与崔府君属于不同的幽冥世界的官僚机构的职官。关于“崔府君”的讨论，参见王颋：《宋、元代神灵“崔府君”及其演化》，载《社会科学》2007 年第 3 期。（3）刘秉直“来为卫辉路总管，贼劫汲县民张聚钞一千二百锭而杀之，贼不获，秉直具词致祷城隍祠，而使人伺于死所，忽有村民阿莲者，战怖仆地，具言贼之姓名及所在，乃命尉袭之，果得贼于汴，遂正其罪”。（同上，第 4374 页。）

的福佑，以期逃脱司法的追究；反过来讲，就田滋行为而言，同样是希望得到城隍爷的帮助，从而查明疑案的事实真相。

我们转而来看《明史·循吏谢子襄列传》记载的城隍裁判的事例：

> 有盗窃官钞，(谢)子襄檄城隍神。盗方阅钞密室，忽疾风卷堕市中，盗即伏罪。[1]

不消说，《明史》作者叙述这个故事的重点，不是如何量刑，[2]而是怎样缉获盗犯。我们可以设想，以当时的刑事侦察技术，如果盗犯没有留下犯罪线索的话，欲想逮捕盗犯，无疑是一件非常困难的事情。在这种情况下，司法官员利用人们普遍信仰的城隍的明察秋毫的超验能力来侦破案件，不失为一种有效的办法。但问题是，这个故事讲得有点离奇，也即谢子襄祝祷城隍，居然成为"忽疾风卷（钞）堕市中"的原因。据我看来，这种因果关系的建立，显然属于《明史》作者"想当然尔"的描写，而不能作为"信史"来看待。不过作者之所以这样描写，一则可能是出于"神道设教"的目的而故神其事；二则可能是来自民间已经流传的故事而被作者所采纳，成为一个"真实"的故事；三则可能是谢子襄祝祷城隍与"忽疾风卷（钞）堕市中"恰好在时间上吻合，而给人一种逻辑上的关联。而其背后，或许正如汪辉祖所谓"神不自灵，灵于事神者之心"的信仰。

---

1 《明史》卷二百八十一·循吏，第7193页。

2 关于"盗窃官钞"的量刑，如果数额达到八十贯钞，可以判处罪犯绞刑。参见前揭《大明律》卷十八，第138页。只是，传记没有记载盗窃官钞的数额，我们也就不好作出具体的判断。另外，传记不写盗窃官钞的数额，则意味着作者关心的不是量刑问题，而是缉捕罪犯，尤其是通过城隍的帮助来缉获罪犯的问题。

在《明史·循吏信中列传》中另有一个神判的故事：

（乐清）盗杀一家三人，狱久不决。信中祷于神，得真盗，远近称之。[1]

这里，如果我们将“狱久不决”与缉获“真盗”联系起来考虑，或许可以推测，当时可能已经缉获“假盗”，只是由于信中不敢轻率定谳，因而成为“狱久不决”的疑案。也因此，信中才会向神祝祷。此其一。信中之所以不敢轻率定谳，很有可能是因为这是一起“盗杀一家三人”的重大案件，属于《大明律》中的“十恶不赦”的重罪，[2]稍有不慎，极有可能铸成冤案。此其二。在这种情况下的神判，可以说是“哀矜折狱”的另一种表现。

另据《明史·循吏李骥列传》的记载：

（东安）有嫠妇子啮死，诉于（李）骥。骥祷城隍神，深自咎责。明旦，狼死于其所。[3]

嫠妇因幼儿被啮死而到东安县衙向李骥告状，很有可能是不知道幼儿的死因。如果我们以现代的刑事侦察技术来判断，那么排除“谋杀”应该没有任何问题。倘若这样的话，那么寡妇告状之事可能纯属多余。然而，中国古人没有这样的技术，因而只得祝祷城隍以求破案。不过奇怪的是，李骥祝祷城隍的翌日早上，发现了一头狼死

1 《明史》卷二百八十一·循吏，第 7193 页。

2 参见前揭《大明律》卷一，第 2 页。“十恶”中的“不道”，即有一款规定“杀一家非死罪三人”的情节。另据同律卷十九“杀一家三人”规定：犯有此一罪名者，凌迟处死，财产断付死者之家。第 152 页。在《问刑条例》中，尚有进一步的规定，第 417 页。

3 《明史》卷二百八十一·循吏，第 7202 页。

于寡妇的住所。由此，人们便建立了“凶手”（狼）与幼儿啮死之间的因果关系，案情的真相由此得以揭破。

在《清史稿·循吏姚柬之列传》中也有一例祝祷城隍而后破案的故事：

> （姚柬之出任）河南临漳知县，屡决疑狱。……常姚氏被杀，罪人不得。柬之察其时为县试招覆之前夜，所取第一名杨某不赴试，疑之。召至，神色惶惑，询其居，与常邻。乃夜至城隍庙，命妇人以血污面，与杨语，遂得图奸不从强杀状。[1]

这起杀人案件的侦破，可谓人的经验智慧与神的明察秋毫的超验能力完美结合的结果。理由如下：首先，在“县试招覆”之时，考取第一名的杨某竟然不赴县学复试，这是科举时代不可想象的事情，从而引起了姚柬之的怀疑。可以说，这是合情合理的怀疑。其次，为了证实这一怀疑，姚柬之特意将杨某召来，发现其“神色惶惑”，这就更加令人怀疑。进而，姚柬之“询其居”，杨某的答复是：与被害人常姚氏毗连而居。由此，怀疑也更进一层。但是出于慎刑上的考虑，姚柬之不敢遽然定谳。最后，姚柬之设计了一场神判，所谓“乃夜至城隍庙，命妇人以血污面，与杨语，遂得图奸不从强杀状”。一者基于“人间私语，神目如电”的信仰，一者是在“妇人以血污面，与杨语”的恐怖情境下，杨某终于心理崩溃，道出“图奸不从强杀”的真相。而“命妇人以血污面，与杨语”中的妇女，则显然是活人的扮演，其目的是套取杨某的口供。顺便一提，在《大清律例》中，强奸杀人，拟斩立决。[2] 也正因为强奸杀人的法定

1 《清史稿》卷四百七十八·循吏三，第 13058—13059 页。

2 根据前揭《大清律例》卷二十六“威逼人致死”所附条例之规定：“凡有因强奸将本（接下页）

量刑很重，越发要求司法官员审慎将事，不可草率定谳。据此，姚柬之"诉诸城隍"的目的，不单单是为了发现犯罪，而是为了进一步证明杨某强奸杀人的罪行。

必须指出的是：其一，在明清时期的司法实践中，神判的形式多种多样，[1]而"诉诸城隍"则是其中比较常见、也比较重要的一种形式。而这显然与城隍崇拜在官方祀典系统中的崇高地位有关。其二，神判所要解决的核心问题，乃是案件的事实真相。这也表明揭破案件真相，确实是传统中国司法官员的首要难题。其三，对于传统中国的司法官员来讲，虽然熟练掌握相关的法律知识非常重要，但是，由于传统中国司法体制"集侦察与审判于一体"的独特构造，所以司法官员必须承担的首要任务乃是获取案件的事实真相，其次才是如何准确适用法律的问题。其四，从上述故事来看，司法官员之所以采取神判的手段，基本上是出于"慎刑"的缘故。就此而言，神判实际上是一种贯彻"哀矜折狱"精神的司法实践，而非纯粹的迷信。其五，神判之所以能够奏效，是因为人们对于神的明察秋毫的超验能力极度敬畏。这也表明那句流传广泛的"人间私语，神目如电"的谚语，并非只是说说而已，其实际作用或许超出了我们现代人的想象。其六，一个时代有一个时代的法律知识和破案技术，撇开法律知识不说，在我看来，神判作为一种信仰，可以弥补破案技术的不足。就此而言，我们可以将神判视为一种侦察案件的技术。也就是说，能否恰到好处地利用神判技术，直接关乎司法官员能否有效地缉捕罪犯，并且公正地适用法律。

妇立时杀死者，拟斩立决。"第 439 页。

1　例如《明史・循吏谢子襄列传》记有"民鬻牛于市，将屠之。牛逸至子襄前，俯首若有诉，乃捐俸赎还其主"（第 7193 页）。再如，同书《循吏叶宗人列传》更有"尝视事，有蛇升阶，若有所诉。宗人曰：'尔有冤乎？吾为尔理。'蛇即出，遣隶尾之，入饼肆炉下。发之，得僵尸，盖肆主杀而瘗之也"（第 7195 页）。这是变相的神判故事。

在这一节中，笔者着重讨论了明清时期司法实践的另一面向：智谋与神判。经由这一考察，我们已经看到，在传统中国社会，一个优秀的司法官员，不但必须具备法律知识，而且必须具备“人情练达，世事洞明”的经验智慧，更要具备善于利用“神道设教”的能力，用以弥补人类智慧的不足。只有这样，才能胜任司法审判的重任。不过，就《循吏列传》记载的司法实践的诸多故事来看，作者关注的不是司法官员的法律知识，而是他们是否具备“哀矜折狱”的道德情感和缉获罪犯的实际能力。尤其值得注意的是，这与民间广泛流传的包公之类的清官故事刻画的重点，倒是若合符节。那么，这种法律文化“表达”的特殊偏好，究竟意味着什么呢？值得我们深思。这也许意味着中国古人关注的司法实践的核心问题：第一，揭破案件的事实真相；第二，本着“哀矜宽宥”的道德情感作出公正的裁决。

七、余论：结语与引申

（一）本章的核心观点。首先，在中华帝国两千余年品流不同而又数量巨大的官僚群体中，循吏可谓沧海一粟，然而他们却是传统中国政治理想的追寻者、担当者和践行者，意义不可小视。历代史官不断为其树碑立传，也意味着他们属于中华帝国的模范官僚，不但深受百姓的爱戴，而且受到官方的表彰，留靴遗爱、超期留任、衣冠留葬、建生祠、封城隍等，都是例证。就“循吏”而言，也并不仅仅限于历代《循吏列传》记载的官僚群体，实际上还应该包括具有循吏的为政风格，但却单独列传和某些没有进入《循吏列传》

的其他官僚。据此，符合循吏标准的官僚远比《循吏列传》记载的数量要多。其次，循吏作为一个具有独特政治内涵的官僚群体，他们的基本特征是“吏道”与“师道”的融合，由此形成的为政风格是富民、教化和理讼。而他们所秉承的思想脉络，则与儒家“爱民”思想有着千丝万缕的联系，或者说，循吏为政的核心理念乃是“爱民”两字。复次，在中华帝国两千余年的政治传统里，之所以形成这一具有独特政治内涵的循吏群体，一来是继承先秦时代固有的“吏道”与“师道”合一的久远传统，二来是改变秦帝国独尊“吏道”的政治和法制崩溃的局面，三来是回应汉帝国复兴儒家“师道”政治的特殊要求。最后，通观历代循吏的“听讼折狱”的事迹，我们可以发现其中的一个根本特征，就是他们对于自然情感与道德情感的关注。换句话说，历代循吏的司法风格具有非常鲜明的情感色彩。

基于上述考量，如欲理解循吏兴起的历史缘由，似有必要从汉初的政治转型说起。具体来讲，汉初统治者和政治家开始反思秦帝国的“吏道”政治和法制的弊病，提出了“诗书”的政治价值，由此出现了“师道”的复兴。更为关键的是，随着汉武帝推行“罢黜百家，独尊儒术”的意识形态，儒家不但得以崛起，并且逐步占据了政治舞台的中心位置。虽然汉帝国依然秉承“汉家自有制度，本以霸王道杂之”[1]的政治信条，但是，代表儒家思想的政治和法制的复兴，已经不可避免。到了东汉“白虎观会议”的召开，象征儒家意识形态正统的“三纲六纪”得以最终确立。[2]这是循吏政治兴起

1　参见《汉书》卷九・元帝纪，第 277 页。

2　关于汉代“白虎观会议”的政治宗教意义的讨论，参见侯外庐：《汉代白虎观宗教会议与神学法典〈白虎通义〉——兼论王充对白虎观神学的批判》，收入氏著《侯外庐史学论文选集》（上），北京：人民出版社 1987 年版，第 397—428 页；关于汉代“三纲六纪”的政治社会意义的讨论，参见季乃礼：《三纲六纪与社会整合——由〈白虎通〉看汉代社会人伦关系》，北京：中国人民大学出版社 2004 年版。

的历史文化语境。

秦汉以降的两千余年的中华帝国，就宏观的思想文化、政治架构和法律体系而言，没有出现根本性的变化。具体来说，在思想文化上，它是情感教化、移风易俗和法律治理彼此融合的形态；也就是说，儒家“民之父母”和“礼乐教化”的情感治理与法家“循名责实”和“事皆有法”的形式治理的彼此共存和交互使用，乃是基本特点。在政治结构上，它是以中央集权的官僚体制与家族本位的乡土社会的互动为特征。就中央集权的官僚体制而言，必然要求“数目字化的”治理，也是韦伯意义上的形式合理性的法律的治理；[1] 与此相反，乡土社会未能满足“数目字化的”治理的要求，[2] 因此只能仰赖“礼俗”的教化。[3] 从操纵国家机器运作的官僚群体来看，它有“俗吏”与“循吏”同时并存的特征。俗吏强调形式合理化的法律的治理，循吏偏好实质合理化的道德教化和移风易俗。然而，道德教化和移风易俗之所以必要和可能，是因为乡土社会的文化秩序的特殊语境。但问题是，统一的帝国法律难以照应“百里不同风，千里不同俗”的乡土社会的特殊情境；另外，有着刑罚绝对化特征的帝国法律体系，同样难以适应具体案件的特殊情节和原被两造的情感偏好。它们既是导致代表法律普遍性的“经”与实现具体案件裁决妥当性的“权”之间紧张的原因，也是在传统中国司法实践中出现“依法判决”与斟酌情感

1 参见［德］韦伯：《论经济与社会中的法律》第 11 章“现代法律的形式特点”，张乃根译，北京：中国大百科全书出版社 1998 年版，第 304—324 页。

2 黄仁宇指出：“和欧洲中世纪的社会比较，以至与中国传统的官僚主义社会比较，资本主义社会是一种现代化的社会，它能够将整个的社会以数目字管理。”参见氏著《我对“资本主义”的认识》，收入《放宽历史的视界》，台北：允晨文化实业股份有限公司 1988 年版，第 135—136 页。

3 参见前揭《乡土中国》，第 48—53 页。另外，匈牙利学者艾蒂安 · 白乐日（Etienne Balazs）认为：“在农民的中国，有一个没有例外的法则：与官僚统治时期相交替的，是无政府状态。”（氏著《中国的文明与官僚主义》，黄沫译，台北：久大文化股份有限公司 1992 年版，第 34 页。）

或情理裁决的现象并存的原因。

必须指出的是，上述现象与传统中国的财政配置有着密切的关系。也就是说，如果要想在巨型的中华帝国中进行有效的集权统治，那就必须设计足够精细复杂的管理机器，并且配备足够数量的官僚队伍。只有这样，才有可能将帝国权力安置到社会底层，实现全面有效的社会控制。换句话说，如欲维持庞大的官僚机器，养活数量巨大的官僚队伍，必然需要财政上的有力支持。然而，由于农业经济以及儒家倡导的"薄赋轻徭"的道德化的财政政策的约束，帝国政府的财政收入严重不足，[1]以致官僚机构的层次不可能太多，因此帝国权力只能止于州县衙门。与此相关，各级衙门的官僚配置同样不可能太多，从而导致明清时期州县衙门出现"一人政府"的格局。其结果是，国家权力只得采取"精兵简政"或者"省俭治理"[2]的模式，即黄宗智所谓"简约治理"的模式。[3]由此，帝国政府

1 必须说明的是：其一，这并非是说，农业经济只得维持传统中国法定税赋的额度。实际上，我们从附加税和苛捐杂税的角度来看，在国家法定税赋额度之外，仍有不小税赋征收的空间。只要我们想一想雍正时期"火耗归公"和"养廉银"的财政改革，即可明白其中的道理。但是，鉴于"藏富于民"和"薄赋轻徭"的道德理念，国家政府宁肯维持相对偏低的法定税额，以期免除税赋征收的道德困境。关于雍正时期"火耗归公"和"养廉银"的研究，参见［日］佐伯富：《清雍正朝的养廉银研究》，郑樑生译，台北：商务印书馆 1996 年版；［美］曾小萍：《州县官的银两——18 世纪的合理化财政改革》，董建中译，北京：中国人民大学出版社 2005 年版。

其二，传统中国的税赋，中央提取过多，而地方政府存留则太少，以致地方政府难以在行政和司法上有所作为。在我看来，正因为地方政府难以承担相应的司法成本，结果难免在道德话语上鼓吹息讼。换句话说，司法官员鼓吹息讼，虽然有其道德上的原因，但是我们也不能忽视税赋不足也是导致息讼话语及其实践的关键原因。对于信奉"爱民"理念的循吏来说，他们下乡"访贫问苦"和"送法下乡"的行为，乃是出于一己"勤政爱民"的道德信念。但是，诚如学者所谓："权利依赖于政府，这必然带来一个逻辑上的后果：权利需要钱，没有公共资助和公共支持，权利就不能获得保护和实施。"又说："所有的权利都需要公库的支持。"引据［美］霍尔姆斯、桑斯坦：《权利的成本——为什么自由依赖于税》，毕竞悦译，北京：北京大学出版社 2004 年版，第 3 页。

2 参见徐忠明：《小事闹大与大事化小：解读一份清代民事调解的法庭记录》，收入氏著《案例、故事与明清时期的司法文化》，第 50—53 页。

3 关于"简约治理"的讨论，参见黄宗智：《集权的简约治理》，收入氏著《经验与理论——中国社会、经济与法律的实践历史研究》，北京：中国人民大学出版社 2007 年版，第 425—430 页。

对于地方社会的干预既不能深入，也不能仔细。这样一来，集权动机与集权能力之间就出现了背离，[1]这也是法家与儒家在帝国政治架构安排上出现的背离。正是这种政治结构中的裂痕，给循吏超越法律或规避法律的道德教化和“哀矜折狱”的司法实践，提供了某种可能的空间。

（二）本章的“引申”观点。就明清时期的司法实践而言，法律文本上的严密与司法实践中的松动，以及州县“自理”案件与刑事“审转”案件的分类管理模式，都与上述原因有关。在上述思想文化和政治架构的语境下，循吏得以本着儒家“爱民”精神来实施社会教化和移风易俗的工作；与此同时，他们也才能在司法实践中因贯彻“爱民”思想而调处息讼，因“哀矜”罪犯而“宽宥”罪犯，甚至因同情小民而“摧折”权贵和豪强。

但问题是，随着秦汉帝国的兴起和定型，所谓“儒法家国”的特征，事实上是“儒表法里”的特征，也即表面上渲染儒家道德主义的话语，而骨子里却崇尚法家“法治主义”的信条。本着这种“法治主义”信条，必然要求落实法家鼓吹的“循名责实”的治理模式。也正因为如此，帝国政府不但设计了结构严谨的官僚机构，制定了包容巨细的法律典章，而且罗列了密不透风的司法责任的处罚规则，建构了层次复杂的“审转”程序。在这些制度的严格约束下，明清时期的州县牧令就成了汪辉祖所谓的“触手便碎的琉璃屏”。[2]据此，如果要像循吏那样，为实现一己“爱民”的信念而作

1　笔者所谓“集权动机”是指，家产制的皇权和官僚制的中央集权有着本能的专制倾向，必然要求对于社会进行严密的控制。而“集权能力”则是指，基于财政收入的约束和儒家道德政治理念的约束，在行政管理和司法审判的实践中，难以真正实现既集权又专制的目标。

2　清代循吏汪辉祖写道：“语有之，州县官如琉璃屏，触手便碎，诚哉是言也。一部吏部处分则例，自罚俸以至革职，各有专条，然如失察，如迟延，皆为公罪，虽奉职无状，大率犹可起用，若以计避之，则事出有心，身败名裂矣。故遇有公罪案件，断断不宜回护幸免，自贻后譽。”引据《学治臆说》卷下“公过不可避”。就目前所见资料来看，明清时期地方官员的司法责任（接下页）

出超越法律或规避法律的命盗案件的裁决，又该怎样通过“审转”程序的严密审查呢？又是如何避免密不透风的司法责任的严格追究的呢？都是值得我们认真思考的问题。另外，姑且撇开明清时期循吏的数量不谈，单就他们因“哀矜”罪犯而“宽宥”罪犯的司法实践来看，究竟又有多大的普遍意义？实在令人怀疑。正是这种“怀疑”，迫使我们进一步思考明清时期的司法模式问题。[1]

传统中国司法模式的基础，乃是“儒法国家”的权力构造——法家的集权专制与儒家的道德教化。鉴于集权专制的意图，必须严格控制地方官员的司法权力，可以说，帝国法律规定密不透风的司法责任，就是为了达到这一目的。与此不同，鉴于道德教化的信念，必然重视地方官员的榜样作用，以期达到感化百姓、形成良好的社会风俗（文化秩序）之目的，就此而言，严密细致的法律控制反而不是维护社会秩序的首要条件。另一方面，由于法家的集权专制受到财政瓶颈的约束，难以实现其所预设的集权专制的目标。再者，由于受到中华帝国幅员辽阔的乡土社会以及儒家信奉“简约治理”的道德理念的约束，法家的集权专制同样难以实现预期的目标。在这种情况下，必须建构与其匹配的司法模式，方能运作良好。也就是说，这种司法模式既要能够维护帝国法律的统一，又要能够照应乡土社会的特点。

那么，究竟如何建构合理的司法模式呢？根据笔者的观察，就婚姻、田土和钱债案件而言，因为它们涉及的是“私人之间”的关系，所以，一则留待社会自行解决，二则即使诉诸州县衙门，也由

已经细密到了无以复加的地步。关于清代州县官员司法责任的讨论，参见李凤鸣：《清代州县官吏的司法责任》，上海：复旦大学出版社 2007 年版。

1 下文有关明清时期的“司法模式”的讨论，笔者受到了前揭《司法和国家权力的多种面孔——比较视野中的法律程序》一书的启发。读者可以参见第 24—105 页。必须说明，囿于本章的旨趣，这里不能展开讨论此一问题，故而只能点到即止，仅仅提供一个思考问题的线索而已。

牧令自理解决。当然，笞杖案件也属于牧令“自理”的范围。从命盗案件来看，因为它们关乎国家的“公共秩序”的安宁，故而，一来必须禁止民间私了，二来必须经过“审转”程序的严格审查。据此，虽然传统中国没有现代意义上的“私法”与“公法”的划分及其学说，但是却隐含了这样的理念，可以说“私”与“公”之间仍有一定的界限。俗话“民从私契，官有政法”，以及“民不告，官不究”均有同样的意味，至少也反映了司法模式的“省俭治理”和“分类管理”的内在要求。

就民事（婚姻、田土和钱债）案件而言，鉴于它们涉及的是“私人之间”的关系，因此传统中国采用的司法模式，属于笔者所谓“弱职权主义＋协作式”的理想类型。它的基本特征是：从诉讼两造来看，从起诉到撤诉，从举证到和解，他们均有自行主张的权利，一切似乎都在诉讼两造的掌控之中。就司法官员而言，虽然拥有相当的裁量权力，甚至可能不顾诉讼两造的利益主张，但是在通常情况下，司法官员都会照顾诉讼两造的意愿。即便是司法官员作出的裁决，也要经过诉讼两造的同意，所谓“遵依甘结”的用意，[1]不外乎此，可见其职权主义的性格并不突出。就命盗案件来看，鉴于它们关乎国家的“公共秩序”的安宁，所以传统中国采用的司法模式，乃是笔者所谓“超职权主义＋科层式”的理想类型，到了明清时期，此一特征显得更加突出。[2]它的基本特征是：从追诉到裁判，司法官员居于主导地位，而且这些案件都要经过层次复杂的“审转”程序的严密审查。如果从“审转”程序的角度来考察，那

1 关于“遵依甘结”的讨论，参见滋贺秀三：《清代中国の法と裁判》，东京：创文社 1984 年版，第 161—164 页。另外，学者对于中国民事调解具有“说理与心服”特征的概括，多少也有这样的意思。参见［日］高见泽磨：《现代中国的纠纷与法》，何勤华、曲阳、李秀清译，北京：法律出版社 2003 年版，第 1—2 页。

2 参见前揭《清代中国の法と裁判》，第 65—66 页。

么我们可以发现，嵌入这一程序结构中的司法官员几乎没有任何自由裁量的权力。然而，由于绝对法定刑的制约，要想真正做到“罪与罚”之间严丝合缝，也就变得绝无可能。在这种情况下，酌情的考量依然是负责任的司法官员的分内之事，只是这种做法必须经由“审转”程序的严格审查而已。更准确地说，基于司法分类管理的制度架构，牧令掌握州县自理（包括婚姻、田土和钱债）案件的酌情权，皇帝操控命盗案件的酌情权。就此而言，州县自理案件的酌情权与命盗案件的酌情权，只是权力配置上的差异，而不是酌情权本身之有无。由此，我们又看到了“情与法”之间的张力。

综上所述，倘若将循吏置于明清时期的司法模式中予以评估，那么，我们就会发现一种非常有趣的司法现象，值得深入思考。其一，对于“婚姻、田土和钱债”这种现代法律意义上的所谓“民事”案件来讲，一则程序法的简要，二则国家授权牧令的自由裁量权力，三则实体法的疏阔，[1] 使得循吏基于“仁爱”的司法成为可能。与此相反，其二，对于命盗案件来讲，不但程序法的控制非常严格，而且绝对法定刑的规定也非常仔细周到，如果欲超越法律或规避法律来进行裁决，一来可能性很小，二来司法责任很大。据此，循吏因“哀矜”罪犯而作出“宽宥”罪犯的裁决，无疑会冒很大的法律风险，从而严重影响自己的官场前途。但是问题在于，我们几乎没有读到循吏因这样的司法实践而受到法律制裁的事例。这是否说明，只要司法裁决的结果合理妥当——具有“实质正义”的意味，并且为两造所接受，即有可能避免“审转”的批驳和司法责

1　依我看来，这种民事实体法的疏阔，恰恰意味着国家不愿意干预民间社会的日常民事法律实践。与此相应，这也给民众自行处分他们的诉讼主张提供了可能性。对此，韩森的如下意见值得参考。她说：“正是这些极少的条款，反映出当时朝廷不愿干预民间的交易，而与此同时，契约越来越多地被用于记录这些交易。”参见氏著《传统中国日常生活中的协商——中古契约研究》，鲁西奇译，南京：江苏人民出版社 2008 年版，第 17 页。

任的追究？如果是这样的话，那么我们将对“审转”程序作出新的评估。也就是说，明清时期的“审转”程序或许并非现代学者想象的那样，曾经被一丝不苟地严格执行。这是因为，如果“审转”程序果真被一丝不苟地严格执行的话，那么，明清《循吏列传》记载的经由循吏审理的那些命盗案件，何以没有引起上司的审驳？难道他们被赋予了“不拘文法，一切便宜从事”[1]的特权吗？显然不是。就此而言，明清时期的循吏因“哀矜”罪犯而“宽宥”罪犯的司法实践，或多或少地弱化了“审转”程序与司法责任的刚性。究其缘由，乃是他们因“仁爱”和“哀矜”精神而形成司法风格，在整体上符合帝国统治的根本利益与政治理想，是“顾全大局”而“不拘小节”的体现。事实上，历代《循吏列传》的作者一以贯之地为循吏树碑立传，或许就是出于这样的原因。

1 参见《汉书》卷八十九·循吏传·龚遂传，第3639页；《清史稿》卷四百七十六·循吏一·赵吉士传，第12985页。

第三章

清代中国司法裁判的形式化与实质化

——以《病榻梦痕录》所载案件为中心的考察

一、引言：问题由来

清代著名学者俞樾（曲园）曾经指出："通达治体于天理、国法、人情，三者皆到，虽老于吏事者，不能易也。"[1] 据我看来，这句话概括了传统中国政治运作的规范基础。就司法实践而言，如何平衡"天理、国法、人情"之间的关系，不但涉及裁判的依据问题，而且涉及司法官员的品类问题——晚清翁传照所谓"中人之资，取法乎上，作吏亦然。存心为儒吏，仅得与循吏等；存心为循吏，犹不失为良吏；良吏之次，则能吏耳"。[2] 如若我们把这两条资料结合起来并作粗略的归类，那么，也就可以发现，在裁判过程中，儒吏特别关注道德教化，循吏偏重平衡道德与法律，良吏颇能坚守法律，能吏崇尚"威猛"的严刑峻罚。对这一问题，如果我们从裁判类型的视角来看，那就可以进一步发现，在传统中国的司法

1　引自［清］翁传照：《书生初见》，载《官箴书集成》第九册，合肥：黄山书社 1997 年版，第 355 页。

2　前揭翁传照：《书生初见》，第 358 页。

实践中，参酌道德人情作出的裁判，属于“实质化”的裁判类型；相对而言，遵循法律作出的裁判，则是“形式化”的裁判类型。[1]由此可见，司法官员的道德偏好和职业素养，与裁判类型的形成有着非常密切的关联。然而，必须指出的是，所谓“实质化”与“形式化”的制度结构与裁判实践，仅仅是我们为了寻求比较对象之间的差异最大化或差异极端化而作出的理想类型的概括。事实上，在这两者之间，我们不但可以看到诸多中间层次的裁判以及彼此之间的紧张关系，而且也可以发现司法官员内心深处的某种焦虑。何以产生这种“焦虑”呢？它的原因在于，对于待决案件来说，一方面，在已有相应法律规定的情况下，如果司法官员决意抛弃法律而援引经义或情理，那么就有可能引起同僚的非议，在没有相应法律规定的情况下，如果司法官员直接参酌经义或情理，同样也会引起同僚的争论，但另一方面，司法官员又以擅长“引经决狱”而感到自豪，乃至赢得上司和民众的赞誉。对此，我们从《病榻梦痕录》和《佐治药言》等记载中，就能读到汪辉祖沾沾自喜的表达。[2]

值得进一步申说的是，在清代中国的司法实践中，对于不同类型的案件来讲，其裁判的“实质化”与“形式化”程度，无疑会有很大的差异；甚至同类案件，不同司法官员作出的裁判，其“实质化”与“形式化”程度，同样会有不小的差异。另有一点往往被学者所忽视，在不同诉讼程序结构中，类似案件裁判的“实质化”与

---

1 关于司法裁判“实质化”与“形式化”的类型概括，我参考了前揭《英美法中的形式与实质——法律推理、法律理论和法律制度的比较研究》的精彩分析。另外，前揭美国学者马丁·夏皮罗所著《法院：比较法上和政治学上的分析》对于我们理解这一问题也很有帮助。特别是该书对伊斯兰法和传统中国法的分析，对纠正韦伯的论断颇有参考价值（第221—313页）。

2 例如《病榻梦痕录》记载了清代汪辉祖初次处理无锡县民浦四童养媳王氏与浦四叔叔的通奸案件，就是“引经决狱”的典范。在结束案件记载时，汪辉祖没有忘记“余名颇为抚军所知”的赘言。又如，在《佐治药言》中，他说：“遇疑难大事，有必须引经以断者。”对此问题，下文将有专门讨论，暂时从略。

“形式化”程序，依然有所不同。就此而言，倘若我们意欲准确理解和把握传统中国司法裁判的独特风格，那就必须进行更为细致的考察和分析。这些都是本书试图作出解释的关键问题。

概括地说，上述讨论涉及传统中国司法裁判的两个面相：一是司法官员的职业特征，二是司法裁判的规范依据。无疑，它们是两个密切关联的问题，都与裁判的“实质化”与“形式化”有关。在此，必须交代的是，关于传统中国司法裁判的“实质化”与“形式化”问题的由来，主要与下列现实问题和学术背景有关。

这些年来，在我国迈向法治化的宏观语境里，随着司法改革的逐步推进和不断深化，就司法体制而言，如何实现司法专业化或法官职业化的问题，已经引起了法律界与法学界的广泛关注；从审判实践来看，法官究竟应该怎样解决纠纷和裁决案件的问题，也已激发了实务界与理论界的热烈探讨。伴随而来的是，在中国历史上，司法体制的基本构造与司法官员的审判技艺，同样引发了人们的浓厚兴趣和激烈争论，并作出了许多令人深思的解释。就学术研究而言，我觉得，这个问题可能与德国著名社会学家马克斯·韦伯关于传统中国司法裁判的学说有关。韦伯曾经指出：古典中国的司法属于“所罗门式的”审判（Solomonic Justice）或“卡迪式的”审判（Kadi-Justiz），其根本原因在于，一是司法官员的非专业化，二是司法裁判的实质化，从而与现代西方的法官职业化和裁判形式化不同，它们构成了两种具有根本差异的司法类型。[1] 秉承韦伯开创的

1　参见［德］韦伯：《儒教与道教》，洪天富译，南京：江苏人民出版社 1993 年版，第 120—124、154—156、172—175 页。关于西方的概括，参见韦伯：《论经济与社会中的法律》，张乃根译，北京：中国大百科全书出版社 1998 年版，第 306—312 页。我认为，韦伯视野中的帝制中国的法律体系，乃是汉代儒法合流之后的产物，它与战国时代法家倡导和建构起来的法律体系容有不小的差异。事实上，战国时期渐次形成的“法治”理念与司法实践，颇有专业化与形式化的特征，从《史记》和《汉书》对“文法之吏”及其“奉法受职”的描述可知。参见阎步克：《士大夫政治演生史稿》，北京：北京大学出版社 1997 年版，第 134—267 页。

学术路径，美国法学家昂格尔（Roberto M. Unger）也说："在古代中国，行政命令和法律规则之间并无明确界限；没有摆脱统治者顾问身份的可辨认的法律职业；没有置身于道德和政策论据之外的特殊的法律推理。"[1] 换而言之，在传统中国，由于没有独立的法律职业和没有专门的法律研究，因而导致了裁判的"实质化"。根据韦伯和昂格尔的理论脉络，日本学者滋贺秀三同样认为，由于传统中国缺乏独立的法律精英与专门的法律研究，从而形成了司法的非职业化与实质化的特征。[2] 受到韦伯和滋贺秀三等人的影响，贺卫方教授也得出了类似的结论。他认为，由于儒家官僚的道德化取向和父母官角色，不但导致了传统中国裁判依据的道德化与情理化，而

虽然司法官员依然是行政官员的组成部分，没有独立的性格，也不具备独立的法律学者存身的制度空间，但是法律对司法官员"奉法受职"的严格要求，则意味着他们的专业化精神的凸显。也就是说，一旦司法官员必须严格按照法律（包括程序和实体）进行审判，那就必将排斥来自法律之外的各种干预（皇帝除外）与法律之外的裁判依据，由此，司法的专门化与形式化必将成为题中应有之义。与此同时，我们必须承认，是汉代法律儒家化运动阻断了传统中国的司法专门化与裁判形式化的进程。就此而言，卢建荣所谓捍卫"中国司法独立"的血泪史或抗争史，其所刻画和颂扬的就是这样一个司法官员群体和这样一种司法独立精神。参见卢建荣：《铁面急先锋——中国司法独立血泪史（514—755）》，台北：麦田出版社2004年版；卢建荣：《法官与政治权威：中古三法司联合审案制下的实际权力运作（514—755）》，载《台湾师大历史学报》2000年第28期，第1—67页；《六至八世纪中国法律知识的建构及相关的文化和权力问题》，载《台湾师大历史学报》2001年第29期，第1—71页；《七世纪中国皇权体制下的司法抗争文化》，载《台湾师大历史学报》2002年第30期，第1—58页。事实上，前书就是以后面三篇论文为基础改写而成的。

1 ［美］昂格尔：《现代社会中的法律》，吴玉章、周汉华译，北京：中国政法大学出版社1994年版，第92页。

2 参见［日］滋贺秀三：《中国法文化的考察——以诉讼的形态为素材》，载王亚新、梁治平编：《明清时期的民事审判与民间契约》，北京：法律出版社1998年版，第1—18页。关于这一问题的分析，也见滋贺秀三：《清代诉讼制度之民事法源的概括性考察》和《清代诉讼制度之民事法源的考察》，［日］寺田浩明：《日本的清代司法制度研究与对"法"的理解》，载前揭《明清时期的民事审判与民间契约》，第19—96、112—138页；寺田浩明：《清代民事审判与西欧近代型的法秩序》，载《中外法学》1999年第2期；同氏《关于清代听讼制度所见"自相矛盾"现象的理解——对黄宗智教授的"表达与实践"理论的批判》，载易继明主编：《私法》第4辑第2卷，北京：北京大学出版社2004年版，第431—461页。另外，日本历史学家岸本美绪的研究也支持了滋贺秀三的论断。参见氏著《清初上海的审判与调解——以〈历年记〉为例》，载《近世家族与政治比较历史论文集》（上），台北：台湾"中央研究院"近代史研究所1992年版，第239—257页。

且造成了裁判的不确定性与法律知识生产的不确定性。[1] 此外，历史学家黄仁宇也有类似的看法。他说，以熟读诗书然而缺乏法律训练的文人来治理农民，以及法律解释和司法实践的道德化取向，它们都是中华帝国在制度上长期存在的困难，其结果是，“个人道德之长，仍不能补救组织和技术之短”。[2] 在这种情况下，传统中国始终没有形成与现代西方类似的具有形式合理性特征的“数目字管理”的法律体系和技术官僚。[3] 可以说，这些论断构成了现代学者从“理想类型”（ideal type）的角度来解读传统中国司法特征的基本观点。

但是，也有截然相反的观点。例如，瞿同祖出版于 1962 年的《清代地方政府》曾经明确指出：“所有判决必须遵从现行的律令。”[4] 不过，仔细推敲起来，瞿先生的论断似乎是指清代的法律规定，而非司法实践。据此，简单地把它看作对于司法实践的概括，可能并不妥当。[5] 美国学者布迪（Derk Bodde）和莫里斯（Clarence Morris）在出版于 1973 年的《中华帝国的法律》中也说道，从清代刑事审判程序来看，不但具有制度化和合理化的特点，而且已经形成了一些必须遵循的重要原则；就“依法判决”而言，与其他国

1 参见贺卫方：《中国古典司法判决的风格与精神——以宋代判决为基本依据兼与英国比较》，载《中国社会科学》1990 年第 6 期；也见贺卫方：《中国的司法传统及其近代化》，载苏力、贺卫方主编：《20 世纪的中国：学术与社会 · 法学卷》，济南：山东人民出版社 2001 年版，第 179—183 页。顺便指出，贺卫方的研究，不但与他研究外国法律史的学术背景有关，也与他对当下中国司法改革的现实关怀密不可分。

2 参见黄仁宇：《万历十五年》，北京：中华书局 1982 年版，第 135、153 页。

3 具体讨论，参见黄仁宇：《我对“资本主义”的认识》和《中国历史与西洋文化的汇合》，载氏著《放宽历史的视界》，台北：允晨文化实业股份有限公司 1988 年版，第 93—197 页。

4 瞿同祖：《清代地方政府》，范忠信、晏锋译，北京：法律出版社 2003 年版，第 208 页。

5 顺便指出，李孝猛不加区别地把瞿同祖的论断也纳入主张清代司法审判属于“依法判决”的阵营，可能并不符合瞿同祖先生的原意。参见李孝猛：《中国十九世纪基层司法文化研究——以〈汝东判语〉文本为中心》，载《华东法律评论》2003（第 2 卷），北京：法律出版社 2003 年版，第 276 页。

家的法官相比，清代司法官员甚至更为严格，那种舍弃法律而任意裁判的做法，只是个别的例外。[1]这里，必须指出两点：其一，两位美国学者提出的意见，乃是根据清代最高司法机构——刑部的裁判资料《刑案汇览》作出的判断，是否具有普遍意义，尚待进一步的考察。[2]其二，更为关键的是，这些资料涉及的是“例无专条，情节疑似”[3]的所谓“疑难”案件，故而“斟酌”法律依据或者“寻找”法律依据，必将成为刑部司法官员裁决这些案件的首要工作。[4]对此，从《刑案汇览》的编撰宗旨和写作风格上，我们可以一望而知。尚有学者在研究清代民事案件的司法档案和判牍文书之后指出：当时的司法官员基本上能够做到“依法判决”。[5]这种观点渐次得到了更多学者的支持，例如，何勤华教授经由检讨清代判牍文书

---

1 参见［美］D. 布迪、C. 莫里斯：《中华帝国的法律》，朱勇译，南京：江苏人民出版社 1993 年版，第 442—443 页。

2 所谓“尚待进一步的考察”是指：第一，刑部裁决的案件基本上是“命盗”重案，并不包括“笞杖”以下的刑事案件，因而未必具有普遍意义。第二，即便是“命盗”案件，为了求得“罪刑”之间的平衡，具有实质意义的“情理”依然起着非常的协调与平衡的作用，从而与州县管辖的民事“自理”案件并无本质上的区别。换而言之，命盗案件与自理案件的裁决依据，在法律与“情理”的两端之间滑动。第三，这种看重“情理”的司法裁判的实践，既与中国古人对于“情理”的普遍信仰有关——谚语“人情大起王法”和“车不横推，理无曲断”等，都是例证，也与中国古人的“情景化”和“审美性”的秩序观念有关。第四，无论是出于慎重人命抑或是出于皇帝控制司法官员的裁量权力，“依法判决”都是一种必要的权力技术，而非出于保障民权的意图。相关讨论，参见徐忠明：《传统中国乡民的法律意识与诉讼心态——以谚语为范围的文化史考察》，载《中国法学》2006 年第 6 期；［美］郝大维、安乐哲：《通过孔子而思》，何金俐译，北京：北京大学出版社 2005 年版，第 160—168 页；徐忠明：《依法判决？：明清时期刑事诉讼的一个侧面》，载氏著《案例、故事与明清时期的司法文化》，北京：法律出版社 2006 年版，第 301—323 页。

3 ［清］祝庆祺等编：《刑案汇览》（一），“刑案汇览凡例”，北京：北京古籍出版社 2004 年版，第 2 页。

4 关于清代刑部司法官员在裁决“疑难”案件时“寻找”法律依据的个案分析，参见徐忠明：《“办成”疑案：对春阿氏杀夫案的新文化史分析》，载前揭《案例、故事与明清时期的司法文化》，第 108—141 页；张从容：《疑案・存案・结案——从春阿氏案看清代疑案了结技术》，载《法制与社会发展》2006 年第 4 期。

5 根据黄宗智的统计，“在所有案件中有百分之八十七都是明确通过法律加以解决的”。（氏著《民事审判与民间调解：清代的表达与实践》，北京：中国社会科学出版社 1998 年版，第 78 页。）

之后也得出了同样的结论。[1]所有这些研究成果，在某种程度上支持了黄宗智的论断。[2]如果这一观点能够成立的话，那就可以获得如下推论：总体而言，清代中国的司法裁判基本上具备了“形式化”的特征。但是，对于这种多少有些“形式主义”的断案，我们仍有必要给予深入的分析。这是因为，传统中国的“依法判决”与现代法治精神基础上的依法判决，在内涵上有着实质性的差别。就此而言，考量传统中国与现代社会的“依法判决”问题，我们不能仅仅考察裁决文书是否援引法律，更要解释缘何援引法律；既要识别两者之间在征引法律上的相同之处，也要揭示它们之间的根本差异——譬如，现代意义上的依法判决，其根本目的乃是实现法治和保障民权，而传统中国“依法判决”的旨趣则是确保皇权（王法）和控制司法官员，以期深化我们对于传统中国“依法判决”问题的理解。

有关清代民事案件是否“依法判决”的问题，也有一些看起来比较折中的意见。比如，李孝猛认为，从《汝东判语》来看，作者董沛既能比较严格地适用法律，又能比较灵活地适用“情理”和礼法，在没有法律根据的情况下，甚至适用习惯法处理案件。[3]据我看来，就民事案件而言，这种折中观点基本上支持了黄宗智等人的论断。

在结束这一节学术史回顾前，我想进一步申说三点意见：其一，关于传统中国的司法裁判是否“依法判决”的问题，不仅日美

1 参见何勤华：《清代法律渊源考》，载《中国社会科学》2001 年第 2 期。

2 最近，台湾法律史学家张伟仁先生也撰写论文进一步申述了这一观点，引发了新一轮的学术争论。笔者希望，这次讨论能够推进对于这一问题的研究和把握。参见张伟仁：《中国传统的司法和法学》，载《现代法学》2006 年第 5 期。对张伟仁先生的观点，高鸿钧教授进行了比较全面的评论和商榷。参见氏著《无话可说与有话可说之间——评张伟仁先生的〈中国传统的司法和法学〉》，载《政法论坛》2006 年第 5 期。

3 参见前揭《中国十九世纪基层司法文化研究》，第 276 页。

学者发生了激烈的争论，[1] 而且中国学者也发表了不同的看法。[2] 其二，以上两派观点之间的争论，并非只是对于清代中国的司法裁判是否“依法判决”的描述，而且涉及理论视野和研究方法的差异。秉承韦伯传统的学者，是基于中西司法文化的比较研究的“类型学”方法而作出的判断；倡导传统中国司法裁判具有“依法判决”特征的学者，是基于“现象学”的视野而得出的结论，并且特别相信司法档案记载的可靠性与真实性。[3] 其三，在概括清代中国的司法裁判是否“依法判决”时，不同学者的言述对象并不一致。具体而言，有些学者单单讨论刑事裁判的法律依据，有些学者仅仅分析民事裁判的法律依据，也有学者兼及刑事案件和民事案件的法律依

---

1 1996 年 9 月，在日本镰仓召开了“后期帝制中国的法、社会文化——日美两国学者之间的对话”的国际研讨会，引发了寺田浩明与黄宗智关于晚清“法与法秩序”的激烈争论。有关这次会议的成果，参见《中国——社会と文化》第 13 号，1998 年 6 月。对此问题的概括和评论，参见寺田浩明：《清代民事审判：性质及意义——日美两国学者之间的争论》，载《北大法律评论》第 1 卷第 2 辑，北京：法律出版社 1999 年版，第 603—617 页；易平：《日美学者关于清代民事审判制度的争论》，载《中外法学》1999 年第 3 期。

2 除了上面已经介绍的研究文献，还有以下论著可以参考：邱澎生：《真相大白？——明清刑案中的法律推理》，载熊秉真编：《让证据说话——中国篇》，台北：麦田出版社 2001 年版，第 135—198 页；王志强：《清代刑部的法律推理》和《清代成案的效力和其运用中的论证方式》，载《法律多元视角下的清代国家法》，北京：北京大学出版社 2003 年版，第 68—123 页；同氏《制定法在中国古代司法判决中的适用》，载《法学研究》2006 年第 5 期；郑志华：《试评情理法融会贯通的传统价值追求——对清代刑案裁判论证针对性的剖析》，载叶孝信、郭建主编：《中国法律史研究》，上海：学林出版社 2003 年版，第 273—320 页；林端：《韦伯论中国传统法律——韦伯比较社会学的批判》，台北：三民书局 2003 年版；韩秀桃：《明清徽州的民间纠纷及其解决》，合肥：安徽大学出版社 2004 年版；顾元：《衡平司法与中国传统法律秩序》，北京：中国政法大学出版社 2006 年版。

3 在我看来，这种对于档案资料的迷信，也带来了研究结论上的某些假象。事实上，在司法档案中不可避免地存在着“制作”和“虚构”的情形。例如，在指导民众撰写诉讼文书的日用书籍中，我们可以读到非常“格式化”的术语。这种“格式化”的术语，或多或少遮蔽了纠纷事实的真相。与此同时，在指导司法官员制作裁判文书的工作手册中，也会发现同样的写作技巧。如果按照这种写作指南的要求“制作”裁决文书，也会带来类似的问题。更有甚者，为了迎合官方的要求，民众会自觉地“虚构”案件的情节。同样道理，为了对付来自“审转”程序的压力，司法官员也会“裁剪”案件事实，以便符合法律规定，从而取得“依法判决”的效果，免遭上司的批驳，规避“错案”的司法责任。

据。据我看来，在清代中国，进入“内结程序”或“审转程序”的徒刑以上的刑事案件，与属于“外结程序”或“自理程序”的笞杖案件和民事案件，在是否“依法判决”问题上，尽管两者并无截然不同的界限，但是，在法律要求和司法实践中，依然有着不可小视的差异。对于如何理解这一区别，仍有必要作进一步的论证和说明，以使问题得到更加深入的把握。

通过上面的简要梳理，我们已经基本上交代了清代中国司法裁判的“实质化”与“形式化”的问题由来，也提出了值得进一步深入研究的可能空间。剩下来的问题是，上述两种观点究竟何者更为接近清代司法实践的事实真相？笔者希望本章的讨论，对于回答这一问题有所帮助。具体来讲，本章的旨趣乃是，顺着以往学者关于清代中国的司法裁判究竟属于“实质化”抑或“形式化”的解释路径，提出若干私见，以求证于专家学者，并推进对这一问题的研究。我的基本看法是：所谓“天理、国法、人情”这句流播广泛的谚语表明，在清代中国的司法实践中，如何平衡“天理、国法、人情”乃是根本特征；在裁判文书中反复出现的“情法两尽”或“情法兼到”等术语，说的也是这个意思。换而言之，在“依法判决”的情况下，虽然“情理”缺席，可是并非无关紧要，它是一种潜在的平衡因素。相反，在参酌“情理”作出判决的情况下，法律也有可能隐身，然而，同样不是可有可无的东西，它依然是司法官员必须予以关注的参照基准。据我看来，只要承认寻求案件的妥善解决与维护社会的和谐秩序是司法官员的终极目标，并且承认传统中国秩序观念具有“情景化”和“审美性”的特征，那么，斟酌“情理”与法律也就成为司法裁判的不可忽视的前提。如若撇开这一前提，乃至不顾传统中国司法官员对于司法裁判特征的自我表达，仅仅依据档案记载和判牍文书进行“索引式的”形式主义解读，恐怕都是有失偏颇的做法。另外，倘若司法官员果真可以完全不顾“情理”而作出裁判，那么，所谓“天理、国法、人情”一言将会变得毫无意义。相反，假定司法官员完全无视法律而进行裁判，那么，所谓“情法两尽”同样也变成了一句空话。真是这样吗？我很怀疑！据此，那种对于清代中国司法裁判的“索引式的”形式主义解读，不但在研究方法上不得要领——偏离了清代中国的司法官员的主观认知而完全立足于现代学者的客观立场进行“形式主义”的分析，而且在把握清代中国司法实践的事实真相上也会出现偏颇。总之，如果非要给出明确的断案，那么，按照阿蒂亚和萨默斯在分析英美两国法律中的同类问题时提出的标准，我觉得，清代中国的刑事案件的裁判比较符合“形式化”的特征，相对而言，民事案件和笞杖案件的裁判比较接近“实质化”的类型。更为重要的是，即使在那些看似“形式化”裁判的案件中，追求具体案件解决的妥当性与合理性依然是司法实践的核心目标，而“同类案件同样判决”始终不是清代中国的司法官员必须严格遵循的准则，事实上也不存在这样的标准。正是在这种情形下，所谓“成案”始终不能成为司法官员裁决的当然依据。[1] 也就是说，“成案”只是他们裁决案件的参考资料和规避司法责任的论证策略，是否援引“成案”，端视具体情形而定，能否得到批准，也视乎皇帝的意愿而定，而与英美的

1 根据前揭《刑案汇览凡例》的解释：“成案俱系例无专条、援引比附加减定拟之案。”（第3页）对“成案”的法律效力，在《大清律例》卷三十七“刑律・断狱・断罪引律令”条例中也有明确规定：“除正律、正例而外，凡属成案未经通行、著为定例，一概严禁，毋得混行牵引，致罪有出入。如督抚办理案件，果有与旧案相合、可援为例者，许于本内声明，刑部详加查核，附请著为定例。”（田涛、郑秦点校：《大清律例》，北京：法律出版社1999年版，第596页。）这条例文说明，成案没有当然或法定的效力，但是在一定条件下也可以作为断狱的依据。具体讨论，参见［日］小口彦太：《清代中国刑事审判中成案的法源性》，载杨一凡总主编：《中国法制史考证・丙编》，北京：中国社会科学出版社2003年版，第285—307页；王志强：《清代成案的效力和其运用中的论证方式》，载氏著《法律多元视角下的清代国家法》，北京：北京大学出版社2003年版，第98—123页。

判例法具有根本性的差异。其结果是，司法裁判始终在“规则”与“情景”的规范空间中滑动，从而影响了法律秩序的稳定性。[1] 据我看来，这是“经”与“权”之哲学思考或思维方式在司法裁判中的体现。

另一方面，为了确保论题的相对集中，笔者尝试以清代“良幕循吏”汪辉祖的自传《病榻梦痕录》和《录余》所载案例为基础，进行相关的考察。[2]

二、清代裁判的历史脉络

读过前揭阿蒂亚和萨默斯《英美法中的形式与实质》的读者都能看出，导致一种法律文化的“实质化”或“形式化”的原因非常复杂，涉及法律教育、法律理论、法律职业、法律体系、审判程序和推理模式诸多侧面。就传统中国的司法文化而言，同样也是如此。有关西周以前的司法实践，我们所知甚少，不说也罢。这里，我们权且从《左传·昭公六年》和《左传·昭公二十九年》记载的两条被中国法律史学者频繁征引的资料说起。其文如下：

> 三月，郑人铸刑书。叔向使诒子产书，曰：“始吾有虞于子，今则已矣。昔先王议事以制，不为刑辟，惧民之有争心

1 当然，影响清代司法裁判“确定性”的根本原因也与“裁判缺乏既判力”有关。参见滋贺秀三：《中国法文化的考察》，载前揭《明清时期的民事审判与民间契约》，第 11—12 页。对“既判力”的讨论，也见王亚新：《关于滋贺秀三教授论文的解说》，同上书，第 102—103 页。

2 鉴于本章将要讨论的汪辉祖自传《病榻梦痕录》和《录余》记载的案件均发生在地方初审机构（州县衙门）的辖区，因此，对于州县以上的各级司法机构的审判活动，这里不拟论述。

也。犹不可禁御，是故闲之以义，纠之以政，行之以礼，守之以信，奉之以仁；制为禄位，以劝其从；严断刑罚，以威其淫。惧其未也，故诲之以忠，耸之以行，教之以务，使之以和，临之以敬，莅之以彊，断之以刚；犹求圣哲之上、明察之官、忠信之长、慈惠之师，民于是乎可任使也，而不生祸乱。民知有辟，则不忌于上，并有争心，以征于书，而徼幸以成之，弗可为矣。夏有乱政，而作禹刑；商有乱政，而作汤刑；周有乱政，而作九刑；三辟之兴，皆叔世也。今吾子相郑国，作封洫，立谤政，制参辟，铸刑书，将以靖民，不亦难乎？诗曰：'仪式刑文王之德，日靖四方。'又曰：'仪刑文王，万邦作孚。'如是，何辟之有？民知争端矣，将弃礼而征于书，锥刀之末，将尽争之。乱狱滋丰，贿赂并行。终子之世，郑其败乎？"[1]

冬，晋赵鞅、荀寅帅师城汝滨，遂赋晋国一鼓铁，以铸刑鼎，著范宣子所谓刑书焉。仲尼曰："晋其亡乎！失其度矣。夫晋国将守唐叔之所受法度，以经纬其民，卿大夫序守之，民是以能尊其贵，贵是以守其业。贵贱不愆，所谓度也。文公是以作执秩之官，为被庐之法，以为盟主。今弃是度也，而为刑鼎，民在鼎矣，何以尊贵？贵何业之守？贵贱无序，何以为国？且夫宣子之刑，夷之搜也，晋国之乱制也。"[2]

在此，我们撇开这段话所包含的其他意思不说。[3]所谓"弃礼而征

---

1 引据杨伯峻编著：《春秋左传注》（修订本），北京：中华书局 1990 年版，第 1274 页。

2 前揭杨伯峻：《春秋左传注》，第 1504 页。

3 受到英国著名历史法学派的代表亨利·梅因《古代法》（沈景一译，北京：商务印书馆 1984 年版，第 1—12 页）的影响，有学者将《左传》的记载视为早期中国法律公布的著名事件，这是我国学界的通说。参见杨鸿烈：《中国法律发达史》，北京：商务印书馆 1993 年版，第（接下页）

于书”或“民在鼎”，是指民众援引法律进行诉讼，司法官员再也不能按照先前那种“秘而不宣”的传统作出判决，相反，他们必须根据法律进行裁判。[1]所谓“不忌上”或“何以尊贵”，则意味着西周以来的贵族社会等级秩序的崩溃，也意味着“礼不下庶人，刑不上大夫”[2]的“属人主义”司法原则的解体。郑晋两国的制度改革，不仅导致法律知识流落民间——邓析代理诉讼和教授法律知识，即是显例，而且成为传统中国“依法判决”和“法律面前人人平等”的先声。我觉得，原本出于“理官”的法家得以兴起，[3]与这一制度语境有关。

随着西周“封建社会”的世袭体制——根据血缘关系和礼乐制度而非职业技能和专业知识组织起来的政治架构的瓦解，以及春秋战国时期各国争霸战争的不断展开，[4]如何有效地进行国家动员，如

50—51页。也可参见俞荣根：《儒家法思想通论》，南宁：广西人民出版社1992年版，第61—66页；徐忠明：《中国古代成文法公布考论》，载《法学文集》（第三集），广州：中山大学学报编辑部1991年出版，第188—204页。此外，日本穗积陈重对“铸刑书”和“铸刑鼎”也有详尽的讨论，参见氏著《法律进化论》，北京：中国政法大学出版社1997年版，第121—122、141—145页。有趣的是，穗积陈重教授将此两事置于“秘密法”时期加以讨论，而在“公布法”时期只提《周礼》的相关资料，令人费解。

1 对此问题，唐代孔颖达的“注疏”颇可为证。《春秋左传正义》卷四十三“疏”曰：“而云临事制刑不豫设法者，圣王虽制刑法，举其大纲，但共犯一法，情有浅深，或轻而难原，或重而可恕，临其时事，议其重轻，虽依准旧条而断有出入。不豫设定法，告示下民，令不测其浅深，常畏威而惧罪也。法之所以不可豫定者，于小罪之间，或情有大恶，尽皆致之极刑，则本非应重之罪，悉令从其轻比，又不足以创小人也；于大罪之间，或情有可恕，尽加以大辟，则枉害良善，轻致其罚，则脱漏重辜，以此之故，不得不临时议之，准状加罪。今郑铸之于鼎，以章示下民，亦既示民，即为定法，民有所犯，依法而断，设令情有可恕，不敢曲法矜之，罪实难原，不得违制以入之。”引据《十三经注疏·附校勘记》（下册），北京：中华书局1980年版，第2043页。又说：“刑不可知，威不可测，则民畏上也。今制法以定之，勒鼎以示之，民知在上不敢越法以罪己，又不能曲法以施恩，则权柄移于法，故民皆不畏上。”（同书，第2044页。）

2 《礼记·曲礼上》。

3 据章太炎考证：上古担任“治民”和“断狱”的官员，都与“理官”有关。参见氏著《管制索隐》，载陈平原编校：《中国现代学术经典·章太炎卷》，石家庄：河北教育出版社1996年版，第528—529页。

4 对于春秋战国时期的战争规模的详尽讨论，参见许倬云：《中国古代社会史论——春秋战国时期的社会流动》，邹水杰译，桂林：广西师范大学出版社2006年版，第63—93页；赵（接下页）

何有效地组织生产，以及如何有效地应对规模日渐扩大的战争，这些都成为摆在各个诸侯国家面前的生死攸关的根本问题。在这种语境下，怎样有效地强化国家权力，怎样合理地重构行政机构也是必须解决的关键问题。伴随而来的是，专业化的行政官员与理性化的法律体系同样成为必不可少的前提条件。据我看来，春秋战国时期法家本着人性的“趋利避害”的计算心理掀起的变法运动，说到底，就是为了实现这一目标。对于这一变法运动的“理性设计”的成果汇聚，李零教授有一很好的概括：

（1）以郡县制控制广大地域，造成统一的民族国家（代替封建制和采邑制）；

（2）以全面法典化的社会控制广大人群，包括狭义的标准化，如度量衡（代替原只适应狭小人群，后来负荷过重的礼制）；

（3）以科层化的文官制度为管理阶层，包括相应的档案、统计、监察、选拔、考核和训练的制度（代替世卿世禄制）。[1]

如果单单从形式层面来看，这些改革成果确实与现代意义的政治架构、行政组织和法律体系非常相似，故而李零将其视作古代中国的“现代化”运动，也不无道理，但是，如若就实质内涵而言，其与现代意义的政治理念和法律精神又有根本性的差异。概括地说，在这种体制架构中，既无社会与国家的合理配置——商鞅采取“什伍

鼎新：《东周战争与儒法国家的诞生》，夏江旗译，上海：华东师范大学出版社、上海三联书店 2006 年版，第 52—147 页。

1　李零：《道家与中国古代的“现代化”》，载陈鼓应主编：《道家文化研究》第十辑，上海：上海古籍出版社 1996 年版，第 74 页。

编制”和“连坐告奸”的措施，不啻是将国家权力直插民间基层社会，也摧毁了与“井田”密切配合的农村公社——也无政治权力的分权制衡——法家提出“尊君卑臣”的政治学说，专意强化君权，具有“分权”意味的贵族政治乃是他们着力打击的对象——更无民主自由的权利底蕴——臣民乃是国家达到自身目标的工具，因而法律仅仅是实现“富国强兵”的国家意志的表达[1]——所以，把它称为“伪现代化”或许更加符合历史事实。我们的问题乃是：姑且抛开郡县制不说，在法典化和科层制的语境下，“依法判决”无疑是法家路线的内在要求，也是春秋战国以降的司法实践的基本趋势。由此，“以法为教”和“法吏政治”成为当时的显著特征。只是，随着汉武帝推行董仲舒提出的“罢黜百家，独尊儒术”政策，揭开了法律儒家化或儒家法家化的序幕，[2]更准确地说，这是重构“礼与法”的体系结构。[3]进而在司法实践中，如何平衡法律与道德或者

1 余英时教授扼要地概括了法家的四大基本政策：其一，促进农业生产是为了人民的经济问题；其二，推行严刑峻法，是为了镇压坏分子；其三，征税征粮是为了备荒备战；其四，在全国范围内要求人民“破私立公”和“国而忘家”，是为了准备痛击一切来犯的敌人或进行统一中国的战争。参见《反智论与中国政治传统》，载氏著《中国思想传统的现代诠释》，南京：江苏人民出版社 1989 年版，第 83 页。必须指出的是，据我看来，即便“促进农业生产”，事实上也非仅仅是为了解决人民的经济问题，而是为了满足“富国强兵”最终落实到“强兵”的目的上。这里，几乎没有顾及人民的政治、经济和法律上的权利。总之，君权至上，国家至上，战争至上，乃是法家掀起的这场变法运动的核心目标。

2 参见瞿同祖：《中国法律之儒家化》，载氏著《中国法律与中国社会 · 附录》，北京：中华书局 1981 年版，第 328—346 页。对这一问题的讨论很多，这里不拟枚举。所谓“儒学的法家化”的说法，参见前揭余英时：《中国思想传统的现代诠释》，第 91—104 页。郝铁川则提出了“法典的法家化”与“法官的儒家化”的观点，以期勾勒中华法系的法律与司法的特征。参见氏著《中华法系研究》，上海：复旦大学出版社 1997 年版。

3 在我看来，汉代“罢黜百家，独尊儒术”以后在司法上“引经决狱”并非“礼与法”的序幕，而是重新调整“礼与法”的体系结构。这是因为：其一，礼法并用乃是西周以前的固有传统；其二，春秋时期郑晋两国“铸刑书”和“铸刑鼎”也导致了“礼与法”的结果；其三，即便是被学者视为“以法为教”的战国和秦代，儒家思想也没有被完全抛弃；其四，汉初法家化的儒家人物叔孙通参与修订的法律，也包含了法家和儒家或者法和礼的成分。据此，所谓“引经决狱”只能是一种重构“礼法关系”的司法实践。参见徐忠明：《“礼治主义”与中国古代法律观念》，载《南京大学法律评论》1998 年春季号，第 40—61 页。

法律与经义的关系，也成为新时代的新课题。事实上，这一新课题也成为汉代以后的传统中国法律文化的主旋律，直到晚清修律移植现代西方的法律文化，也就是说，一直要到古老的“中华法系”解体方才告终。

从春秋时期的争霸战争到战国时期的全民战争，从全民战国到秦帝国的兴起，[1] 摆在君王和官僚集团面前的亟待解决的根本问题，即是如何“治理”这样一个巨型帝国。也就是说，西周“宗法政治”和“封建社会”解体后，起而代之的秦帝国的基本组织架构是郡县制与官僚制，核心目标是维护中央集权和皇帝权势。在这种情况下，源于“宗法政治”和“封建社会”的礼俗秩序与贵族政治已经不能满足这一巨型帝国的需要。对此问题，阎步克教授作过如下概括：

> 西周春秋时代，实行世卿世禄，因而“选贤任能”不出于贵族之外。然而，春秋后期这种情况开始发生了变化；战国时代，客卿制和养士制的发达造成了人才流动，使功绩才能的铨选标准日趋重要。与此同时，虽然“士”已经构成新式官僚的重要来源，但是“士”与“吏”的区别仍然不甚明晰。到了秦帝国，就沙石澄清、尘埃落定了：“秦尊法吏”，以“明法”为特征的文法吏构成了这个帝国的行政骨干，此类角色与学士师儒已经判然有别，至为昭明。与此相关，“礼”原本是糅杂了民俗、道德、礼乐、政制等等的不够分化的混溶物，这时不得不开始让位于更为分化的、纯政治性的、“锻炼”不得不“精密”的官僚法制。[2]

---

1 概括讨论，参见前揭赵鼎新：《东周战争与儒法国家的诞生》，第 52—164 页。

2 为了保持引文的连贯，笔者作了适当调整。参见前揭阎步克：《士大夫政治演生史稿》，第 134—135 页。

换而言之，建构帝国“治理”基础的法律与任用精通法律的法吏，[1] 成为秦代政治的一个突出特点。对这一政治图像，史书也有“治道运行，诸产得宜，皆有法式”，“天下已定，法令出一，百姓当家则力农工，士则学习法令辟禁”，“若欲有学法令，以吏为师”，乃至“专任狱吏，狱吏得亲幸”等记载。[2] 毫无疑问，这是法家的胜利及其思想的落实。

接下来的问题是，在法吏操纵下的司法实践中，秦代是否严格秉承“依法裁判”的原则呢？由于缺乏档案资料，我们难以知晓其中的奥秘和真情，但是，从“失期，法皆斩”而导致陈胜、吴广揭竿而起的故事来推测，[3] 我们可以得出如下结论：在当时的司法实践中，法吏能够严格遵守“依法裁判”的原则。这是因为在“失期，法皆斩”的前提下，摆在陈胜和吴广面前的选择有三：其一，如果继续赶往服役地点，结果是死；其二，为了避免这一无可置疑的不利后果，可以选择逃亡，结果也是死；其三，假如选择造反，结果同样是死——所谓“等死，死国可乎”[4]。事实上，如果选择造反，也有可能逃脱死。这是因为一旦造反成功，不仅可以避免死，反而可能当皇帝。正是在这种“囚徒困境”的博弈中，他们选择了造反。这一选择告诉我们，当时的司法实践具有严格的“形式化”的特征，而且已经成为牢不可破的传统，所以“失期，法皆斩”的结果是可以预测的，也是确定无疑的。正是在这种情况下，他们为了逃脱死而选择造反，就是合理的选择。相反，如果当时的司法实践

---

1 秦代以是否通晓法律为官吏“良”与“恶”的评判标准。秦简“凡良吏明法律令，事无不能也。……恶吏不明法律令”，即是例证。参见《睡虎地秦墓竹简》，北京：文物出版社 1978 年版，第 19—20 页。

2 参见［汉］司马迁撰：《史记》卷六·秦始皇本纪，北京：中华书局 1959 年版，第 243、255、258 页。

3 参见《史记》卷四十八·陈涉世家，第 1950 页。

4 《史记》卷四十八·陈涉世家，第 1950 页。

属于“实质化”的类型，就会强调“情理”的平衡作用，那么，陈胜和吴广就有可能选择继续赶往服役地方，因为“大雨”导致的“失期”，显然是情有可原的事情。[1]

秦帝国“二世速亡”的原因，给古今中外的历史学家留下了一个值得深思而又争论不息的问题。那么，秦代“二世速亡”，是否可以归咎于“形式化”法律体系导致的恶果呢？我觉得，问题似乎没有那么简单。对此，阎步克作了如下解释：

> 首先，官僚体制自身也有一种把一切社会要素纳入行政式统制之下的天然倾向，只要存在着可能，它就要施展其无所不至的控制，以及一种通过追求“宏大事业”、显示其调动资源的巨大能力以实现其存在价值的天然倾向。其次，小农经济的天然脆弱性，却使这个庞大的专制官僚机器必须在一个难以掌握的平衡点上运转，既要保证资源的敛取，又不能使剥削超过限度，否则千万小农的破产终将造成严重动乱。在秦帝国，“法治”确实达到了“片面的深刻”，但这种君主专制与文吏政治相结合的体制，无论就其内部机制而言，还是就其与社会的关系而言，它都还不是一个平衡的、富有调适能力的系统，也不足以长期地整合那个拥有其特定传统的社会。[2]

也就是说，在秦帝国，专制的国家权力与高效的行政机器具有超强

---

1 关于秦代司法裁判的“形式化”特征，也有学者从《张家山汉墓竹简·奏谳书》收录的狱簿文书记载的一件案例来进行考察，认为秦代司法裁判具有“缘法而治”的特征。参见王志强：《制定法在中国古代司法判决中的作用》，载《法学研究》2006 年第 5 期，第 139 页。王志强分析的案例，参见张家山二四七号汉墓竹简整理小组：《张家山汉墓竹简·二四七号墓》，北京：文物出版社 2001 年版，第 223—224 页。

2 为了保持引文的连贯，笔者作了适当调整，参见前揭阎步克：《士大夫政治演生史稿》，第 245 页。

的社会动员能量，既使小农服从国家利益成为可能，也使国家榨取小农的财富成为可能，但是，由于法律体系的高度“形式化”和法吏群体的严格“缘法而治”，不可能灵活地把社会的不满反馈到官僚机构，以致造成法律与社会之间的极度紧张。在这种情况下，国家非但没有“反思”自己的法律和政策，反而用“严刑峻罚”来贯彻它的法律和政策，从而引发新的紧张。由此，法律也就变得更加严峻，终于导致社会动乱与国家崩溃。这是一种“恶性”循环。

西汉初期的统治集团面临的一个亟待解决的问题是，如何缓解由春秋战国以降长期战争延续而来的高压政治与“法繁于秋荼，网密于凝脂”[1]的严刑峻法。在“无为而治”的基本国策下，汉初推行的是“蠲削烦苛”和“劝趣农桑，减省租赋”[2]的措施。但是，法吏政治的基本格局并没有根本性的变化，所谓“吏道以法令为师”[3]、“太守汉吏，奉三尺律令以从事耳”[4]和“郡事皆以义法令检式，毋得擅为条教”[5]等，皆是例证。就当时的司法实践而言，学者也说：“秦与汉初的判文都简要叙述案情、明确引用法条，并严格按照语义适用律文。”[6]可见，司法裁判的“形式化”也是汉初的基本特征。[7]

西汉初期推行“无为而治”的政策，导致了封建体制的“意料外后果”的产生，具体是指诸侯势力的壮大，形成了“尾大不掉”的局面，挑战了中央政府的权威，发生了“吴楚七国之乱”这样的

1 ［汉］桓宽：《盐铁论・刑德》。

2 ［汉］班固撰：《汉书》卷二十三・刑法志，北京：中华书局 1962 年版，第 1096—1097 页。

3 《汉书》卷八十三・薛宣朱博传，第 3397 页。

4 《汉书》卷八十三・薛宣朱博传，第 3400 页。

5 《汉书》卷八十九・循吏传・黄霸传，第 3633 页。

6 王志强：《制定法在中国古代司法判决中的作用》，载《法学研究》2006 年第 5 期，第 139 页。

7 有关秦汉时期的“形式化”司法实践的真情实况，由于留存下来的史书记载和档案资料奇缺，我们尚无能力作出通盘的考察，因而上面的分析和推断能否概括全局，也不无疑问。

政治事件。[1] 另外，国家与社会在制度上的长期隔膜也未理顺，因此，如何调整两者之间的关系，也是一个亟待解决的政治问题。再者，对汉代统治集团来说，秦代“二世速亡”的历史记忆依然深刻，故而体现法家路线的“法繁刑峻”的法律体系，已经难以成为解决这一政治问题的有效资源。在这种情况下，曾经遭到战国和秦代法家的压抑和打击的具有政治智慧和法律意义的儒家公羊学派，[2] 现在开始成为值得青睐的思想资源。与此同时，儒学本身也经历了“制度化”的过程，或者说被整合到帝国的制度结构当中去了。[3] 事实上，即是在汉初，儒家思想已经悄然浮出水面，相应的制度实践——叔孙通修订《傍章律》——也得到了最高统治者刘邦的认可。[4] 从《傍章律》所采“秦故”看来，无疑是法家化的作品，而被

1　参见前揭赵鼎新：《东周战争与儒法国家的诞生》，第 154—159 页。

2　蒋庆把“公羊学派”称为“政治儒学”，就是从政治法律角度着眼的判断。详尽讨论，参见氏著《政治儒学——当代儒学的转向、特质与发展》，北京：生活·读书·新知三联书店 2003 年版，特别是第 96—249 页。

3　具体讨论，参见干春松：《制度化儒家及其解体》，北京：中国人民大学出版社 2003 年版，第 1—113 页。

4　例如《史记·郦生陆贾列传》记有一则对话：“陆生时时前说称《诗》、《书》。高帝骂之曰：‘乃公居马上而得之，安事《诗》、《书》！’陆生曰：‘居马上得之，宁可以马上治之乎？且汤、武逆取而以顺守之，文武并用，长久之术也。昔者吴王夫差、智伯极武而亡；秦任刑法不变，卒灭赵氏。乡使秦已并天下，行仁义，法先圣，陛下安得而有之？’高帝不怿而有惭色，乃谓陆生曰：‘试为我著秦所以失天下，吾所以得之者何，及古成败之国。’陆生乃粗述存亡之征，凡著十二篇。”（卷九十七，第 2699 页。）据我看来，陆生的话可以看作儒家思想抬头的征兆。

再如，《史记·刘敬叔孙通列传》记有另一故事：“汉五年，已并天下，诸侯共尊汉王为皇帝于定陶，叔孙通就其仪号。高帝悉去秦苛仪法，为简易。群臣饮酒争功，醉或妄呼，拔剑击柱，高帝患之。叔孙通知上益厌之也，说上曰：‘夫儒者难与进取，可与守成。臣愿征鲁诸生，与臣弟子共起朝仪。’高帝曰：‘得无难乎？’叔孙通曰：‘五帝异乐，三王不同礼。礼者，因时世人情为之节文者也。故夏、殷、周之礼所因损益可知者，谓不相复也。臣愿颇采古礼与秦仪杂就之。’上曰：‘可试为之，令易知，度吾所能行为之。’”（卷九十九，第 2722 页。）

又据《晋书·刑法志》记载：“叔孙通益律所不及，傍章十八篇。”［唐］房玄龄等撰：《晋书》卷三十，北京：中华书局 1974 年版，第 922 页。据《史记·礼书》说：“叔孙通颇有所增益减损，大抵皆袭秦故。”（卷二十三，第 1159 页。）按照程树德的考证：“傍章，即汉仪也。”又说：“后考礼乐志云，今叔孙通所撰礼仪与律令同录藏于理官，而后得其说，盖与律令同录，故谓之傍章。”（氏著《九朝律考》，北京：商务印书馆 1927 年版，第 16 页。）由此可见，汉初“礼与法”已经开

司马迁称为“希世度务，制礼进退，与时变化，卒为汉家儒宗”[1]的叔孙通，则是汉代第一位法家化的儒家。[2]但是，西汉前期的政治氛围，基本上是“黄老”思想和信奉这一思想的官僚集团占据支配地位，所谓“长者”和窦太后的态度，都是例证。

但是，随着汉武帝推行“罢黜百家，独尊儒术”的政策，政治格局与司法状况出现了显著的变化，儒家官僚走到了政治舞台的前面。在司法实践中，他们开始自觉地“援引经义”作为裁判的依据，即便是“法吏”也模仿这种做法，运用“摘取经义”的技术来“缘饰”待决案件。由此，两种固有的“吏道”观念——秉承“作之君”和“作之师”的“师儒”与主张“以法为教”的“法吏”，也出现了融合。[3]在司法场域，因为受到儒家道德和“经义”的影响，裁判的“实质化”倾向成为一个突出的特征。

诚如上文曾经稍带疑虑地提到的那样，传统中国的司法“实质化”趋向或许并非汉代中期才出现的新事象。[4]但是，汉代中期

始合流，非待汉武帝始为也。

1 《史记》卷九十九·刘敬叔孙通列传，第2726页。

2 余英时指出：“这位‘与时变化’的‘圣人’把‘尊君卑臣’变成儒家政治制度的一部分，他是汉代第一个法家化的‘儒宗’。”（前揭《中国思想传统的现代诠释》，第93页。）

3 参见前揭余英时：《士与中国文化》，第168—182页。

4 例如《汉书·刑法志》在谈论周代“五听”和“八议”等制度时写道：“高皇帝七年，制诏御史：‘狱之疑者，吏或不敢决，有罪者久而不论，无罪者久系不决。自今以来，县道官狱疑者，各谳所属二千石官，二千石官以其罪名当报之。所不能决者，皆移廷尉，廷尉亦当报之。廷尉所不能决，谨具为奏，傅所当比律令以闻。’上恩如此，吏犹不能奉宣。故孝景中五年复下诏曰：‘诸狱疑，虽文致于法而于人心不厌者，辄谳之。’其后狱吏复避微文，遂其愚心。至后元年，又下诏曰：‘狱，重事也。人有愚智，官有上下。狱疑者谳，有令谳者已报谳而后不当，谳者不为失。’自此之后，狱刑益详，近于五听三宥之意。……”（卷二十三，第1106页。）

从这段记载来看，对于疑难案件，虽然法吏依然必须“傅所当比律令以闻”，但是皇帝通过“宣恩”方式作出的裁决，显然已经超出律令规定，而“宣恩”无疑也有“酌情平衡”的意味。据我看来，它与清代《刑案汇览》的做法并无根本差异。王志强认为，这是“自上而下”经由皇权荫庇下的对于裁判形式主义的制度性突破。（氏著《制定法在中国古代司法判决中的作用》，载《法学研究》2006年第5期，第140页。）

如果这样的话，我相信，在“狱疑”的情况下，秦代也会采取同样办法。而《汉（接下页）

盛行起来的司法裁判“实质化”的典型，无疑是董仲舒率先倡导的“引经决狱”。对“引经决狱”的特点，学界已有很多讨论。[1]不过，据我看来，其中包含的问题颇为复杂，而非单单因“法制未备”而“援引经义”的问题。

根据我的考察，汉代“引经决狱”至少包括四个层面：其一，把“经义”作为一种论证策略，借此迎合“独尊儒术”的政治形势。譬如，对淮南王刘安谋反罪的处置，就是很好的例证。在《史记·淮南衡山列传》中，司马迁扼要地记述了裁判理由：

> 赵王彭祖、列侯臣让等四十三人议，皆曰：“淮南王安甚大逆无道，谋反明白，当伏诛。”胶西王臣端议曰：“淮南王安废法行邪，怀诈伪心，以乱天下，荧惑百姓，倍畔宗庙，妄作妖言。《春秋》曰：‘臣无将，将而诛。’安罪重于将，谋反形已定。臣端所见，其书节印图及他逆无道事验明白，甚大逆无道，当伏其法。……”[2]

这里，我们姑且不谈刘安所犯“大逆无道”和“谋反”的复杂含

书·刑法志》所载秦始皇“昼断狱”肯定也隐含着超越律令的因素，同样具有“酌情平衡”的意味，属于“实质化”的司法裁判。但必须指出的是，如果我们把这种裁判方式也纳入“实质化”领域予以考量，那么这个问题本身将会失去意义。这是因为，无论古今中外，司法裁判的“实质化”与“形式化”都仅仅是一个程度问题。

1 参见高恒：《论引经决狱》，载氏著《秦汉法制论考》，厦门：厦门大学出版社1994年版，第178—193页；前揭俞荣根：《儒家法思想通论》，第576—584页；黄源盛：《董仲舒春秋折狱》和《两汉春秋折狱案例》，载氏著《中国传统法制与思想》，台北：五南图书出版公司1998年版，第85—178页；黄源盛：《主观与客观之间——两汉春秋折狱“原心定罪”的刑法理论》，载“经义折狱与传统法律学术研讨会”论文，台北：台湾“中央研究院”历史语言研究所，2004年12月4—5日；黄静嘉：《中国传统法制儒家化之登场与体系化——以程树德所辑两汉春秋决狱案例为切入点》，载氏著《中国法制史论述丛稿》，北京：清华大学出版社2006年版，第3—76页。

2 《史记》卷一百一十八·淮南衡山列传，第3094页。

义，[1] 而只想说：所谓“大逆无道”和“谋反”，都是以前就有的罪名。例如，商鞅因“谋反”而被车裂；再如，李斯同样被指控“谋反”而遭腰斩。[2] 当然，这些都是秦国历史上的故事。事实上，汉代初期也有“大逆无道”和“谋反”——诛杀黥布和韩信诸人的罪名，均系“谋反”。[3] 即便“大逆无道”和“谋反”连言的记载，也有其例。比如《汉书·景帝纪》记有：“三年冬十二月诏曰：‘襄平侯嘉子恢说不孝，谋反，欲以杀嘉，大逆无道。其赦嘉为襄平侯，及妻子当坐者复故爵。论恢说及妻子如法。’”[4] 由此可见，胶西王援引“经义”指控和诛杀淮南王刘安谋反，并非因为当时的法律没有相应的规定，而是为了迎合意识形态的要求，将其作为一种司法论证的策略。就此而言，如果我们把它视为一种权力“技术”的话，也是未尝不可的事情。据我看来，汉代的其他用“经义”来“缘饰”案件的裁决，[5] 与裁定淮南王刘安谋反罪的意图相同，都有把“经义”当作一种裁判的论证策略的意味。毫无疑问，除了作为一种司法裁判的论证策略或修辞手段，也有下面将要分析的“诛心”的意图，且与礼的功能——即司马迁所谓“故《春秋》者，礼义之大宗也。夫礼禁未然之前，法施已然之后；法之作为用者易见，而

1 相关考证，参见［日］大庭修：《秦汉法制史研究》，林剑鸣等译，上海：上海人民出版社1991年版，第102—112页；吕丽：《汉“谋反”、“大逆”、“大逆不道”辨析》，载《社会科学战线》2003年第11期。

2 参见《史记》卷六十八·商君列传，第2237页；卷八十七·李斯列传，第2561—2562页。

3 参见《史记》卷九十一·黥布列传，第2604页；卷九十二·淮阴侯列传，第2628页。

4 《汉书》卷五·景帝纪，第142页。

5 例如《史记·平津侯主父列传》记有：公孙弘“习文法吏事，而又缘饰以儒术”。（卷一百一十二，第2950页。）又据《史记·酷吏列传》记载：张汤“决大狱，欲傅古义，乃请博士弟子治《尚书》、《春秋》补廷尉史，亭疑法”。（卷一百二十二，第3139页。）再如《史记·儒林列传》尚有：儿宽“为奏谳掾，以古法议决大狱”，张汤因而“爱幸”儿宽；董仲舒弟子吕步舒“持节使决淮南狱，于诸侯擅专断，不报，以《春秋》之义正之，天子皆以为是”。（卷一百二十一，第3125、3129页。）如此等等，都有把“经义”作为司法裁决的论证策略加以运用的意图，而非单单缺乏法律才去援引“经义”。

礼之所为禁者难知”[1]切合。

其二，从法家“行为主义”[2]法律思想向儒家注重犯罪动机和主观意图的法律思想的转移，可以说是汉代“经义决狱”最为突出的特征。对于裁定淮南王刘安谋反罪体现出来的那种既引法律又援“经义”的“架床叠屋”的操作技术，余英时认为，个中深意乃是“中国历史上有些帝王杀人，不但要毁灭人的身体，更要紧的是毁灭人的精神”。[3]而“原心定罪”的原则，就是一个典型例证。请看董仲舒“春秋决狱”的事例：

> 甲父乙与丙争言相斗，丙以佩刀刺乙，甲即以杖击丙，误伤乙，甲当何论？或曰：“殴父也，当枭首。”论曰：“臣愚以父子至亲也，闻其斗，莫不有怵惕之心，扶杖而救之，非所以欲诟父也。春秋之义，许止父病，进药于其父而卒，君子原心，赦而不诛。甲非律所谓殴父，不当坐。”[4]

从这个“虚拟”案例中，我们可以发现如下四点：首先，案件提到“误伤”，这是对于儿子甲伤害父亲乙的主观方面的描述，此乃本案定罪量刑的一个基本前提。其次，“或曰”表达出来的是具有法家“行为主义”特征的法律理论——只看行为结果而丝毫不问行为动机和主观状态，而“枭首”则是汉律对于儿子伤害父亲的量刑幅度。再次，“论曰”所谓“怵惕之心”，旨在强调乙的行为“动

1 《史记》卷一百三十·太史公自序，第3298页。

2 美国著名中国思想史学者本杰明·史华兹指出：儒家的“礼”强调精神—道德的力量，而“法家的行为主义对于情感漠不关心”。参见氏著《古代中国的思想世界》，南京：江苏人民出版社2004年版，第336—362页。

3 前揭余英时：《中国传统思想的现代诠释》，第95页。

4 前揭程树德：《九朝律考》，第164页。

机”或是否具有伤害“故意”的法律观点，并将其作为定罪量刑的基础。最后，董仲舒援引《春秋》所载许止进药而误杀父亲这一故事隐含的“君子原心，赦而不诛”的原则，从而作出了“非律所谓殴父，不当坐”的裁判。这里，值得我们特别注意的是“非律所谓殴父”，这是董仲舒有意排除汉律的一种解释技术。通过这一解释技术的巧妙运用，不但填补了法律的漏洞，而且使“经义决狱”成为可能，也成为必要。更为重要的是，它改变了汉代以降中国法律有关犯罪构成的理论要素，平衡了犯罪的客观与主观之间的关系。[1]当然，“原心定罪”的极端做法，也导致了“赦事诛意”的流弊。[2]

其三，与“原心定罪”密切相关的是“论情定罪”原则的运用，此乃“经义决狱”的一条很有影响的原则。司马迁《史记·乐书》所谓“先王本之情性，稽之度数，制之礼义”一言说明，礼义既是“情”的表达，又是“情”的约束。而从“经义决狱”来看，这一关系同样非常鲜明。现在，我们来分析被黄源盛定名为“大夫纵麑”的案件：

1 尽管董仲舒基于道德主义的立场，特别强调犯罪动机和主观意图在定罪量刑时的重要意义，所谓“志邪者不待成，首恶者罪特重，本直者其论轻”表达的就是这个意思，但是，并不排斥犯罪行为的客观后果对于定罪量刑的积极作用，而是提出主观意图与客观后果之间结合的理论。他说：“必本其事，而原其心”，即是此意。参见氏著《春秋繁露·精华》。就此而言，它对于“纠补”法家行为主义的犯罪构成理论颇有价值，对于后来的犯罪构成理论的发展也很有贡献。对此问题的详尽讨论，参见前揭黄源盛：《主观与客观之间——两汉春秋折狱“原心定罪”的刑法理论》，也见［日］日原利国：《心意的偏重——关于行为的评价》，载杨一凡总主编：《日本学者考证中国法制史重要成果选译·通代先秦秦汉卷》，北京：中国社会科学出版社 2003 年版，第 554—599 页。在现存董仲舒“春秋决狱”的六个案例中，被黄源盛定名为“私为人妻”（参见程树德《九朝律考·春秋决狱考》所收案例第六，第 164—165 页）的案例，也涉及寡妇甲的主观意图问题。

2 对此，余英时就有沉痛的批判。他说：“中国历史上有些帝王杀人，不但要毁灭人的身体，更要紧的是毁灭人的精神。戴震说：‘酷吏以法杀人，后儒以理杀人，浸浸乎舍法而论理，死矣，更无可救矣。’（《与某书》）又说：‘人死于法，犹有怜之者，死于理，其谁怜之？’（《孟子字义疏证》）”进一步说：“汉代的‘经义断狱’比戴东原所说的还要可怕，人不但死于法，而且同时又死于理。这才是‘更无可救矣’！……其实法律只能控制人的外在行动，‘经义断狱’才能深入人的内心。硬刀子和软刀子同时砍下，这是最彻底的杀人手段。”（前揭《中国思想传统的现代诠释》，第 95—96 页。）

君猎得麑，使大夫持以归。大夫道见其母随而鸣，感而纵之。君愠，议罪未定，君病恐死，欲托孤幼，乃觉之，大夫其仁乎？遇麑以恩，况人乎！乃释之，以为子傅。于议何如？仲舒曰："君子不麛不卵，大夫不谏，使持归，非义也。然而中感母恩，虽废君命，徙之可也。"[1]

本案给我的强烈印象是："情"、"法"和"义"的紧张。先说"情"。一是，由"物情"而引起"人情"，所谓"母随而鸣，感而纵之"是也。二是，由"人情"而触发对于"案情"的把握和最终的处理，所谓"君病恐死，欲托孤幼，乃觉之，大夫其仁乎？遇麑以恩，况人乎！乃释之，以为子傅"是也。三是，董仲舒作出"中感母恩，虽废君命，徙之可也"的建议，事实上也是"酌情"的裁决，在"经义"上似乎没有根据。[2]次讲"法"。在本案中，虽然没有直接提到可资征引的法律，[3]但是从"虽废君命"来看，大夫"纵麑"显然触犯了法律的规定，估计量刑也不会太轻，黄源盛认为："可以处死罪。"[4]那么，究竟有无相应的律令条款呢？黄源盛没说。而《史记·平准书》有"废格"诏令的规定，同书《淮南衡山列传》也有"废格明诏，当弃市"的记载。[5]再看"义"。董仲舒根据《礼记·曲礼》所谓君子"不取麛卵"的原则，指出大夫在遵君命

1　前揭程树德：《九朝律考》，第 164 页。

2　惟《礼记·曲礼》有"士不取麛卵"的记载，但并没有具体的处罚规则。据此，董仲舒作出"徙"的处罚，显而易见是在"弃市"的量刑幅度下，酌"情"而作出的，既与"义"有间，也与"法"不同。

3　黄静嘉指出："本案所傅之律令，当为有废君命之罪。"（前揭《中国法制史论述丛稿》，第 20 页。）但是，黄静嘉没有提供具体的律令条款，故而属于一种"推断"之辞。

4　前揭《董仲舒春秋折狱》，载氏著《中国传统法制与思想》，第 105 页。

5　参见［清］沈家本：《汉律摭遗》，载氏著《历代刑法考》（三），北京：中华书局 1985 年版，第 1428—1429 页。

取小鹿时不能及时规谏，乃是“非义”，亦即“不忠”的行为，但是，中途因感触“母恩”而放纵小鹿，又是“孝”的举动。在平衡“义”与“情”的情况下，董仲舒既排除了“弃市”的刑罚，也否定了“赦罪”的裁决，而是给以“徙”（也有说是“徒”[1]）的处罚。而这，应该说是介乎“法”与“情”（人情）之间的合乎“义”的处罚。但是，无论如何，在董仲舒的裁决中，据“义”固然重要，酌“情”（情理）也是一个内在的考量依据。这里，我们既看到了“情”、“法”与“义”之间的紧张，也看到了三者之间的协调与平衡。事实上，虽然排除了“法”规定的“弃市”，但是“徙”或“徒”恰恰又是在“情”和“义”的平衡下“法”的量刑幅度的一种折射。

其四，重构待决案件的事实，也是汉代“春秋决狱”的一个特色。对“春秋折狱”这种有时可能超越法律而援引“经义”的司法实践，以往学者仅仅关注裁决的“经义”依据，不过在我看来，也有案例涉及对于待决案件的事实认知问题。请看以下事例：

> 甲夫乙将船，会海风盛，船没，溺流死亡，不得葬。四月，甲母丙即嫁甲，欲皆何论？或曰：“甲夫死，未葬，法无许嫁，以私为人妻，当弃市。”议曰：“臣愚以为，春秋之义，言夫人妇归于齐，言夫死无男，有更嫁之道也。妇人无专制擅恣之行，听从为顺，嫁之者归也，甲又尊者所嫁，无淫行之心，非私为人妻也。明于决事，皆无罪名，不当坐。”[2]

1　日本学者铃木由次郎认为，此“徙”乃“徒”。参见《春秋治狱をめぐりて》，载《法学新报》（日本），第五十七卷，第十号，1950；转见前揭黄静嘉：《中国法制史论述丛稿》，第20页，注2。

2　前揭程树德：《九朝律考》，第164—165页。

我觉得，这个案件的关键在于：第一，丙和甲是否构成犯罪，这是问题所在。第二，甲是否具有“私为人妻”的事实和情节。按照“或曰”的裁决，如果“私为人妻”，那就必须处以“弃市”的刑罚。第三，根据“议曰”提供的事实，甲没有这一情节，乃是母亲丙所嫁，而非“私为人妻”，因此“无罪名，不当坐”。第四，按“或曰”所谓“法无许嫁”来判断，母亲丙似乎也构成犯罪，这也是“欲皆何论”中的“皆”的所指，同样必须处以“弃市”的刑罚。然而，董仲舒却认为“皆无罪名”，不当“弃市”。那么，董仲舒的裁判理由又是什么呢？从本案记述来看，董仲舒的“议曰”根本没有提到这一情节，也没有说明“无罪”的理由，我们不得而知。对此，沈家本有一解释：“以今律论之，甲母主婚，甲不当坐；甲母不俟三年而遽嫁甲，不能无罪。汉法，夫死必葬，而后许更嫁。若夫亡而死生未定者，不将终身不得嫁乎？此乃法之常。若遇此等情形，自不当一律论也。”[1] 果真如此的话，董仲舒的裁决只能说是“准情酌理”而后给出的决断。[2] 但问题是，沈家本只说“今律”，而非汉律，所以仍不清楚其中的究竟。总而言之，本案的关键乃是甲是否属于“私为人妻”。如果是的话，不但汉律要处死刑，而且在“经义”上也不得无罪。据此，重构本案的事实，乃是核心所在，而援引“经义”只是派生性的议题。[3] 顺便指出，本案也涉及了“原心定罪”的

1 前揭沈家本：《历代刑法考》（三），第1522页。

2 对此，黄源盛教授认为：“依中国古葬礼有土葬与水葬之分，甲夫亡于海，若寻尸不得，似亦可视为已水葬，不可谓为未葬，如是，于情于理似较妥适。”（前揭《中国传统法制与思想》，第100页。）当然，董仲舒的裁决是否一如黄源盛所说的那样，并无直接的证据，只是一种“推测”而已。

3 事实上，在董仲舒的“春秋决狱”案例中，被黄源盛定名为“加杖所生”（参见程树德《九朝律考·春秋决狱考》所收案例第二，第164页）的案例，也是同类问题。也就是说，遗弃亲生儿子的父亲与儿子之间是否仍有父子关系，乃是裁决的事实基础。董仲舒认为，在这种情况下，由于“于义已绝”，因而没有父子关系，所以儿子“加杖”父亲不是犯罪，不当论处。

另外，被黄源盛定名为“盗武库兵”（参见程树德《九朝律考·春秋决狱考》第四，（接下页）

问题。换句话说，所谓“非私为人妻”的“非”，意味着甲没有犯罪故意，因此不能仅仅根据改嫁的后果予以处罚。就此而言，“经义决狱”在犯罪构成理论上确实要比汉律的固有规定来得合理。对“引经决狱”的积极价值，我们实在不能一笔抹杀。

通过前面的简要考察，我们可以发现，汉代兴起的“春秋决狱”，不仅是一种司法裁判的权力策略，而且也是一种把法律之外或法律之上的规范——诸如“经义”和“人情”堂而皇之地引入司法裁判领域的关键措施。经由这一司法技术，我们也可以看到，战国以降法家倡导和实践的那种“刚性”的法律体系，现在被“软性”化了，法律与经义、道德、人情渐渐出现了融合。而这就是学者所谓汉代法律的道德化和伦理化的景象。[1] 另外，董仲舒所倡导的“引经折狱”体现出来的裁判风格，基本上预示了后世司法实践的走向。笔者之所以要详尽讨论以董仲舒为典范的“春秋决狱”，命意就在于此。

伴随汉代“春秋决狱”而来的传统中国法律的发展进程，基本循着三条路径：其一，在立法上，道德、经义和礼的法律化，由《唐律疏议》而汇集总成。[2] 其后的修律活动，都继承了这一传统，

第 164 页）的案例，同样涉及事实认定问题。换句话说，在“弦”与“弩”分离的情况下，单单盗“弦”是否属于盗“兵”呢？对此，董仲舒持否定的意见，并引《论语·为政》所谓“大车无輗，小车无軏，何以行之”为据，主张“虽与弩异处，不得弦，不可谓弩；矢射不中，与无矢同；不入，与无镞同”。不过，他接着指出：“律曰：此边鄙，兵所赃，直百钱者，当坐弃市。”这里，引用《论语·为政》的话，乃是作为事实认定的根据，而非裁决的规范依据。对于“律曰”后面的文字，沈家本指出“原文‘边鄙兵所赃’句必有讹夺，恐当为‘盗边鄙所居赃百钱即弃市’，重边防也”。（前揭《历代刑罚考》（三），第 1397 页。）沈家本的考证合理，可以聊备一说。

1　对汉代以后中国法律的道德化的讨论很多，诸如瞿同祖：《中国法律之儒家化》，载氏著《中国法律与中国社会·附录》，第 328—346 页；梁治平：《寻求自然秩序中的和谐——中国传统法律文化研究》，北京：中国政法大学出版社 1997 年版，第 251—325 页；张中秋：《中西法律文化比较研究》，南京：南京大学出版社 1999 年版，第 119—155 页；祝总斌：《晋律的儒家化》，载《中国史研究》1985 年第 2 期；等等，不拟枚举。

2　参见刘俊文：《唐律与礼的密切关系例析》，载《北京大学学报》1984 年第 3 期。

只有零星的补充。其二，在法律解释上，不但“挪用”经义的解释方法，而且在法律中“灌注”道德、经义和礼的精神、原则，乃至“采纳”具体制度，所谓“引经注律”即是例证。[1]从《唐律疏议》来看，经义与律注、律文不但相互发明，相互补充，而且融为一体，清代《四库全书总目提要》即有“一准乎礼”[2]的评论。其三，在司法实践上，参酌道德、经义和人情之类的“软性”规范和生活常识，据以作为司法裁判的基准，从而排除了法律的“刚性”规定，填补了法律的漏洞和空白，形成了裁判依据多元化的格局，导致了裁判“实质化”的特征，进而造成了裁判的“不确定性”的难题，这同样是承袭汉代以来的传统。但是，仔细审视这一时期的司法实践，我们将会发现，也有三种做法同时并存：一是秉承“形式化”的裁判传统；二是强调“实质化”的裁判技艺；三是兼顾法律与情理的裁判风格，此乃“形式化”与“实质化”的平衡，大致上也可以归于“实质化”的类型。事实上，在司法实践中，从宋代到清代，同样承续了上述三种司法风格并存的传统。只是，兼顾法律与情理的裁判逐步占据了支配地位，即使“依法裁判”也不排斥情理的平衡作用。更为重要的是，在司法官员的话语中，这种裁判风格得到了比较彻底的表达，也就是说，他们都把“礼法并用”和“情法两尽”作为司法裁判的理想境界。

考虑到本章的篇幅，笔者不拟考察汉代以来的传统中国司法裁判的“形式化”与“实质化”问题，[3]而是直接转移到对汪辉祖《病

1　参见高绍先：《〈唐律疏议〉与中国古代法律文化》，载《现代法学》1997年第2期。霍存福所著《论〈唐律〉“义疏”的法律功能》（载《吉林大学社会科学学报》1987年第4期）也有涉及，可以参考。

2　对于《唐律》的“一准乎礼”的“礼”，苏亦工指出：它是“唐礼，亦即秦汉以来繁衍变异了的礼”。详尽考证，参见氏著《唐律“一准乎礼”辨正》，载《政法论坛》2006年第3期。

3　关于汉代以来古典中国司法实践的研究成果颇丰，通论性的作品，参见范忠信、郑定、詹学农：《情理法与中国人——中国传统法律文化探微》，北京：中国人民大学出版社1992（接下页）

榻梦痕录》和《录余》所载“案件”的研究上来。

三、清代裁判的个案解读

日美两国学者（代表人物是滋贺秀三、寺田浩明与黄宗智）之间产生关于清代中国的司法裁判的基准究竟是“情理”抑或是法律的争论以来，已经发表的学术成果颇丰，并且迄今尘埃尚未落定。[1]据我看来，这场争论涉及的深层问题包括：其一，类型学研究与现

年版，第9—26、231—239页；梁治平：《法意与人情》，深圳：海天出版社1992年版，第149—154页；霍存福：《中国传统法文化的文化性状与文化追寻——情理法的发生、发展及其命运》，载《法制与社会发展》2001年第3期；顾元：《衡平司法与中国传统法律秩序——兼与英国衡平法相比较》，北京：中国政法大学出版社2006年版；前揭王志强：《制定法在中国古代司法判决中的适用》；汪世荣：《中国古代的判例研究：一个学术史的考察》，载《中国法学》2006年第1期。断代性的作品，参见贺卫方：《中国古典司法判决的风格和精神——以宋代判决为基本依据兼与英国比较》，载《中国社会科学》1990年第6期；王志强：《南宋司法裁判中的价值取向》，载《中国社会科学》1998年第6期；刘馨珺：《论宋代狱讼中“情理法”的运用》，载台湾中国法制史学会：《法制史研究》第3期，2002年，第95—137页；［日］佐立治人：《〈清明集〉的“法意”与“人情”——由诉讼当事人进行法律解释的痕迹》，载杨一凡总主编：《日本学者考证中国法制史重要成果选译·宋辽西夏元卷》，北京：中国社会科学出版社2003年版，第438—477页；邓勇：《论中国古代法律生活中的“情理场”——从〈名公书判清明集〉出发》，载《法制与社会发展》2004年第5期；［美］马伯良：《法律与道德——对于宋代司法的几点思考》，载台湾中国法制史学会：《法制史研究》第6期，2005年，第225—258页；刘馨珺：《明镜高悬——南宋县衙的狱讼》，台北：五南图书出版公司2005年版，第258—286页；巫仁恕：《就法论法？：明代地方政府的司法审查》，台北：台湾“中国法制史学会九十二年度会员大会暨学术研讨会”论文。有关清代的相关成果也很丰富，对此，笔者在前面已经有所提及，其他成果留待下文讨论汪辉祖断狱故事的时候再作介绍。

1　例如2006年11月11日，在清华大学法学院明理楼召开了“传统中国法制”的座谈会，其核心议题即是传统中国的司法裁判的依据究竟是法律抑或是“情理”。座谈会收到了若干新作：寺田浩明：《试探传统中国法之总体像》，载台湾中国法制史学会：《法制史研究》第9期，2006年6月；李启成：《“常识”与传统中国州县司法》；泮伟江：《中国传统司法与现代法治》；陆宇峰：《传统司法：何种合理性？——读〈中国传统的司法与法学〉存疑》；马剑银：《想象的他者与虚构的自我——对传统中国法律研究方法论的反思》。以上论文均收入《“传统中国法制”座谈会参考材料》，北京：清华大学法学院，2006年11月11日，第104—187页。

象学分析之间的冲突。滋贺秀三、寺田浩明和岸本美绪等人采用的是类型学方法，与此相反，以黄宗智为代表的学者，则着重于现象学分析。其二，日本学者特别关注清代中国司法裁判的原理和特征；与此不同，黄宗智虽然提出了颇有价值的“表达与实践”的分析方法，但是仍然属于“形式化”或“表象化”的研究，而没有很好地解释清代中国“依法裁判”背后的机制和援引法律的理据。进一步说，即使是“表达与实践”这对分析工具，同样未能阐明档案记载本身可能也是一种“表达”或“制作”，而非纯粹是对于“实践”的忠实记录。其三，黄宗智所谓裁判结果与律例吻合，是否意味着“依法裁判”呢？裁判文书提到“在律”或“照例”等术语，是否就是指“依法裁判”呢？都是悬而未决的问题。其四，对于档案记载的真实性和可靠性的不同理解。例如，对于淡新档案援引法律的统计，不同学者得出的数据差异甚大，原因又是什么呢？滋贺秀三指出：民事裁判援引法律的频度非常之低。[1] 美国学者艾力认为，在淡新档案 222 件中，只有 2 例间接参照法律，另有 2 例直接援引法律。[2] 然而，黄宗智的统计却有很大差异。他说：在巴县、宝坻、淡新档案通过庭审结案的 221 件中，有 170 件引用了法律，占 77%；再加“无人胜诉”的 22 件，共有 192 件，占总数的 87%。具体来说，巴县 98 例中有 69 例，宝坻 45 例中有 38 例，淡新 78 例中有 63 例。[3] 林端认为：在淡新档案 222 宗民事案件中，共有 35 宗、53 件次提到法律。[4] 事实上，这些不同数据也反映了学

1 具体讨论，参见前揭滋贺秀三：《清代诉讼制度之民事法源的概括性考察》，载《明清时期的民事审判与民间契约》，第 24—29 页。

2 有关数据和理由的分析，见 Mark A. Allee, “Code, Culture, and Custom: Foundation of Civil Case Verdicts in a Nineteenth-Century County Court”, in Bernhardt and Huang eds., *Civil Law in Qing and Republican China*, Stanford University Press, 1994, pp.125-129。

3 前揭黄宗智：《民事审判与民间调解：清代的表达与实践》，第 78 页。

4 前揭林端：《韦伯论中国传统法律》，第 131 页。具体讨论，见第 124—149 页。

者对于“依法判决”的不同理解。

现在，我们来看汪辉祖的断狱故事。

关于清代“良幕循吏”汪辉祖的生平事迹、法律思想和折狱特色，学界已有若干研究成果问世，[1]我们且看《清史稿·汪辉祖传》的记载：

> 汪辉祖……习法家言，佐州县幕，持正不阿，为时所称。……治事廉平，尤善色听，援据比附，律穷者，通以经术，证以古事。[2]

清代著名学者阮元《循吏汪辉祖传》也有类似的评述：

> 汪辉祖……练习吏事，前后入诸州县幕，佐人为治，疑难纷淆，一览得要领。尤善治狱，平情静虑，侔镜揣形，多所全活。……治事廉平，尤善色听，剖条发蕴，不爽轻重，及其

1 关于汪辉祖的生平事迹和断狱故事，最有参考价值的资料，要算汪辉祖晚年所写的自传作品《病榻梦痕录》和《录余》，载《续修四库全书》第555册·史部·传记类，上海：上海古籍出版社1995年影印版，第607—733页。另见瞿兑之：《汪辉祖传述》，上海：商务印书馆1935年版，载《民国丛书》第三编·76·历史·地理类，上海：上海书店1991年影印版。这是汪辉祖自传的简版，新的资料很少。张伟仁：《良幕循吏汪辉祖——一个法制工作者的典范》，载《台大法学论丛》1989年第19卷第1—2期；邓云乡：《汪辉祖及其著述》，氏著《水流云在杂稿》，太原：北岳文艺出版社1992年版，第175—194页；蒋淑薇：《从〈佐治药言〉看汪辉祖对幕学的贡献》，载《贵州社会科学》1992年第2期；唐宇辉：《浅谈汪辉祖的州县吏治思想》，载《湘潭师范学院学报》1992年第5期；郭润涛：《汪辉祖与清代州县幕府》，载《中国史研究》1993年第1期；郭润涛：《官府、幕友与书生——“绍兴师爷”研究》第九章，北京：中国社会科学出版社1996年版；鲍永军：《绍兴师爷汪辉祖研究》，北京：人民出版社2006年版。再有就是围绕《病榻梦痕录》所载史料进行的讨论，也有若干成果。例如经君健：《束脩与俸禄——读〈病榻梦痕录〉札记》，载《学术季刊》1989年第4期；林满红：《世界经济与近代中国农业——清代汪辉祖一段乾隆粮价记述之解析》，载台湾“中央研究院”近代史研究所编：《近代中国农村经济史论文集》，台北：台湾“中央研究院”近代史研究所1989年版，第291—325页。

2 赵尔巽等撰：《清史稿》卷四百七十七·循吏二，北京：中华书局1977年版，第13029页。

援据比傅，惟义所适，律之所穷，通以经术，所决狱辞，不可殚述。[1]

在《清史稿》作者和阮元眼里，汪辉祖的司法审判的一个显著特色，即是法律与“经术”两尽，法律与“古事”并用。易言之，汪辉祖具有平衡法律与“经术”、法律与“古事”的令人称道的司法技艺。那么，汪辉祖自己又是怎样看待司法裁判的呢？请看下列言述：

幕客佐吏，全在明习律例。律之为书，各条具有精蕴，仁至义尽，解悟不易，非就其同异之处，融会贯通，鲜不失之毫厘，去之千里。……故神明律意者在能避律，而不仅在引律。如能引律而已，则悬律一条以比附人罪，一刑胥足矣，何藉幕为！[2]

学古入官，非可责之幕友也。然幕友佐官为治，实与主人有议论参互之任，遇疑难大事，有必须引经以断者，非读书不可。[3]

幕之为学，读律尚已，其运用之妙，尤在善体人情。盖各处风俗往往不同，必须虚心体问，就其俗尚所宜，随时调剂，然后傅以律令，则上下相协……[4]

---

1 前揭瞿兑之：《汪辉祖传述·附：阮元循吏汪辉祖传》，第 94 页。

2 ［清］汪辉祖：《佐治药言·读律》，沈阳：辽宁教育出版社 1998 年版，第 8—9 页。

3 汪辉祖：《佐治药言·读书》，第 9 页。

4 汪辉祖：《佐治药言·须体俗情》，第 15 页。

人情俗尚，各处不同，入国问禁，为吏亦然。初到官时，不可师心判事，盖所判不协，舆情即滋，议论持之，于后用力较难。每听一事，须于堂下稠人广众中择传老成数人，体问风俗，然后折中剖断，自然情法兼到。一日解一事，百日可解百事，不数月诸事了然。不惟理事中肯，亦令下如流水矣。[1]

勤于听断，善已，然有不必过分皂白，可归和睦者，则莫如亲友之调处。盖听断以法，而调处以情，法则泾渭不可不分，情则是非不妨稍借。理直者既通亲友之情，义曲者可免公庭之法，调人之所以设于周官也。或自矜明察，不准息销，似非安人之道。[2]

法有一定，而情别千端，准情用法，庶不干造物之和。[3]

法所不容姑脱者，原不宜曲法以长奸；情尚可以从宽者，总不妨原情而略法。[4]

综上可见，在汪辉祖看来，精通律例乃是司法官员必须具备的基本能力，但是，对于一名优秀的司法官员来说，仅仅熟悉律例依然是不够的，他还必须领悟律例背后的意蕴——“律意”。那么，所谓“律意”又是什么呢？细细审读这些言论，我们不难发现，“律意”既包括作为律例精神的“经义”，也包括构成律例源泉的“人情”

1 汪辉祖：《学治臆说卷上 · 初任须问风俗》，第 40—50 页。
2 汪辉祖：《学治臆说卷上 · 断案不如息案》，第 54—55 页。
3 汪辉祖：《学治续说 · 法贵准情》，第 88 页。
4 汪辉祖：《学治续说 · 能反身则恕》，第 88 页。

和“风俗”。而“风俗”可以说是“人情”的另一种表达，两者之间的关系非常密切。[1]要而言之，作为一名合格的司法官员，能够遵循律例断狱固然不差，但是，单单这样也还不够。

明乎汪辉祖的断狱思想，我们再来考察他的断狱故事，看看其中是否有效地贯彻了上述具有理论意义的表达。为了方便讨论，我将汪辉祖的断狱故事制成如下表格。[2]

表 3.1　汪辉祖断狱故事统计表

编号	案由	基本事实或争议	裁决依据	结　果	资料出处
1	通奸	浦四童养媳与浦四叔叔通奸	经	枷号三月，离异	613—614
2	漕船	县议十年更换与部议十运更换	例	估计可以获准	614
3	墓道	虞氏与言氏因侵占墓道而争讼	情理	纠纷得以解决	615
4	继嗣	房族为夫立继与张氏为子立继	情与礼	获得抚军赞誉	616—617
5	估赃	按照部价与时价估算赃物之争	例	获准通行	618
6	盗窃	对适用废疾收赎律条有异议	酌情	部议：不准收赎	618
7	人命	虞氏是羞愤自杀抑或气愤自杀	律	杖枷通详，被驳	618—619

1　日本学者岸本美绪对“风俗”的内涵曾经作过很好的梳理，她说：“风俗”概念的核心在于，通过某些行动方式表现出来的人民精神的品质。换句话说，所谓“风俗”，就是从“人民精神的性质”这种观点来评价的某个地方或者某个时代的整个行动方式。就此而言，经由“移风易俗”而形成的一种好的“风俗”，就是把教养、礼义和天真的良知等各种要素综合起来实现的“一团和气”的理想秩序。参见氏著《“风俗”与历史观》，载《新史学》第 13 卷第 3 期，2002 年，第 7—8 页。

2　张伟仁提到：“在汪辉祖漫长的幕友生涯里，有许多足以称道之事。最值得我们注意的是，他处理重大民刑案件二十起……结果其全部民案批词均蒙上官同意，刑案则仅一案所拟罪名与臬司成见不合，二三案所定刑量经巡抚略为更改而已。”（前揭氏著《良幕循吏汪辉祖：一个法制工作者的典范》，载《台大法学论丛》1989 年第 19 卷第 1 期，第 5 页。）不甚清楚的是，张伟仁讨论的 20 例案件，是否包括了现存汪辉祖断狱故事的全部内容。根据我的统计，现存汪辉祖的断狱故事至少有 35 例。

（续表）

编号	案由	基本事实或争议	裁决依据	结　果	资料出处
8	继嗣	以孙祢祖与以子归宗发生争议	情与礼	惠先附食于其父	619
9	邪教	与邪教不同，属于私家拜斗	例	责处，具体不详	619
10	抢劫	被告盛某抢劫是假，逃军是真	没有提到	只说出脱死罪	620
11	伤害	女婿殴伤已经“义绝”的岳母	没有提到	杖一百枷号一月	621
12	抢劫	被告十余人各自抢劫或盗窃	没有提到	绞流徒笞杖等刑	621—622
13	继嗣	殳球意欲承嗣缌麻服叔殳凤于	例与经	殳凤于附食于父	622—623
14	继嗣	寡妇控告族长将家产作祭产	例	酌情处置财产	623—624
15	人命	张氏与沈二通奸，沈二被杀	没有提到	推翻原审，上报	624
16	田土	因田土纠纷而牵连私藏军器	没有提到	请递义乌审结	626
17	继嗣	同姓不宗之冯某继争冯姓嗣子	北溪字义	驳回冯某的诉讼	631
18	人命	上司说人命，汪某谓伤害	律与例	笞刑，由此辞馆	631—632
19	人命	叶氏与雇工秦某通奸，自杀	律	推翻原审，杖枷	632—633
20	殴打	一群乞丐殴打平民王某	没有提到	大杖重枷责惩	645
21	人命	田氏被杀，审出真凶蒋某	没有提到	不详	646
22	唆讼	痛惩讼师黄某教唆词讼之罪	自由裁量	杖责，示众	646
23	讹诈	地保串通匪类移尸讹诈刘某	没有提到	满杖，枷号	649
24	骗财	伪造文书意图霸占李氏家产	没有提到	归还家产，免罚	649

（续表）

编号	案由	基本事实或争议	裁决依据	结　果	资料出处
25	讹诈	乞丐被殴，意图借此讹诈	没有提到	驱逐流丐	650
26	霸财	兄为霸占家产而诬告弟媳	没有提到	没有具体处罚	653
27	墓地	勘验证实李姓侵占萧姓墓地	没有提到	酌情改正墓界	653—654
28	继嗣	寡妇欲立亲侄（独子）为嗣子	礼与例	批准寡妇的请求	654
29	人命	刘某唆子谋杀亲弟，图赖他人	酌情	故杀定罪，被驳	654—655
30	人命	刘氏四命是虎死抑或奸杀有疑	没有提到	没有审结，去职	661
31	人命	杨某命案，提到检验和审结	没有提到	结果不明，跌伤	662
32	墓地	嫡子陆腾与庶子陆煌造坟互控	没有提到	改造，陆腾缠讼	686—687
33	人命	某人因冤家诬陷而卷入命案	没有提到	汪辉祖有意出脱	707
34	人命	主母王氏邂逅杀死奴婢芝香	律	无罪	707
35	诬陷	钱肆因主簿差役诬陷而入案	没有提到	汪辉祖有意出脱	707

说明：

1. 本表资料摘自汪辉祖《病榻梦痕录》和《录余》。
2. 其中，案例8和17与《佐治药言·读书》所载两个案例相同；案例10与《续佐治药言·草供未可全信》记录的案例相同；案例29与《学治臆说卷下·敬城隍神》所载案例相同。由于这些案例的内容详略基本一致，下面的讨论以《病榻梦痕录》和《录余》为依据。
3. 编号2“漕船”和编号5“估赃”两例，与普通民刑案件的裁判有所不同，但是，它们对于我们理解汪辉祖的司法技艺颇有助益，故而一并收入。

鉴于汪辉祖先后游幕34年，历任知县等职6年，在乾隆时期的官场度过了近40年的漫长生涯，经手处理的案件可谓不计其数，而被《病榻梦痕录》和《录余》记载下来的断狱故事，肯定只是其中的沧海一粟。[1]根据汪辉祖的记载："三八收辞日，不下二百余纸"；又说："邑虽健讼，初到时词多，然应准新词，每日总不过十余纸，皆愬词催词而已。"[2]按照清代州县衙门的惯例，每月放告日有 6 天，每年放告日有 8 个月，每年放告日有 48 天。据此推算，如果每次放告日受理 10 起案件，每年共计就有 480 起案件，统计 6 年，则有 2 880 起案件。另外，汪辉祖曾说："接篆以来，夙夜焦急，检查历年讼档，自大宪以至本府，共四百余案。"[3]合计起来，起码也有 2 300 起案件。况且，宁远只是"一个贫瘠的山乡，生产本不丰裕，赋税乃多积欠"[4]的县份；宁远人口也不算多，根据《光绪湖南通志》卷四八户口的记载：嘉庆二十一年（1816 年）只有 23 366 户，[5]以"五口之家"来估计，只有 116 830 人，与当时每县平均人口 20 万相比，只有一半稍强，绝非大县。有所不同的是，汪辉祖游幕的地区，基本上是江浙一带，不但经济发达、人口稠密，而且健讼风气也不亚于宁远。如此一来，加上 34 年游幕处理的案件，以每年 480 件来推算，约有 2 万之多。[6]然而，汪辉祖却刻意

---

1 有关清代州县衙门每年审理的案件数量，目前我们缺乏系统的统计数字。况且，由于各地社会经济、人口多寡和社会风气的差异，地方政府处理的案件数量肯定会有很大出入。例如，夫马进曾经举出清代嘉庆年间安徽省六安州的知州，在任期 10 个月之间，总共处理了 1 360 起案件；康熙末年出任浙江省会稽县知县的张我观，在 8 个月当中接受了 7 200 份词状；乾隆年间担任湖南省宁远县知县的汪辉祖，一年之内受理了大约 9 600 份状子；乾隆年间湖南省湘乡县知县，一年之间接受了 14 400 ～ 19 200 份呈词；道光年间任职山东省邱县知县的张琦，一月之内就收到 2 000 份诉讼文书。无论这些推算是否属实，都是非常令人惊讶的数据。以上数据，参见［日］夫马进：《明清时代的讼师与诉讼制度》，载前揭《明清时期的民事审判与民间契约》，第 392—393 页。相关讨论，也见前揭黄宗智：《民事审判与民间调解：清代的表达与实践》，第 165—171 页。黄宗智最后有一总体性概括："在清代后半期，县衙门每年处理五十至五百个民事案子，好些县可能每年在一百至二百件。平均而言，每县每年大概有一百五十件左右。"（第 171 页）

2 前揭《病榻梦痕录》卷下，第 647 页，前揭《学治说赘·理讼簿》，第 102 页。

3 前揭《病榻梦痕录》卷下，第 647 页。

4 前揭张伟仁：《良幕循吏汪辉祖：一个法制工作者的典范》，载《台大法学论丛》1989 年第 19 卷第 1 期，第 6 页；也见前揭鲍永军：《绍兴师爷汪辉祖研究》，第 188 页。

5 转见夫马进：《明清时代的讼师与诉讼制度》，载《明清时期的民事审判与民间契约》，第 393 页。

6 如果我们以黄宗智估计的每县每年平均审理 150 起案件来推算，那么汪辉祖 40 年的（接下页）

回顾和记录这些案件，而非其他案件，必有深意存矣。那么“深意”又是什么呢？我觉得，不外如下几点：或许是因为它们具有典范意义，或许是因为它们包含了值得汲取的经验和教训，或许是因为它们属于汪氏所办案件的“得意之作”，或许是因为它们最能体现汪氏的司法精神和折狱风格。再者，倘若我们将被清代学者和官僚誉为“幕道金针”或“幕道圭臬”的《佐治药言》等书的流播情况考虑在内的话，[1]似乎可以得出如下结论：汪辉祖的司法精神和折狱风格，对于清代中国的州县衙门具有“示范”作用。如果这一推断尚有一定道理的话，我们把汪辉祖的断狱故事作为研究对象，无疑也有“典型”意义。

那么，从司法裁判的“形式化”与“实质化”的角度来衡量，汪辉祖的断狱依据又有什么特点呢？对此，张伟仁曾经作过非常仔细的分析。按照他的归纳，汪辉祖的断狱依据大致包括：（1）律文明确，严加遵守；（2）数条并存，须加甄别选择；（3）律文不够明确，须加诠释；（4）法无明文，援引别条、成案和礼经、道义。[2]必须承认，张伟仁的这一归纳，可谓次第清晰而又严谨；就个案解读而言，也做得非常深入细致。从笔者所制上表来看，提到律例的共有 10 件，其中，同时提到例与经、情、礼的也有 2 件；提到非

断狱生涯，总共经手处理的案件大约也有 6 000 起。这一数据，也可以与正文估算进行比较。当然，这仅仅是一种剔除了各种具体情况的估算而已，目的只是为了提供给读者一个初步印象。

1 在《学治臆说自序》中，汪辉祖曾说：“有姻友筮仕者，持此与《药言》并赠，倘亦古者赠人以言之义欤？”（第 38 页）其“金针度人”的深意，和盘托出。乾隆五十一年，鲍廷博在《佐治药言·跋》中写道：“古之言吏治者多矣，未有及幕宾之佐治者，余故急付剞劂，以广其传云。”（第 21 页）。在《病榻梦痕录》卷下乾隆五十八年的记载中，汪辉祖特别提到了上书房总师傅王杰曾经“将《佐治药言》及《续编》重刻装订，俟同人出仕者来见，时人授一编，以年兄之惠”（第 672 页）。其后，被誉为“幕道金针”或“幕道圭臬”的《佐治药言》诸书，被不断刊刻，也被广为传播。参见前揭鲍永军：《绍兴师爷汪辉祖研究》，第 262—263 页。

2 相关案件与评论，参见前揭《良幕循吏汪辉祖：一个法制工作者的典范》，载《台大法学论丛》1989 年第 19 卷第 1 期，第 15—32 页；鲍永军也有类似的归纳：（1）引用律文；（2）引用例文；（3）引用成案；（4）引用礼经；（5）引用道义。参见前揭《绍兴师爷汪辉祖研究》，第 324—329 页。

法律或者超法律的经、情理、礼、酌情的共有8件；没有提到任何规范依据的共有17件，其中不少属于“酌情”处理的案件。进一步说，在作为分析样本的汪辉祖的断狱故事中，单单援引法律的裁判只有8件，仅占总数35件的23%；再加同时援引经、情、礼的2件，也只占总数的29%不到。但是，没有提到任何裁判依据或者仅仅以经、礼、情理、酌情乃至《北溪字义》为依据的裁判，却占总数的71%有多。当然，这一统计只是一种形式化的分析，仅仅根据案件叙述是否出现律例、经义和情理作出的概括，而没有对案件内容细加辨析。事实上，有些援引律例的案件，也未必抛弃了经义和情理上的衡量。不过稍加比较，我们即可获得一个初步印象：就汪辉祖的断狱故事而言，司法裁判的“实质化”乃是基本特征，居于支配地位，至少也是汪某比较认同也比较乐意采取的裁判方式；与此相反，司法裁判的“形式化”只占边缘化的位置。必须指出的是，这里分析的案件，无疑是黄宗智意义上的“实践”，但是，汪辉祖选择记录这些案件本身，也可以视为是一种“表达”。换句话说，从汪辉祖处理的数以万计的案件来看，这些只是其中的沧海一粟，这种具有“实质化”取向的裁判，或许只是个别做法而已，之所以被记录下来，可能出于汪氏的自我期许和自我标榜。也就是说，在数以万计的案件中，也有可能基本上是按照法律作出的裁判，只是没有加以记录罢了。但是，如若这样的话，它与汪辉祖对于但知引律而不知律意——“刑胥足矣，何藉幕为”的鄙视相抵触，更与“情法兼到”的理想背离，同时，还与《清史稿·汪辉祖传》和阮元诸人对于汪辉祖的评论不合。故而，我更愿意指出汪氏的司法裁判具有“实质化”而非“形式化”的取向。就此而言，推定汪辉祖的司法裁判具有伊斯兰“卡迪司法”的特征，或许不算歪曲事实。

为了深入把握上述结论，我愿冒点与张伟仁先生“撞车”的风险，再来重新解读若干汪辉祖的断狱故事，看看他究竟是如何“依法裁判”，又是怎样做到“情法兼到”，以及为什么要“依法裁判”，为什么要作出“超越”法律的裁判。

按照“表一”援引律例裁判的案件顺序，[1]我们稍作讨论。必须说明的是，为了弄清汪辉祖折狱故事的“形式化”与“实质化”问题，这里着重分析若干明确援引律例或者被学者判定为依法裁判的案件，而对参酌经义和情理作出裁判的案件，只引个别案件略作讨论；另外，对没有明确提到律令和处理结果不明的案件，一概不作讨论。如此安排的原因有二：其一，参酌经义和情理进行判决，无疑属于“实质化”的裁判。在这种情况下，只要搞清根据律例裁判的案件是否也有“实质化”的倾向，即可明白汪辉祖断狱风格的基本特点，进而对于我们解释清代中国的司法裁判是否具有“卡迪司法”的特征，也可提供某些证据，至于没有明确提到律令和结果不明的案件，难以一一推敲，故而不作无谓的悬测，也是一种谨慎的学术态度。其二，避免篇幅过于冗长，也避免叙述过于枝蔓。

案例一 （乾隆二十五年，浙江·秀水）县民许天若正月初五日黄昏醉归，过邻妇蒋虞氏家，手拍钞袋，口称有钱，可以沽饮，虞氏詈骂而散。次日，虞氏控准，未审。至二月初一日，虞氏赴县呈催，归途与天若相值，天若诟其无耻，还家后复相口角。初二夜，虞氏投缳自尽。孙师受篆，即赴相验。时松江张圯逢与余分里办事，虞处居张友所分里内，张以案须“内结”，令将天若收禁通报。余以为死非羞愤，可以“外

1 前面已经说明，编号 2“漕船”和编号 5“估赃”的内容比较特殊，这里不作讨论。

> 结”。张大以为不然。孙师属余代办。余拟杖枷通详。抚军饬将天若收禁，并先查问议详。余为之议曰：“但经调戏，本妇羞愤自尽，例应拟绞。本无调奸之心，不过出语亵狎，本妇一闻秽语，即便轻生，例应拟流。”夫羞愤之心，历时渐减，故曰“但经”，曰“即便”，是捐躯之时，即在调戏亵语之日也。今虞氏捐生，距天若声称沽饮已阅二十八日，果系羞愤，不应延隔许时。且自正月初六日以至二月初一日，比邻相安，几忘前语。其致死之因，则以虞氏催审，天若又向辱骂，是死于气愤，非死于羞愤也。拟以杖枷，似非轻纵。府司照转，抚军又驳，因照流罪，例减一等，杖一百，徒三年。此事至丙辰正月，病中梦虞氏指名告理，冥司谓余不差。是知许天若虽非应抵，而虞氏不得请旌，正气未消，在冥中亦似悬为疑案也。治刑名者奈何不慎。[1]

从本案叙述来看，应当如何定罪量刑，关键在于如何认定案件事实，也就是说，蒋虞氏究竟是“羞愤”自杀，抑或是“气愤”投缳？如果属于前者，那么以下律例可以参照适用：第一条：“强奸者，绞（监候）；未成者，杖一百，流三千里。”[2]只要与本案事实稍加勘比，也就可以发现，这条律文不能直接予以适用，然而它是相关例文的前提。第二条：“强奸未成，或但经调戏，本妇羞愤自尽者，俱拟绞监候，秋审时分别情实、缓决，奏请定夺。”[3]虽然本条例文与上条律文属于不同的门类，但是并非毫无关系，且已稍稍接近本案的事实——提到了“本妇羞愤自尽”的情节，然而“强奸未成，或但经

1　参见前揭《病榻梦痕录》，载《续修四库全书》第555册・史部・传记类，第618—619页。

2　参见田涛、郑秦点校：《大清律例》卷三十三・刑律・犯奸，北京：法律出版社1999年版，第521页。

3　前揭《大清律例》卷二十六・刑律・人命，第439页。

调戏”这一情节与被告“手拍钞袋，口称有钱，可以沽饮”的举动仍有距离。据此，同样不能直接加以援引。第三条：“凡村野愚民，本无图奸之心，又无手足勾引挟制窘辱情状，不过出语亵狎，本妇一闻秽语，即便轻生，照强奸未成本妇羞愤自尽例减一等，杖一百，流三千里。”[1] 这条例文乃是更进一步的细化，而且与被告许天若的行为基本吻合，似乎可以适用，但是与死者蒋虞氏自杀的时间仍有差距，例文说是“即便轻生”，而蒋虞氏投缳则是28天之后。对此，汪辉祖作了仔细的辨析——“羞愤之心，历时渐减，故曰‘但经’，曰‘即便’，是捐躯之时，即在调戏亵语之日也”。另外，汪辉祖对“羞愤”也进行了解释。在他看来，蒋虞氏“是死于气愤”，而“非死于羞愤”。衡诸本案情节，汪某的辨析可以成立。如若这样的话，此案也就成为一起“律无正条”的疑难案件。本案究竟应该怎样处理，无疑成为一个棘手问题。在《唐律疏议》中，有关这类疑难案件曾有专门规定；[2] 但是，在《明律》和《大清律例》中，这条律文被删除了。[3] 对此，晚清著名律学家薛允升不无遗憾地说：“明律并无疑罪专条，设有实在难明之事，即无办法。”又说：“删去疑狱一条，均失唐律之意。”[4] 事实上，清代也有自己的解决之道。[5] 就本案而言，汪辉祖提出了“死非羞愤，可以外结”的解决办法，也就是说，本案不必作为“内结”案件进入“审转”程序，而是通过“外结”的办法在州县衙门予以了结。据我看来，这是汪氏一开始就提出“杖枷通详”的根本原因。这是因为笞杖以下案件属于州县“自

1 前揭《大清律例》卷二十六・刑律・人命，第440页。

2 参见刘俊文点校：《唐律疏议》卷三十・断狱・疑狱，北京：法律出版社1999年版，第617页。

3 对于《唐律疏议》和《大清律例》处理疑案的相关讨论，参见张从容：《疑案・存案・结案——从春阿氏案看清代疑案了结技术》，载《法制与社会发展》2006年第4期，第121—122页。

4 ［清］薛允升撰，怀效锋、李鸣点校：《唐明律合编》，北京：法律出版社1999年版，第819、820页。

5 相关讨论，参见张从容：《疑案・存案・结案——从春阿氏案看清代疑案了结技术》。

理”范围，最多也是“每月设立循环簿，申送督、抚、司、道查考”而已。[1]可见，汪辉祖提出“杖枷通详”的处理建议，不无规避“审转”程序监督的意图。当然，这种做法其实也有自身的困难。按照《清史稿·刑法三》的记载：有关人命和流刑以上的案件，必须专咨刑部，并由刑部汇题。其后，所谓“府司照转，抚军又驳”，显然是这一程序的必然结果。在传统中国，疑罪只能从轻不能从无，那么，究竟应该如何了结案件呢？对此，张伟仁指出：“清代又无处罚令人气愤至死之条，本案乃至无律可遵。”[2]但是，毕竟“人命关天”，非同小可。况且，蒋虞氏之死，确实与许天若先后调戏辱骂有关，所以不能不予惩罚。因而“汪辉祖并不直接引用羞愤之条，科以流刑，而比照该例，酌减其刑，改拟杖枷”。[3]但是据我看来，第一，如此处罚的依据恐怕与“情理”有关，也就是说，汪辉祖“拟以杖枷，似非轻纵”的裁判，也是“酌情”的结果，而且受到“报应”思想的影响。第二，张伟仁所谓“比照减刑”处罚的说法，也有不妥。通常来说，比照只是在固有刑罚的幅度上逐等加减，而汪辉祖“杖枷”的处理建议，跳越量刑幅度甚大，似乎与常规不合。[4]第三，所

1 参见《清史稿》卷一百四十四·刑法三，第4207页。

2 前揭《良幕循吏汪辉祖：一个法制工作者的典范》，载《台大法学论丛》1989年第19卷第1期，第21页。

3 前揭《良幕循吏汪辉祖：一个法制工作者的典范》，载《台大法学论丛》1989年第19卷第1期，第21页。

4 当然，由于清代律例规定非常细致，往往导致可资“比附”的条文很多，但是“比附量刑”的幅度通常比较接近。例如《大清律例》卷五·名例·加减罪例即有相关规定：“凡称‘加’者，就本罪上加重。……称‘减’者，就本罪上减轻。……”（第123页）同条附例进而规定：“议处、议罪俱照本条律例定拟，其有情罪重大应从重定拟者，必折衷于法之至平至允，援引比照，不得擅用‘加倍’字样。”（第123—124页）还有一些比附条款，在《大清律例》中已有明确罗列，可以直接参照适用。参见前揭《大清律例》卷四十七·总类·比附律条，第908—910页。关于“比附”的详尽讨论，参见张伟仁：《传统观念与现行法制——“为什么要学中国法制史？”一解》，载《台大法学论丛》1987年第17卷第1期，第26—29页；也见［日］中村茂夫：《比附的功能》，载前揭《日本学者考证中国法制史重要成果选译·明清卷》，第260—284页。

谓“抚军又驳，因照流罪，例减一等，杖一百，徒三年”的裁决，虽然也无法律依据，属于“酌情”处理，然而与常规吻合，也与后来的法律规定基本一致。[1] 当然，这也是汪辉祖所作的裁决，但是并非他的本意，而是屈于“抚军又驳”的压力。[2] 第四，由于律例条款的规定过于具体，过于确定——具有“一个萝卜一个坑”或者“一事一律，一罪一刑”的特点，这不但与律的“度数”和“计算”的特性有关，而且与例来自具体案件有关，从而导致律例规定缺乏应有的弹性，因此“酌情”乃是必然的结果。总之，这起援引律例的案件，就汪辉祖而言，无疑也是“酌情”办理的例证，与通常的比照量刑有所不同。

> **案例二** （乾隆二十七年，浙江·平湖）十月，乍浦巡司获徐姓等九人在家拜佛，起经卷一箧，禀为拿获邪教。余检其箧内，有无为教经一帙，蠹蚀零碎，后有万历十七年历城并妻王氏字，断续不完。余皆金刚、楞岩、观音、阿祢陀心经之类。余曰：“虽无为系邪教名，然经已历久残蚀，徐姓等恐非

---

1 根据乾隆五十年“钦奉谕旨，奏准定例”规定：“凡妇女因人亵语戏谑羞愤自尽之案，如系并无他故，辄以戏言觌面相狎者，即照但经调戏本妇羞愤自尽例，拟绞监候。其因他事与妇女口角，彼此詈骂，妇女一闻秽语，气愤轻生，以及并未与妇女觌面相谑，止与其夫及亲属互相戏谑，妇女听闻秽语，羞愤自尽者，仍照例杖一百，流三千里。”（[清] 薛允升撰，胡星桥、邓又天主编：《读例存疑点注》，北京：中国人民公安大学出版社 1994 年版，第 614 页。）薛允升指出：“此例不过出语亵狎，本无图奸之心，较之有心调戏者，情节尤轻，是以又得减等拟流。后复定有并无他故，辄以戏言觌面相狎，照但经调戏拟绞之例，遂不免互相参差矣。平情而论，彼条似可减流，此条即再减一等，拟徒亦可。”（第 611 页）如果薛允升的分析有理，那么，本案“抚军又驳，因照流罪，例减一等，杖一百，徒三年”的裁决，不失持平。恰恰相反，汪辉祖原先的裁决显然失之过轻，所谓“似非轻纵”乃是自解之辞。值得指出的是，这条例文还明确提到了“气愤轻生”的特殊情节。据此，我们只能说，汪辉祖在处理本案时尚无例条规定，而不能像张伟仁那样笼统地说“清代又无处罚令人气愤至死之条”。

2 在我看来，鲍永军把此案看作“引用例文”的例证，显然是一种没有深入解读的结果，并不妥当。关于鲍永军的意见，参见《绍兴师爷汪辉祖研究》，第 325—326 页。

教党。”刘君亲赴各家检搜，并无违禁器物。余曰：“闻归教者长斋，以猪羊肉试之，果教当不肯啖。”当堂给食，无不啖者。讯经由来，则并诸经皆鬻自乞食游僧之手。遂照私家拜斗例，分别责处，焚无为经而金刚经等发德藏寺供奉。[1]

本案的法律问题有二：其一，是否属于“邪教”？其二，是否属于“私家拜斗”？如果徐姓九人犯有“邪教”的罪行，则有如下刑罚：主犯，绞监候；从犯，杖一百，流三千里。[2] 如果他们触犯“私家拜斗”的律条，则有如下刑罚：杖八十；妇女有犯，罪坐家长。[3] 据我看来，适用法律的基础乃是认定事实。通过仔细分析证据之后，汪辉祖得出了“虽无为系邪教名，然经已历久残蚀，徐姓等恐非教党”的结论。但问题是，如果徐姓九人并非“邪教”，那么“在家拜佛”是否属于“私家拜斗”的行为呢？不无疑问。由此，在建构事实与适用法律之间，司法官员不无可以“作为”的空间。[4] 另外，清代律例并无“在家拜佛”如何处置的规定。据此，所谓“遂照私家拜斗例，分别责处”，也是“比照”定罪量刑的意思。而之所以采取“比照”的办法，显然与“酌情”有关。说到底，汪辉祖之所以没有按照“邪教”处罚徐姓九人，是因为这一罪名的刑罚太重，主犯的刑罚应当是绞监候；如果无罪释放，则又不好交代。于是，就选择了一个居中的

1 参见前揭《病榻梦痕录》，载《续修四库全书》第555册·史部·传记类，第619页。

2 参见前揭《大清律例》卷十六·礼律·禁止师巫邪术，第277页。

3 参见前揭《大清律例》卷十六·礼律·亵渎神明，第276页。

4 从汪辉祖的折狱故事来看，就有这样的例证。比如编号18“人命”写道：“另邑汤溪何君代验，小腹伤痕与典史原报伤分寸颜色相符，止叙迎灯争踢一节，录供通详，而汪姓医病未曾诘实。”由此可见，何君所作的“通详”不无用剪裁证据的技巧来“建构”案件事实的嫌疑。也就是说，何君刻意强调卢标的死亡与余某踢伤之间的因果关系，而忽略医生诊治的相关证据。实际上，这也是汪辉祖竭力反对的原因所在。参见《病榻梦痕录》，载《续修四库全书》第555册·史部·传记类，第631—632页。

罪名进行处罚，既不刻薄，又不轻纵。事实上，这是汪辉祖断狱故事反映出来的一贯风格，也与他信奉“报应”观念密切相关。

再看被张伟仁判定为“律文明确，严加遵守”的案件：

案例三（乾隆三十一年，浙江·平湖）寡妇黄俞氏年三十余无子，抚二女，孀居四年矣。族长请照祔食之例，以其夫遗田四十二亩尽付宗祠为祭产，听房长稽查租息以防售卖。余大讶。拟批谓：“祔食之说，所以杜不肖争继之习，而非开房族攘产之风。不得妄引殳案，觊觎干咎。”四月刘君保举知府引见，留余在家相待，九月回任，余亦至馆。黄俞氏吁愬族长于署令刘君开焘任内，呈请祔产于祠。刘君批准，产立黄祠祭户，由族长收租，岁给俞氏租米三十石，余归祠管，取黄氏不得私卖遵依，并各佃户不得私向俞氏缴租遵结。余曰：“妇人夫亡无子守志者，例承夫分；户绝财产，果无同宗应继之人，例得亲女承受。今俞氏嫠居四年，夫所遗田并未斤卖，其能操家可知。二女孤幼，抚养奁嫁，为日尚长，其事甚伙，种种赀费须俞经理，且疾病医药之需，亲戚应酬之用，皆事所必有，岂三十石租息所能预为节限？以例承夫产之孀妇、应受绝产之亲女置之局外，而转以无干之族长为之掣其肘而攘其财，不惟嫠妇含冤，并使幽魂饮泣，无此政体，亦无此风俗。所有俞产四十二亩，以五亩立黄祠祭户，俟俞氏女嫁身故，归祠收息为伊夫妇祔祭；其三十七亩，听俞经营膳食嫁葬，或存或废，总不必房族顾问，以断葛腾。将署任所立祠户改正归俞，并饬各佃户向俞输租，原送遵依涂销完案。”[1]

---

1 参见前揭《病榻梦痕录》，载《续修四库全书》第555册·史部·传记类，第623—624页。

据我看来，本案值得仔细琢磨的法律问题乃是：其一，原告“族长请照袝食之例”，是指汪辉祖在乾隆三十一年早些时候处理的一起同类案件。[1]在那起案件中，汪氏不准殳球承嗣缌麻服叔殳凤于而作出了“袝食”的裁决，据此，在本案中，族长试图援引这一“先例”请求汪氏作出同样的判决，但是汪辉祖拒绝了族长的请求。值得注意的是，族长请求参照“袝食之例”进行裁判，这意味着对于同类案件同样处理的预期，尽管州县衙门的裁判并无当然的“先例”作用；[2]而汪氏对于两起同类案件的处理结果之所以截然相反，目的都是为了保护寡妇孤女的利益，都是基于“实质上”的考量。[3]

1 参见前揭《病榻梦痕录》，载《续修四库全书》第555册·史部·传记类，第622—623页。

2 关于援引“成案”问题，张伟仁先生曾经指出：“中国很早就有了成文法，到了清代，司法判决原则上都应该以法律明文为据。如果没有明文，而用比附援引等等方法作成的判决，如果关系重大，往往会被刑部列为成案，而予‘通行’，使全国司法官员一体遵守，等到下次修订律例之时，可能被纂成定例。除了这些刑部认可的成案之外，各地又有自己的成案先例，存在各衙门的档案里，由书吏掌握着。遇到类似的案件，他们便将先例找出，作为拟稿的蓝本。官员幕友们大多也乐于有此依据，因为在专制的社会里，官员动辄得咎，如果能有旧例可援，就比较安全一些。所以除了刑部的成案外，地方性的先例也常被引用。汪辉祖并不反对这种做法，但是主张要十分小心，他说：‘成案如程墨然，存其体裁而已，必援以为准，刻舟求剑，鲜有当者’，因为‘人情万变，总无合辙之事’，如果不加精辨，粗率地套袭成案里的原则，结果‘小则翻供，大则误拟’，出入人罪，关系甚大，所以一定要新旧二案情节相符，才可援用。”（前揭《良幕循吏汪辉祖：一个法制工作者的典范》，载《台大法学论丛》1989年第19卷第1期，第26—27页。）

关于清代律例的规定，参见前揭《大清律例》卷三十七·刑律·断罪引律令，第597页。此条例文所附条例更有关于成案的具体规定：“除正律、正例而外，凡属成案，未经通行著为定例，一概严禁，毋得混行牵引，致罪有出入。如督抚办理案件，果有与旧案相合，可援为例者，许于本内声明，刑部详加查核，附请著为定例。”（第596页）汪辉祖关于成案的议论，参见前揭《佐治药言·勿轻引成案》，第11页。必须指出的是，清代皇帝对成案的法律效力的态度颇为暧昧。可以说，原则上禁止使用，实际上网开一面。而对司法官员来讲，援引成案则是一种比较普遍的做法，不但可以为待决案件提供参考依据，而且可以给自己提供一种保护措施。据此，司法官员在裁判案件时援引成案，不仅具有司法策略的意味，甚至可以视为一种权力技术的巧妙运用。关于成案效力的讨论，参见［日］小口彦太：《清代中国刑事审判中成案的法源性》，载前揭《日本学者考证中国法制史重要成果选译·明清卷》，第285—307页；王志强：《清代成案的效力和其运用中的论证方式》，载《法律多元视角下的清代国家法》，第98—123页。

3 必须指出的是，通盘考察汪辉祖审理的其他同类案件，我更愿意认为：无论是参酌经义，抑或是严格遵守法律，意图都是保护寡妇孤女的利益，背后均有“情理”的牵引和考量。进一步说，汪辉祖对于同类案件的不同处理，都是基于个案解决的妥当性与合理性。

其二，在礼制上，所谓“祔食”，是指“庶子不祭殇与无后者，殇与无后者从祖祔食”。[1] 在“祔食”的情况下，将财产交付祠堂，乃是为了助祭，以使死者血食不绝；至于是否具有汪辉祖批语所谓“祔食之说，所以杜不肖争继之习，而非开房族攘产之风”的意图，似乎并不明确——在礼制和法律上均无规定，或许是出自汪氏自己的理解。检索清代律例，对于“祔食”也无具体规定。其三，汪辉祖驳回族长请求的法律依据有二：一是“妇人夫亡无子守志者，例承夫分”[2]；二是“户绝财产，果无同宗应继之人，例得亲女承受”[3]。据此，如果仅仅从形式上考察，本案无疑属于张伟仁所谓“律文明确，严加遵守”的例证。但是，汪辉祖接着又说：“以例承夫产之孀妇、应受绝产之亲女置之局外，而转以无干之族长为之擎其肘而攘其财，不惟嫠妇含冤，并使幽魂饮泣，无此政体，亦无此风俗。”由此可见，汪氏之所以援引法律抵制族长的请求，是因为采取“祔食”的办法不合情理，换句话说，情理仍然是本案裁决的基础。[4] 至少，本案也是汪氏追求“情法兼到”这种裁判目标的一个例证。当然，这是参考前引“殳球承嗣案”而得出的论断。我觉得，如果我们意欲理解本案的裁判特点，那就必须与“殳球承嗣案”结合起来才行，否则，我们难以解释汪辉祖为何要对两起同类案件作出截然不同的裁判。

案例四 （乾隆四十六年，浙江·龙游）县民卢标，于十三日戏灯，与邻人余某争道互殴。卢被余某踢伤小腹，不

1 引据王文锦译解：《礼记译解》，北京：中华书局2001年版，第454页。

2 参见前揭《大清律例》卷八·户律·立嫡子违法，第179页。

3 参见前揭《大清律例》卷八·户律·卑幼私擅用财，第187页。

4 在此，我与张伟仁的解释绝然不同，敬请读者注意。张伟仁的解释，参见《良幕循吏汪辉祖：一个法制工作者的典范》，载《台大法学论丛》1989年第19卷第1期，第16页。

能言语，当晚舁至余某家，禀典史验伤痕，取保辜，延外科调治，至二十八日伤痊送归。二月初二日文昌神会，卢赴饮醉归，越夕身热，属其弟延内科汪姓诊治，至初九日病故报验。邻邑汤溪何君代验，小腹伤痕与典史原报伤分寸颜色相符，止叙迎灯争踢一节，录供通详，而汪姓医病未曾诘实。（龙游知县王）晴川归县复审。余以为："小腹致命，系必死之伤，当速死之处，例不得过三日。今卢标之死，距踢伤二十七日，在保辜正限之外。自余至卢，路隔里许，二十八日即能步行归家，则原伤久痊可知。初三患病，不延外科而延内科，则是病非伤可知。"晴川传汪医细鞫，追出药方医案，卢病起伤寒属实。余又念："受伤痕迹日远日消，受伤颜色日远日减。卢死已阅二十七日，而尸身之伤与生前之伤毫无消减，恐验亦未确。"因属晴川详请会同原验官复审。至十月会鞫，何君坚持初详，晴川遂专详请委贤员开检，尸腹腐烂，牙根顶骨并无红色，委员兰溪梁君不敢填格。十二月晴川携骨赴杭州，而何君已于大计案内参才力不及矣。……四十七年壬寅……至杭州，臬司李公封与何君有旧，欲迁就初详，晴川不可。复委处州府杨太守、衢州府王太守复检，卢标牙根顶心无故。李公亲检，以方骨黑色为小腹阴伤，令将余某拟抵。余以《洗冤录》开载并无小腹受伤须验方骨之说，且伤痊则归期可证，病死则医药有凭，反复禀辩，臬司俱不批阅，惟云王君倔强。总督兼抚军陈公辉祖颇韪晴川之论，而杭城之官与幕，皆谓卢标死于限外。十日之内余某拟绞，亦须奏请，罪可减流。议余胶执，余曰："居停，吏也。吾以律例佐吏，知奉法耳。法止于笞，而欲人之于绞，分不敢安。"晴川信余甚笃，虽上官同寅不计也。然其势不能与臬司抗。五月初一日余托故辞馆，当是时卢案其称方骨案。[1]

必须指出的是，本案不仅导致了汪辉祖“托故辞馆”，而且也是他念念不忘的事情。[2] 如果审读本案叙述，我们可以发现，关键问题乃是如何认定卢标的死因。根据“邻邑汤溪何君代验”的验尸报告所述，卢标因被邻居余某踢伤腹部致死，此一报告得到了上司的认可，最后议定被告余某“拟抵”结案。检索《大清律例》卷二十七刑律·斗殴·保辜限期的规定：“凡保辜者，先验伤之重轻，或手足，或他物，或金刃，各明白立限。责令犯人保辜医治。辜限内皆须因原殴之伤死者，如打人头伤，风从头疮而入，因风致死之类，以斗殴杀人论。绞。”[3] 也就是说，如果卢标确实死于余某踢伤，而且死于保辜限期之内的话，那么，给予余某“拟抵”的处罚自然与法律规定切合。可是，卢标死于限期之外，据此，上条律文并不适合。又据《大清律例》同一条第二款规定：“其在辜限外，及虽在辜限内，原殴之伤已平复，官司文案明白，被殴之人别因他故死者，谓打人头伤，不因头疮得风，别因他病而死者，是为他故。各从本殴伤法。不在抵命之律。”根据这一规定，余某不应处以“拟抵”——绞刑。那么，余某究竟应该给以什么样的处罚呢？汪辉祖的意见是“法止于笞”。我猜，他的依据是《大清律例》卷二十七刑律·斗殴的规定：“凡斗殴与人相争，以手足殴人不成伤者，笞二十。但殴即坐。成伤，及以他物殴人不成伤者，笞三十。他物殴人，成伤者，笞四十。所殴之皮肤，青赤而肿者为伤。”[4] 根据这条

---

1 参见前揭《病榻梦痕录》，载《续修四库全书》第555册·史部·传记类，第631—632页。

2 参见前揭《病榻梦痕录·录余》，载《续修四库全书》第555册·史部·传记类，第708、633页。

3 前揭《大清律例》卷二十七·刑律·斗殴·保辜限期，第446页。

4 关于“殴伤”的具体规定，参见前揭《大清律例》卷二十七·刑律·斗殴，第443—446页。有趣的是，如果按照《大清律例》这条规定罗列的各种具体而微的伤害情节，再来对照（接下页）

规定，即使斗殴，也要笞二十；如有青肿伤痕，笞三十。由于本案没有提到是否使用他物的情节，故而笞三十应该是最合适的刑度。可问题是，卢标受伤之后，在余某家里养了半个月的伤，[1] 似非普通“青肿伤痕”可比。换句话说，卢标的伤势可能重于“青肿”，但是对于重于“青肿”应该如何量刑，律例没有明确规定，而详尽罗列出来的伤势情节又不适用，况且，卢标是否死于踢伤也无证据。在这种情况下，按照一般的做法，余某不当“拟抵”似无疑问。但是卢标毕竟死于踢伤之后不久，而且是否死于“患病”同样没有确凿的证据，如果根据惯常的做法，在笞刑上“酌情”加重处罚，应该符合清代司法实践的常态，也不违背汪辉祖的立场。可是汪辉祖却坚持：“居停，吏也。吾以律例佐吏，知奉法耳。法止于笞，而欲人之于绞，分不敢安。”措词严正，甚至不惜为此“辞馆”，这是非常意外的事情。据此，我们将本案视为汪辉祖在“律文明确”的情况下而“严加遵守”的例证，好像没有疑问。不过细细思量起来，我又觉得事情并不那么简单。汪辉祖所谓“法止于笞，而欲人之于绞，分不敢安”一言表明，不愿意作出“绞刑”的裁决，才是他坚持“笞刑”的理由，[2] 况且笞刑有法可据。进一步说，在汪辉祖“严

本案描述的卢标的伤势，我们发现，居然没有可以“对号入座”的内容。由此，我们也就可以明白，那些看似规定详尽具体的律令，反而导致了“律无正条”的尴尬。正是在这种情况下，司法官员“酌情”平衡“罪与刑”的做法，也就成为清代中国司法裁判的一个令人瞩目的显著特征。换句话说，为了追求“情真罪确”和“罚当其罪”的理想，即使有了律令的明文规定，依然难以排除“情理”的平衡作用。

1 根据清代律条规定，轻伤的辜限是二十天。前揭《大清律例》卷二十七·刑律·斗殴·保辜限期，第446页。

2 汪辉祖曾说：“求生二字，崇公仁心曲，传于文忠公之笔，实千古法家要诀。法在必死，国有常刑，原非幕友所敢曲纵。其介可轻可重之间者，所争止在片语，而出入甚关重大，此处非设身处地诚求不可。诚求反覆，必有一线生机，可以藉手。余治刑名佐吏凡二十六年，入于死者，六人而已。仁和则莫氏之因奸而谋杀亲夫者；钱塘则郑氏之谋杀一家非死罪二人者，起意及同谋加功二人；平湖则犯窃而故杀其妻者有毛氏一人，窃盗临时行强而拒杀事主者有唐氏一人。其他无入情实者，皆于初报时与居停再三审慎，是以秋审之后，俱得邀恩缓减，是知生固未（接下页）

守律例”的表象下，更有深层的原因值得我们关注和揭示。另外，考察汪某处理的案件，往往都有“从轻发落”的倾向。[1]就本案而言，在汪辉祖“严守律例”的背后，仍有“酌情”的因素存在。

案例五（乾隆四十七年，浙江·新城）逼嫁案者，叶氏年三十有四，初嫁于黄，十七年而寡；再醮孙姓，未几夫死。前妻有子四岁，遗产二十余亩，惟一短雇工人秦某相依度日。缌麻侄孙乐嘉以瓜李之嫌，属叶辞秦另雇，叶诺之，而迟久未覆。乐嘉诘秦，则以负佣值为词，久留如故。族长孙某与乐嘉商以人言可畏，劝其改适；叶以娶主难得妥人，请俟稍缓。会近郎周姓断弦，族长商之乐嘉，欲为叶作伐。秦某闻之告叶，叶令秦作抱，呈告乐嘉等“逼嫁”。比县批查，族长等觅秦理讲，秦逸去，因斥叶不应妄告，叶诿秦主谋，即于是夜乘间投缳。县以乐嘉为首，照威逼小功尊长律问拟杖徒。府驳，叶虽

尝不可求也。”（前揭《佐治药言·求生》，第6—7页。）

1 有关汪辉祖坚持加重处罚的案件，我们可以举出编号6“盗窃”，似乎也只有此案。记载如下：乾隆二十五年，江苏·臬署。当时汪辉祖恰好在臬司衙门相佐，“适崇明有盗，右手废而以左手开棺。县谳依律议军收赎。余意：左手既能为盗，自未便照废疾减罪。第废疾收赎，法外之仁，又不忍遽以私意创改成例，且安知非以此人律得收赎，因而坐以为首？遂托故告辞。后果奉部驳，不准收赎。余虽见及之，而不敢毅然请也”。（前揭《病榻梦痕录》，载《续修四库全书》第555册·史部·传记类，第618页。）必须指出的是，鉴于汪辉祖对本案事实的叙述十分简单，以致我们并不清楚被告“开棺”盗窃的具体情节，更不了解盗窃所得财物数量和价值，因此难以依照《大清律例》卷二十五·刑律·发冢的规定（第408—413页）作出具体的评判，同时，也难以衡量“县谳依律议军收赎”是否准确。据此，我们姑且接受县谳的建议。事实上，根据本案叙述提供的粗略情节与律例规定，县谳大致不差。由此，须要进一步追问的是，收赎是否属于“法外之仁”？查检《大清律例》卷五·名例·老小废疾收赎（第106—107页）的规定，被告可以享受收赎的权利。这样一来，汪辉祖所谓“第废疾收赎，法外之仁，又不忍遽以私意创改成例”，显然属于“半错半对”的议论。说是错，因为收赎是“法内之仁”而非“法外之仁”；说是对，因为受到“成例”（律例条文）的约束，所以不能“私意”加重被告的刑罚。在这种情况下，由于依法可以收赎，只是因为“开棺”盗窃的情节特别恶劣，于是汪辉祖试图采取“酌情”的办法来剥夺被告的法定优遇的权利。一句话，本案属于“酌情”加重的情况。总之，法律与情理之间的平衡仍然是本案裁判的关键所在。

醮妇，既不愿嫁，未便强勒，应照威逼孀妇自尽例充发。及详院，陈公以族长等商同嫁卖，必系意在图财，委钱塘县复审，将族长拟绞，乐嘉拟流。抚军以罪名屡易，改委湖州府同知唐公若瀛审理。唐公曾署萧山，素知余，出详册见示。余见历次供情俱近支离，惟原验情节甚明。叶尸面抹脂粉，上着红衣衬色衣，下着绿裙红小衣，花膝裤，红绣鞋；卧楼一间，内系叶室，中间版隔无门，外即秦床。因语唐公曰："历讯皆舍其本也，不惟不应绞，不应军，且不应徒也，一杖枷完结之案耳。"唐公曰："何故？"余曰："叶之死，距孙死不及一年，面傅脂粉，服皆艳妆，此岂守寡情形！舍十七年结发之恩，守十一月后夫之义，天下断无是情。所谓守者，殆不忍舍秦耳。秦以贫佣工，断无无工价而长佣之理。乐嘉劝嫁之说，叶未严拒；周姓议姻之语，孙未面言。讼起于秦，事发在逃。乐嘉等根问秦某下落，并未威逼可比。是叶之轻生，由于秦去。惟秦是究，自得实情。"唐公然余言而诮余卢案者，兼诮余是案。杭城之官与幕哗然如一口，唐公勒捕秦某到官，鞫实通奸，并无逼嫁情事，遂科秦奸罪，乐嘉等照不应律，分别杖枷详结。得行余志。……自余初习幕及佐幕二十余年，凡为幕者，率依律阐义，辨是非于一定，不敢丝毫假借；为吏为上官者，据理斟酌，惟律是遵……[1]

与上引案件相比，本案的叙述比较详尽。由此可以看出，汪辉祖通过仔细审查"详册"所述叶氏生前的衣着打扮和居处位置，得以推断叶氏与雇工秦某"通奸"的关键事实，进而推翻县府作出的"威

1　前揭《病榻梦痕录》，载《续修四库全书》第 555 册 · 史部 · 传记类，第 632—633 页。

逼小功尊长致死”的裁决。应该承认，汪氏的推测入情入理，毫无破绽，也与秦某被捕之后审问得到的口供吻合。也就是说，族长和乐嘉“威逼”孀居寡妇叶氏改嫁的罪行，可以一笔勾销。但是，在汪辉祖看来，叶氏乃是小功尊长，她的自杀毕竟与族长和乐嘉“劝嫁”有些关系，故而建议按照“不应律，分别杖枷详结”。[1] 事实上，唐律以至清律作出“不应为”的规定本身，即有律注所谓“量情而坐”——“酌情”处理的意思。在本案记载的结尾中，汪氏特别强调自己佐幕二十余年，一贯秉承“依律阐义”的精神，同时，也要求司法官员必须遵循“据理斟酌，惟律是遵”的原则。而这正是本案处理的特点。

对于本案来讲，值得指出的是，如果族长和乐嘉真的具有“威逼”叶氏改嫁而致叶氏投缳自尽的行为，那么，又该如何量刑呢？有趣的是，参审官员先后作出了如下裁决：（1）新城知县初拟乐嘉“杖徒”；（2）府驳改判“充发”——即“发边卫充军”的缩略；（3）钱塘知县复审，又“将族长拟绞，乐嘉拟流”。为什么会出现如此反复不定的量刑结果呢？据我看来，似乎与司法官员对“案情”的把握有关，也可能与“复审”的影响有关。根据《大清律例》规定：“若卑幼威逼期亲尊长致死者，绞监候。大功以下，递减一等。”[2] 同条律文所附条例又有：“……为首者，比依威逼期亲尊长致死律绞；为从者，枷号三个月，发边卫充军。”[3] 再据《大清律例》有关“加减罪例”规定：“如犯死罪减一等，即坐流三千里；减二等，即坐徒三年。”[4] 现在，我们来看新城知县的裁决。首

1 参见前揭《大清律例》卷三十四·刑律·不应为：“凡不应得为而为之者，笞四十；事理重者，杖八十。律无罪名，所犯事有轻重，各量情而坐之。”（第540页）

2 前揭《大清律例》卷二十六·刑律·人命·威逼人致死，第439页。

3 前揭《大清律例》卷二十六·刑律·人命·威逼人致死，第441页。

4 前揭《大清律例》卷五·名例·加减罪例，第123页。

先，他单单处罚了乐嘉，而没有提到族长应该怎样处罚，或许他觉得族长无罪而不予处罚；其次，按照“大功以下，递减一等”的规定，我们知道，作为小功卑幼，乐嘉可以减二等，应得徒三年的刑罚；最后，所谓“杖徒”，参照《大清律例·五刑图》可知，徒三年杖一百。综上，新城知县作出“杖徒”的刑罚，与律例规定非常切合，可以说是定罪准确，量刑妥当。比较而言，知府和钱塘知县的裁决，则与清代律例有间。我觉得，这一“有间”情形的出现，无疑与“驳案”程序有关。换句话说，正是“驳案”给司法官员造成了压力，致使他们逐步加重刑罚。而这，可能又与他们对于寡妇叶氏投缳自尽的“情节”把握有关。毕竟叶氏属于尊长，自杀也与族长和乐嘉有些关系，而他们“劝嫁”叶氏的动机更加险恶——与“意在图财”相关。因此，在清代司法实践中，“酌情”加重也非毫无根据，更非不能接受。然而，究竟是否这样呢？我也不敢肯定。从汪辉祖的记载中，我们很难作出进一步的推测，存疑可也。

案例六（乾隆三十二年，浙江·仁和）长沙知府陈公（嘉谟）曰：“君记丁亥佐仁和李大令治王氏妇魏杀婢芝香狱乎？”余唯唯。公曰：“我犹记谳词云：‘律载奴婢违犯教令，而依法诀罚，邂逅致死勿论。王魏氏病需参治，芝香碎杯于地，参汁全倾，魏氏方起坐待饮，顺取床前几上界尺，信手一击，不期误中左太阳，立时仰跌毙命。已讯伊夫王某，历历供明，验其卧室碎杯犹在，所指殴处形势宛然。殴因违令，死系邂逅，魏氏律得勿论。恐扶病匍匐或酿不测，夫既供明，应免提质。’吾尝语亲友，佐幕入官，必具次等才识，方是仁恕。”[1]

1 前揭《病榻梦痕录·录余》，载《续修四库全书》第555册·史部·传记类，第707页。

这段数十年后的追忆，先述法律，再讲事实，叙述案情简练，引照律例明确，最后，则以“殴因违令，死系邂逅，魏氏律得勿论”作结，事实与法律之间的逻辑关系很是清晰。参照《大清律例》的规定：“若奴婢、雇工人违犯家长及期亲、外祖父母教令，而依法于臀腿受杖去处决罚，邂逅致死，及过失杀者，各勿论。”[1]如此裁决，可谓毋庸置疑。因而我们把它称作“依法裁判”的案件应该没有什么问题。然而，细细琢磨起来，疑点有三：其一，“王魏氏病需参治，芝香碎杯于地，参汁全倾”果真属于“违犯教令”吗？根据《大清律例》的规定：所谓“违犯教令”，是指“教令可从，而故违”。[2]据此，只看“碎杯”两字，无疑构成了“违犯教令”的罪名，然而，我们完全也能够作出如下推测：在给主母递参汤时，芝香不慎摔倒，从而导致“杯碎汁倾”的意外，以致魏氏操起界尺殴打芝香，终于酿成“邂逅致死”的局面。我的理由是，一个奴婢居然敢在主母面前“碎杯”，与情理不合。尽管清代史料也有关于“凶悍”奴婢的记载，但那往往是“狐假虎威”——借了主人的名义和恩宠，对别人凶悍撒泼，而非对主人凶悍撒泼，何况本案并没有提到芝香的这一品行。我相信，如果芝香确有如此行为，案件肯定会有描述。这是因为，这一情节对于落实芝香“违犯教令”极有帮助。当然，奴婢芝香已死，无可质证。其二，“信手一击，不期误中左太阳，立时仰跌毙命”，似有不合情理的地方。也就是说，如果魏氏真的“扶病”以致到了不能“匍匐”听审的地步，那么一定病得不轻。在这种情况下，魏氏居然“信手一击”就能让芝香毙命？细

1　前揭《大清律例》卷二十八・刑律・斗殴・奴婢殴家长，第457页。

2　前揭《大清律例》卷三十・刑律・诉讼・违犯教令，第488页。在分析父母的“教令权”时，瞿同祖曾经指出：违犯教令的含义极为抽象含混。参见《中国法律与中国社会》，北京：中华书局1981年版，第8页。关于父母教令权的详尽讨论，见第6—10页。如果家长的教令权延伸到奴婢身上，这种抽象含混的情形同样存在。

察记载，芝香“立时仰跌毙命”并非是指死因“仰跌”所致，因为“殴处形势宛然”已经说明芝香死于殴打。况且，果真“立时仰跌毙命”，必有“仰跌”伤痕，何以案件叙供只字未提？据此，这一击的力道肯定不小，既非无力病妇所能，也非“信手一击”所致。因此，芝香的死因可疑。其三，就本案审理而言，汪辉祖居然单单听信魏氏的丈夫王某的口供，竟连被告魏氏的口供也不烦提取，与其一贯谨慎的作风矛盾。进一步说，无论王某抑或魏氏，都是利害关系的当事人，由他们来证明芝香的死因，除了“开脱”自己的罪责，怎么可能供出真相呢？那么，汪辉祖为什么相信了他们的供词呢？他作出如此“轻率”的认定的原因又是什么呢？实在令人费解。难道仅仅是因为担心魏氏“扶病匍匐或酿不测”吗？恐怕不是那么简单吧。据我看来，在本案中，如果不是有意“开释”魏氏的罪责，似乎难以解释汪氏如此裁决的原因。而这就是前面所谓“求生”的意思，也是陈公所谓“仁恕”的说法吧！换句话说，既然芝香已死，何必再去处罚魏氏呢？因为清代律例规定：如果家长并非邂逅致死而是殴杀无罪奴婢，应得“杖六十，徒一年”[1]的刑罚，而非无罪。总之，经由仔细解读本案记载，我觉得，汪辉祖在身份等级和伦理纲常的指导下，通过“剪裁”事实的案件制作技术而建构起与法律的逻辑联系，从而完成了“依法裁判”的包装。[2]如若这样的话，那么本案也有“酌情”的因素，即奴婢与主人的身份关系的特殊情节。也许，读者会说我的推测过于“深文周纳”，有点

---

1 前揭《大清律例》卷三十·刑律·斗殴·奴婢殴家长，第457页。

2 这种重构法律适用的事实基础的例证，尤以汪辉祖担任常熟胡公书记的时候处理的一起行政事件，最具典型意义。根据户部条例的规定，更换漕船以“十运”为期，而汪辉祖却将其解释成“十年”为期。虽然汪氏的解释很有道理，最终也获得了“理足词达”的好评，但是，这种解释毕竟改变了该条例文的事实基础。具体记载，参见前揭《病榻梦痕录》，载《续修四库全书》第555册·史部·传记类，第614页。

"酷吏断狱"的味道。真是这样吗？我之所以作出这样的分析，是希望借此取得"老吏断狱，直逼人心"的效果；与此同时，也希望通过这样的解读，揭示清代中国司法官员"依法裁判"背后可能隐藏的技术和策略。

或许，我们应该相信汪辉祖对于本案的记载；或许，芝香死因"仰跌"所致——由于突然"仰跌"在地，后脑受到猛烈的冲击，毙命而又没有留下伤痕。如若这样的话，本案乃是一起地地道道的"依法裁判"的案件，也显示出了汪辉祖一流的司法"才识"！

上面，笔者着重讨论了汪辉祖审理的六起明确援引律例的案件，由此我们可以发现，在这些案件中，虽然明确地援引了相关律例，但是并不排斥经义和情理的作用。从技术角度来看，由于清代律例规定异常具体，因而难以包罗待决案件可能出现的五花八门的情节，反而极易造成"律无正条"的疑难案件的出现。面对这种困境和尴尬，为了确保个案解决的妥当性和合理性，司法官员用经义和情理来弥补律例不足的情况，也就不可避免。另外，基于传统中国本身具有"人情社会"、"伦理社会"或"礼俗社会"的特征，[1]以致"人情"、"伦理"或"礼俗"成了四处弥漫的文化氛围，就像"如来佛的手掌"那样，法力无边，不但律例规范以它们为源泉，而且司法裁判也受到了它们的深刻影响。就这些明确援引律例的案件来看，尽管律例仍然是司法官员裁决这些案件的基础，但是"人情"、"伦理"和"礼俗"却发挥了弹性平衡的功能，既可弥补律例的空缺，也可调整律例的僵化，更可起到平衡个案解决的作用。再

1 李泽厚认为，中国文化具有"情本位"的特征。参见《实用理性与乐感文化》，北京：生活・读书・新知三联书店 2005 年版，第 55—97 页。梁漱溟曾说，中国文化属于"伦理本位"的文化类型。参见《中国文化要义》，上海：学林出版社 1987 年版。费孝通指出，乡土中国具有"礼俗社会"的特征。参见《乡土中国》，北京：生活・读书・新知三联书店 1985 年版。

者，由于“依法裁判”是清代中国司法裁判的基本原则，故而遇到律例难以妥善解决的案件，司法官员也会采用“移情就法”的技术，制造“依法裁判”的结果。

现在，我们再看汪辉祖在“律所未备”的情况下又是如何“舍律引礼”[1]的。这里，所谓“舍律引礼”事实上包括了其他各种超越律例（如“情理”等）进行裁判的情况。鉴于这类案件很多，在此不便逐一分析，下面聊举三例以资说明。

案例七 （乾隆二十一年，江苏·无锡）县民浦四童养妻王氏，与四叔经私，事发，秦（时任无锡县知县魏廷夔的刑名幕友，专家法，熟律令，汪辉祖是秦某的副手）依服制拟军。余曰：“童养也，可以凡论。”秦不可。魏公属余主稿，余以凡上。常州府引服制驳，余议曰：“服制由夫而推，王氏童养未婚，夫妇之名未定，不能旁推夫叔也。”臬司以王氏呼浦四之父为翁，翁之弟是为叔翁，又驳。余议曰：“翁者对妇之称，王氏尚未为妇，则浦四之父亦未为翁。其呼以翁者，沿乡例分，尊年长之通称，乃翁媪之翁，非翁姑之翁也。”抚军因王氏为四妻而童养于浦，如以凡论，则于四无所联属。议曰：“童养之妻，虚名也。王习呼四为兄，四呼为妹，称以兄妹，则不得科以夫妇。四不得为夫，则四叔不得为叔翁。”抚军以名分有关，又驳。议曰：“礼，未庙见之妇而死，归葬于女氏之党，以未成妇也。今王未庙见，妇尚未成。且《记》曰：‘附从轻。’言附人之罪，以轻为比。《书》云：‘罪疑惟轻。’妇而童养，疑于近妇。如以王已入浦门，与凡有间，比凡稍

1 参见前揭《病榻梦痕录》，载《续修四库全书》第555册·史部·传记类，第616页。

重，则可科以服制，与从轻之义未符。况设有重于奸者，亦与成婚等论，则出入大矣。请从重枷号三个月，王归母族，而令经为四别娶，似非轻纵。”遂蒙批允。[1]

本案涉及的法律问题有二：其一，如何确定童养妻的身份，此乃关键所在；其二，通奸怎样定罪量刑。如果前一问题解决，那么后一问题即可迎刃而解。这是因为在传统中国，自从晋代确立“服制定罪”[2]的原则以降，历朝历代均予承袭。在“服制定罪”的情况下，确定两造之间的服制关系，乃是定罪量刑的前提。换句话说，如果服制不能确定，案件也就无法继续审理下去。那么，童养媳与妻的身份在法律上究竟有何不同呢？说来奇怪，把《大清律例》翻检一过，居然没有提到童养媳的内容。可是，童养媳“早在宋代业经出现，以后浸淫发展，到清代已相当普遍”。[3]作为一种在社会上相当普遍的婚姻实践，清代法律竟然没有作出明确规定，不是咄咄怪事吗？那么，政府留此法律空白的原因又是什么呢？或许，诚如学者所说：“在传统中国社会条件下，婚姻的缔结不是一种政府参与的事务，而完全是民间行为。一般来讲，只要未婚男女有人主婚，就可视为合法婚姻。从清代法律来看，除了对指腹割衫为亲者加以禁止外，童养婚行为政府不加干预。”[4]正是由于“政府不加干预”，因而法律也无相应的规定。然则如何“填补”这种法律空白呢？汪

1 前揭《病榻梦痕录》，载《续修四库全书》第555册·史部·传记类，第613—614页。

2 《晋书·刑法志》所谓“峻礼教之防，准五服以制罪也”（第927页），即是指此。关于“服制定罪”的详尽讨论，参见前揭瞿同祖：《中国法律与中国社会》，第27—55页。

3 郭松义：《伦理与生活——清代的婚姻关系》，北京：商务印书馆2000年版，第251页。

4 王跃生：《十八世纪中国婚姻家庭研究——建立在1781—1791年个案基础上的分析》，北京：法律出版社2000年版，第145页。关于禁止“指腹割衫”的例条，参见前揭《大清律例》卷十·户律·婚姻，第205页。

辉祖认为“律所未备，可通于礼”。[1] 接着，他从三个方面对童养媳的身份作了解释：第一，王氏称浦四之父为“翁”，只是“沿乡例分，尊年长之通称，乃翁媪之翁，非翁姑之翁也”。借此证明他们之间并无翁媳关系。[2] 其二，浦四与王氏兄妹相称，亦可证明两人没有夫妻名分。其三，根据《礼记》所谓“未庙见之妇而死，归葬于女氏之党，以未成妇也”。[3] 据此，汪辉祖认为，王氏与浦四没有夫妻的身份关系，与“凡人”相同。又说：“服制由夫而推，王氏童养未婚，夫妇之名未定，不能旁推夫叔也。”所以王氏与浦四叔父通奸，也只能以凡人通奸论处。这一论证逻辑可谓严密，似无问题。在这一事实认定的基础上，汪辉祖进而援引《礼记》和《尚书》所谓“附从轻”和“罪疑惟轻”[4] 的原则，作出了“从轻发落”浦四叔父的裁判，且“遂蒙批允”而定案。值得注意的是，即使汪辉祖对童养媳的分析能够成立，他对王氏与浦四叔父的处罚，也是

---

1 前揭《病榻梦痕录》，载《续修四库全书》第555册·史部·传记类，第617页。

2 事实上，此“翁”的含义是否一如汪辉祖所说，也不无疑问。郭松义指出：“养媳在童养期间，与聘夫均以兄妹或姊弟相称，叫公公、婆婆做父亲、母亲，通常按当地习惯叫阿爹、阿妈或娘、爹等等。有的把生身父母反而叫外舅、外姑，反映了在关系上，未来的公婆方已重于父母，是养重于生。”（前揭《伦理与生活》，第284页。）如若这一资料可信，那么，此“翁”的含义与翁妪之“翁”的含义，就有根本性的差异。至少，我们不能认定本案所述就是“翁妪”之“翁”，而非“翁姑”之“翁”。另外，郭松义还说：“童养夫妻未婚通奸，虽被法律所禁止，但若有告发，处理亦是从轻的。”（第277—278页。）我觉得，之所以童养媳与未婚夫的性关系属于通奸，是因为他们毕竟不是正式夫妻。而“从轻”处理，乃是因为他们具有“准”夫妻的名分。据此，汪辉祖一口咬定王氏与浦经只是“凡人”关系，可能与当时的社会习俗和司法实践相背。值得一提的是，王跃生认为：童养媳“在进入夫家和圆房之前的一个较长的时间内，她首先是作为一个劳动力被抚养和使用，其家庭地位与富裕之家的奴婢非常相近。因而它（童养婚俗）虽然在地域上有较广泛的存在，却不被社会各阶层所普遍接受”。（前揭《十八世纪中国婚姻家庭研究》，第148页。）当然，在“性伦理”上，童养媳与未婚夫亲属之间的关系，不能与奴婢比拟。

3 参见王文锦：《礼记译解》，第248页。《礼记·曾子问第七》记有：“曾子问曰：‘女未庙见而死，则如之何？’孔子曰：‘不迁于祖，不祔于皇姑，婿不杖，不菲，不次，归葬于女氏之党，示未成妇也。’”

4 前者引据前揭王文锦：《礼记集解·王制第五》，第182页；后者引据《尚书·大禹谟》。

“酌情”裁断。这是因为清代律例明文规定：“凡和奸，杖八十。”[1]也就是说，如果凡人之间通奸，法定刑罚是杖八十。据此，汪辉祖“从重枷号三个月”无疑是“酌情”的结果，而其理由恐怕还是本案通奸双方的身份毕竟与“凡人”有所不同。再者，按照清代法律规定：如果通奸妇女已有丈夫，那么“奸妇从夫嫁卖，其夫愿留者，听”。[2]由于王氏与浦四没有夫妻名分，所以“王归母族，而令经为四别娶”也是法律没有规定而“酌情”的处理办法。但问题是，《礼记·曾子问》所谓“庙见之礼”旨在强调经由这一礼仪活动，女性由此成为男性家族的正式成员，夫妇名分反在其次。[3]这与“夫妇之名未定，不能旁推夫叔”的逻辑刚好相反。据此，童养媳是否只具“凡人”身份，仍然是一个悬而未决的问题。此外，王跃生指出：“从这些案件审判结论中可以看出，童养婚夫妇（未完婚时）的法律地位与其他正式婚夫妇以及童养后已完婚的夫妇没有什么不同。进而我们或许能得出这样的认识：童养期间夫妇的差异只体现在民间习俗上，而不是官方原则上。”[4]如若这一实证分析的结论可靠，那么，汪辉祖对童养媳身份的解释就不能成立；与此同时，他对王氏与浦经通奸的处理就会随之崩溃。在这种情况下，师爷秦某“依服制拟军”的裁决要比汪辉祖的建议来得准确。清代法律规定：凡是与缌麻以上亲属相奸，应得“杖一百，徒三年”[5]的刑罚，汪辉祖说秦某“专家法，熟律令”得到落实。事实上，另有一个问题值得指出，这里没有提到王氏的年龄，根据学者研究，清代

1 前揭《大清律例》卷三十三·刑律·犯奸，第521页。

2 前揭《大清律例》卷三十三·刑律·犯奸，第521页。

3 关于“成妇重于成妻”抑或相反的问题，清代学者颇有争论。具体讨论，参见张寿安：《十八世纪礼学考证的思想活力》，北京：北京大学出版社2005年版，第270—309页。

4 前揭王跃生：《十八世纪中国婚姻家庭研究》，第146页。

5 前揭《大清律例》卷三十三·刑律·亲属相奸，第524页。

童养媳的年龄一般都在十岁左右，有些甚至幼年抱养。[1]而据《大清律例》规定："奸幼女十二岁以下者，虽和，同强奸。"[2]另据法律规定：强奸缌麻以上亲属，奸夫处以"斩监候"[3]的刑罚。由此，我们不禁要问：案发之时王氏究竟有多大呢？本案叙述没有明确交代，这里不便悬测，权作"立此存照"吧。或许，因为王氏已经超过十二岁，所以没有必要考虑这一情节。[4]

案例八（乾隆二十五年，江苏·长洲）县妇周张氏，富家也。年十九而孀，遗腹子继郎，十八岁，将以八月授室，七月病殇。族以继郎未娶，欲为张之夫继子，而张欲为继郎立嗣，辗转讦讼。前令皆批房族公议，历十八年未结。二月郑君受辞，张氏谓："继郎物故后，苦百倍于抚孤，未亡人数濒于死，死何足惜！但继事未定，死不瞑目。今年已望六，死期日近，恐旦夕死，而夫与子鬼馁！"其语甚哀。余吊查全卷，厚逾数尺。族继张辞，张继族控，批归房族，官无成见。乾隆十九年，张指一人可以立孙，而房族谓其甫离襁褓，未必成

1 参见王跃生：《十八世纪中国婚姻家庭研究》，第126—132页；郭松义：《伦理与生活》，第274—281页。

2 前揭《大清律例》卷三十三·刑律·犯奸，第521页。

3 前揭《大清律例》卷三十三·刑律·亲属相奸，第524页。

4 顺便一提，张伟仁认为，本案属于"律文不够明确，须加诠释"的例证，但又认为："她与浦经通奸，只能用'凡人'之律，无从牵攀'服制'之条。如果因为王氏幼受浦家养育，'疑于近婚'，究与凡人有间，则依《尚书》'罪疑惟轻'之义，至多只能比附凡人轻款，略为加重，于杖刑外枷号三月，以示区别而已。汪氏此说引经据典，通情达理，终于获得巡抚批允。"（前揭《良幕循吏汪辉祖：一个法制工作者的典范》，载《台大法学论丛》1989年第19卷第1期，第20页。）在我看来，这一分析并没有说服力，也不能令人信服。事实上，本案并非属于"律文不够明确，须加诠释"的情形。这是因为律文根本没有对童养媳作出任何规定，应该属于律无明文的例证；而"枷号三月"也是依据《尚书》和"酌情"作出的裁决，律文只是量刑轻重的一个参照标准而已。另外，鲍永军将本案作为"引用律文"的首例加以讨论，更是不着边际。参见氏著《绍兴师爷汪辉祖研究》，第324—325页。

> 人。后又另议，终至宕延。余因拟批："张抚遗腹继郎，至于垂婚而死，其伤心追痛，必倍寻常。如不为立嗣，则继郎终绝，十八年抚育苦衷，竟归乌有。欲为立嗣，实近人情。族谓'继郎未娶，嗣子无母，天下无无母之儿'。此语未见经典。'为殇后者，以其服服之'，礼有明文。殇果无继，谁为之后。律所未备，可通于礼。与其绝殇而伤慈母之心，何如继殇以全贞妇之志。乾隆十九年，张氏欲继之孙，现在则已十六，昭穆相当，即可定议，何必彼此互争，纷繁案牍？"同事诸友皆以为："事关富室，舍律引礼，事近好奇，况以累批房族之案，官独臆断，必滋物议。"郑君见批，大诧，再三属改。余曰："批房族不难也，为民父母而令节妇抱憾以终，不可。余为主人代笔，令主人造孽，心不安。吾不顾其为富为贫，论事理耳。批不可易，请易友。"遂辞郑君，郑君勉用余批，不慊也。张所欲为继者果已成立，因立继书，遵依完案。后有不肖族人反复翻告，皆不准理。至五月初五日午宴，抚军手朱单饬县封送是案全卷，座客震动。余曰："吾无私，天可见。况上官乎。"阅四日，郑君谒抚军，归述抚军言，盛赞此批得体，始知有生员上控，批发苏州府亲提，重责注劣。[1]

在本案中，必须解决的法律问题有二：其一，房族与寡妇张氏谁有"立继"权力？其二，继郎与继郎父亲谁有"立继"权力？对此，清律没有具体规定，而清例规定则颇为混淆。清例规定："妇人夫亡无子守志者，合承夫分，须凭族长择昭穆相当之人继嗣。"[2]据此，

---

1 前揭《病榻梦痕录》，载《续修四库全书》第555册·史部·传记类，第616—617页。

2 前揭《大清律例》卷八·户律·户役·立嫡子违法，第179页。鉴于"合承夫分"涉及寡妇的财产权，与择立嗣子权属于两个不同范畴的法律问题，所以这里暂时不作讨论。

族长享有“立继”的权力。可是清例又说：“无子立嗣，除依律外，若继子不得于所后之亲，听其告官别立，其或择立贤能及所亲爱者。若昭穆伦序不失，不许宗族指以次序告争，并官司受理。”[1]据此，寡妇也有“立继”的权力。那么，这两种权力是否会有冲突呢？如果发生冲突的话，又该怎样协调呢？从“须凭族长择昭穆相当之人继嗣”来看，族长的“立继”权力具有优先地位；然而，从“听其告官别立”来看，寡妇的“立继”权力足以抗衡族长。这是因为寡妇可以通过“别立”的途径选择自己喜欢的嗣子。对此，汪辉祖有一解释：“‘听’之云者，惟其自主也。细绎例义，或继或否，皆由无子者主之。若本人未经立继，固无容旁人干预。”[2]由此看来，寡妇的“立继”权力占据了支配地位。况且，即使族长已经择立嗣子，寡妇仍然可以援引“继子不得于所后之亲”的规定，拒绝族长所立的嗣子——因为嗣子是否获得“所后之亲”的欢心，全凭寡妇的意思。相反，如果寡妇已经择立嗣子，那么，只要满足“昭穆伦序不失”的条件，清例规定“不许宗族告争”。据此，寡妇享有的“立继”权力具有终局意义。如果这一分析不错，那么，本案承审官员反复“批归房族”处理，确实是汪辉祖所说的“官无成见”的表现，也是引起双方不断告争的原因所在。

接下来的问题是，究竟是给继郎立继抑或是给其父立继呢？对此，本案诉讼当时的《大清律例》并无规定，[3]属于“律所未备”的

1 前揭《大清律例》卷八·户律·户役·立嫡子违法，第179页。

2 前揭《病榻梦痕录》，载《续修四库全书》第555册·史部·传记类，第622页。

3 查考乾隆三十八年条例规定：“其有子婚而故，妇能孀守；已聘未婚，媳能以女身守志；及已婚而故，妇虽未能孀守，但所故之人业已成立；或子虽未娶而因出兵阵亡者，俱应为其子立后。（按：此应为未婚之子立后者。）若支属内实无昭穆相当可为其子立后之人，而其父又无别子者，应为其父立继，待生孙以嗣应为立后之子。（按：此应为立继而无可继之人者。）其寻常夭亡之人，不得概为立后。”参见前揭薛允升：《读例存疑点注》，第176页。为了理清本条例文的含义，已对标点略作改动。就继郎而言，显然属于“所故之人业已成立”的情形，可以为其立继。（接下页）

情形，汪辉祖认为“可通于礼”——参照“礼”的规定作出裁决。那么“礼”又是怎么规定的呢？在《礼记·丧服小记》中，曾有“为殇后者，以其服服之”[1]的记载，而汪辉祖援引的正是这一条款，因此“礼有明文”的说法确有根据。在这种情况下，汪辉祖提出了“欲为立嗣，实近人情”的主张。在他看来，这种做法不但符合“人情”，而且与“事理”也切合。那么，本案的“人情”又是什么呢？对此，汪辉祖写道：“张抚遗腹继郎，至于垂婚而死，其伤心追痛，必倍寻常。如不为立嗣，则继郎终绝，十八年抚育苦衷，竟归乌有。”又说：“与其绝殇而伤慈母之心，何如继殇以全贞妇之志。”读了这种诉诸感情的裁判理由，不禁使我想起汪氏自己的身世。换句话说，鉴于汪氏从小（十一岁）失去父亲，在两位“苦节”寡母的精心呵抚下长大成人的体验，[2]难免“以己度人”而对于本案原告张氏产生同情，从而作出有利于她的裁判。另外，本案记录中的“造孽”两字，也是值得注意的关键字眼。[3]通观汪氏的断狱故事，每每可以发现被告从轻发落的案件。总之，在汪辉祖的坚持下，本案终于得到了解决，最后也获得了上司的赞许。

但是，当时尚无律例加以规定，无疑是汪辉祖所谓“律所未备”的情况。

1 前揭王文锦译解：《礼记译解》，第468页。

2 根据《病榻梦痕录》（载《续修四库全书》第555册·史部·传记类，第610页）乾隆六年的记载：汪辉祖的父亲“奉直公于前一年十二月十五日卒于南海旅邸，四月丧归。两太宜人励节食贫，纺织余功，兼糊楮镪自给，昼夜不少休息，常泣而训……”两位寡母的苦节，在《病榻梦痕录》中反复提到。汪辉祖也四处请人为她们写传记予以表彰，而《双节堂庸训》也是因纪念她们而取名。具体内容，参见汪辉祖：《双节堂庸训》，北京：蓝天出版社1988年版。

3 根据《病榻梦痕录》（载《续修四库全书》第555册·史部·传记类，第611页）乾隆十年的记载：当时汪辉祖十六岁，“检先人遗簏，得《太上感应篇注》，觉读之凛凛，自此晨起必虔诵一过，终身不敢放纵，实得力于此”。前揭《学治说赘·福孽之辨》也有解释，第105页。前揭《双节堂庸训》卷二·因果之说不可废也有记载：“余年十五，检败簏，得先人旧遗《太上感应篇图释》半部。诵其词，绎其旨，考其事，善不善之报，捷如桴鼓。……比在幕中，率以为常，日治官文书，惟恐造孽，不敢不尽心竭力。从宦亦然，历五十年，幸不为大人君子所弃，盖得力于经义者犹鲜，而得力于《感应篇》者居多。故因果之说，实足纠绳。夙夜为中人说法，断不可废。”相关讨论，参见鲍永军：《绍兴师爷汪辉祖研究》，第344—353页。

这里，尚有一个问题令人感到疑惑不解。本案记录："同事诸友皆以为：'事关富室，舍律引礼，事近好奇，况以累批房族之案，官独臆断，必滋物议。'郑君见批，大诧，再三属改。"如果汪辉祖的"批语"果真有理，同事诸友和知县郑君何以"大诧"呢？这是否意味着"依法判决"是清代司法实践的真情实况而"可通于礼"反而是例外，以致他们觉得汪辉祖的做法不可思议？进一步说，所谓"舍律引礼"又是什么意思呢？当时真有相关的法律规定吗？如果有的话，为什么汪辉祖要说"律所未备"呢？不过，通盘考察本案审理时的清代律例，我觉得"律所未备"较为可靠。只是，由于记载不详，在此不能深说。

案例九（乾隆二十三年，浙江·常熟）有虞山，虞仲、言子之墓在焉。虞墓上，言墓下。虞之子姓为仲氏，每展墓，必经言之墓道。言以为越界，岁必竞，由县而府而司而巡抚，讼十余年未结。抚军委胡公查议。仲以言墓在虞墓禁地之内，谓言氏占其墓道；言氏之谱牒则界起于汉时，各不相下。道左十余丈，有荆榛僻径。言欲伸，另辟行路，而仲不愿也，故断斯狱者卒无成议。余以为，非可例定也。乃为之议曰："墓前禁地之说起于后世，仲说不足为凭。言谱墓道起于汉时，亦荒远无稽。虞先言后，相距数百年。虞以让国而逃，必不爱此区区之地；言为道南文学，礼让为先，必不忍与先贤争路。两姓互持，皆非祖宗本意。若舍正途而另辟荆榛，不惟不便，亦属非礼。应令仲氏每年展祭，俱由言氏墓道而上；墓道之外，不得樵采，庶奠幽魄而杜嚣风。"案遂定。[1]

1 前揭《病榻梦痕录》，载《续修四库全书》第555册·史部·传记类，第615页。

一望而知，本案的疑难之处在于缺乏证据，也就是说，虞氏和言氏均无足够的证据证明自己的主张——汪辉祖所谓“墓前禁地之说起于后世，仲说不足为凭。言谱墓道起于汉时，亦荒远无稽”。[1] 那么，在这种情况下，这起争讼了十余年的案件究竟应该怎样解决呢？汪辉祖的策略是诉诸“道义”[2] 和“情理”。他说：“虞以让国而逃，必不爱此区区之地；言为道南文学，礼让为先，必不忍与先贤争路。两姓互持，皆非祖宗本意。”换句话说，借着两家祖先的道德力量，又以“孝道”作为后盾，汪某迫使两造接受自己作出的“仲氏每年展祭，俱由言氏墓道而上；墓道之外，不得樵采，庶奠幽魄而杜嚣风”的裁决。必须承认，这种纠纷的解决办法，不但合情合理，而且颇为机智，作为两家后裔也很难予以抗拒。当然，本案的核心问题不是清代的律例没有相应的规定，而是事实缺乏足够的证据，以致难以按照律例进行裁判，这与事实清楚、证据确凿而没有律例规定的情形完全不同。

通过对于案例七和案例八的分析，我们可以看到，在没有相关律例的情况下，汪辉祖不仅援引“礼经”来裁决，而且诉诸“道义”和“情理”这类超越律例的道德规范和正义观念来解决纠纷。值得注意的是，在解决这类案件时，汪辉祖也非“自由裁量”，而是在律例设定的底线下援引礼经、道义和情理。换句话说，即使援引礼经、道义和情理，律例也非毫无用处，而是发挥着“潜在”的作用。就此而言，它与案例一到案例六的裁判风格并无根本差异。

---

1 虽然本案没有着重展现汪辉祖查证案件事实的智慧，但是通观他的断狱故事，我们可以发现，他对弄清案件的事实真相确实颇有能耐。例如，编号 10、15、16、19、24、26 诸案件，颇能反映汪辉祖在调查取证、合理推敲方面的才能。而编号 27 的案件，纠纷与上引案件非常相似，汪辉祖对案件的取证也是一丝不苟，考订证据及于唐代史书，他的认真求实可见一斑。

2 张伟仁认为，本案是汪辉祖根据“道义”进行裁判的典型，参见前揭《良幕循吏汪辉祖：一个法制工作者的典范》，载《台大法学论丛》1989 年第 19 卷第 1 期，第 26 页。

具体来说，案例七和案例九体现的是，在援引礼经、道义和情理裁判案件时，律例仍然发挥着微妙的作用；反过来说，从案例一到案例六反映的是，在参照律例裁判案件时，援引礼经和情理乃是为了发挥平衡作用，填补律例的空白、漏洞和不足。案例九的特点乃是，由于案件的证据不足、事实不清，以致既有律例难以适用，不得已而诉诸道义和情理，从而彰显了汪辉祖参照道义和情理作出司法裁判的另一特点。

综上所述，从汪辉祖审理过的被记载下来的所有案件，[1] 特别是本章着重分析过的九个案件来看，它们有一个共通的特征和旨趣："准情用法"或"情法两尽"。也就是说，即使在"依法裁判"的情况下，"准情用法"也是一个非常明显的特征；与此相反，即使在"情理裁判"的情况下，努力寻找和贴近律例规定，同样是汪辉祖进行裁判的首要任务。据此，我们可以发现，既无纯粹"依法裁判"的取向，也无全然"情理裁判"的做法，追求律例上有依据，情理上无窒碍，乃是汪辉祖们寻求的司法境界。由此，我们可以进一步得出如下推论：无论是审理田土案件抑或是审理命盗案件，其所运用的基本原理并无二致，只是两类不同案件在"依法"或"准情"的程度上有所差异而已。

四、余论：原因探究

最近，在发表于台湾地区的题为"试探传统中国法之总体像"的讲演中，寺田浩明教授对于传统中国的法律与司法图像作了有趣

1　参见正文表格所列的案件，为了避免文章过于冗长和分析过于单调，笔者略去了其他案件。

而又令人深思的刻画。[1] 通过这幅图像，我们能够透视传统中国的法律特色与司法运作的基本原理；事实上，这幅图像也是对传统中国的法律特色与司法运作原理得以形成的原因的考掘和解释，意义不可小视。对我来说，考察了汪辉祖的断狱故事之后，也想进一步考察一下形成汪辉祖裁判风格的原因；与此同时，也想借此回应一下自从韦伯以来的关于传统中国司法裁判特征的议论。在此，首先必须说明的是，考掘清代中国司法裁判的独特风格的原因，乃是一项非常复杂的工作，须要进行详尽论证才能奏效。这里，不妨稍作简单的分析，更为详尽的论证有俟来日。

第一，皇帝与官僚。众所周知，随着西周世袭社会的解体，春秋战国时期逐步兴起而至秦汉定型的政治体制的核心架构，即：皇帝与官僚。皇帝制度的根本特点乃是集权，而官僚政治的运作原理则是“照章办事”。[2] 此“章”即“法”。所谓“照章办事”，也就是“依法办事”。而这不但规制了官僚的权力，而且在一定程度上也约束了皇帝的干预。但问题是，在皇帝“一人集权”与官僚“分权治理”之间，如何建立有效联系和“信任”机制？法家的代表人物韩非提出的基本原则是“循名责实”，规范“名与实”的工具乃是具

1 参见寺田浩明：《试探传统中国法之总体像》，载《法制史研究》第 9 期，2006 年 6 月，第 223—238 页。

2 马克斯·韦伯指出：“根据全部经验，纯粹的官僚体制的行政管理，即官僚体制集权主义的、采用档案制度的行政管理，精确、稳定、有纪律、严肃紧张和可靠，也就是说，对于统治者和有关的人员来说，言而有信，劳动效益强度大和范围广，形式上可以应用于一切任务，纯粹从技术上看可以达到最高的完善程度，在所有这些意义上是实施统治形式上最合理的形式。”（氏著《经济与社会》（上卷），林荣远译，北京：商务印书馆 1998 年版，第 248 页。）这里，我们看到了官僚体制与形式合理的法律体系之间的内在关联，亦即官僚行政的“照章办事”的特征。韦伯关于官僚体制的详尽讨论，见同书，第 242—251 页。另外，韦伯认为官僚体制的特征有四：科层制、连续性、非人格化和专业化。参见［英］戴维·毕瑟姆：《官僚制》（第二版），韩志明、张毅译，长春：吉林人民出版社 2005 年版，第 4 页。就传统中国的政治和行政而言，虽然韦伯认为传统中国具有官僚政治和官僚行政的某些特征，但是，鉴于儒教家产制国家的政治特性与行政官僚的君子理想，传统中国缺乏严格意义的理性主义的官僚体制与法律体系。参见前揭《儒教与道教》，第 167—175 页。

有形式主义特征——“可预测性”和“可计算性”的法律体系。推动这一法律体系发挥效能的动力，即是“赏信罚必”的技术。[1]而“赏信罚必”的基础则是“性恶”——人的“好利恶害”的计算心理，也是一种所谓“经济人”或“理性人”的假设。[2]此外，法家又将“忠君”作为核心的政治伦理，[3]借此建构一套对皇帝负责的官僚体制。换句话说，皇帝出于发挥行政效率的目的，必然要求法律的明确和具体；为了达到控制官僚的目的，也必然要求法律的严密和精确。事实上，传统中国之所以形成了严密的御史制度，之所以制定了繁复而且刻板的官吏处分规则，即与法家“治吏”的思想有关。滋贺秀三曾说：中国的法律，一是刑事法，二是官僚法。[4]据此，传统中国的司法实践应该具有“依法裁判”的特征。而就明清时期的司法裁判来讲，之所以“命盗”案件必须采取严格的“审转”程序，既与控制官僚的司法权力有关，也与落实“慎刑”思想和统一帝国法律的意图有关。在这种情况下，律例刻意强调司法官员必须“依法裁判”，乃是自然而然的结果。然而，随着儒家与法家的合流，[5]源于人情习俗的“礼”由此融入“法”。这样一来，原本具有“工具理性”特征的法律体系，现在转而成为具有“实质理性”特征的礼法体系。儒家官僚追求的君子理想，也将道德因素注入行政与司法，从而消解了法律的形式化特征，强化了法律的实质化取向。就司法实践而言，这种依据道德和情理的裁判风格，更有“实质非理性”的色彩。

---

1 参见《韩非子·二柄》。

2 参见《韩非子·制分》。

3 参见《韩非子·忠孝》。

4 参见氏著《中国法文化的考察》，载前揭《明清时期的民事审判与民间契约》，第2页。

5 必须指出的是，儒家与法家之间的对立仅有相对意义。荀况的“儒法兼容”不烦多言，即或韩非，事实上也有浓厚的儒家色彩。参见林纬毅：《法儒兼容：韩非子的历史考察》，台北：文津出版社2004年版。

第二，“律”的涵义与功能。什么是“律”？“律”的特性何在？在《史记·律书》中，司马迁写道：“王者制事立法，物度轨则，壹禀于六律，六律为万事根本焉。”[1]而《汉书·律历志》更有详说：“一曰备数，二曰和声，三曰审度，四曰嘉量，五曰权衡。参五以变，错综其数，稽之于古今，效之于气物，和之于心耳，考之于经传，咸得其实，靡不协同。”[2]不难看出，作为“万事根本”的“律”，就是“道”，而“道”则是宇宙秩序的绝对原则。[3]具体来说，“律”的数、声、度、量、权，乃是“道”的功效。它们既是对“万事”的区别，也是对“万事”的称量，更是对“万事”的平衡。由此，宇宙的“和谐秩序”得以形成，得以运行。对“律”的要义，金克木曾有很好的概括。他说：“在古人眼中心中，一切都有森严的秩序，是数序的复杂化，从天象到人伦莫不如此。……只有将一切事物，包括人在内，化为符号，才能发现所构成的符号关系，好比数学公式。‘数’就是显明的抽象符号。”换句话说，宇宙万事由“律”来协调，而“六律定五音，即依调门定音阶高低”。[4]这也是班固所谓“准绳连体，衡权合德，百工繇焉，以定法式，辅弼执玉，以翼天子”[5]的意思。在评论明代朱载堉《律学新说》时，律学家（按：不是法律学家，而是古典中国的音乐理论家）冯文慈曾经指出：律学的核心，就是“数度”；又说：律学具

1 《史记》卷二十五·律书，第 1239 页。

2 《汉书》卷二十一上·律历志上，第 956 页。

3 至少，先秦时期的老子和庄子都将“道”视作宇宙秩序的根本原则。参见［美］艾兰：《水之道与德之端》，张海晏译，上海：上海人民出版社 2002 年版，第 84 页。关于古典中国“道”的考释，也见孙熙国：《先秦哲学的意蕴：中国哲学早期重要概念研究》，北京：华夏出版社 2006 年版，第 11—85 页。

4 金克木：《“律”的符号世界》，载氏著《文化猎疑》，北京：生活·读书·新知三联书店 1991 年版，第 24—25 页。对“律”的详尽考释，参见祝总斌：《“律”字新释》，载《北京大学学报》1990 年第 2 期。

5 《汉书》卷二十一上·律历志上，第 970—971 页。

有“计量”和“强调数度，力求精密”的特征。[1]据我看来，这与法律的“律”的寓意非常切合。也就是说，法律的功效在于定罪量刑，这就要求对“罪与罚”进行精密的区别和计算，进而形成“罪与罚”之间的严格比例关系，从而达到“罪罚相当”的目的。而“律”的这种特性，不但导致了传统中国律典当中“罪罚关系”的绝对化和刻板化，也造成了例文不断增多而“罪罚关系”又琐碎繁杂的弊病，以致司法官员必须借助“情理”的平衡，才能实现个案的妥善解决。否则，单靠有限的律例条文，无论如何是无法囊括所有社会关系和各种案件的。另外，著名的“约法三章”所谓：“杀人者死，伤人及盗抵罪。”[2]此“抵”字，即是“罪罚相当”的意思。[3]至于如何“抵”，仍然是一个有待司法官员仔细琢磨的问题。如果“约法三章”必然要求司法官员临时在“杀人者死，伤人及盗抵罪”的原则内琢磨个案裁量的合理性和妥当性的话，那么，过于细密刻板的律例，也就必然要求司法官员在律例外平衡“罪与罚”的合理性和妥当性。其中的道理非常明显，不烦多言。

总之，战国时期的法家用“律”来代替“刑”和“法”具有内在的根据，而非他们随意所为。但是，法家追求的“罪与罚”的绝对对应原则，又使“律”走上了一条自我悖反的道路，从而给法律外的“情理”留出了空间。[4]当然，读者可能要问：法家不是一贯

---

1 参见冯文慈：《律学新说及其作者》，载［明］朱载堉撰，冯文慈点注：《律学新说》，北京：人民音乐出版社 1986 年版，第 8—10 页。虽然笔者不懂“律学”这一专门学问，但是，通观《律学新说》，我们可以发现其中充满计算的特征。据此，我们可以得出结论：音乐的和谐，乃是通过精密区别和计算而后获得的效果。

2 《汉书》卷二十三・刑法志，第 1096 页。

3 参见梁治平：《说“抵”》，载氏著《法意与人情》，深圳：海天出版社 1992 年版，第 11—18 页。

4 事实上，法家并不反对“人情”对于法律的作用，而是反对法律之外考量“人情”。也就是说，法家同样承认法律必须参酌“人情”，只是反对法律之外依据“人情”裁决案件。对此问题，留待来日讨论。

倡导“重刑轻罪”吗？这与“罪罚相当”不是矛盾的吗？粗看起来确实如此，但是仔细体味一番，就会发现，所谓“重刑轻罪”的前提，恰好就是“罪罚相当”的原则。也就是说，如若没有“罪罚相当”的原则，“重刑轻罪”如何体现呢？只有在“轻罪轻罚”——“罪罚相当”的基础上，才谈得上“轻罪重罚”或“重刑轻罪”。

概括起来，我们可以得出如下结论：（1）“律”是“万事根本”，指“律”乃宇宙秩序的绝对原则，也就是“道”，这意味着“律”具有普遍性和抽象性。（2）“律”是“数度”，具有确定性和计算性的特征；与此同时，“律”也是“比例”关系，乃指“罪与罚”的比例关系。（3）“律”是“铨衡”，具有称量和平衡事物的意思，即在“罪与罚”之间寻求“抵”的比例关系。（4）“律”是“情理”的表达，[1]因此“情理”乃是“律”的固有涵义。这意味着无论立法抑或司法，考量案件的合理性和妥当性，乃是“律”的基本功能。（5）“律”的确定性和绝对性，则意味着难以包容“万事”之中的道理和法则，自然也不能概括所有的案件事实和情节。在这种情况下，如何才能达到“抵”——“罪罚相当”的正义目的呢？据我看来，必然要求个案的平衡，这时，“情理”也就有了用武之地。也就是说，借助“情理”来平衡“律”的确定和绝对，乃是这

1　何为“情理”？简单地说，“情”的核心内涵是指“人情”，即“人的本性”或“本质”，具体到司法实践上来看，包括两造的主观动机、案件的特殊情节等。而“理”则是表征宇宙秩序的绝对原则（根源）的天理，也包括物理、事理、常识，乃至隐含在案件中的是非对错的种种道理。中国古人常说：“礼法出于人情”或“礼法是情理的表达”等，都说明了法律与情理之间的内在关系。对于“情”和“理”的相关讨论，参见汉语大词典编辑委员会、汉语大词典编纂处：《汉语大词典》第7卷上册，上海：汉语大词典出版社2001年版，第576—588页，同书第4卷，第568—578页；前揭李泽厚：《实用理性与乐感文化》，第55—97页；余国藩：《释情》，载氏著，李奭学编译：《〈红楼梦〉、〈西游记〉与其他——余国藩论学文选》，北京：生活·读书·新知三联书店2006年版，第433—492页；滋贺秀三：《清代诉讼制度之民事法源的概括性考察——情、理、法》，载前揭《明清时期的民事审判与民间契约》，第19—53页；霍存福：《中国传统法文化的文化性状与文化追寻——情理法的发生、发展及其命运》，载《法制与社会发展》2001年第3期；柏桦、崔永生：《“情理法”与明代州县司法审判》，载《学习与探索》2006年第1期，第188—192页。

一法律体系的内在要求。

第三，巨型帝国与乡土社会。据《晋书·刑法志》记载：商鞅曾将李悝所撰《法经》拿到秦国，作为“变法”的张本。[1]而《唐律疏议·名例》则直言：“商鞅传授，改法为律。”[2]对商鞅“改法为律”一事，学者曾有质疑。根据祝总斌的意见：“改法为律”约在公元前260年左右，下限则是公元前252年。[3]但问题是，为何这一时期出现了“以律代法”事件？祝总斌和高明士都进行了解释，可以参考。[4]我的初步看法是：首先，当时的中国正在展开一场规模巨大的“全民战争”，[5]为了满足战争动员和人力、物力、财力征调的需要，集权制和科层制应运而生。在这种情况下，合理、精确地进行权力配置，无疑需要用具有“数度”功能的“律”来规范和调整。其次，当时的中国正逐渐成为统一的帝国，原本具有地方色彩和属人意义的“礼”与强调惩罚杀戮的“刑”和“法”，也就显得力不从心，而“律”的“均布”则能够满足“巨型帝国”政治统治的要求。综上，不但“全民战争”和帝国集权需要效力和计算，新兴的科层制和专业化的行政运作，同样需要形式合理、计算精确的法律体系，而这恰恰是“律”的基本功能。毋庸置疑，战国时期法家“改法为律”或“律”的兴起，与巨型帝国与官僚政治的形成有关。

---

1 《晋书》卷三十·刑法，第922页。

2 刘俊文点校：《唐律疏议》卷一·名例·序，北京：法律出版社1999年版，第2页。

3 江必新：《商鞅“改法为律”质疑》，载《法学杂志》1985年第5期；祝总斌：《关于我国古代的“改法为律”问题》，载《北京大学学报》1992年第2期。

4 关于高明士教授的观点，参见氏著《法文化的定型：礼主刑辅原理的实施》，发表于“中国传统法律文化的形成与转变研讨会”，台北：台湾“中央研究院”历史语言研究所，2006年12月14—16日。相关讨论，也见李力：《发掘本土的法律观：古文字资料中“礼”及“刑”、“法”、“律”字的法文化考察》，载韩延龙主编：《法律史论集》第三卷，北京：法律出版社2001年版，第280—281页。

5 前揭赵鼎新：《东周战争与儒法国家的诞生》，第102—147页。

然而必须指出的是，这一巨型帝国和官僚机器的底层基础，乃是一个农耕社会。据我看来，这种政治上层的“现代性”与社会下层的“传统性”之间，存在着深刻的背离。如果一味用国家律例来治理社会，必将伤害社会内部的有机联系，进而导致社会危机。秦朝“二世速亡”的根本原因，除了“横征暴敛”之外，就是帝国法律与乡土社会（礼俗秩序）的严重脱节。与此相反，汉朝之所以着力推行“罢黜百家，独尊儒术”的政策，重构国家的意识形态体系，是出于想要借助“礼俗”进行社会治理，缓解“政法与礼俗”[1]之间的紧张，乃至重新调整“国家与社会”关系的深刻用意。[2]循吏从事“移风易俗”的工作，可谓典范。事实上，其后的中国历史的发展脉络，基本上与这一进程有关。另一方面，虽然宋代以后尤其明清时期的社会经济有了长足的发展，[3]但是，传统中国社会的“乡土特色”并无根本性的变化。[4]所谓“十里不同风，百里不同俗”表明，各地社会情势与风土人情差异巨大，并非国家制定的律例所能涵盖。具体到法律上来，有关“命盗”方面的犯罪，鉴于它的重要性和危害性，国家必须通过公共权力加以严格控制，必须纳入统一的律例轨道，从而予以统一的司法考量。但是，涉及“婚姻、田土、钱债”方面的事务，鉴于各地社会经济与风土人情的差异，必然难以全面纳入国家法律的轨道。据此，学者指责传统律例

---

1 《慎子·逸文》所谓“政从上，礼从俗”表明，“礼”原本来自社会习俗，具有自发意义，而“政”乃是通过国家权力建构起来的秩序，“法”也是如此，因而两者之间有着不小的差距。

2 对此问题的简要讨论，参见徐忠明：《国家与社会：汉代“独尊儒术”及其对当代法制建设的启示》，载《江苏社会科学》1998 年第 4 期，第 50—55 页。

3 这方面的研究很多，简单的概括，参见邱澎生：《明清讼师的兴起及其官司致胜术》，第 5—8 页，“中国传统法律文化的形成与转变研讨会”论文，台北：台湾“中央研究院”历史语言研究所，2006 年 12 月 14—16 日。

4 参见费孝通：《乡土中国》，北京：生活·读书·新知三联书店 1985 年版。对于费孝通的“乡土中国”的概括，龚鹏程提出了批判。参见氏著《游的精神文化史论》，石家庄：河北教育出版社 2001 年版，第 1—23 页。

缺乏"民事"规范的原因，恐怕就在于此。反过来讲，所谓"官从政法，民从私约"的俗谚，也意味着国家把无能为力的"民事"问题留给了民间社会自行解决；而"民不举，官不究"[1]的俗谚，同样表明了国家对于民间事务的力不从心。这里，我们看到了传统中国法律的一个悖论现象：为了确保皇帝的集权统治，实现帝国统一与控制官僚，必须制定详尽严密的律例，但是面对错综复杂的社会情势，国家显得有些力不从心，故而采取"抓大放小"的治理策略——严格控制"命盗"犯罪，相对放松"婚姻、田土、钱债"纠纷的审理。事实上，对"命盗"案件采取"审转"程序，对"婚姻、田土、钱债"案件鼓励民间调处息讼，即使提交衙门，也鼓励州县官员调处息讼，并且允许他们"自理"结案，乃是必然的结果。就司法裁判的依据而言，由于"命盗"案件的规则比较详尽，而且"审转"程序也相对严格，因此裁判依据得到了比较认真的考量，但是"情理"仍有弥补律例刻板和律例漏洞的作用。与此不同，鉴于调整"婚姻、田土、钱债"的规则具有地方性和习俗性的特征，帝国政府用来调整这些事务的律例也就显得比较疏阔，[2]这就给了"情理"用武之地。

第四，民情与权变。随着西周道德政治的逐步兴起，精英阶层意识到了"民"的政治意义，从而提出了"敬天保民"的思想，而"保民"则必须借助"德"的作用。那么"德"又是什么意思呢？

1 参见黄克武：《"民不举，官不究"：从乾隆年间的一则刑案探测帝制晚期私人生活的空间》，载李长莉、左玉河主编：《近代中国的城市与乡村》，北京：社会科学文献出版社 2006 年版，第 419—427 页。

2 在中华帝国时期，政府主要是从赋税徭役和社会管理的角度来对待民间社会的"婚姻、田土、钱债"事务的。换句话说，只要民众完成了"当兵纳粮"的义务，国家也就不会干预民众的日常生活，俗谚"民不举，官不究"，恐怕就是对于这一现象的描述。俗谚"庄稼人纳了粮，好如自在王"，可谓生动的写照。引据丁世良、赵放主编：《中国地方志民俗资料汇编 · 华北卷》，北京：北京图书馆出版社 1989 年版，第 128 页。

按照郭沫若的解释，就是“把心思放端正”。[1] 正是通过统治阶级“把心思放端正”的路径，才能赢得“民心”。而《诗经·大雅·皇矣》有“天视自我民视，天听自我民听”的说法。[2] 可见，“民心”或“民情”乃是政治合法性或正当性的基础，也是国家治理的基本前提。事实上，后来的儒家就秉承了这一道德政治的传统，进而提出了“勤政爱民”的政治理想。尽管皇帝一直强调“奉天承运”，然而“民情”也是传统中国政治的基调。不但儒家官僚的“移风易俗”可以看作沟通“民情”的一途，而且更有“采风观谣”[3] 的政治实践。落实到司法上来，根据《周礼·秋官·小司寇》的记载：“以五声听狱讼，求民情。”[4] 此“民情”虽然不是广义上的“民情”，而是特指待审案件两造的情况，但是“民情”或“案情”的作用，却受到了司法官员的高度重视。就“民情”的司法作用而言，俗谚“走得官场，过得乡场”，也意味着对“民情”的重视。而将礼俗之类的习惯作为裁判案件的依据，更是“民情”进入司法的例证。之所以如此，是因为传统中国的乡土社会也是一个人情社会，如果官方的裁判不能满足“民情”的期盼，虽然可以说案件得到了裁判，但是不能说纠纷已经得到了解决。[5] 这是因为纠纷本身乃是“镶嵌”在乡土社会中的纠纷，与社会机体有着千丝万缕的联系，而非“孤立”的纠纷。换句话说，传统中国的人情社会是“有机”社会，而

---

1 《郭沫若全集》历史编·第一卷，北京：人民出版社 1982 年版，第 336 页。

2 此类言述很多，参见前揭《郭沫若全集》，第 333—345 页。

3 参见胡守为：《“举谣言”与东汉吏政》，载《中山大学学报》2004 年第 6 期，第 64—69 页。

4 引据《十三经注疏·附校勘记》(上册)，北京：中华书局 1980 年版，第 873 页。

5 根据我的初步观察，在传统中国民众眼里，案件裁判与纠纷解决并不是一码事。也就是说，案件裁判只是衙门秉借权力作出的裁决而已，在某些情况下，纠纷并非一定能够得到妥善和有效的解决，而是原被两造在“敢怒不敢言”的情况下，勉强接受或“隐忍”罢了。与此相反，纠纷解决则是力求将纠纷置于社会情境当中加以考量，进而作出具有“平衡”意义的解决。这时，个案与原被两造，乃至与整个社会语境之间进行有效的“对话”和“商谈”，从而取得协调和平衡。这是一个非常有趣的问题，这里不能详述。

非“机械”社会，因此不能将纠纷从社会关系网络中“切割”出来，单独给予解决，而必须把案件置于社会情境当中予以协调和平衡。只有这样，才能取得既解决纠纷又维持社会和谐秩序的效果。据此，我们可以发现，何以帝国官方鼓励民间调处息讼，为何州县衙门自己也喜欢采取调处息讼的纠纷解决办法。即使在“依法裁判”的情况下，司法官员依然会在律例与“情理”之间寻求平衡。另外，在裁判技术上，帝国官员为什么会采用“遵依甘结”这种看似缺乏权威的做法，据我看来，其目的即是为了达成“官法与民情”的合意，也就是说，把“民情”作为司法裁判的合法性或正当性的基础。又如，一方面帝国政府极度鄙视民间诉讼，而另一方面却提供了“越诉”[1]和“京控”[2]之类的可能（原则上禁止，特殊条件下允许）的诉讼渠道，都与“求民情”有关。

上面曾经说过，“律”具有“道”的意味，而“道”则是宇宙秩序的“绝对原则”，因此能够产生“贞天下于一，同海内之归”[3]的作用。再者，“律”既是“一”，也是“权”，有着“称物平施”[4]的意涵。帝制时期的统治当局根据政治理想、社会现实和“民心民情”而制定律例，以期成为“同天下，齐风俗”的基本规范。然而，追求“情罪曲当”[5]乃是传统中国的皇帝和官僚的共同理想。那

---

1 关于“越诉”的规定，参见前揭《大清律例》卷三十·刑律·越诉，第473—476页。必须指出的是，对于“越诉”和“京控”之类的诉讼行为，原则上予以禁止，而在特殊情况下又予开放。

2 关于“京控”的讨论，参见［美］欧中坦：《千方百计上京城：清代的京控》，谢鹏程译，载高道蕴、高鸿钧、贺卫方编：《美国学者论中国法律传统》（增订版），北京：清华大学出版社2004年版，第512—551页。

3 《汉书》卷二十一上·律历志上，第972页。

4 《汉书》卷二十一上·律历志上，第969页。另外，《汉书·律历志》在解释“衡权”时写道：“衡权者，衡，平也，权也，重也，衡所以任权而均物平轻重也。”（同上，第969页。）而“平”与“中”关联，具有“刑用中罚”的意思，也是“中道”思想在法律上的体现，均系传统中国法律的终极价值之所在。相关讨论，参见徐忠明：《辨异与解释：中国传统法律文化的类型研究及其局限》，载氏著《思考与批评：解读中国法律文化》，北京：法律出版社2000年版，第70—72页。

5 参见《清史稿》卷一百四十二·刑法一，第4186页。

么，什么是“情罪曲当”呢？简单说来，就是罪名和情节必须与刑罚在细枝末节上相当。可是，如何实现这一理想呢？按照《清史稿·刑法志》的说法，即是“以万变不齐之情，欲御以万变不齐之例”[1]——用源于具体案件裁量的例条来解决无限多样的案件，事实上也是通过平衡案情的办法予以解决。但是，例条依然有限，同样不能涵括所有情罪。这时，就出现了新一轮的权衡。据此，用“权”定案，乃是传统中国司法实践的必然后果。钱锺书曾经指出：“‘权’乃吾国古伦理学中一要义。”[2]在此，值得我们认真考量的是，如何用“权”？钱锺书《管锥编》摘有丰富的资料，可以参考：

> 《论语·子罕》“可与立，未可与权”；皇侃义疏：“权者，反常而合于道者；王弼曰：‘权者道之变；变无常体，神而明之，存乎其人，不可豫设，尤至难者也’。”……《孟子·离娄》：“男女授受不亲，礼也；嫂溺援之以手者，权也”，赵岐注：“权者，反经而善者也”；《尽心》：“执中无权，犹执一也；所恶执一者，为其贼道也，举一而废百也。”……《全唐文》卷四〇四冯用之《论权》：“夫权者，适一时之变，非悠久之用。……圣人知道德有不可为之时，礼义有不可施之时，刑名有不可威之时，由是济之以权也。……设于事先之谓机，应于事变之谓权。机之先设，犹张罗待鸟，来则获之；权之应变，犹荷戈御兽，审其势也。”《全唐文》卷五八四柳宗元《断刑论》下：“经非权则泥，权非经则悖；是二者，强名也。曰‘当’，斯尽之矣。‘当’也者，大中之道也。”……朱熹《答宋深之》：“权者，权衡之‘权’，言其可以称物之轻重而游移前

1 《清史稿》卷一百四十二·刑法一，第4186页。

2 钱锺书：《管锥编》（第一册），北京：中华书局1986年版，第206—207页。

却以适于平，盖所以节量仁义之轻重而时措之，非如近世所谓将以济乎仁义之穷者也。”[1]

综上可见，“权”乃是“坚持原则而灵活运用”[2]的意思，所谓“执经用权”是也。如若以这一原则来考察传统中国的司法实践，那么我们也就可以明白：为了达到“情罪曲当”，如果已有律例，自然应该加以援引；如果律例不当，那就必须在律例基础上酌情平衡；如果律例出现空缺，无疑应该用情理来填补。要之，无论“命盗”案件抑或“田土”案件，在司法技术上均有这一特色，只是程度有所不同而已。据此，我不甚同意那种所谓“命盗”案件基本上是“依法裁判”，而“民事”案件则主要是按照“情理”裁判的观点。[3]

第五，儒家“审美”的秩序观念。钱锺书在解释“易”时援引《易论之三名》如下：“易一名而含三义，所谓易也，变易也，不易也。”[4]借此说明传统中国丰富的辩证思维，而《老子》所谓“道可道，非常道；名可名，非常名”也是如此。既有不可言述的表示宇宙秩序的“绝对原则”的“常道”，也有可以言述的“非常道”，此乃“道”的辩证法。[5]如果我们将这种“普遍性与特殊性”的辩证思想延展到传统中国的秩序观念上，那就可以发现，中国古人的秩序观念与现代西方的“法理”（逻辑或理性）的秩序观念有着巨大

1　钱锺书：《管锥编》（第一册），第207—208页。

2　钱锺书：《管锥编》（第一册），第206页。

3　相关讨论，参见滋贺秀三：《中国法文化的考察》，寺田浩明：《日本的清代司法制度研究与对“法”的理解》，载《明清时期的民事审判与民间契约》，第8—15、117—126页。笔者的讨论，参见《依法判决？：明清时期的刑事诉讼的一个侧面》，载《案件、故事与明清时期的司法文化》，第301—323页。

4　钱锺书：《管锥编》（第一册），第1页。

5　相关解说，参见钱锺书：《管锥编》（第二册），北京：中华书局1986年版，第403—410页。

差异。对此，美国学者郝大维和安乐哲指出，“审美秩序指向特殊性和个性”，而非普遍性和抽象。又说，传统中国的审美秩序发端于个别事物的独特性，而这一独特性对其语境均衡的复杂性是有益的。换句话说，由于审美秩序推崇每一成分与包含所有独特成分在内的自然发生的整体有着密不可分的联系，并且各个独特成分之间又充满着张力，因此具有“多样性先于统一性，分离先于关联”的特点。总之，审美秩序既关注具体和个别成分，又强调它们在彼此联合产生的和谐中展现自我的方式。如果把这种秩序观念推展到法律和司法上，我们可以发现：一个以审美秩序为基础的社会，将不会广泛地运用法则、标准、规范之类的外在规范，社会公论同样不会成为社会秩序的客观基础。与此相反，一个热爱审美秩序的社会，其所表现的一致性和连贯性源自对于独特个体的尊敬。无论何时，这些被尊敬者的视角都将汇聚着秩序的多种可能性。[1] 在司法实践中，“只要‘法’被用来维持秩序，那么就会有改善‘法’对案件无能为力状况的努力，只有将仲裁责任委托于贤明之人才会充分把握每一案件的特殊性。即便如此，裁决也只是权宜之策。因为，用‘法’来实现秩序并不要求那些受用者的主动参与，它对百姓的转换或教化影响甚微。相反，由于它本质上是限制和强迫的，它也真正制约了他们‘成人’的种种可能性”。与“法”相反，在“礼”的秩序中，通过践履“礼”而使百姓彼此限定和相互提升。借助“礼”这种规范，参与其间的人们既可照应特殊性和差异性，又能推行自然发生的社会秩序的和谐。[2] 在我看来，所谓“礼由义起”表明，通过“礼”来维护社会秩序的精髓，乃是“宜”。在司

---

1 参见［美］郝大维、安乐哲：《通过孔子而思》，何金俐译，北京：北京大学出版社 2005 年版，第 160—166 页。

2 前揭郝大维、安乐哲：《通过孔子而思》，第 210—211 页。

法裁判中，即是对“酌情”的有效运用，也是对个案“特殊性”的关注。参酌“情理”的裁判，也有这样的特性。最后，我们回到哲学上来。钱锺书先生在批评那些胶着不通的解经学究时写道：“盖学究执分寸而忽亿度，处把握而却寥廓，恢张怀抱，亦仅足以容学究；其心目中，治国、平天下、博文、约礼皆莫急乎而不外乎正字体、究字义。一经笺释，哲人智士悉学究之化身，要言妙道皆字典之剩义。”[1]

写到这里，我们不禁要想：如果清代的司法官员一如解经的学究那样“胶柱鼓瑟”死守律例字义的话，结果自然不堪设想。[2]在这种情况下，许多案件将被搁置起来而无法得到及时的审理。要之，在传统中国，凭借着“律”的普遍性和“例”的特殊性，社会秩序得以维持，司法也得以运作，但是仍有缺失的时候，这时，“情理”将会发挥独特的作用。更为准确地说，即使律例齐全，然而毕竟案情万变，因此“情理”总有用武之地。一句话，正是靠着“律例”和“情理”的多元结构和互补关系，司法审判才能有效进行。据此，我们必须将“情理”置于传统中国的审美秩序当中予以理解和把握。只有这样，我们才能真正理解在清代中国的司法裁判中“情理”的作用何以无处不在。也因此，我们绝不能一看到判牍中援引了律例条文就匆忙断言，那就是“依法判决”。相反，我们必须细细品味那种所谓“依法判决”背后隐藏着的“情理”因素。也就是说，正是在“情当罪确”的情况下，清代中国的司法官员才会援引律例。一旦出现“律例疑似”的情况，究竟应该选择哪条律例，他们首先考虑的是是否“情当罪确”，并且以此基准引照律例，

1 钱锺书：《管锥编》（第二册），第406页。

2 对此，汪辉祖曾有批判。他说：“故神明律意者，在能避律，而不仅在引律。如能引律而已，则悬律一条以比附人罪，一刑胥足矣，何藉幕为！”（前揭《佐治药言·读律》，第9页。）

此乃清代司法裁判的根本特征。如若我们据此衡量韦伯对清代司法裁判的论断，而将其视为“卡迪司法”，似有不妥；相反，假定以此批判黄宗智等人的观点，同样可以发现其与清代司法的精神并不吻合。总之，我们千万不可依照那种“形式主义”的标准来解释清代中国司法裁判的特征。

经由上面的考察，我们将要得出如下结论：清代中国的司法裁判属于“形式化”与“实质化”有机结合的类型，在司法裁判的“形式化”与“实质化”之间充满着张力。而其原因则是：其一，与皇帝集权统治和官僚体制的“照章办事”有关；其二，与“律”的普遍性和特殊性以及“道”的普遍性和特殊性相关；其三，与巨型帝国的法律统一和乡土社会的人情、习惯有关；其四，与“民本”社会旨在沟通“民情”和哲学上的“权变”思想相关；其五，与传统中国的“审美秩序”有关。前面两层半的因素促成了“形式化”的司法裁判——依法裁判；后面两层半的因素导致了“实质化”的司法裁判——依据“情理”裁判。整合起来，我们就看到了清代中国司法裁判的“形式化”与“实质化”的融合和紧张。

需顺便指出的是，无论“命盗”案件抑或“婚姻、田土、钱债”案件，司法官员都是在“律例”的前提下寻求“情理”的平衡，以期达到“情法之平”的目的。只是，由于可资调整“婚姻、田土、钱债”的律例不足——这与帝国官方将其看作民间“琐事细故”有关——以致“情理”得以发挥作用的空间也相对较大。让“情理”发挥作用，也是让“民情”进入司法，这与传统中国一贯奉行的“民本”的政治理想有关。相反，鉴于“命盗”属于国家特别关注的“公事”，因此律例规定非常严密具体。也正因为律例的规定具体而微，反而极易造成律例的空缺，难以找到与个案情节严丝合缝的律例条款。也就是说，总有案件落在“律例描绘的行为特征”之外，所以仍有考量“情理”的必要。在这种情况下，清代司法体制规定严格的“审转”程序，除了强化“吏治”以外，也有通过层层“审转”而实现官僚体制内在磋商的意图。就此而言，笔者比较赞同日本学者寺田浩明对于传统中国“刑事”司法图像的刻画。[1] 据我看来，这就是“慎刑”的体现和落实。事实上，上文详尽分析的汪辉祖的断狱故事，已经很好地证明了清代中国司法裁判的这一特征。

1 参见《试探传统中国法之总体像》，载《法制史研究》第9期，第232—237页。

参考文献

凡例：

（1）中文文献按照责任者的姓氏汉语拼音顺序编制。

（2）外文文献按照先英语后日语的顺序编制。其中英文文献按责任者的姓氏字母顺序排列，日文文献按责任者的假名顺序排列。

一、中文文献

《天启崇祯年间潘氏不平鸣稿》，南京：南京大学历史系资料室藏，编号“屯”2026。

《顺治三年奏定律》，见杨一凡、田涛主编，王宏治、李建渝点校：《中国珍稀法律典籍续编》第5册，哈尔滨：黑龙江人民出版社2002年版。

（嘉靖）《浦江志略》，见《天一阁藏明代方志选刊》，上海：上海古籍出版社1981年版。

（嘉庆）《松江府志》，见《中国地方志集成·上海府县志辑》，上海：上海书店1991年版。
（同治）《苏州府志》，见《中国地方志集成·江苏府县志辑》，南京：江苏古籍出版社1991年版。
（同治）《随州志》，见《中国地方志集成·湖北府县志辑》，南京：江苏古籍出版社2001年版。
（光绪）《南汇县志》，见《中国地方志集成·上海府县志辑》，上海：上海书店1991年版。
（光绪）《松江府续志》，见《中国地方志集成·上海府县志辑》，上海：上海书店1991年版。
（光绪）《重修华亭县志》，见《中国地方志集成·上海府县志辑》，上海：上海书店1991年版。
（民国）《吴县志》，见《中国地方志集成·江苏府县志辑》，南京：江苏古籍出版社1991年版。
[英] P.S.阿蒂亚、[美] R.S.萨默斯：《英美法中的形式与实质——法律推理、法律理论和法律制度的比较研究》，金敏、陈林林、王笑红译，北京：中国政法大学出版社2005年版。
[美] 罗伯特·C.埃里克森：《无需法律的秩序——邻人如何解决纠纷》，苏力译，北京：中国政法大学出版社2003年版。
[美] 艾兰：《水之道与德之端》，张海晏译，上海：上海人民出版社2002年版。
[日] 岸本美绪：《"风俗"与历史观》，载《新史学》第13卷第3期，2002年。
[日] 岸本美绪：《清初上海的审判与调解——以〈历年记〉为例》，见《近世家族与政治比较历史论文集》（上），台北：台湾"中央研究院"近代史研究所1992年版。

［美］昂格尔：《现代社会中的法律》，吴玉章、周汉华译，北京：中国政法大学出版社 1994 年版。
巴根：《明清绅士研究综述》，载《清史研究》1996 年第 3 期。
［法］艾蒂安·白乐日：《中国的文明与官僚主义》，黄沫译，台北：久大文化股份有限公司 1992 年版。
柏桦、崔永生：《“情理法”与明代州县司法审判》，载《学习与探索》2006 年第 1 期。
柏桦：《明清州县官群体》，天津：天津人民出版社 2003 年版。
［东汉］班固撰，（唐）颜师古注：《汉书》，北京：中华书局 1962 年版。
［美］包筠雅：《功过格——明清社会的道德秩序》，杜正贞、张林译，杭州：浙江人民出版社 1999 年版。
鲍永军：《绍兴师爷汪辉祖研究》，北京：人民出版社 2006 年版。
［英］戴维·毕瑟姆：《官僚制》（第 2 版），韩志明、张毅译，长春：吉林人民出版社 2005 年版。
卞利：《明清徽州民俗健讼初探》，载《江淮论坛》1993 年第 5 期。
［美］D. 布迪、C. 莫里斯：《中华帝国的法律》，朱勇译，南京：江苏人民出版社 1993 年版。
［英］唐·布莱克：《社会学视野中的司法》，郭星华等译，北京：法律出版社 2002 年版。
常建华：《乡约的推行与明朝对基层社会的治理》，见朱诚如、王天有主编：《明清论丛》，第 4 卷，北京：紫禁城出版社 2003 年版。
陈宝良：《明代儒学生员与地方社会》，北京：中国社会科学出版社 2005 年版。
陈大康：《明代小说史》，上海：上海文艺出版社 2000 年版。
陈登武：《从人间世到幽冥界——唐代的法制、社会与国家》，台北：五南图书出版公司 2006 年版。
陈金花：《论循吏在汉、隋两代的变化及其原因》，载《惠州学院学报》2006 年第 5 期。
陈景良：《试论宋代士大夫的法律观念》，载《法学研究》1998 年第 4 期。
陈景良：《试论宋代士大夫司法活动中的德性原则与审判艺术》，载《法学》1997 年第 6 期。
陈景良：《试论宋代士大夫司法活动中的人文主义批判之精神》，载《法商研究》1997 年第 5 期。
陈景良：《文学法理，咸精其能——试论两宋士大夫的法律素养》，载《南京大学法律评论》1996 年秋季号和 1997 年春季号。
陈平原：《陈平原小说史论集》，石家庄：河北人民出版社 1997 年版。
陈奇猷校注：《韩非子集释》，上海：上海人民出版社 1974 年版。
陈少明：《说器》，见《经典世界中的人、事、物》，上海：上海三联书店 2008 年版。
陈成国：《尚书校注》，长沙：岳麓书社 2004 年版。
陈梧桐：《论明前期的清官循吏》，载《史学集刊》2006 年第 5 期。
陈霞：《道教劝善书研究》，成都：巴蜀书社 1999 年版。
陈义钟编校：《海瑞集》，北京：中华书局 1962 年版。
[马来西亚] 陈玉心：《清代健讼外证——威海卫英国法庭的华人民事诉讼》，赵岚译，苏亦工校，载《环球法律评论》2002 年秋季号。
陈昭英：《儒家美学与经典诠释》，上海：华东师范大学出版社 2008 年版。
陈重业主编：《折狱龟鉴补译注》，北京：北京大学出版社 2006 年版。
程汉大、刘吉涛：《中西“小传统”法文化之“暗合”——以民间法谚为视角的考察》，载《华东政法大学学报》2008年第3期。
程俊英、蒋见元注译：《诗经》，长沙：岳麓书社2000年版。
程树德：《九朝律考》，北京：中华书局2003年版。
程遂营：《“二十四史”〈循吏〉、〈酷吏〉列传与中国古代监察官的选任》，载《北方论丛》2001年第1期。
［宋］程颐、程颢：《二程遗书》，上海：上海古籍出版社2000年版。
［清］初彭龄：《陈刑名例案六条疏》，见［清］贺长龄、魏源辑：《清经世文编》卷九十二，北京：中华书局1992年影印版。
［美］米尔伊安·R. 达玛什卡：《司法和国家权力的多种面孔——比较视野中的法律程序》，郑戈译，北京：中国政法大学出版社2004年版。
［法］勒内·达维德：《当代主要法律体系》，漆竹生译，上海：上海译文出版社1981年版。
［日］大庭修：《秦汉法制史研究》，林剑鸣等译，上海：上海人民出版社1991年版。
戴顺居：《明代的强盗案件——判牍中所反映的民间社会治安问题》，台北：明史研究小组2005年印行。
邓建鹏：《健讼与息讼——中国传统诉讼文化的矛盾解释》，载许章润主编：《清华法学》，第4辑，北京：清华大学出版社2005年版。
邓勇：《论中国古代法律生活中的“情理场”——从〈名公书判清明集〉出发》，载《法制与社会发展》2004年第5期。
邓云特：《中国救荒史》，上海：上海书店1984年版。
邓云乡：《汪辉祖及其著述》，见《水流云在杂稿》，太原：北岳文艺出版社1992年版。
丁世良、赵放主编：《中国地方志民俗资料汇编·东北卷》，北京：北京图书馆出版社1989年版。

丁世良、赵放主编：《中国地方志民俗资料汇编·华北卷》，北京：北京图书馆出版社 1989 年版。

［清］董诰等纂修：《全唐文》，北京：中华书局 1983 年影印版。

［汉］董仲舒：《春秋繁露》，上海：上海古籍出版社 1989 年版。

［宋］窦仪：《进刑统表》，见薛梅卿点校：《宋刑统》，北京：法律出版社 1999 年版。

杜婉言、方志远主编：《中国政治制度史》，北京：人民出版社 1996 年版。

［德］恩格斯：《家庭、私有制和国家的起源》，北京：人民出版社 1972 年版。

范金民：《明清江南商业的发展》，南京：南京大学出版社 1998 年版。

［南朝宋］范晔撰，（唐）李贤等注：《后汉书》，北京：中华书局 1965 年版。

范忠信、郑定、詹学农：《情理法与中国人——中国传统法律文化探微》，北京：中国人民出版社 1992 年版。

［清］方苞：《狱中杂记》，见《方望溪全集》，北京：中国书店 1991 年版。

方志远：《明清江南“好讼”成风》，载《小康》2004 年第 10 期。

［唐］房玄龄等撰：《晋书》，北京：中华书局 1974 年版。

费孝通、吴晗等：《皇权与绅权》，天津：天津人民出版社 1988 年版。

费孝通：《乡土中国》，北京：生活·读书·新知三联书店 1985 年版。

费孝通：《中国绅士》，北京：中国社会科学出版社 2006 年版。

［美］赫伯特·芬格莱特：《孔子：即凡而圣》，彭国翔、张华译，南京：江苏人民出版社 2002 年版。

［明］冯梦龙编撰，栾保群、吕宗力校注：《智囊全集》，北京：中

华书局 2007 年版。
冯友兰：《新世训》，北京：生活·读书·新知三联书店 2007 年版。
［日］夫马进：《明清时代的讼师与诉讼制度》，见滋贺秀三等著，梁治平、王亚新编：《明清时期的民事审判与民间契约》，北京：法律出版社 1998 年版。
［美］弗兰克：《初审法院——美国司法中的神话与现实》，赵承寿译，北京：中国政法大学出版社 2007 年版。
［法］米歇尔·伏维尔：《历史与表象》，沈坚译，见李宏图选编：《表象的叙述——新社会文化史》，上海：上海三联书店 2003 年版。
干春松：《制度化儒家及其解体》，北京：中国人民大学出版社 2003 年版。
高恒：《论引经决狱》，见《秦汉法制论考》，厦门：厦门大学出版社 1994 年版。
高鸿钧：《无话可说与有话可说之间——评张伟仁先生的〈中国传统的司法和法学〉》，载《政法论坛》2006 年第 5 期。
［日］高见泽磨：《现代中国的纠纷与法》，何勤华、曲阳、李秀清译，北京：法律出版社 2003 年版。
高明士：《法文化的定型：礼主刑辅原理的实施》，“中国传统法律文化的形成与转变研讨会”论文，台北：台湾“中央研究院”历史语言研究所，2006 年 12 月 14—16 日。
高绍先：《〈唐律疏议〉与中国古代法律文化》，载《现代法学》1997 年第 2 期。
高友工：《试论中国艺术精神》，见《美典：中国文学研究论集》，北京：生活·读书·新知三联书店 2008 年版。
高友工：《中国文化史中的抒情传统》，见《美典：中国文学研究论集》，北京：生活·读书·新知三联书店 2008 年版。

[美] 克利福德·格尔兹：《文化的解释》，纳日碧力戈等译，上海：上海人民出版社 1999 年版。
葛剑雄主编：《中国移民史》，福州：福建人民出版社 1997 年版。
[明] 葛守礼：《禁酷刑以全民命疏》，见（明）孙旬辑：《皇明疏钞》卷六十五·刑狱二，上海：上海古籍出版社 1996 年版。
葛兆光：《中国思想史》（第一卷·七世纪前中国的知识、思想与信仰世界），上海：复旦大学出版社 1998 年版。
龚鹏程：《侠的精神文化史论》，济南：山东画报出版社 2008 年版。
龚鹏程：《游的精神文化史论》，石家庄：河北教育出版社 2001 年版。
龚汝富：《江西古代"尚讼"习俗浅析》，载《南昌大学学报》2002 年第 2 期。
[清] 顾炎武：《顾亭林诗文集》，北京：中华书局 1983 年版。
[清] 顾炎武著，黄汝成集释：《日知录集释》，郑州：中州古籍出版社 1990 年版。
顾元：《衡平司法与中国传统法律秩序——兼与英国衡平法相比较》，北京：中国政法大学出版社 2006 年版。
[春秋] 管仲：《管子》，北京：商务印书馆 1936 年版。
[宋] 桂万荣编撰，（明）吴讷删正、续补，陈顺烈校注、今译：《棠阴比事》，北京：群众出版社 1980 年版。
郭东旭：《论南宋名公的审判精神》，见《宋朝法律史论》，保定：河北大学出版社 2001 年版。
郭建：《中国财产法史稿》，北京：中国政法大学出版社 2005 年版。
郭沫若著，郭沫若著作编辑出版委员会编：《郭沫若全集》（历史编·第一卷），北京：人民出版社 1982 年版。
郭润涛：《官府、幕友与书生——"绍兴师爷"研究》，北京：中国社会科学出版社1996年版。
郭润涛：《汪辉祖与清代州县幕府》，载《中国史研究》1993年第1期。
郭松义：《伦理与生活——清代的婚姻关系》，北京：商务印书馆2000年版。
［美］乔纳森·哈斯：《史前国家的演进》，林平等译，北京：求实出版社1988年版。
［美］韩格理：《中国社会与经济》，张维安、陈介玄译，台北：联经出版事业公司1990年版。
韩秀桃：《〈教民榜文〉所见明初基层里老人理讼制度》，载《法学研究》2000年第3期。
韩秀桃：《明清徽州的民间纠纷及其解决》，合肥：安徽大学出版社2004年版。
［美］韩森：《传统中国日常生活中的协商——中古契约研究》，鲁西奇译，南京：江苏人民出版社2008年版。
汉语大词典编辑委员会、汉语大词典编纂处：《汉语大词典》，上海：汉语大词典出版社2001年版。
［美］郝大维、安乐哲：《通过孔子而思》，何金俐译，北京：北京大学出版社2005年版。
郝铁川：《中华法系研究》，上海：复旦大学出版社1997年版。
何炳棣：《明初以降人口及其相关问题：1368—1953》，葛剑雄译，北京：生活·读书·新知三联书店2000年版。
何炳棣：《原礼》，载《二十一世纪》1992年6月号，总第11期。
何朝晖：《明代县政研究》，北京：北京大学出版社2006年版。
何怀宏：《世袭社会及其解体——中国历史上的春秋时代》，北京：生活·读书·新知三联书店1996年版。

何勤华：《清代法律渊源考》，载《中国社会科学》2001 年第 2 期。
何勤华：《西方法学史》，北京：中国政法大学出版社 1996 年版。
何勤华：《中国法学史》，北京：法律出版社 2000 年版。
何友晖、彭泗清、赵志裕：《世道人心：对中国人心理的探索》，北京：北京大学出版社 2007 年版。
何忠礼：《略论宋代士大夫的法制观念》，载《浙江学刊》1996 年第 1 期。
贺卫方：《中国的司法传统及其近代化》，载苏力、贺卫方主编：《20 世纪的中国：学术与社会 · 法学卷》，济南：山东人民出版社 2001 年版。
贺卫方：《中国古典司法判决的风格和精神——以宋代判决为基本依据兼与英国比较》，载《中国社会科学》1990 年第 6 期。
洪涛：《〈论语〉之政治学——“为政以德”章释义》，载《思想史研究》（第二卷 · 经学、政治与现代中国），上海：上海人民出版社 2007 年版。
侯外庐、赵纪彬、杜国庠：《中国思想通史》，第一卷，北京：人民出版社 1957 年版。
侯外庐：《汉代白虎观宗教会议与神学法典〈白虎通义〉——兼论王充对白虎观神学的批判》，见《侯外庐史学论文选集》（上），北京：人民出版社 1987 年版。
胡适：《〈三侠五义〉序》，见姜义华主编：《胡适学术文集 · 中国文学史》，北京：中华书局 1998 年版。
胡守为：《“举谣言”与东汉吏政》，载《中山大学学报》2004 年第 6 期。
胡先缙：《中国人的面子观》，见黄光国、胡先缙等著，黄光国编订：《中国人的权力游戏》，北京：中国人民大学出版社 2004 年版。

怀效锋点校：《大明律》，北京：法律出版社 1999 年版。
[汉] 桓宽：《盐铁论》，上海：上海人民出版社 1974 年版。
黄光国：《道德脸面与社会脸面：儒家社会中的依附性自尊》，见黄光国、胡先缙等著，黄光国编订：《中国人的权力游戏》，北京：中国人民大学出版社 2004 年版。
黄光国：《人情与面子：中国人的权力游戏》，见黄光国、胡先缙等著，黄光国编订：《中国人的权力游戏》，北京：中国人民大学出版社 2004 年版。
黄光国：《中国人的人情关系》，见文崇一、萧新煌主编：《中国人：观念与行为》，南京：江苏教育出版社 2006 年版。
黄静嘉：《中国传统法制儒家化之登场与体系化——以程树德所辑两汉春秋决狱案例为切入点》，见《中国法制史论述丛稿》，北京：清华大学出版社 2006 年版。
黄克武：《“民不举，官不究”：从乾隆年间的一则刑案探测帝制晚期私人生活的空间》，见李长莉、左玉河主编：《近代中国的城市与乡村》，北京：社会科学文献出版社 2006 年版。
[清] 黄六鸿：《居官福惠全书》，见《官箴书集成》，第 3 册，合肥：黄山书社 1997 年影印版。
[清] 黄六鸿：《问拟余论》，见 [清] 贺长龄、魏源辑：《清经世文编》卷九十一，北京：中华书局 1992 年影印版。
黄冕堂编著：《中国历代物价问题考述》，济南：齐鲁书社 2008 年版。
黄仁宇：《万历十五年》，北京：中华书局 1982 年版。
黄仁宇：《我对“资本主义”的认识》，见《放宽历史的视界》，台北：允晨文化实业股份有限公司 1988 年版。
黄仁宇：《中国历史与西洋文化的汇合》，见《放宽历史的视界》，台北：允晨文化实业股份有限公司 1988 年版。

黄源盛：《董仲舒春秋折狱》，见《中国传统法制与思想》，台北：五南图书出版公司 1998 年版。
黄源盛：《两汉春秋折狱案例》，见《中国传统法制与思想》，台北：五南图书出版公司 1998 年版。
黄源盛：《主观与客观之间——两汉春秋折狱“原心定罪”的刑法理论》，“经义折狱与传统法律学术研讨会”论文，台北：台湾“中央研究院”历史语言研究所，2004 年 12 月 4—5 日。
［清］黄宗羲：《明夷待访录》，北京：中华书局 1981 年版。
黄宗智：《集权的简约治理》，见《经验与理论——中国社会、经济与法律的实践历史研究》，北京：中国人民大学出版社 2007 年版。
黄宗智：《民事审判与民间调解：清代的表达与实践》，北京：中国社会科学出版社 1998 年版。
黄宗智：《中国法律的实践历史研究》，载《开放时代》2008 年第 4 期。
黄宗智主编：《中国乡村研究》，第 1 辑，北京：商务印书馆 2003 年版。
霍存福：《法谚：法律生活道理与经验的民间形态》，载《吉林大学社会科学学报》2007 年第 2 期。
霍存福：《复仇、报复刑、报应说——中国人法律观念的文化解说》，长春：吉林人民出版社 2005 年版。
霍存福：《汉语言的法文化透视——以成语与熟语为中心》，载《吉林大学社会科学学报》2001 年第 6 期。
霍存福：《论〈唐律〉“义疏”的法律功能》，载《吉林大学社会科学学报》1987 年第 4 期。
霍存福：《中国传统法文化的文化性状与文化追寻——情理法的发

生、发展及其命运》，载《法制与社会发展》2001 年第 3 期。
［美］霍尔姆斯、桑斯坦：《权利的成本——为什么自由依赖于税》，毕竞悦译，北京：北京大学出版社 2004 年版。
［美］赫云·霍克斯曼：《柏拉图和孔子的爱与国家》，姜志辉译，载《思想史研究》（第二卷·经学、政治与现代中国），上海：上海人民出版社 2007 年版。
［清］纪昀：《阅微草堂笔记》，天津：天津古籍出版社 1994 年版。
季乃礼：《三纲六纪与社会整合——由〈白虎通〉看汉代社会人伦关系》，北京：中国人民大学出版社 2004 年版。
贾静涛：《中国古代法医学史》，北京：群众出版社 1984 年版。
江必新：《商鞅“改法为律”质疑》，载《法学杂志》1985 年第 5 期。
江士杰：《里甲制度考略》，上海：商务印书馆 1944 年版。
姜宝珠：《循吏、酷吏和其他》，载《船山学刊》1993 年第 2 期。
蒋庆：《政治儒学——当代儒学的转向、特质与发展》，北京：生活·读书·新知三联书店 2003 年版。
蒋淑薇：《从〈佐治药言〉看汪辉祖对幕学的贡献》，载《贵州社会科学》1992 年第 2 期。
金克木：《“律”的符号世界》，见《文化猎疑》，北京：生活·读书·新知三联书店 1991 年版。
金耀基：《“面”、“耻”与中国人行为之分析》，见《金耀基自选集》，上海：上海教育出版社 2002 年版。
金耀基：《人际关系中人情之分析》，见杨国枢主编：《中国人的心理》，南京：江苏教育出版社 2006 年版。
金耀基：《中国民本思想史》，北京：法律出版社 2008 年版。
经君健：《束脩与俸禄——读〈病榻梦痕录〉札记》，载《学术季刊》1989 年第 4 期。

［日］酒井忠夫：《功过格的研究》，见刘俊文主编：《日本学者研究中国史论著选译》（第七卷·思想宗教），北京：中华书局 1993 年版。
［日］酒井忠夫监修，坂出祥伸、小川阳一编：《中国日用类书集成》，东京：汲古书院 1999—2003 年影印版。
［晋］孔晁注：《逸周书》，上海：商务印书馆 1937 年影印版。
孔凡礼点校：《苏轼文集》，北京：中华书局 1986 年版。
［唐］孔颖达：《春秋左传正义》，见《十三经注疏·附校勘记》（下册），北京：中华书局 1980 年版。
［清］蓝鼎元：《鹿洲公案》，北京：群众出版社 1985 年版。
乐黛云：《“情”在中国》，载《文艺争鸣》2005 年第 4 期。
雷家宏：《北宋至晚清民间争讼解决方式的文化考察》，载《船山学刊》2003 年第 4 期。
雷家宏：《从民间争讼看宋代社会》，载《贵州师范大学学报》2001 年第 3 期。
［唐］李百药撰：《北齐书》，北京：中华书局 1972 年版。
［清］李伯元：《活地狱》，北京：中国书店 1994 年版。
李伯重：《中国全国市场的形成》，见《千里史学文存》，杭州：杭州出版社 2004 年版。
李凤鸣：《清代州县官吏的司法责任》，上海：复旦大学出版社 2007 年版。
李力：《发掘本土的法律观：古文字资料中“礼”及“刑”、“法”、“律”字的法文化考察》，见韩延龙主编：《法律史论集》，第三卷，北京：法律出版社 2001 年版。
李零：《道家与中国古代的“现代化”》，见陈鼓应主编：《道家文化研究》，第 10 辑，上海：上海古籍出版社 1996 年版。

李明辉：《四端与七情：关于道德情感的比较哲学探讨》，上海：华东师范大学出版社2008年版。

李启成：《“常识”与传统中国州县司法》，“传统中国法制”座谈会论文，北京：清华大学法学院，2006年11月11日。

李世众：《晚清士绅与地方政治——以温州为中心的考察》，上海：上海人民出版社2006年版。

李孝猛：《中国十九世纪基层司法文化研究——以〈汝东判语〉文本为中心》，载《华东法律评论》（2003年第2卷），北京：法律出版社2003年版。

李学勤：《竹简秦汉律与〈周礼〉》，载《中国法律史国际学术讨论会论文集》，西安：陕西人民出版社1990年版。

［唐］李延寿撰：《北史》，北京：中华书局1974年版。

［唐］李延寿撰：《南史》，北京：中华书局1975年版。

［清］李渔：《论人命》，见（清）贺长龄、魏源辑：《清经世文编》卷九十四，北京：中华书局1992年影印版。

李泽厚：《华夏美学·美学四讲》，北京：生活·读书·新知三联书店2008年版。

李泽厚：《孔子再评价》，见《中国古代思想史论》，北京：人民出版社1986年版。

李泽厚：《实用理性与乐感文化》，北京：生活·读书·新知三联书店2005年版。

栗劲：《秦律通论》，济南：山东人民出版社1985年版。

梁漱溟：《中国文化要义》，上海：学林出版社1987年版。

梁治平：《寻求自然秩序中的和谐——中国传统法律文化研究》，北京：中国政法大学出版社1997年修订版。

梁治平编：《法律的文化解释》，北京：生活·读书·新知三联书店

1994 年版。
梁治平：《法意与人情》，深圳：海天出版社 1992 年版。
林端：《韦伯论中国传统法律——韦伯比较社会学的批判》，台北：三民书局 2003 年版。
林满红：《世界经济与近代中国农业——清代汪辉祖一段乾隆粮价记述之解析》，见台湾“中央研究院”近代史研究所编：《近代中国农村经济史论文集》，台北：台湾“中央研究院”近代史研究所 1989 年版。
林乾：《讼师对法秩序的冲击与清朝严治讼师立法》，载《清史研究》2005 年第 3 期。
林语堂：《吾土与吾民》，长沙：岳麓书社 2000 年版。
林沄：《说王》，载《考古》1956 年第 6 期。
［清］刘衡：《自治官书不分卷》，收入《官箴书集成》，第 6 册，合肥：黄山书社 1997 年影印版。
［明］刘基：《书苏伯修御史断狱记后》，见《文渊阁四库全书》集部 · 164 · 诚意伯文集，台北：台湾商务印书馆 1986 年影印版。
刘俊文：《唐律疏议笺解》，北京：中华书局 1996 年版。
刘俊文：《唐律与礼的密切关系例析》，载《北京大学学报》1984 年第 3 期。
刘俊文点校：《唐律疏议》，北京：法律出版社 1999 年版。
刘鹏九主编：《内乡县衙与衙门文化》，郑州：中州古籍出版社 2004 年增订版。
刘世德、竺青主编：《详情公案 · 详刑公案 · 律条公案》，上海：群众出版社 1999 年版。
［明］刘惟谦：《进大明律表》，见怀效锋点校：《大明律》，北京：法律出版社 1999 年版。

刘锡涛：《宋代江西民俗特征述论》，载《江西师范大学学报》2002年第2期。

刘馨珺：《论宋代狱讼中“情理法”的运用》，见台湾中国法制史学会：《法制史研究》第3期，2002年。

刘馨珺：《明镜高悬——南宋县衙的狱讼》，台北：五南图书出版公司2005年版。

[后晋] 刘昫等撰：《旧唐书》，北京：中华书局1975年版。

卢建荣：《法官与政治权威：中古三法司联合审案制下的实际权力运作（514—755）》，载《台湾师大历史学报》2000年第28期。

卢建荣：《六至八世纪中国法律知识的建构及相关的文化和权力问题》，载《台湾师大历史学报》2001年第29期。

卢建荣：《七世纪中国皇权体制下的司法抗争文化》，载《台湾师大历史学报》2002年第30期。

卢建荣：《铁面急先锋——中国司法独立血泪史（514—755）》，台北：麦田出版社2004年版。

陆宇峰：《传统司法：何种合理性？——读〈中国传统的司法与法学〉存疑》，“传统中国法制”座谈会论文，北京：清华大学法学院，2006年11月11日。

[明] 吕坤撰，王国轩、王秀梅整理：《吕坤全集》，北京：中华书局2008年版。

吕丽：《汉“谋反”、“大逆”、“大逆不道”辨析》，载《社会科学战线》2003年第11期。

吕思勉：《吕思勉读史札记》，上海：上海古籍出版社2005年版。

[美] 马伯良：《法律与道德——对于宋代司法的几点思考》，见台湾中国法制史学会：《法制史研究》第6期，2005年。

马剑银：《想象的他者与虚构的自我——对传统中国法律研究方法

论的反思》，“传统中国法制”座谈会论文，北京：清华大学法学院，2006 年 11 月 11 日。

[英] 亨利·梅因：《古代法》，沈景一译，北京：商务印书馆 1984 年版。

牛杰：《宋代好讼之风产生原因再思考——以乡村司法机制为中心》，载《保定师范专科学校学报》2006 年第 1 期。

[宋] 欧阳修、(宋) 宋祁撰：《新唐书》，北京：中华书局 1975 年版。

欧阳祯人：《先秦儒家性情思想研究》，武汉：武汉大学出版社 2005 年版。

[美] 欧中坦：《千方百计上京城：清代的京控》，谢鹏程译，见高道蕴、高鸿钧、贺卫方编：《美国学者论中国法律传统》（增订版），北京：清华大学出版社 2004 年版。

泮伟江：《中国传统司法与现代法治》，“传统中国法制”座谈会论文，北京：清华大学法学院，2006 年 11 月 11 日。

庞朴：《中国文化十一讲》，北京：中华书局 2008 年版。

[美] 裴宜理：《重访中国革命：以情感的模式》，李冠南、何翔译，载刘东主编：《中国学术》2001 年第 4 期 / 总第 8 辑，北京：商务印书馆 2001 年版。

彭信威：《中国货币史》，上海：上海人民出版社 2007 年版。

蒲慕洲：《追寻一己之福：中国古代的信仰世界》，上海：上海古籍出版社 2007 年版。

齐思和：《孟子井田说辨》，原载《燕京学报》1948 年第 35 期，见《中国史探析》，石家庄：河北教育出版社 2000 年版。

[清] 钱大昕：《十驾斋养新录》，南京：江苏古籍出版社 2000 年版。

钱穆：《论语新解》，成都：巴蜀书社 1985 年版。

钱锺书：《管锥编》，北京：中华书局 1986 年版。

强世功：《“法律”是如何实践的》，见王铭铭、王斯福主编：《乡土社会的秩序、公正与权威》，北京：中国政法大学出版社 1997 年版。
乔素玲：《从地方志看土地争讼案件的审判——以广东旧方志为例》，载《中国地方志》2004 年第 7 期。
邱澎生：《明清讼师的兴起及其官司致胜术》，“中国传统法律文化的形成与转变研讨会”论文，台北：台湾“中央研究院”历史语言研究所，2006 年 12 月 14—16 日。
邱澎生：《真相大白？——明清刑案中的法律推理》，见熊秉真编：《让证据说话——中国篇》，台北：麦田出版社 2001 年版。
邱澎生：《当法律遇上经济——明清中国的商业法律》，台北：五南图书出版公司 2008 年版。
屈万里主编：《明代史籍汇刊》，台北：学生书局 1970 年影印版。
瞿兑之：《汪辉祖传述》，上海：商务印书馆 1935 年版。
瞿同祖：《中国法律与中国社会》，北京：中华书局 1981 年版。
瞿同祖：《清代地方政府》，范忠信、晏锋译，北京：法律出版社 2003 年版。
饶宗颐：《四方风新义》，载《中山大学学报》1988 年第 4 期。
［日］日原利国：《心意的偏重——关于行为的评价》，见杨一凡总主编：《日本学者考证中国法制史重要成果选译》，第一卷，北京：中国社会科学出版社 2003 年版。
荣真：《中国古代民间信仰研究——以三皇和城隍为中心》，北京：中国商务出版社 2006 年版。
［明］佘自强：《治谱十卷》，见《官箴书集成》，第 2 册，合肥：黄山书社 1997 年影印版。
［明］申时行等修：《明会典》（万历朝重修本），北京：中华书局 1989 年版。

［清］沈家本：《汉律摭遗》，见《历代刑法考》（三），北京：中华书局 1985 年版。
沈建华：《卜辞中的“听”和“律”》，见江林昌等编：《中国古代文明研究与学术史：李学勤教授伉俪七十寿庆纪念文集》，保定：河北大学出版社 2006 年版。
［梁］沈约撰：《宋书》，北京：中华书局 1974 年版。
［清］沈之奇著，怀效锋、李鸣点校：《大清律辑注》，北京：法律出版社 2000 年版。
［战国］慎到：《慎子》，见《诸子集成》，第 5 册，北京：中华书局 1954 年版。
师蒂：《神话与法制》，昆明：云南教育出版社 1992 年版。
［清］施朝幹：《刑论》，见［清］贺长龄、魏源辑：《清经世文编》卷九十，北京：中华书局 1992 年影印版。
［美］施坚雅：《中华帝国晚期的城市》，叶光庭译，北京：中华书局 2000 年版。
［美］本杰明·史华兹：《古代中国的思想世界》，南京：江苏人民出版社 2004 年版。
睡虎地秦墓竹简整理小组：《睡虎地秦墓竹简》，北京：文物出版社 1978 年版。
［汉］司马迁著，［宋］裴骃集解，［唐］司马贞索隐，［唐］张守节正义：《史记》，北京：中华书局 1982 年版。
四川档案馆编：《清代巴县档案汇编》（乾隆卷），北京：档案出版社 1991 年版。
［日］寺田浩明：《关于清代听讼制度所见“自相矛盾”现象的理解——对黄宗智教授的“表达与实践”理论的批判》，郑芙蓉译，载易继明主编：《私法》，第 4 辑第 2 卷，北京：北京大学出版社

2004年版。

［日］寺田浩明：《清代民事审判：性质及意义——日美两国学者之间的争论》，王亚新译，载《北大法律评论》，第1卷第2辑，北京：法律出版社1999年版。

［日］寺田浩明：《清代民事审判与西欧近代型的法秩序》，载《中外法学》1999年第2期。

［日］寺田浩明：《权利与冤抑——清代听讼和民众的民事法秩序》，见滋贺秀三等著，梁治平、王亚新编：《明清时期的民事审判与民间契约》，北京：法律出版社1998年版。

［日］寺田浩明：《日本的清代司法制度研究与对“法”的理解》，王亚新译，见滋贺秀三等著，梁治平、王亚新编：《明清时期的民事审判与民间契约》，北京：法律出版社1998年版。

［日］寺田浩明：《试探传统中国法之总体像》，载台湾中国法制史学会：《法制史研究》第9期，2006年6月。

［日］寺田浩明：《中国清代的民事诉讼与“法之构筑”——以〈淡新档案〉的一个事例作为素材》，李力译，载易继明主编：《私法》，第3辑第3卷，北京：北京大学出版社2004年版。

［日］寺田隆信：《关于“乡绅”》，见《明清史国际学术讨论会论文集》，天津：天津人民出版社1982年版。

［南宋］宋慈著，罗时润、田一民、关信译释：《洗冤集录译释》，福州：福建科学技术出版社1992年版。

［明］宋濂等撰：《元史》，北京：中华书局1976年版。

宋天正注译，杨亮功校订：《中庸今注今译》，台北：商务印书馆1977年版。

［美］苏本、玛格瑞特·伍：《美国民事诉讼的真谛》，蔡彦敏、徐卉译，北京：法律出版社2002年版。

[美] 苏成捷：《作为生存策略的清代一妻多夫现象》，李霞译，见黄东兰主编：《身体·心性·权力》，杭州：浙江人民出版社2005年版。
苏亦工：《唐律“一准乎礼”辨正》，载《政法论坛》2006年第3期。
[日] 穗积陈重：《法律进化论》，北京：中国政法大学出版社1997年版。
[清] 孙承泽著，王剑英点校：《春明梦余录》，北京：北京古籍出版社1992年版。
孙家红：《清代的死刑监候》，北京：社会科学文献出版社2007年版。
孙熙国：《先秦哲学的意蕴：中国哲学早期重要概念研究》，北京：华夏出版社2006年版。
[清] 孙诒让撰，王文锦、陈玉霞点校：《周礼正义》，北京：中华书局1987年版。
[日] 檀上宽：《明清乡绅论》，见刘俊文主编：《日本学者研究中国史论著选译》，第二卷，北京：中华书局1993年版。
汤一介：《“道始于情”的哲学诠释——五论创建中国解释学问题》，载《学术月刊》2001年第7期。
唐宇辉：《浅谈汪辉祖的州县吏治思想》，载《湘潭师范学院学报》1992年第5期。
[美] 乔纳森·特纳、简·斯戴兹：《情感社会学》，孙俊才、文军译，上海：上海人民出版社2007年版。
田涛、郑秦点校：《大清律例》，北京：法律出版社1999年版。
[元] 脱脱等撰：《辽史》，北京：中华书局1974年版。
[元] 脱脱等撰：《宋史》，北京：中华书局1977年版。
[元] 脱脱等撰：《金史》，北京：中华书局1975年版。

完颜绍元：《千秋教化》，福州：福建人民出版社 2004 年版。
汪晖：《现代中国思想的兴起》，北京：生活·读书·新知三联书店 2004 年版。
[清] 汪辉祖：《病榻梦痕录》，见《续修四库全书》555·史部·传记类，上海：上海古籍出版社 1995 年影印版。
[清] 汪辉祖：《双节堂庸训》，北京：蓝天出版社 1998 年版。
[清] 汪辉祖撰，徐明、文青校点：《佐治药言·学治臆说》，沈阳：辽宁教育出版社 1998 年版。
[美] 汪世荣：《中国古代的判例研究：一个学术史的考察》，载《中国法学》2006 年第 1 期。
汪雄涛：《明清法律生活中的功利平衡》，武汉：中南财经政法大学博士论文，2008 年。
王尔敏：《清廷〈圣谕广训〉之颁布及民间之宣讲拾遗》，见周振鹤撰集、顾美华点校：《圣谕广训集解与研究》，上海：上海书店出版社 2006 年版。
王岗：《浪漫情感与宗教精神——晚明文学与文学思潮》，香港：天地图书公司 1999 年版。
王国维：《观堂集林》，石家庄：河北教育出版社 2003 年版。
王国维：《殷周制度论》，见《观堂集林》，石家庄：河北教育出版社 2003 年版。
王健文：《学术与政治之间：试论秦皇汉武思想政策的历史意义》，见王健文主编：《政治与权力》，北京：中国大百科全书出版社 2005 年版。
王兰荫：《明代之乡约与民众教育》，见吴智和主编：《明史研究论丛》，第 2 辑，台北：大立出版社 1984 年版。
[英] 王斯福：《帝国的隐喻——中国民间宗教》，赵旭东译，南京：

江苏人民出版社2008年版。
王颋：《宋、元代神灵“崔府君”及其演化》，载《社会科学》2007年第3期。
王文锦译解：《礼记译解》，北京：中华书局2001年版。
［清］王先谦撰，沈啸寰、王星贤点校：《荀子集解》，北京：中华书局1996年版。
王亚南：《中国官僚政治研究》，北京：中国社会科学出版社1981年版。
王亚新：《关于滋贺秀三教授论文的解说》，见滋贺秀三等著，梁治平、王亚新编：《明清时期的民事审判与民间契约》，北京：法律出版社1998年版。
王营绪：《从循吏与酷吏的对比看唐代执法者的法律思想》，载《哈尔滨学院学报》2007年第3期。
王永谦：《土地与城隍信仰》，北京：学苑出版社1994年版。
王跃生：《十八世纪中国婚姻家庭研究——建立在1781—1791年个案基础上的分析》，北京：法律出版社2000年版。
王占华：《城隍信仰与明清政治》，武汉：华中师范大学2005年硕士论文。
王正华：《生活、知识与文化商品：晚明福建版“日用类书”与其书画门》，见蒲慕州主编：《生活与文化》，北京：中国大百科全书出版社2005年版。
王志强：《〈名公书判清明集〉法律思想初探》，载《法学研究》1997年第5期。
王志强：《南宋司法裁判中的价值取向》，载《中国社会科学》1998年第6期。
王志强：《清代成案的效力和其运用中的论证方式》，见《法律多元视角下的清代国家法》，北京：北京大学出版社 2003 年版。

王志强：《清代的地方法规》，见《法律多元视角下的清代国家法》，北京：北京大学出版社 2003 年版。

王志强：《清代刑部的法律推理》，见《法律多元视角下的清代国家法》，北京：北京大学出版社 2003 年版。

王志强：《制定法在中国古代司法判决中的作用》，载《法学研究》2006 年第 5 期。

王子今：《权力的黑光——中国封建政治迷信批判》，北京：中共中央党校出版社 1994 年版。

[德] 马克斯·韦伯：《论经济与社会中的法律》，张乃根译，北京：中国大百科全书出版社 1998 年版。

[德] 马克斯·韦伯：《社会科学方法论》，朱红文译，北京：中国人民大学出版社 1992 年版。

[德] 马克斯·韦伯：《儒教与道教》，洪天富译，南京：江苏人民出版社 1993 年版。

[德] 马克斯·韦伯：《经济与社会》，林荣远译，北京：商务印书馆 1998 年版。

[法] 魏丕信：《明清时期的官箴书与中国行政文化》，李伯重译，载《清史研究》1999 年第 1 期。

[法] 魏丕信：《18 世纪中国的官僚制度与荒政》，徐建青译，南京：江苏人民出版社 2003 年版。

[北齐] 魏收撰：《魏书》，北京：中华书局 1974 年版。

魏秀梅：《清代之回避制度》，台北：台湾“中央研究院”近代史研究所 1992 年版。

[唐] 魏征等撰：《隋书》，北京：中华书局 1973 年版。

文崇一：《报恩与复仇：交往行为的分析》，见杨国枢主编：《中国人的心理》，南京：江苏教育出版社 2006 年版。
闻钧天：《中国保甲制度》，上海：商务印书馆 1935 年版。
[清] 翁传照：《书生初见》，见《官箴书集成》，第 9 册，合肥：黄山书社 1997 年影印版。
巫仁恕：《就法论法？：明代地方政府的司法审查》，台北：台湾“中国法制史学会九十二年度会员大会暨学术研讨会”论文，台北：政治大学法学院，2004 年 2 月 21 日。
吴承明：《中国资本主义与国内市场》，北京：中国社会科学出版社 1985 年版。
吴蕙芳：《万宝全书：明清时期的民间生活实录》，台北：台湾政治大学历史系 2001 年版。
[清] 吴坛原著，马建石、杨育棠主编：《大清律例通考校注》，北京：中国政法大学出版社 1992 年版。
[日] 西田太一郎：《中国刑法史研究》，段秋关译，北京：北京大学出版社 1985 年版。
[美] 马丁·夏皮罗：《法院：比较法上和政治学上的分析》，张生、李彤译，北京：中国政法大学出版社 2005 年版。
夏之乾：《神判》，上海：上海三联书店 1990 年版。
[明] 萧伯巨：《万言疏》，见 [明] 陈子龙等选辑：《明经世文编》卷三，北京：中华书局 1962 年影印版。
[清] 萧震：《理刑爰书》，见 [清] 贺长龄、魏源辑：《清经世文编》卷九十二，北京：中华书局 1992 年影印版。
[梁] 萧子显撰：《南齐书》，北京：中华书局 1972 年版。
[日] 小口彦太：《清代中国刑事审判中成案的法源性》，见杨一凡总主编：《日本学者考证中国法制史重要成果选译》，第四卷，北京：中国社会科学出版社 2003 年版。

［日］小野泽精一、福永光司、山井涌：《气的思想——中国自然观和人的观念的发展》，李庆译，上海：上海人民出版社 1990 年版。
谢晖：《中国古典法律解释的哲学向度》，北京：中国政法大学出版社 2005 年版。
谢维扬：《中国早期国家》，杭州：浙江人民出版社 1995 年版。
邢义田：《秦汉的律令学——兼论曹魏律博士的出现》，见黄清连主编：《制度与国家》，北京：中国大百科全书出版社 2005 年版。
徐复观：《中国人性论史·先秦篇》，上海：上海三联书店 2001 年版。
徐国栋：《共和国晚期希腊哲学对罗马法之技术和内容的影响》，载《中国社会科学》2003 年第 5 期。
徐泓：《明代社会风气的变迁》，见邢义田、林丽月主编：《社会变迁》，北京：中国大百科全书出版社 2005 年版。
徐林：《明代中晚期江南士人社会交往研究》，上海：上海古籍出版社 2006 年版。
徐茂明：《江南士绅与江南社会（1368—1911）》，北京：商务印书馆 2004 年版。
［清］徐松辑：《宋会要辑稿》，北京：中华书局 1957 年影印版。
徐扬杰：《宋明家族制度史论》，北京：中华书局 1995 年版。
徐忠明、杜金：《清代司法官员知识结构的考察》，载《华东政法学院学报》2006 年第 5 期。
徐忠明、杜金：《清代诉讼风气的实证分析与文化解释——以地方志为中心的考察》，载《清华法学》2007 年创刊号。
徐忠明：《“办成”疑案：对春阿氏杀夫案的新文化史分析》，载《中外法学》2005 年第 3 期。
徐忠明：《“礼治主义”与中国古代法律观念》，载《南京大学法律评论》1998 年春季号。

徐忠明：《案例、故事与明清时期的司法文化》，北京：法律出版社2006年版。
徐忠明：《包公故事：一个考察中国法律文化的视角》，北京：中国政法大学出版社2002年版。
徐忠明：《辨异与解释：中国传统法律文化的类型研究及其局限》，见《思考与批评：解读中国法律文化》，北京：法律出版社2000年版。
徐忠明：《传统中国乡民的法律意识与诉讼心态——以谚语为范围的文化史考察》，载《中国法学》2006年第6期。
徐忠明：《从“灋”看中国司法的兴起及理念》，载《中山大学学报》2005年第4期。
徐忠明：《古典中国的死刑：一个思想史与文化史的考察》，载《中外法学》2006年第3期。
徐忠明：《关于明清时期司法档案中的虚构与真实》，载《法学家》2005年第5期。
徐忠明：《国家与社会：汉代“独尊儒术”及其对当代法制建设的启示》，载《江苏社会科学》1998年第4期。
徐忠明：《明清刑事诉讼“依法判决”之辨正》，载《法商研究》2005年第4期。
徐忠明：《诉讼和伸冤中的中国传统民间法律意识》，见刘星主编：《想象法学》，北京：法律出版社2005年版。
徐忠明：《权利与伸冤：传统中国诉讼意识的解释》，载《中山大学学报》2004年第6期。
徐忠明：《小事闹大与大事化小：解读一份清代民事调解的法庭记录》，载《法制与社会发展》2004年第6期。
徐忠明：《中国古代成文法公布考论》，载《法学文集》（第3集），广州：中山大学学报编辑部1991年版。
徐忠明：《众声喧哗：明清法律文化的复调叙事》，北京：清华大学出版社2007年版。
许涤新、吴承明主编：《中国资本主义发展史》（第一卷·资本主义的萌芽），北京：人民出版社1985年版。
许怀林：《宋代民风好讼的成因分析》，载《宜春学院学报》2002年第1期。
［汉］许慎撰，（清）段玉裁注：《说文解字注》，上海：上海古籍出版社1981年版。
许倬云：《中国古代社会史论——春秋战国时期的社会流动》，邹水杰译，桂林：广西师范大学出版社2006年版。
［清］薛允升原著，胡星桥、邓又天主编：《读例存疑点注》，北京：中国人民公安大学出版社1994年版。
［清］薛允升撰，怀效锋、李鸣点校：《唐明律合编》，北京：法律出版社1999年版。
闫晓君：《出土文献与古代司法检验史研究》，北京：文物出版社2005年版。
阎步克：《乐师、史官文化传承之异同及意义》，见《乐师与史官——传统政治文化与政治制度论集》，北京：生活·读书·新知三联书店2001年版。
阎步克：《乐师与“儒”之文化起源》，见《乐师与史官——传统政治文化与政治制度论集》，北京：生活·读书·新知三联书店2001年版。
阎步克：《史官主书主法之责与官僚政治之演生》，见《乐师与史官——传统政治文化与政治制度论集》，北京：生活·读书·新知三联书店2001年版。

阎步克：《士大夫政治演生史稿》，北京：北京大学出版社 1997 年版。
阎云翔：《礼物的流动——一个中国村庄中的互惠原则与社会网络》，李放春、刘瑜译，上海：上海人民出版社 2000 年版。
[明] 颜俊彦：《盟水斋存牍》，北京：中国政法大学出版社 2002 年版。
颜亚玉：《城隍祭起源与城隍原型探析》，载《吉林大学社会科学学报》1999 年第 2 期。
杨伯峻：《春秋左传注》（修订本），北京：中华书局 1990 年版。
杨伯峻、杨逢彬注译：《论语》，长沙：岳麓书社 2000 年版。
杨伯峻：《论语译注》，北京：中华书局 1980 年版。
杨伯峻：《孟子译注》，北京：中华书局 1960 年版。
杨奉琨：《疑狱集·折狱龟鉴校释》，上海：复旦大学出版社 1988 年版。
杨鸿烈：《中国法律发达史》，北京：商务印书馆 1993 年版。
杨建祥：《评循吏的亦“官”亦“师”》，载《广西社会科学》2007 年第 7 期。
杨建祥：《循吏与地方风化》，载《上海行政学院学报》2006 年第 3 期。
杨联陞：《报——中国社会关系的基础》，见《中国文化报、保、包之意义》，香港：中文大学出版社 1978 年版。
杨庆堃：《中国社会中的宗教——宗教的现代社会功能与其历史因素之研究》，范丽珠译，上海：上海人民出版社 2007 年版。
杨一凡、徐立志主编：《历代判例判牍》，北京：中国社会科学出版社 2005 年版。
杨一凡：《洪武法律典籍考证》，北京：法律出版社 1992 年版。
杨一凡：《明初重典考》，长沙：湖南人民出版社 1984 年版。
杨一凡：《明大诰研究》，南京：江苏人民出版社 1988 年版。
[唐] 姚思廉撰：《梁书》，北京：中华书局 1973 年版。

姚之若：《以人为鉴可明得失——〈循吏传〉读后》，载《甘肃理论学刊》1992年第6期。
［清］佚名：《告示集》，载杨一凡、王旭编：《古代榜文告示汇存》，第10册，北京：社会科学文献出版社2006年影印版。
［清］佚名编撰：《龙图公案》，北京：群众出版社1999年版。
［元］佚名：《鲁智深喜赏黄花峪杂剧》，见傅惜华等编：《水浒戏曲集》，第一集，上海：上海古籍出版社1985年版。
易平：《日美学者关于清代民事审判制度的争论》，载《中外法学》1999年第3期。
［汉］应劭撰，王利器校注：《风俗通义校注》，北京：中华书局1981年版。
尤陈俊：《明清法律知识的另类空间：透过日用类书的展示》，载《法史学刊》，第一卷，北京：社会科学文献出版社2007年版。
尤陈俊：《明清日用类书中的法律知识变迁》，见苏力主编：《法律和社会科学》，第二卷，北京：法律出版社2007年版。
尤陈俊：《清代地方司法的行政背景》，载《原法》，第三卷，北京：人民法院出版社2008年版。
［美］帕特里夏·尤伊克、苏珊·西尔贝：《法律的公共空间——日常生活中的故事》，陈益龙译，北京：商务印书馆2005年版。
游子安：《劝化金箴——清代善书研究》，天津：天津人民出版社1999年版。
游子安：《善与人间——明清以来的慈善与教化》，北京：中华书局2005年版。
余国藩：《〈红楼梦〉、〈西游记〉与其他——余国藩论学文选》，北京：生活·读书·新知三联书店2006年版。
余欣：《神道人心：唐宋之际敦煌民生宗教社会史研究》，北京：中华书局2006年版。
余英时：《“天地君亲师”的起源》，见《现代儒家的回顾与展望》，北京：生活·读书·新知三联书店2004年版。
余英时：《反智论与中国政治传统》，见《中国思想传统的现代诠释》，南京：江苏人民出版社1989年版。
余英时：《士与中国文化》，上海：上海人民出版社1987年版。
余英时：《轴心时代和礼乐传统》，见《现代儒学的回顾与展望》，北京：生活·读书·新知三联书店2004年版。
俞荣根：《儒家法思想通论》，南宁：广西人民出版社1992年版。
［清］袁守定：《图民录》，见《官箴书集成》，第5册，合肥：黄山书社1997年影印版。
［美］曾小萍：《州县官的银两——18世纪的合理化财政改革》，董建中译，北京：中国人民大学出版社2005年版。
曾运乾：《尚书正读》，台北：华正书局1982年版。
［日］增田福太郎：《台湾汉民族的司法神——城隍信仰的体系》，古亭书屋编译，台北：众文图书公司1999年版。
翟学伟：《面子、人情与权力的再生产》，北京：北京大学出版社2005年版。
翟学伟：《面子·人情·关系网》，郑州：河南人民出版社1994年版。
翟学伟：《中国人的脸面观》，台北：桂冠图书有限公司1995年版。
［清］张朝珍：《详定刑律疏》，见［清］贺长龄、魏源辑：《清经世文编》卷九十一，北京：中华书局1992年影印版。
张从容：《疑案·存案·结案——从春阿氏案看清代疑案了结技术》，载《法制与社会发展》2006年第4期。
张丰乾：《思孟学派与“民之父母”》，见杜维明主编：《思想·文献·历史——思孟学派新探》，北京：北京大学出版社2008年版。

张光直：《中国青铜时代》，北京：生活·读书·新知三联书店 1999 年版。
[明] 张瀚：《松窗梦语》，上海：上海古籍出版社 1986 年版。
张家山二四七号汉墓竹简整理小组：《张家山汉墓竹简·二四七号墓》，北京：文物出版社 2001 年版。
张晋藩主编：《中国民法史》，福州：福建人民出版社 2003 年版。
[明] 张卤辑：《皇明制书》，上海：上海古籍出版社 1995 年影印版。
张全民：《郑克法律思想初探》，载《法制与社会发展》2004 年第 6 期。
张世明：《清代私设班房考释》，载《清史研究》2006 年第 3 期。
张寿安：《十八世纪礼学考证的思想活力》，北京：北京大学出版社 2005 年版。
[清] 张廷玉等撰：《明史》，北京：中华书局 1974 年版。
张伟仁：《传统观念与现行法制——"为什么要学中国法制史？"一解》，载《台大法学论丛》1987 年第 17 卷第 1 期。
张伟仁：《良幕循吏汪辉祖——一个法制工作者的典范》，载《台大法学论丛》1989—1990 年第 19 卷第 1—2 期。
张伟仁：《中国传统的司法和法学》，载《现代法学》2006 年第 5 期。
张希坡：《马锡五审判方式》，北京：法律出版社 1983 年版。
张小聪、黄志繁：《清代江西水灾及社会应对》，见曹树基主编：《田祖有神——明清以来的自然灾害及其社会应对机制》，上海：上海交通大学出版社 2007 年版。
张小也：《健讼之人与地方公共事务——以清代漕讼为中心》，载《清史研究》2004 年第 2 期。
张小也：《清代的地方官员与讼师——以〈樊山批判〉与〈樊山政

书〉为中心》，载《史林》2006年第3期。
张小也：《儒者之刑名——清代的地方官员与自理词讼》，见《官、民与法：明清国家与基层社会》，北京：中华书局2007年版。
[明] 张萱：《西园闻见录》，台北：明文书局1991年版。
[清] 张玉书：《刑书纂要序》，见 [清] 贺长龄、魏源辑：《清经世文编》卷九十，北京：中华书局1992年影印版。
张哲郎：《乡遂遗规——村社的结构》，见《中国文化新论·吾土与吾民》，北京：生活·读书·新知三联书店1992年版。
张中秋：《中西法律文化比较研究》，南京：南京大学出版社1999年版。
张仲礼：《中国绅士——关于其在19世纪中国社会中作用的研究》，上海：上海社会科学院出版社1991年版。
章太炎：《管制索隐》，见陈平原编校：《中国现代学术经典·章太炎卷》，石家庄：河北教育出版社1996年版。
[唐] 长孙无忌：《进律疏表》，见刘俊文点校：《唐律疏议》，北京：法律出版社1999年版。
赵鼎新：《东周战争与儒法国家的诞生》，夏江旗译，上海：华东师范大学出版社、上海三联书店2006年版。
赵尔巽等撰：《清史稿》，北京：中华书局1977年版。
赵晓华：《晚清讼狱制度的社会考察》，北京：中国人民大学出版社2001年版。
赵秀玲：《中国乡里制度》，北京：社会科学文献出版社1998年版。
赵旭东：《"报应"的宇宙观：明清以来诉讼解释模式的再解释》，见苏力主编：《法律和社会科学》，第一卷，北京：法律出版社2006年版。
赵旭东：《权力与公正》，天津：天津古籍出版社2003年版。

[清] 赵翼：《城隍神》，见《陔余丛考》，石家庄：河北人民出版社 1990 年版。
[清] 赵俞：《读律辨讹序》，见 [清] 贺长龄、魏源辑：《清经世文编》卷九十一，北京：中华书局 1992 年影印版。
郑良树：《商鞅评传》，南京：南京大学出版社 1998 年版。
郑秦：《清代司法审判制度研究》，长沙：湖南教育出版社 1988 年版。
郑土有、刘巧林：《护城兴市——城隍信仰的人类学考察》，上海：上海辞书出版社 2005 年版。
郑志华：《试评情理法融会贯通的传统价值追求——对清代刑案裁判论证针对性的剖析》，见叶孝信、郭建主编：《中国法律史研究》，上海：学林出版社 2003 年版。
郑宗义：《性情与情性：论明末泰州学派的情欲观》，见熊秉真、张寿安合编：《情欲明清——达情篇》，台北：麦田出版社 2004 年版。
[日] 中村茂夫：《比附的功能》，见杨一凡总主编：《日本学者考证中国法制史重要成果选译》，第四卷，北京：中国社会科学出版社 2003 年版。
[日] 中岛乐章：《明代后期徽州乡村社会的纠纷处理》，见杨一凡总主编：《日本学者考证中国法制史重要成果选译》，第四卷，北京：中国社会科学出版社 2003 年版。
[日] 重田德：《乡绅支配的成立与结构》，见刘俊文主编：《日本学者研究中国史论著选译》，第二卷，北京：中华书局 1993 年版。
周锡瑞、兰京：《中国地方精英与支配模式导论》，载邓正来主编：《中国社会科学季刊》夏季卷 1998 年 5 月（总第 23 期）。
周振鹤撰集，顾美华点校：《圣谕广训集解与研究》，上海：上海书店出版社 2006 年版。

朱岑楼：《中国家庭组织的演变》，见姜义华、吴根梁、马学新编：《港台及海外学者论中国文化》，上海：上海人民出版社 1988 年版。
[明] 朱载堉撰，冯文慈点注：《律学新说》，北京：人民音乐出版社 1986 年版。
[清] 祝庆祺、鲍书芸、潘文舫、何维楷编：《刑案汇览三编》，北京：北京档案出版社 2004 年版。
祝总斌：《“律”字新释》，载《北京大学学报》1990 年第 2 期。
祝总斌：《关于我国古代的“改法为律”问题》，载《北京大学学报》1992 年第 2 期。
祝总斌：《晋律的儒家化》，载《中国史研究》1985 年第 2 期。
（战国）庄周著，郭象注：《庄子》，上海：上海古籍出版社 1989 年版。
[日] 滋贺秀三：《清代诉讼制度之民事法源的概括性考察——情、理、法》，见滋贺秀三等著，梁治平、王亚新编：《明清时期的民事审判与民间契约》，北京：法律出版社 1998 年版。
[日] 滋贺秀三：《清代诉讼制度之民事法源的考察——作为法源的习惯》，见滋贺秀三等著，梁治平、王亚新编：《明清时期的民事审判与民间契约》，北京：法律出版社 1998 年版。
[日] 滋贺秀三：《中国法文化的考察——以诉讼的形态为素材》，见滋贺秀三等著，梁治平、王亚新编：《明清时期的民事审判与民间契约》，北京：法律出版社 1998 年版。
[日] 滋贺秀三：《中国上古刑罚考》，见刘俊文主编：《日本学者研究中国史论著选译》（第八卷 · 法律制度），北京：中华书局 1992 年版。
[春秋] 左丘明著，上海师范大学古籍整理研究所校点：《国语》，上海：上海古籍出版社 1988 年版。
[春秋] 左丘明著，蒋冀骋标点：《左传》，长沙：岳麓书社 1988

年版。
[日]佐伯富：《清雍正朝的养廉银研究》，郑樑生译，台北：商务印书馆1996年版。
[日]佐立治人：《〈清明集〉的“法意”与“人情”——由诉讼当事人进行法律解释的痕迹》，见杨一凡总主编：《日本学者考证中国法制史重要成果选译·宋辽西夏元卷》，北京：中国社会科学出版社2003年版。

二、外文文献

Allee, Mark A., 1994, “Code, Culture, and Custom: Foundations of Civil Case Verdicts in a Nineteenth-Century County Court.” in Bernhardt and Huang eds., *Civil Law in Qing and Republican China*, California: Stanford University Press.
Chang, Chun-ming, 1935, “The Chinese Standards of Good Government: Being a Study of the ‘Biographies of Model Officials’ in Dynastic Histories”, *Nankai Social and Economic Quarterly*, vol. VIII, no.2.
Karasawa, Yasuhiko, 2007, “Between Oral and Written Cultures: Buddhist in Qing Legal Plaint.” in Robert E. Hegel and Katherine Carlitz, eds., *Writing and Law in Late Imperial China: Crime, Conflict, and Judgment*, Seattle: University of Washington Press.
Macauley, Melissa, 1998, *Social Power and Legal Culture: Litigation Masters in Late Imperial China*, California: Stanford University Press.

McKnight, Brian, 2005, “Some Thoughts on Law and Morality in Sung Justice”，载《法制史研究》第 6 期。

Shapiro, Sidney, 1990, *The Law and The Lore of China’s Criminal Justice*, Beijing: New World Press.

中国社会文化学会『中国——社会と文化』第 13 号，1998 年 6 月。

滋賀秀三『清代中国の法と裁判』，創文社，1984 年。

后　记

在译林出版社再次出版《情感、循吏与明清时期司法实践》，我很高兴。一部研究中国法律史的书，能有机会再版，对作者是一种荣耀。

2009年，这本书第一次出版，迄今已有七年了。现在回想当时的写作缘由，似乎是一时兴起，又好像早有预谋。总之，是一口气完成了书稿主体部分的写作。

利用这次再版的机会，我想约略交代一下当时选择这个话题的某些考虑，一者弥补初版的疏漏，二者反思此一研究的意义，三者方便读者对本书旨趣的理解。

目前，研究明清中国司法实践的论著，大多数是以司法档案和判牍文书为基本史料，考察和分析司法实践的程序环节和裁判依据，冀以呈现当时的诉讼实态。对我来说，能够大量利用司法档案，固然是好事，却也是一种奢望。因为这样的研究，要有足够的经费、时间和人手，才能长期泡在档案馆读档案，抄档案，而我没有这些条件。在本书中，我所利用的基本史料，是"唾手可得"因而有可能被学人鄙视的正史循吏传。

不过，我之所以选择循吏传作为研究对象，倒是有些理论上的考虑。其一，自从司马迁在《史记》中专门为循吏作传以来，嗣后的历代正史，均蹈袭了这一传统，历两千余年而不坠，其中必有道理或缘故。当然，司马迁眼中的循吏，与后来正史描写的循吏，并不完全一样。司马迁笔下的循吏，是以“奉法循理”或“奉职循理”为特征；班固《汉书》以后的循吏，则以“爱民、富民、教化”为特征。无论如何，正因为循吏被国人讴歌了两千余年，他们完全可以被作为一种楷模来看待；也正因为循吏是模范官员，他们的司法风格，便具有了某种导范作用。通过爬梳司法档案和判牍文书，学人固然可以建构帝制中国的司法模式，但是在我看来，中国古人自己表达出来的关于模范官员的司法风格，可以说是一种“现成”的司法类型建构。这种司法模式的根本特征，便是爱民与教化。

从比较视域来看，帝制中国的酷吏、俗吏以及循吏，他们的司法风格迥然不同。酷吏的司法特点，无非是峻法严刑，律例只是他们摆弄的工具；这种峻法严刑的滥用，则隐含了强烈的政治色彩，因为酷吏往往以迎合皇帝意志为旨归。俗吏的司法特点，是缺乏大局意识和担当精神的循规蹈矩，即“不求有功，但求无过”的庸庸碌碌的心态和行为。循吏的司法特点，便体现在如何根据特定情势，作出权宜却又符合大局的裁判，并不在乎是否超越了律例界限；只要于国家、于百姓皆有裨益，即使突破律例也在所不惜。

若以这样的眼光来看，那么循吏司法不仅与常规司法不同，而且与杖毙、恭请王命以及就地正法这类“权宜司法”也不一样。在常规的司法实践中，司法官员的操作实践，旨在以程序法和实体法来裁判案件；杖毙之类的权宜司法，明显是超越了常规司法模式的程序规范和实体规范，意在彰显和强化帝国官员与皇帝的独断权力；可是循吏的权宜司法，却往往是以“爱民”和“教化”来解决纠纷，惩罚犯罪，具有鲜明的道德意味。这样一来，我们就在常规司法的两侧，看到了“权宜司法”的两种不同子类型。

对明清时期的普通司法官员来讲，循吏的司法风格，是一种典范或理想，但也是实践和事实。在这个意义上，表达与实践是纠缠在一起的，而不是泾渭分明的。这意味着，研究帝制中国的循吏司法，既是在研究司法实践，亦是在阐释司法理想。如果我们据以衡量司法档案和判牍文书显示出来的司法特征，那就可以看到，无论这些文书真实与否，它们大致上是介乎俗吏与循吏之间，而更接近俗吏。可以说，循吏司法是那个时代的理想目标，档案和判牍反映的则是司法实践的普遍现象。循吏之所以可贵，原因就在于此。

其二，在讨论明清司法实践时，学人颇多关注“情”“理”“法”的规范问题，并作出了许多很有价值的分析。但是，对“情”“理”“法”这三个概念，是否完全可以在规范意义上进行理解，仍然有进一步思索的空间。所谓“理”，固然是包含了“天理”和“道理”，乃至于“事理”的意思。但“情”又是什么意思呢？尽管我们可以将其理解为案件的事实和情节，甚至还可以把它看作是“人情”这种具有人际关系意味的规范，然而问题在于，一旦将“情”和“理”组合而为“情理”一词，它与原来的意思就不太一样了。因为“情理”更多是指社会规范或道德规范，它与“理”比较接近，而与“情”则要相对疏远一些。当我们判定司法裁判具有“情法两尽”之特点时，那么“情”，究竟是指案情与律例兼到，抑或是指作为规范的“情”或“情理”与律例兼容并包呢？这仍然是悬而未决的问题。

在考察明清时期的司法实践时，我们经常读到的“情”之一字，除了具有案情（事实和情节）与规范（情理）的因素以外，还应该包括了情感（自然情感和道德情感）的成分。那么面对某个待决案件，承审官员应该怎么裁量才算妥善？在理想上，是三者兼到。

谚曰“法不容情”，意思是指，在明确的、刚硬的法律面前，宽容罪犯的情感，就应该被悬置起来。然而，在“情感本体”的传统中国文化里，当律例与情感发生冲突时，律例果真能够长驱直入，占据至高并且绝对的支配地位，而情感则应该自觉退避吗？显然不是。对“揆诸天理、准诸人情”的律例而言，原本就是“天理”“人情”的具体化和规则化。这意味着，律例是植根于人性和人情（情感）深处的规范。至于人性，乃是人的本然之性，它与“天理”冥合；所谓人情，则是这种本然之性的显露和活动。故尔任何社会规范，均必须与这样的人性与人情切合，律例亦不例外。在司法实践中，一旦出现律例与情感的冲突，那么情感上的考量在所难免，也完全必要。用情感来调整律例，弥补律例的僵化和漏洞，既是情理的价值之所在，亦是情感的作用之发挥。在这个意义上，所谓“情法两尽”，除了学人通常所说的意思，还意味着一个妥善的裁判，必须在律例上要有依据，在情感上能够让人心安。一句话，心安与否，乃是考量裁判是否妥善的终极原则，尽管“心安”不能具体化、实证化，却是难以舍弃的评判准则。宰我以为三年之丧太久，应该缩短。孔子答曰，如果缩短丧期，于心安否？若心安，则为之。既然践行礼法必须以心安与否为原则，那么司法官员在裁判案件时，当然也要以是否心安为旨归。毫无疑问，心安与否，便是情感。

其三，本书之所以把情感和循吏作为探讨明清司法的关键词与分析框架，不仅因为目前尚无对这两个话题的专门研究，更因为这两个关键词所具有的理论意义。研究司法制度与司法实践，不能仅着眼于制度与操作两个维度，还必须将司法官员纳入研究范围。这样一来，我们就获得了一个分析司法制度与司法实践的中间视角——司法官员。

如果国家、社会和文化是考察司法问题的宏观背景，司法制度是考察司法实践的程序架构，那么司法官员便是在宏观背景与具体制度中进行操作实践的特殊群体。唯有刻画司法官员的行为方式，我们才能获得司法实践的动态图像，以及实体法和程序法的操作特点。这是因为，人既是文化和制度的创造者，又是它们的产物，还是它们的运用者。这个说法对司法官员也同样适用。所以，通过考察和分析司法官员及其实践活动，我们才能真正看清宏观背景和制度架构是如何影响了他们的实践行为；反过来说，他们的实践行为又形成了怎样的司法风格，对司法制度产生了什么影响。

一旦把司法官员（就本书而言，是循吏）纳入考察和分析的范围，那么他们的思想、情感、法律知识以及司法经验，也就成了必须研究的关键问题。在其他论著中，我对司法官员的法律知识和司法经验已经作过一些探讨。因此，在本书中我想着力分析的问题，便是循吏的自然情感和道德情感究竟如何影响了他们的裁判。

诉讼制度大致上预设了一个三方互动的框架结构。除了司法官员，还有诉讼两造。那么在情感本体与道德至上的传统中国文化语境中，诉讼两造又是怎么行动的呢？很显然，诉诸情感，便是他们的诉讼策略之一。在状词中呈现出来的，更多是自然情感与道德情感的话语渲染，而不是案件事实和相关法律的充分陈述。因此，本该是请求司法官员保护财产和其他利益以及惩罚犯罪的诉讼活动，状词却以“申诉冤情”为要旨。看来，用情感话语来“包装”诉讼意图，既是民众诉讼的一种策略，也是一个特点。

最后，就再版作一点说明。本着对读者负责的态度，应该对初版作一番修改，使之更加完善，才算是尽责。但考虑再三，还是决定放弃修改的愿望。因为，若从写作本书时算起，已经过去了近十年时间。其间，我阅读了不少史料和二手研究，有了更多想法，若要一一纳入，未免大动干戈。如果原貌为之改变，则又不像再版。何况，一些新的想法，我在其他论著里已经有过讨论，在此重复，意义不大。所以，这次再版，我仅对初版作了文字方面的校对，改正了几处错误，并写了这篇序文。

这次再版得益于王笑红编审的安排，借此机会向她表达我的谢意！

徐忠明
中山大学康乐园
2016 年 7 月 6—7 日